2023 年版

全国一级建造师执业资格考试一次通关

建设工程项目管理

一次通关

品思文化专家委员会　组织编写

赵长歌　主编

中国建筑工业出版社

图书在版编目（CIP）数据

建设工程项目管理一次通关/品思文化专家委员会
组织编写；赵长歌主编. —北京：中国建筑工业出版
社，2022.8
2023年版全国一级建造师执业资格考试一次通关
ISBN 978-7-112-28843-4

Ⅰ.①建… Ⅱ.①品… ②赵… Ⅲ.①基本建设项目
—工程项目管理—资格考试—自学参考资料 Ⅳ.①F284

中国国家版本馆CIP数据核字（2023）第110473号

责任编辑：田立平
责任校对：姜小莲

2023年版全国一级建造师执业资格考试一次通关

建设工程项目管理一次通关

品思文化专家委员会　组织编写
赵长歌　主编

*

中国建筑工业出版社出版、发行（北京海淀三里河路9号）
各地新华书店、建筑书店经销
北京建筑工业印刷厂制版
廊坊市海涛印刷有限公司印刷

*

开本：787毫米×1092毫米　1/16　印张：22¾　字数：521千字
2023年6月第一版　　2023年6月第一次印刷
定价：**59.00**元
ISBN 978-7-112-28843-4
（41026）

品思文化专家委员会

前　言

自 2004 年全国首次举行一级建造师考试以来，已经举行了近 20 次，10 多年来，一级建造师考试题目难度逐渐加大、灵活性越来越强、与工程实践的结合越来越紧密，考试的通过率越来越低。为了更好地帮助广大考生复习应考，提高考试通过率，我们专门组织国内顶级名师，依据最新版"考试大纲"和"考试用书"的要求，对各门课程的历年考情、核心考点、考题设计等进行了全面的梳理和剖析，精心编写了一级建造师执业资格考试一次通关辅导丛书，丛书共分 6 册，分别为《建设工程经济一次通关》《建设工程项目管理一次通关》《建设工程法规及相关知识一次通关》《建筑工程管理与实务一次通关》《机电工程管理与实务一次通关》《市政公用工程管理与实务一次通关》。

其中，《建设工程项目管理一次通关》主要包括以下四个部分：

1. "导学篇"——分析了 2020—2022 年度真题考点及分值分布、命题涉及的核心考点、各个考点的复习难度、命题规律及复习技巧，为考生提供清晰的复习思路，突出重点、把握规律，帮助制定系统全面的复习计划。

2. "核心考点升华篇"——①"考情分析"：归纳各章节近三年核心考点及分值分布，让考生大体了解知识点；②"核心考点分析"：按照章节顺序，提炼每节核心考点提纲，针对各个核心考点，结合真题或模拟题，总结各种典型考法，深入剖析核心考点，使考生全面了解考试命题意图、明晰解题思路；③"经典真题回顾"：针对每个核心考点，以单选、多选分别罗列的形式，精选 1～2 道典型真题，使考生做到心中有底；④"模拟强化练习"：针对每个核心考点，按照教材章节顺序，选取部分典型模拟题，使考生全面扎实掌握各个知识点。

3. "近年真题篇"——提供近 2 年的考试真题，让考生全面了解考试内容，提前体验考试场景，尽快进入考试状态。

4. "模拟预测篇"——以最新考试大纲要求和最新命题信息为导向，参考历年试题核心考点分布情况，精编一套模拟预测试卷，并对难点进行解析。模拟试题覆盖全部核心考点，力求预测 2023 年命题新趋势，帮助广大考生准确把握考试命题规律。

本系列丛书具有以下三大特点：

1. "全"——对近年一建考试真题核心考点进行了全面归纳和剖析，点睛考点，总结考法，指明思路；每个核心考点都配套了近年典型真题和模拟题，帮助考生消化考点内容，加深对知识点的理解，拓宽解题思路，提高答题技巧；结合核心考点，精心编写模拟预测试卷并对难点进行解析，帮助考生进一步巩固知识点。

2. "新"——严格依据最新考试用书和考试大纲，充分体现 2023 年考试趋势；体例新颖，每一核心考点均总结各种考法，并对其进行精准剖析，理清解题思路，提炼答题技巧，每节附模拟强化练习并逐一解析，使考生举一反三，尽快适应 2023 年的考试要求。

3. "简"——核心知识点罗列清晰，在涵盖所有考点的前提下，简化考试用书内容，使考生一目了然，帮助考生在短时间内将考试用书由厚变薄，节省时间，掌握考点。

本系列丛书在编写过程中得到了诸多专家学者的指点，在此一并表示感谢！由于时间仓促，虽经反复推敲和校阅，书中难免有疏漏和不当之处，敬请广大考生批评指正。

愿我们的努力能够帮助大家顺利通过考试！

目　录

导　学　篇

核心考点升华篇

近年真题篇

模拟预测篇

导　学　篇

一、近三年考点分值统计

2022 年考点题型题量分值分析　　　　　表 1

内容	单选题			多选题			合计
	数量	分值	计算题	数量	分值	计算题	
1Z201000　建设工程项目的组织与管理	11	11		4	8		19
1Z202000　建设工程项目成本管理	10	10	3	5	10	1	20
1Z203000　建设工程项目进度控制	10	10	3	6	12	2	22
1Z204000　建设工程项目质量控制	13	13		5	10		23
1Z205000　建设工程职业健康安全与环境管理	11	11		4	8		19
1Z206000　建设工程合同与合同管理	14	14		6	12		26
1Z207000　建设工程项目信息管理	1	1		0	0		1
小计	70题	70分	6题	30题	60分	3题	130分

2021 年考点题型题量分值分析　　　　　表 2

内容	单选题			多选题			合计
	数量	分值	计算题	数量	分值	计算题	
1Z201000　建设工程项目的组织与管理	13	13		4	8		21
1Z202000　建设工程项目成本管理	10	10	2	5	10		20
1Z203000　建设工程项目进度控制	10	10	3	6	12	3	22
1Z204000　建设工程项目质量控制	13	13		5	10		23
1Z205000　建设工程职业健康安全与环境管理	9	9		4	8		17
1Z206000　建设工程合同与合同管理	13	13	1	6	12		25
1Z207000　建设工程项目信息管理	2	2		0	0		2
小计	70题	70分	6题	30题	60分	3题	130分

2020 年考点题型题量分值分析　　　　　表 3

内容	单选题			多选题			合计
	数量	分值	计算题	数量	分值	计算题	
1Z201000　建设工程项目的组织与管理	13	13		4	8		21
1Z202000　建设工程项目成本管理	10	10	2	5	10		20

内容	单选题			多选题			合计
	数量	分值	计算题	数量	分值	计算题	
1Z203000 建设工程项目进度控制	10	10	4	6	12	2	22
1Z204000 建设工程项目质量控制	13	13		5	10		23
1Z205000 建设工程职业健康安全与环境管理	9	9		4	8		17
1Z206000 建设工程合同与合同管理	13	13	1	6	12		25
1Z207000 建设工程项目信息管理	2	2		0	0		2
小计	70题	70分	7题	30题	60分	2题	130分

二、核心考点及出题频率

本书中共计有 138 个核心考点，是赵长歌老师严格依据对《建设工程项目管理》从 2010—2022 年共计 13 个年度考过的全部 1300 道真题进行无一遗漏的详尽研究后，从考试用书中精心提炼出来的，既准确可靠，又详尽全面，是完全值得您信赖的高品质备考辅导参考。

这 138 个核心考点并不算多，因为《建设工程项目管理》科目的一套试卷总计有 100 道题，基本上 1 道题会考查 1 个核心考点，个别较难的题会同时考查 2～3 个核心考点；另外，每个核心考点又会有不同的考查角度（或命题点），本书中以考法 1、考法 2、考法 3 等分别列示，并逐一选取最有代表性的真题按不同考法来详细解读该核心考点。

对应这 138 个核心考点，本书总计配备了 664 道题，平均每个核心考点配备了接近 5 道题，这样考生能够更加明白地了解每个核心考点有哪些不同的考查方式或命题点，从而能充分掌握这些核心考点。

这 664 道题都是赵长歌老师精心挑选或编写的。其中的 409 道题是从《建设工程项目管理》全部 13 个年度考过的 1300 道真题中精心挑选出来的，是对应这些核心考点最有代表性的真题。有些核心考点难以从《建设工程项目管理》中找到有代表性的真题，赵老师就从二级建造师《建设工程施工管理》考试中摘选出对应考点的真题，或者是他们根据自己多年的培训经验编写对应的训练题，这些题共计有 155 道。

这总计 664 道题分布在本书四大部分内容中：

1. 七大章的【核心考点剖析】中的例题共计 268 道，其中真题有 248 道；
2. 七大章的【本章经典真题回顾】共计 161 道真题；
3. 七大章的【本章模拟强化练习】共计 135 道练习题；
4. 2023 年模拟预测试卷一套 100 道题。

这 664 道题每道题都给出了详细的解析，不是只告诉考生正确答案，更重要的还是告诉考生错误答案错在哪里，为什么不能选。

核心考点及可考性提示中（表4），每个核心考点的【可考性提示】按5星级别划分，5颗星的核心考点是最最重要的。【可考性提示】中的星级标识不是想当然给出的，更不是做做样子，是赵老师严格依据1300道真题对这些核心考点的考查情况进行逐个研判、认真分析后给出的。所以，每个核心考点的【可考性提示】是充分可靠的，可有效指导您高效备考，不走弯路。

核心考点及可考性提示 表4

核心知识		核心考点	可考性提示
1Z201000 建设工程项目的组织与管理	1Z201010 建设工程管理的内涵和任务	工程管理的内涵	★
		主要任务与核心任务	★★
	1Z201020 建设工程项目管理的目标和任务	决策阶段和实施阶段的工作内容	★
		项目管理的内涵	★
		项目管理的类型	★
	1Z201030 建设工程项目的组织	项目管理目标与组织	★
		组织结构模式	★★
		项目结构图	★
		工作任务分工表	★★
		管理职能分工	★★
		工作流程组织	★★
	1Z201040 建设工程项目策划	项目策划的任务和内容	★★★
	1Z201050 建设工程项目采购的模式	项目总承包的内涵	★★★★
		项目总承包方的工作程序	★
		两种施工发承包模式的特点对比	★
		施工总承包管理模式与施工总承包模式的比较	★★
		物资采购的模式与程序	★★
	1Z201060 建设工程项目管理规划的内容和编制方法	项目管理规划	★★
		项目管理规划的编制	★★★
	1Z201070 施工组织设计的内容和编制方法	施工组织设计的基本内容（5项）	★
		施工组织设计的分类及其内容	★★
		施工组织设计的编制和审批	★
		施工组织设计的动态管理	★

	核心知识		核心考点	可考性提示
1Z201000　建设工程项目的组织与管理	1Z201080　建设工程项目目标的动态控制		动态控制程序和纠偏措施	★★★★★
			投资计划值和实际值的比较	★★★
	1Z201090　施工企业项目经理的工作性质、任务和责任		项目经理的工作性质	★★★
			项目经理的责任	★★★★
			项目沟通	★★
			劳动用工管理	★★★
	1Z201100　建设工程项目的风险和风险管理的工作流程		风险量	★
			四类风险	★★
			风险管理的工作流程	★★★
	1Z201110　建设工程监理的工作性质、工作任务和工作方法		监理的工作任务	★★
			监理的工作方法	★
			监理规划与监理实施细则的编制	★★★
1Z202000　建设工程项目成本管理	1Z202010　成本管理的任务、程序和措施		施工成本组成	
			成本管理的任务	
			成本管理的措施	★★★★
	1Z202020　成本计划		成本计划的类型	★★
			施工预算与施工图预算的对比分析	★
			施工成本计划的编制方式	★★
	1Z202030　成本控制		成本控制的依据	★
			成本控制程序	★★★
			人工费、材料费的控制	★
			赢得值（挣值）法	★★★★
			偏差分析的表达方法	★★★
			偏差原因分析与纠偏措施	★★
	1Z202040　成本核算		成本核算的范围	★
			表格核算法和会计核算法	★★★
	1Z202050　成本分析与成本考核		成本分析的依据、内容和步骤	★★
			成本分析的基本方法	★★★

核心知识		核心考点	可考性提示
1Z202000 建设工程项目成本管理	1Z202050 成本分析与成本考核	综合成本的分析方法	★★★
		专项成本分析方法	★
		成本考核的依据	★
		成本考核的方法	★
1Z203000 建设工程项目进度控制	1Z203010 建设工程项目进度控制与进度计划系统	项目进度控制	★★★
	1Z203020 建设工程项目总进度目标的论证	项目总进度目标论证的工作内容	★★★★
		项目总进度目标论证的工作步骤	★★★★
	1Z203030 建设工程项目进度计划的编制和调整方法	横道图进度计划的缺点	★★
		双代号网络计划图的绘图规则	★★★★★
		单代号网络计划图的绘制规则	★
		双代号网络计划时间参数的计算	★★★★★
		单代号网络计划时间参数的计算	★★★
		网络计划检查的主要内容	★★★★★
		进度计划的调整	★★
	1Z203040 建设工程项目进度控制的措施	进度控制的措施	★★★★★
1Z204000 建设工程项目质量控制	1Z204010 建设工程项目质量控制的内涵	项目质量控制的责任	★★★★
		项目质量的影响因素	★★★★
		质量风险识别	★★
		质量风险响应	★
	1Z204020 建设工程项目质量控制体系	全面质量管理的思想和方法	★
		项目质量控制体系	★★★★
		企业质量管理体系	★★
	1Z204030 建设工程项目施工质量控制	施工质量控制的依据与环节	★
		施工质量计划	★
		施工生产要素的质量控制	★★
		施工准备的质量控制	★★
		施工过程的质量控制	★
		设计交底与图纸会审的作用	★

核心知识		核心考点	可考性提示
1Z204000　建设工程项目质量控制	1Z204040　建设工程项目施工质量验收	施工过程的质量验收	★★★★
		预制构件的质量验收	★
		竣工质量验收	★★★★★
	1Z204050　施工质量不合格的处理	工程质量事故的分类	★
		施工质量事故发生的原因	★★
		施工质量事故报告和调查处理程序	★
		施工质量缺陷处理的基本方法	★★
	1Z204060　数理统计方法在工程质量管理中的应用	分层法	★
		因果分析图法	★★★★
		排列图法	★★
		直方图法	★★★★
	1Z204070　建设工程项目质量的政府监督	政府质量监督的职能与权限	★★★
		质量监督的实施程序	★★★
1Z205000　建设工程职业健康安全与环境管理	1Z205010　职业健康安全管理体系与环境管理体系	职业健康安全与环境管理的特点和要求	★★★
		职业健康安全管理体系与环境管理体系的建立和运行	★★★
	1Z205020　建设工程安全生产管理	安全生产管理制度	★★★
		安全生产管理预警体系	★★★
		施工安全技术措施和安全技术交底	★
		安全事故隐患治理原则	★
	1Z205030　建设工程生产安全事故应急预案和事故处理	应急预案的内容	★★
		应急预案的管理	★★
		职业伤害事故的分类	
		安全事故的处理	★★★★★
	1Z205040　建设工程施工现场职业健康安全与环境管理的要求	文明施工	★★
		环境保护	★★★★★
		职业健康安全卫生	★

核心知识		核心考点	可考性提示
1Z206000 建设工程合同与合同管理	1Z206010 建设工程施工招标与投标	施工招标	★★★
		施工投标	★★★★
		合同谈判与签约	★★
	1Z206020 建设工程合同的内容	施工承包合同	★★★★
		建筑材料采购合同	★
		施工专业分包合同	★★★★
		施工劳务分包合同	★★★
		工程总承包合同	★★
		工程监理合同	★
	1Z206030 合同计价方式	单价合同	★★★★
		总价合同	★★★
		成本加酬金合同	★★★
		工程咨询合同计价方式	★
	1Z206040 建设工程施工合同风险管理、工程保险和工程担保	施工合同风险管理	★
		工程保险	★
		工程担保	★★★★★
	1Z206050 建设工程施工合同实施	施工合同分析	★★★★
		施工合同跟踪	★
		合同实施的偏差分析和偏差处理	★★
		工程变更管理	★★
		诚信自律	★★
	1Z206060 建设工程索赔	索赔依据	★
		索赔程序	★★
		索赔费用	★★★
		工期索赔	★
	1Z206070 国际建设工程施工承包合同	FIDIC 系列合同条件	★★★
		国际工程施工承包合同争议的解决方式	★★★★

核心知识		核心考点	可考性提示
1Z207000　建设工程项目信息管理	1Z207010　建设工程项目信息管理的目的和任务	项目信息管理的任务	★★★
	1Z207020　建设工程项目信息的分类、编码和处理方法	项目信息的分类	★★★
		项目信息编码的方法	★★★
	1Z207030　建设工程管理信息化及建设工程项目管理信息系统的功能	项目信息门户	★★
		工程项目管理信息系统的功能	★★

三、命题规律及复习方法

（一）命题规律

1. 紧扣考纲

每年的全国一级建造师执业资格考试大纲是确定考试内容的唯一依据，而考试用书是对考试大纲的具体细化。试题不会超出考试大纲和考试用书的范围，更不会出现与现行法律、法规、规范相冲突的内容。

2. 挖掘陷阱

主要表现为三个方面：（1）在题干中设置隐含陷阱，考试用书中以肯定形式表达的内容，命题者以否定形式提问；考试用书中从正面角度阐述的内容，命题者从反面角度提问；（2）命题者喜欢将考试用书中某些知识点的关键字拉出来设置其他干扰项；（3）题干和选项同时设置陷阱，命题者会同时选择两个以上的知识点来迷惑考生。

3. 体现关联

某些多项选择题可能涉及两个以上知识点，回答问题时要依据考试用书所阐述的概念、方法、公式，注重不同知识点之间的关联性，多方面多角度考虑、慎重选择。

4. 注重实务

全国一级建造师执业资格考试的目的是考查考生运用基本理论知识和基本技能综合分析解决问题的能力，考试试题更趋向于涉及施工现场的质量、安全、成本、进度、环保和职业健康等实务性方面，越来越全面细致，越来越注重题干的复杂性、干扰性、迷惑性，回答问题时，要善于利用相关理论，同时结合工程实际，来分析和解答试题。

（二）题型分析

1. 概念型选择题

此类选择题主要依据基本概念来出题，对基本概念的特点、原因、分类、原则、内容、作用、结果等进行选择，经常出现的主要标志性措辞有"性质是""内容是""特点是""标志是""准确地理解是"等。在各备选项的表述上，命题者一般会采用混淆、偷梁换柱、以偏概全、以末代本、因果倒置等手法。

2. 否定型选择题

也称为逆向选择题，此题型题干部分采用否定式的提示或限制，如"无""不是""没有""不包括""无关的""不正确""错误的""不属于"等提示语。

3. 因果型选择题

此类选择题即考查原因和结果的选择题，其基本结构一般有两种形式：一种是题干列出了原因，各备选项列出结果，在试题中常出现的标志性词语有"影响""结果"等；另一种是题干列出了结果，而各备选项列出了原因，在试题中常出现的标志性词语有"原因是""目的是""是为了"等。

4. 计算型选择题

对于计算型的选择题，一般计算量不会很大，需要我们熟记一些计算公式，如果考生对解决该问题的计算方法很明白，就可轻而易举地作答，而且备选项还可以起到验算的作用。

5. 程度型选择题

此类选择题的题干多有"最主要""最重要""主要""根本"等表示程度的副词或形容词，每个备选项都可能符合题意，但只有一项最符合题意，其余选项因不够全面或处于次要地位而不能成为最佳选项。

6. 比较型选择题

比较型选择题是把具有可比性的内容放在一起，让考生通过分析、比较，归纳出其相同点或不同点。此类题在题干中一般会出现"相同点""不同点""共同""相似"等标志性词语，有些题也有反映程度性的词语，如"最大的不同点""最根本的不同""本质上的相似之处"等，主要考查考生的分析、归纳和比较能力。

7. 组合型选择题

此类选择题是将同类选项按一定关系进行组合，并冠之以数字序号，然后分解组成各选项作为备选项。解答组合型选择题的关键是要有准确牢固的基础知识，同时由于此题型的逻辑性较强，所以考生还应具备一定的分析能力。

（三）复习方法

1. 依纲靠本

我们首先要根据考试大纲的要求，确保有充足的时间理解考试用书中的知识点，尤其是核心知识点；然后，我们要明白，考试时所有的试题和标准答案均来自考试用书，答题时必须严格按考试用书的内容、观点和要求去回答每个问题。

2. 提前准备

根据经验，考试用书至少要通读三遍。第一遍要仔细地看，不放过任何一个要点、难点、关键词；第二遍要快速地看，主要针对核心考点和第一遍中不理解的内容；第三遍要飞快地看，主要是看第二遍没有看懂或者没有彻底掌握的核心考点。复习前，要制定一个切实可行的学习计划，杜绝先松后紧、突击复习造成精神紧张甚至失眠。很多考生临考前总会抱怨"再给我一周时间，肯定能够过关"，与其考后后悔，不如笨鸟先飞，提前准备。

3. 紧抓核心

复习时，要特别注意知识点之间的内在联系，有些知识点可能跨越好几页，而这些知识点往往是多项选择题的出题点，要留意层级关系，深刻把握，举一反三，以不变应万变。复习中，必须把握重点，避免平均分配。本书提供的核心考点几乎囊括了该课程所有出题点，建议考生严格按照本书顺序和逻辑，好好复习，大幅提高效率。

4. 学会总结

我们要做到一边看书，一边做总结性标记，罗列要点、难点，将书由厚变薄。要注意准确把握文字背后的复杂含义，要注意不同章节之间的内在联系。本书是作者多年教学辅导经验的结晶，总结了该课程所有的核心考点，同时非常注意章节之间的联系，可以带领大家快速掌握教材内容。

5. 精选资料

复习资料不宜过多，多了浪费时间，难以取舍，增加压力。备考过程中，适当做一些真题和模拟题，但千万不要舍本逐末，以题代学，杜绝题海战术。本书针对每个核心考点，都详细讲解了命题思路、考试方法，配套了例题、历年真题和强化模拟题，相信此书能让大家达到事半功倍的效果。

（四）答题技巧

1. 控制情绪

考试前一定要休息好，考试过程中，要学会控制自己的情绪，不要急躁，如果心里紧张，深呼吸几口气，做到心平气和，面对不会的题，善于跳跃，千万不要被命题者一开始就来个下马威，更加要杜绝心里想的是答案 A 却涂成答案 C 的情况。

2. 稳步推进

单项选择题难度较小，答题要稍快，同时注意准确率；多项选择题可以稍慢一点，但要求稳。一定要耐着性子把题目中每个字读完，提高准确率，杜绝心急。根据考试时间的分配，单项选择题按照每题 1 分钟、多项选择题每题 1.5 分钟的速度稳步推进，效果良好。

3. 讲究方法

针对上述 7 类题型，可以采用不同的答题方法。概念性选择题采用逻辑推理法，解题的关键是要注意一些隐性的限制词，结合相关的理论知识来判断选项是否符合题意。否定性选择题可以采用排除法、推理法、直选法等方式进行。因果性选择题要正确理解有关概念的含义，注意相互之间的内在联系，全面分析和把握影响的各种因素，准确把握题干与各备选项之间的逻辑关系，弄清两者之间谁因谁果。计算性选择题可以采用估算法、代入法、比例法、极端法来作答。程度性选择题主要运用优选法，逐个比较、分析备选项，找出最佳答案。比较性选择题一般都是对考试用书内容的重新整合，要善于运用理论进行分析判断，采用排除法，从同中找异，从异中求同。组合性选择题可以采用肯定筛选法和否定筛选法，肯定筛选法是先根据试题要求分析各个选项，确定一个正确的选项，排除不包含此选项的组合，然后一一筛选，最后得出正确答案。否定筛选法即确定一个或两个不符合题意的选项，排除包含这些选项的组合，得出正确答案。

4. 回头检查

按照上述时间稳步推进，至少可以预留 15～20 分钟的回头检查时间。考试过程中，把不太肯定或不会做的题目在题号位置标记一个符号，回头主要对这些题进行检查，做到心中有数、有的放矢。

核心考点升华篇

1Z201000 建设工程项目的组织与管理

本章考情分析

近3年本章节次及条目分值分布

本章节次	本章条目	2022年		2021年		2020年	
		单选	多选	单选	多选	单选	多选
1Z201010	1Z201011 建设工程管理的内涵	1					
	1Z201012 建设工程管理的任务			1		1	
1Z201020	本节次前言内容						
	1Z201021 业主方、设计方和供货方项目管理的目标和任务						
	1Z201022 项目总承包方项目管理的目标和任务					1	
	1Z201023 施工方项目管理的目标和任务	1		1			
1Z201030	本节次前言内容						
	1Z201031 项目结构分析在项目管理中的应用						
	1Z201032 组织结构在项目管理中的应用	1					
	1Z201033 工作任务分工在项目管理中的应用				2		
	1Z201034 管理职能分工在项目管理中的应用					1	
	1Z201035 工作流程组织在项目管理中的应用		2	1			2
	1Z201036 合同结构在项目管理中的应用						
1Z201040	本节次前言内容			1			
	1Z201041 项目决策阶段策划的工作内容	1		1		1	
	1Z201042 项目实施阶段策划的工作内容					1	
1Z201050	1Z201051 项目管理委托的模式						
	1Z201052 设计任务委托的模式						
	1Z201053 项目总承包的模式			1			2
	1Z201054 施工任务委托的模式	1	2		2	1	
	1Z201055 物资采购的模式						
1Z201060	本节次前言内容	1					
	1Z201061 项目管理规划的内容						
	1Z201062 项目管理规划的编制方法			1		1	
1Z201070	1Z201071 施工组织设计的内容				2		

本章节次	本章条目	2022年		2021年		2020年	
		单选	多选	单选	多选	单选	多选
1Z201070	1Z201072 施工组织设计的编制方法	1	2	1		1	2
1Z201080	1Z201081 项目目标动态控制的方法及其应用	1		1			
	1Z201082 动态控制在进度控制中的应用						
	1Z201083 动态控制在投资控制中的应用					1	
1Z201090	1Z201091 施工企业项目经理的工作性质					1	
	1Z201092 施工企业项目经理的任务						
	1Z201093 施工企业项目经理的责任						
	1Z201094 项目各参与方之间的沟通方法			1		1	
	1Z201095 施工企业人力资源管理的任务	1		1			
1Z201100	1Z201101 项目的风险类型			1		1	
	1Z201102 项目风险管理的工作流程	1	2		2		2
1Z201110	1Z201111 监理的工作性质						
	1Z201112 监理的工作任务	1					
	1Z201113 监理的工作方法			1		1	
合计		11	8	13	8	13	8
		19		21		21	

本章核心考点分析

1Z201010 建设工程管理的内涵和任务

核 心 考 点 提 纲

$\begin{cases} 1Z201011 & \text{建设工程管理的内涵——工程管理的内涵} \\ 1Z201012 & \text{建设工程管理的任务——主要任务与核心任务} \end{cases}$

核 心 考 点 剖 析

1Z201011 建设工程管理的内涵

核心考点 工程管理的内涵

建设工程管理指的是专业性的（专业人士的）管理，而非行政事务管理，其内涵涉及工程项目全寿命周期的管理，包括决策阶段的开发管理、实施阶段的项目管理、使用阶段的设施管理。

设施管理包括物业资产管理和物业运行管理，其中物业资产管理包括财务管理、空间管理、用户管理，物业运行管理包括维修和现代化。

"建设工程管理"涉及参与工程项目的各个方面对工程的管理，即包括投资方、开发方、设计方、施工方、供货方和项目使用期的管理方的管理。

◆**考法1：归类题**

【例题·2018年真题·单选题】根据国际设施管理协会的界定，下列设施管理的内容中，属于物业运行管理的是（　　）。

A. 财务管理　　　　　　　　　　　B. 空间管理
C. 用户管理　　　　　　　　　　　D. 维修管理

【答案】D

【解析】物业运行管理主要包括维修管理和现代化。选项A、B、C属于物业资产管理。

◆**考法2：正误判断题**

【例题·2015年真题·单选题】关于建设工程管理内涵的说法，正确的是（　　）。

A. 建设工程项目管理和设施管理即为建设工程管理
B. 建设工程管理不涉及项目使用期的管理方对工程的管理
C. 建设工程管理是对建设工程的行政事务管理
D. 建设工程管理工作是一种增值服务

【答案】D

【解析】建设工程管理的内涵涉及工程项目全过程的管理，它包括决策阶段的开发管理、实施阶段的项目管理、使用阶段的设施管理，所以选项A错误。建设工程管理涉及参与工程项目的各个方面对工程的管理，即包括投资方、开发方、设计方、施工方、供货方和项目使用期的管理方的管理，所以选项B错误。建设工程管理指的是专业性的（专业人士的）管理，而不是对建设工程的行政事务管理，所以选项C错误。建设工程管理工作是一种增值服务工作，其核心任务是为工程的建设和使用增值，所以选项D正确。

1Z201012　建设工程管理的任务

核心考点　主要任务与核心任务

一、主要任务与核心任务的对比

任务	阶段		说明
主要任务	决策阶段	确定项目的定义（定义项目）	1. 确定项目实施的组织； 2. 确定和落实建设地点； 3. 确定建设任务和建设原则； 4. 确定和落实项目建设的资金； 5. 确定建设项目的投资目标、进度目标和质量目标等
	实施阶段	通过管理使项目的目标得以实现	实现目标
核心任务	工程管理	为建设增值、为使用增值	增值服务
	项目管理	项目的目标控制	控制目标

二、建设增值与使用增值的对比

序号	建设增值	使用（运行）增值
1	确保工程建设安全	确保工程使用安全
2	提高工程质量	有利于环保
3	有利于投资（成本）控制	有利于节能
4	有利于进度控制	满足最终用户的使用功能
5	—	有利于降低工程运营成本
6		有利于工程维护

◆ 考法 1：填空题

【例题·2021 年真题·单选题】建设工程管理的核心任务是（　　）。

A. 项目的目标控制

B. 为工程建设和使用增值

C. 实现项目建设阶段的目标

D. 为项目建设的决策或实施提供依据

【答案】B

【解析】选项 A 是项目管理的核心任务，选项 C 是项目管理的主要任务，选项 D 纯属为了凑齐选项个数瞎编的。

◆ 考法 2：归类题

【例题·2019 年真题·单选题】下列建设工程管理的任务中，属于为工程使用增值的是（　　）。

A. 有利于环保

B. 提高工程质量

C. 有利于投资控制

D. 有利于进度控制

【答案】A

【解析】选项 A 属于为工程使用增值，选项 B、C、D 均属于为工程建设增值。

1Z201020　建设工程项目管理的目标和任务

核 心 考 点 提 纲

{ 1. 决策阶段和实施阶段的工作内容
2. 项目管理的内涵
3. 项目管理的类型

核 心 考 点 剖 析

核心考点一　决策阶段和实施阶段的工作内容

阶段	工作内容
决策阶段	（1）编制项目建议书
	（2）编制项目可行性研究报告

阶段	工作内容	
实施阶段	（1）设计前的准备阶段	编制设计任务书
	（2）设计阶段	①初步设计；②技术设计；③施工图设计
	（3）施工阶段	施工
	（4）动用前准备阶段	竣工验收
	（5）保修期	—

◆ **考法：归类题**

【例题·单选题】根据建设工程项目的阶段划分，属于设计准备阶段工作的是（　　）。

A. 编制项目可行性研究报告　　　　B. 编制初步设计

C. 编制设计任务书　　　　　　　　D. 编制项目建议书

【答案】C

【解析】选项 A、D 属于决策阶段的工作，选项 B 属于设计阶段的工作。

核心考点二　项目管理的内涵

建设工程项目管理的内涵是：自项目开始至项目完成，通过项目策划和项目控制，以使项目的费用目标、进度目标和质量目标得以实现。

"自项目开始至项目完成"指的是项目的实施期。

"项目策划"指的是项目实施的策划（它区别于项目决策期的策划），即项目目标控制前的一系列筹划和准备工作。

"费用目标"对业主而言是投资目标，对施工方而言是成本目标。

◆ **考法：正误判断题**

【例题·多选题】关于建设工程项目管理的说法，正确的有（　　）。

A. "项目开始至项目完成"包括了项目的决策、实施阶段

B. 同一项目的目标内涵对项目的各参与单位来说是相同的

C. 项目决策阶段的主要任务是确定项目的定义

D. 项目实施阶段的主要任务是实现项目的目标

E. 项目的策划指的是项目目标控制前的策划和准备工作

【答案】C、D、E

【解析】选项 A："项目开始至项目完成"指的是项目的实施阶段，不包括"决策阶段"，所以选项 A 错误。选项 B：同一项目的目标内涵对项目的各参与单位来说是不相同的，比如："费用目标"对业主而言是投资目标，对施工方而言是成本目标，所以选项 B 错误。

核心考点三　项目管理的类型

一、参与方和目标

序号	类型	参与方	目标
1	业主方项目管理	投资方、开发方、监理	投资、进度、质量
2	设计方项目管理	设计方	成本、进度、质量、投资

序号	类型	参与方	目标
3	施工方项目管理	（1）施工总承包方； （2）施工总承包管理方； （3）专业分包方； （4）劳务分包方； （5）建设项目总承包的施工任务执行方	成本、进度、质量、安全
4	供货方项目管理	供货方	成本、进度、质量
5	工程总承包方项目管理	（1）设计＋施工总承包； （2）设计＋采购＋施工总承包	成本、进度、质量、投资、安全

二、项目管理工作涉及的阶段

序号	类型	项目管理工作涉及的阶段
1	业主方项目管理	涉及项目实施阶段的全过程，即设计前的准备阶段、设计阶段、施工阶段、动用前准备阶段和保修期
2	工程总承包方项目管理	
3	设计方项目管理	主要在设计阶段进行，但也涉及设计前的准备阶段、施工阶段、动用前准备阶段和保修期
4	施工方项目管理	主要在施工阶段进行，但它也涉及设计准备阶段、设计阶段、动用前准备阶段和保修期
5	供货方项目管理	

三、业主方项目管理

业主方是建设工程项目实施过程（生产过程）的总集成者，也是建设工程项目生产过程的总组织者，因此业主方的项目管理往往是该项目的项目管理的核心。

业主方进度目标指的是项目动用的时间目标，也即项目交付使用的时间目标，如工厂建成可以投入生产、道路建成可以通车、办公楼可以启用、旅馆可以开业的时间目标等。

四、施工方项目管理

施工方项目管理不仅应服务于施工方本身的利益，也必须服务于项目的整体利益。项目的整体利益和施工方本身的利益是对立统一关系。

施工总承包方或施工总承包管理方的成本目标是根据其生产和经营情况由施工企业自行确定的。

分包方的成本目标是该施工企业内部自行确定的。

当采用指定分包商时，不论指定分包商与施工总承包方，或与施工总承包管理方，或与业主方签订合同，施工总承包方或施工总承包管理方应对合同规定的工期目标和质量目标负责。

◆ **考法 1：正误判断题**

【例题 1·2015 年真题·多选题】关于业主方项目管理目标和任务的说法，正确的有（ ）。

A. 业主方的项目管理是建设工程项目管理的核心

B. 业主方的项目管理目标包括项目的投资目标、进度目标和质量目标

C. 业主方的项目管理工作涉及项目实施阶段的全过程

D. 业主方的项目管理工作不涉及施工阶段的安全管理工作

E. 业主方的项目管理质量目标不包括影响项目运行的环境质量

【答案】A、B、C

【解析】选项D、E说法错误。其中，选项D：业主方的项目管理工作涉及项目实施阶段的全过程，包括施工阶段的安全管理工作；选项E，项目的质量目标不仅涉及施工的质量，还包括设计质量、材料质量、设备质量和影响项目运行或运营的环境质量等。

【例题2·2015年真题·单选题】关于施工方项目管理目标和任务的说法，正确的是（　　　）。

A. 施工方项目管理仅服务于施工方本身的利益

B. 施工方项目管理不涉及动用前准备阶段

C. 施工方成本目标由施工企业根据其生产和经营情况自行确定

D. 施工方不对业主指定分包承担的目标和任务负责

【答案】C

【解析】施工方的项目管理服务不仅应服务于施工方本身的利益，也必须服务于项目的整体利益，选项A错误。施工方的项目管理工作主要在施工阶段进行，也涉及动用前准备阶段和保修期，选项B错误。施工总承包方或施工总承包管理方的成本目标是由施工企业根据其生产和经营的情况自行确定的，分包方的成本目标是施工企业内部自行确定的，选项C正确。施工总承包方或施工总承包管理方应对合同规定的工期目标和质量目标负责，选项D错误。

◆ 考法2：填空题

【例题·2009年真题·单选题】某业主欲投资建造一座五星级宾馆，业主方项目管理的进度目标指的是（　　　）。

A. 宾馆可以开业　　　　　　　　B. 项目竣工结算完成

C. 宾馆开始盈利　　　　　　　　D. 项目通过竣工验收

【答案】A

【解析】业主方进度目标指的是项目动用的时间目标，也即项目交付使用的时间目标，如工厂建成可以投入生产、道路建成可以通车、办公楼可以启用、旅馆可以开业的时间目标等。

1Z201030　建设工程项目的组织

核心考点提纲

核心考点　项目管理目标与组织

一、影响项目管理目标实现的因素

序号	主要因素	说明
1	组织的因素	项目管理的目标决定了项目管理的组织，而项目管理的组织是项目管理的目标能否实现的决定性因素
2	人的因素	包括管理人员和生产人员的数量和质量
3	方法与工具	包括管理的方法与工具以及生产的方法与工具

二、组织工具

组织论主要研究系统的组织结构模式、组织分工和工作流程组织。

序号	组织工具	说明	状态
1	组织结构模式	反映一个组织系统中各工作部门或各管理人员之间的指令关系	静态关系
2	组织分工	反映一个组织系统中各子系统或各元素的工作任务分工和管理职能分工	
3	工作流程组织	反映一个组织系统中各项工作之间的逻辑关系	动态关系

组织工具用图或表等形式表示各种组织关系，包括：① 项目结构图；② 组织结构图（管理组织结构图）；③ 工作任务分工表；④ 管理职能分工表；⑤ 工作流程图等。

◆ **考法：正误判断题**

【例题1·2015年真题·单选题】关于影响系统目标实现因素的说法，正确的是（　　　）。

A. 组织是影响系统目标实现的决定性因素

B. 系统组织决定了系统目标

C. 增加人员数量一定会有助于系统目标的实现

D. 生产方法与工具的选择与系统目标实现无关

【答案】A

【解析】系统的目标决定了系统的组织，而组织是目标能否实现的决定性因素，这是组织论的一个重要结论，所以选项 A 正确，选项 B 错误。影响系统目标实现因素包括管理人员和生产人员的数量和质量，但增加人员数量不一定会有助于系统目标的实现，还需要考虑人员的质量，所以选项 C 错误。影响一个系统目标实现的主要因素除了组织以外，还有人的因素、方法与工具，所以选项 D 错误。

【例题2·2019年真题·单选题】关于组织论及组织工具的说法，正确的是（　　　）。

A. 管理职能分工反映的是一种动态组织关系

B. 工作流程图是反映工作间静态逻辑关系的工具

C. 组织结构模式和组织分工都是一种相对的静态组织关系

D. 组织结构模式反映一个组织系统中的工作任务分工和管理职能分工

【答案】C

【解析】选项A、B、D说法错误，其中，选项A，管理职能分工反映的应是静态的关系，而非静态关系。选项B，工作流程图反映的应是动态的关系而非静态。选项D，反映一个组织系统中的工作任务分工和管理职能分工的，是工作任务分工，而非组织结构模式。

1Z201031　项目结构分析在项目管理中的应用

核心考点　项目结构图

一、项目结构图概念

项目结构图是一个组织工具，它通过树状图的方式对一个项目的结构进行逐层分解，以反映组成该项目的所有工作任务。

项目结构图中，矩形框表示工作任务，矩形框之间的连接用连线表示，如图1Z201031所示。

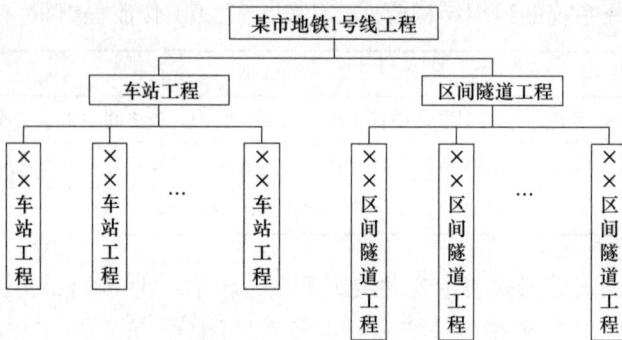

图1Z201031　地铁车站和区间隧道分别发包相应的项目结构

二、项目结构分解原则

居住建筑项目：根据建设的时间对项目的结构进行逐层分解。

工业建设项目：按生产子系统的构成对项目的结构进行逐层分解。

同一个建设工程项目可有不同的项目结构的分解方法，项目结构的分解应与整个工程实施的部署相结合，并与将采用的合同结构相结合。

项目结构分解并没有统一的模式，但应结合项目的特点和参考以下原则进行：

1. 考虑项目进展的总体部署；

2. 考虑项目的组成；

3. 有利于项目实施任务（设计、施工和物资采购）的发包和有利于项目实施任务的进行，并结合合同结构；

4. 有利于项目目标的控制；

5. 结合项目管理的组织结构等。

三、项目结构编码

项目结构的编码依据项目结构图，对项目结构的每一层的每一个组成部分进行编码。

项目结构的编码和用于投资控制、进度控制、质量控制、合同管理和信息管理等管理工作的编码有紧密的有机联系，但它们之间又有区别。项目结构图和项目结构的编码是编制上述其他编码的基础。

◆ **考法 1：填空题**

【例题·2016 年真题·单选题】下列组织工具中，可以用来对项目的结构进行逐层分解，以反映组成该项目的所有工作任务的是（　　）。

A. 项目结构图
B. 组织结构图
C. 工作任务分工表
D. 管理职能分工表

【答案】A

【解析】项目结构图通过树状图的方式对一个项目的结构进行逐层分解，以反映组成该项目的所有工作任务。

◆ **考法 2：正误判断题**

【例题·2018 年真题·单选题】关于项目结构分析的说法，正确的是（　　）。

A. 同一个建设工程项目只有一个项目结构的分解方法
B. 居住建筑开发项目可根据建设的时间对项目结构进行逐层分解
C. 群体项目最多可进行到第二层次的分解
D. 单体工程不应再进行项目结构分解

【答案】B

【解析】本题考核的是项目结构分析。同一个建设工程项目可有不同的项目结构的分解方法，故选项 A 说法错误。一些居住建筑开发项目，可根据建设的时间对项目的结构进行逐层分解，如第一期工程、第二期工程和第三期工程等，故选项 B 说法正确。群体项目、单体工程可以进行多层次分解，故选项 C、D 说法错误。

1Z201032　组织结构在项目管理中的应用

核心考点　组织结构模式

一、职能组织结构特点（图 1Z201032-1）

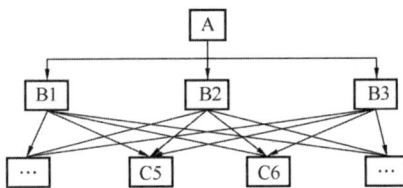

图 1Z201032-1　职能组织结构

1. 职能组织结构可以对直接或者非直接下属下达工作指令。

2. 职能组织结构存在多个矛盾的指令源。

二、线性组织结构特点（图 1Z201032-2）

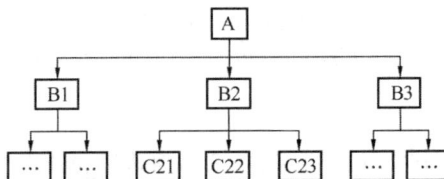

图 1Z201032-2　线性组织结构

23

1. 线性组织结构只能对直接的下属部门下达指令，不可跨部门向非直接下属下达工作指令。

2. 线性组织结构只有一个指令源。

3. 在特大的组织系统中，线性组织结构的指令路径过长。

三、矩阵组织结构特点（图 1Z201032-3）

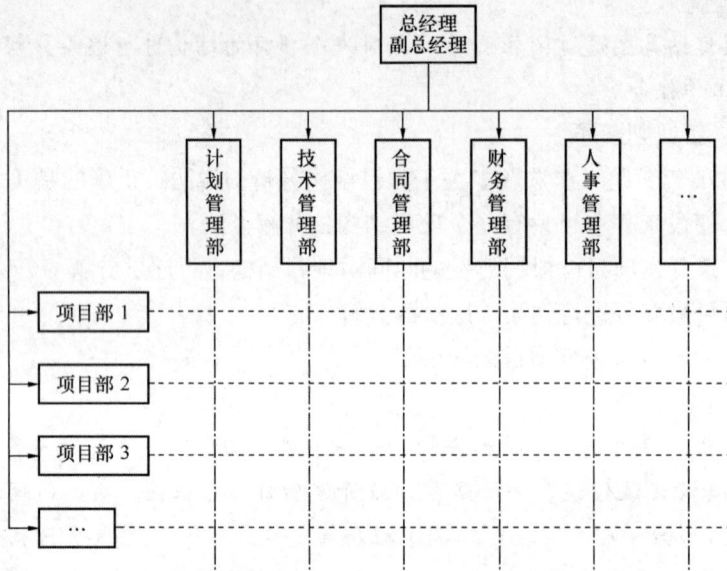

图 1Z201032-3　矩阵组织结构

1. 矩阵组织结构指令源有两个。

2. 矩阵组织结构适用于大的组织系统。

3. 为避免纵向和横向工作部门指令矛盾对工作的影响，可采用以纵向工作部门指令为主或以横向工作部门指令为主的矩阵组织结构模式，如图 1Z201032-4 所示。

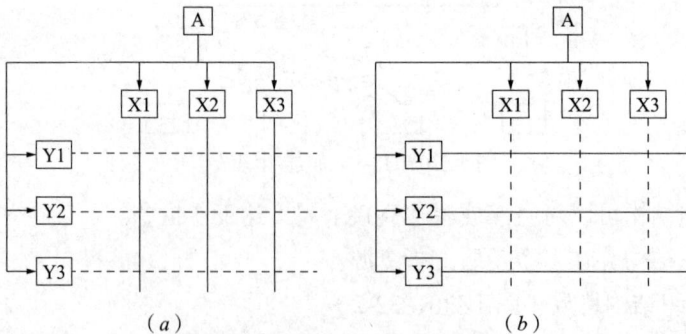

图 1Z201032-4　矩阵组织结构

（a）以纵向工作部门指令为主的矩阵组织结构；（b）以横向工作部门指令为主的矩阵组织结构

◆ **考法：正误判断题**

【例题1·多选题】下图所示的项目组织结构模式的特点有（　　　）。

A. 每一个部门可根据其职能对其直接和非直接的下属部门下达指令

B. 每一个部门可能得到其直接和非直接的上级部门下达的工作指令

C. 每一个部门可能会有多个矛盾的指令源

D. 上下级指令传递路径较长

E. 矛盾的指令会影响项目管理机制的运行

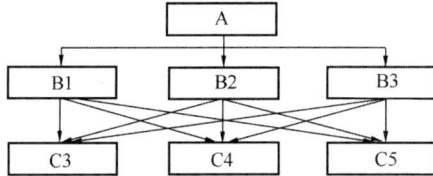

【答案】A、B、C、E

【解析】本题图是职能组织结构图，不是线性组织结构图，所以选项 D "上下级指令传递路径较长"说法错误。

【例题 2·多选题】某建设项目业主采用如下图所示的组织结构模式。关于业主和各参与方之间组织关系的说法，正确的有（   ）。

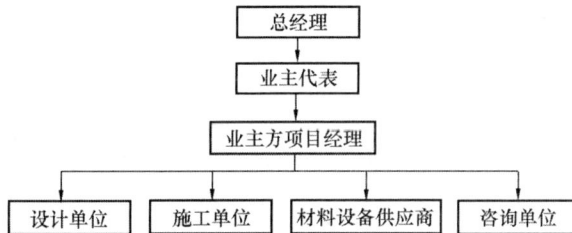

A. 业主代表必须通过业主方项目经理下达指令

B. 施工单位不可直接接受总经理指令

C. 设计单位可直接接受业主方项目经理的指令

D. 咨询单位的唯一指令来源是业主方项目经理

E. 总经理可直接向业主方项目经理下达指令

【答案】A、B、C、D

【解析】本题图是线性组织结构图，不可以跨层级、跨部门下达指令，所以选项 E 错误。

【例题 3·多选题】某施工单位采用如下图所示的组织结构模式，则关于该组织结构的说法，正确的有（   ）。

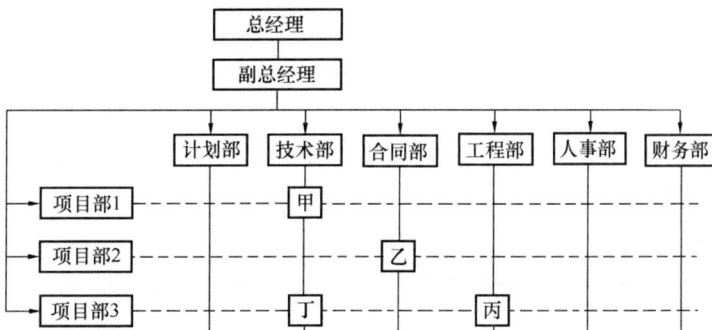

A. 甲工作涉及的指令源有 2 个，即项目部 1 和技术部

B. 该组织结构属于矩阵式

C. 技术部可以对甲、乙、丙、丁直接下达指令

D. 当乙工作来自项目部 2 和合同部的指令矛盾时，必须以合同部指令为主

E. 工程部不可以对甲、乙、丙、丁直接下达指令

【答案】A、B、D

【解析】本题图中的组织结构属于以纵向工作部门指令为主的矩阵组织结构模式，在矩阵组织结构中，每一项纵向和横向交汇的工作，指令来自于纵向和横向两个工作部门，因此其指令源为两个，所以选项 A、B、D 正确。选项 C：技术部可以对甲、丁直接下达指令，不可以跨部门向乙、丙下达指令，所以选项 C 错误。选项 E：工程部只可以对丙直接下达指令，不可以跨部门对甲、乙、丁下达指令，所以选项 E 错误。

1Z201033　工作任务分工在项目管理中的应用

核心考点　工作任务分工表

一、工作任务分工表编制步骤

步骤	关键词	说明
第一步	分解任务	对项目实施的各阶段的费用（投资或成本）控制、进度控制、质量控制、合同管理、信息管理和组织与协调等管理任务进行详细分解
第二步	分派任务	明确项目经理和费用（投资或成本）控制、进度控制、质量控制、合同管理、信息管理和组织与协调等主管工作部门或主管人员的工作任务
第三步	编制表格	编制工作任务分工表

二、工作任务分工表的特点

1. 任务分工表主要明确哪项任务由哪个工作部门（机构）负责主办，另明确协办部门和配合部门。

2. 在任务分工表的每一行中，即每一个任务，都有至少一个主办工作部门。

3. 运营部和物业开发部参与整个项目实施过程，而不是在工程竣工前才介入工作。

4. 每一个建设项目都应编制项目管理任务分工表，这是一个项目的组织设计文件的一部分。

5. 业主方和项目各参与方（如设计单位、施工单位、供货单位和工程管理咨询单位等）都有各自的项目管理的任务，上述各方都应该编制各自的项目管理任务分工表。

6. 在项目的进展过程中，应视必要对工作任务分工表进行调整。随着工程的进展，任务分工表还将不断深化和细化。

◆ 考法 1：填空题

【例题·2017 年真题·单选题】施工单位编制项目管理任务分工表前，应完成的工作是（　　）。

A. 明确各项管理工作的流程　　　B. 落实各工作部门的具体人员

C. 检查各项管理工作的执行情况　　D. 详细分解项目实施各阶段的工作

【答案】D

【解析】为了编制项目管理任务分工表，首先应对项目实施各阶段的费用（投资或成本）控制、进度控制、质量控制、合同管理、信息管理和组织与协调等管理任务进行详细分解。

◆ 考法 2：正误判断题

【例题·单选题】关于项目管理工作任务分工表特点的说法，正确的是（　　）。

A. 每一个任务只能有一个主办部门

B. 每一个任务只能有一个协办部门和一个配合部门

C. 项目运营部应在项目竣工后介入工作

D. 项目管理工作任务分工表应作为组织设计文件的一部分

【答案】D

【解析】选项 A、B、C 错误。其中，选项 A，在任务分工表的每一行中，即每一个任务，都有至少一个主办工作部门，而不是"只能有一个主办部门"；选项 B，每一个任务不是只能有一个协办部门和一个配合部门，可根据需要，设置多个协办部门和配合部门；选项 C，运营部和物业开发部参与整个项目实施过程，而不是在工程竣工前才介入工作。

1Z201034　管理职能分工在项目管理中的应用

核心考点　管理职能分工

一、管理职能（5 个）

管理职能是由多个环节组成的过程，如图 1Z201034 所示。

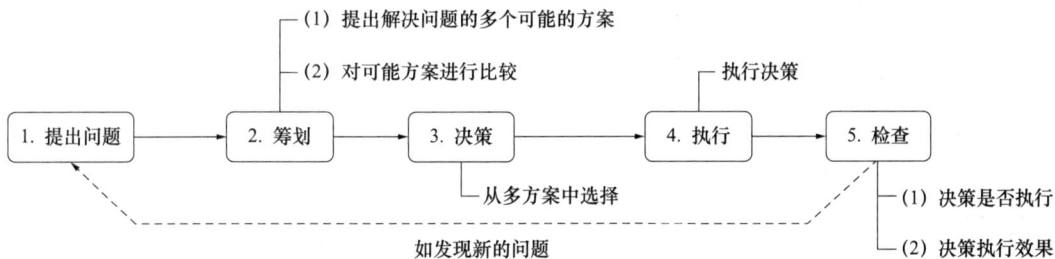

图 1Z201034　管理职能

二、管理职能分工表

1. 不同的管理职能可由不同的职能部门承担。

2. 管理职能分工表是用表的形式反映各工作部门（各工作岗位）对各项工作任务的项目管理职能分工。

3. 管理职能分工表也可用于企业管理。

4. 如果使用管理职能分工表还不足以明确每个工作部门（工作岗位）的管理职能，

则可辅以使用管理职能分工描述书。

◆ **考法：正误判断题**

【例题1·2020年真题·单选题】关于项目管理职能分工表的说法，正确的是（　　）。

A. 业主方和项目各参与方应编制统一的项目管理职能分工表

B. 管理职能分工表不适用于企业管理

C. 可以用管理职能分工描述书代替管理职能分工表

D. 管理职能分工表可以表示项目各参与方的管理职能分工

【答案】D

【解析】业主方和项目各参与方应编制各自的项目管理职能分工表，故选项A错误。管理职能分工表也可用于企业管理，故选项B错误。如使用管理职能分工表还不足以明确每个工作部门的管理职能，则可辅以使用管理职能分工描述书，故选项C错误。为了区分业主方和代表业主利益的项目管理方和工程建设监理方等的管理职能，也可以用管理职能分工表表示，故选项D正确。

【例题2·2021年真题·多选题】关于工作任务分工和管理职能分工的说法，正确的有（　　）。

A. 管理职能是由管理过程的多个环节组成

B. 管理职能分工表既可用于项目管理，也可用于企业管理

C. 在项目实施的全过程中，应视具体情况对工作任务分工表进行调整

D. 编制工作任务分工表前应对项目实施各阶段的具体管理工作进行详细分解

E. 项目各参与方应编制统一的工作任务分工表和管理职能分工表

【答案】A、B、C、D

【解析】选项E说法错误，项目各参与方应编制各自的（而非统一的）工作任务分工表和管理职能分工表。

1Z201035　工作流程组织在项目管理中的应用

核心考点　工作流程组织

一、工作流程组织分类

序号	分类	示例
1	管理工作流程组织	投资控制、进度控制、合同管理、付款和设计变更等流程
2	信息处理工作流程组织	与生成月度进度报告有关的数据处理流程
3	物质流程组织	（1）钢结构深化设计工作流程； （2）弱电工程物资采购工作流程； （3）外立面施工工作流程等

二、工作流程图

工作流程图	元素	作用	说明
	矩形框	表示工作或工作执行者	业主方和项目各参与方（如工程管理咨询单位、设计单位、施工单位和供货单位等）都有各自的工作流程组织的任务
	菱形框	表示判别条件	
	单向箭线	表示工作之间的逻辑关系	

◆ **考法 1：归类题**

【例题·2022 年真题·多选题】下列工作流程中，属于物质流程的有（　　　）。

A. 合同管理流程　　　　　　　　　　B. 设计变更流程

C. 钢结构深化设计工作流程　　　　　D. 弱电工程物资采购工作流程

E. 外立面施工工作流程

【答案】C、D、E

【解析】选项 A、B 属于管理工作流程组织。

◆ **考法 2：正误判断题**

【例题·多选题】根据工作流程图的绘制要求，下列工作流程图中，表达错误的有（　　　）。

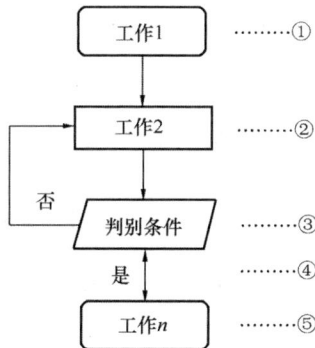

A. ①　　　　　　　　　　　　　　　B. ②

C. ③　　　　　　　　　　　　　　　D. ④

E. ⑤

【答案】C、D

【解析】选项 C，③应该用菱形框表示判别条件；选项 D，④应为单项箭头。

1Z201040　建设工程项目策划

项目策划的任务和内容

核心考点　项目策划的任务和内容

一、项目策划的主要任务

序号	阶段	主要任务	说明
1	决策阶段	定义项目开发或建设的任务和意义	为什么做？
2	实施阶段	确定如何组织该项目的开发或建设	如何做？

工程项目策划是一个开放性的工作过程，需整合多方面专家的知识，其实质是知识管理的过程。

建设工程项目策划是针对建设工程项目的决策和实施，或决策和实施中的某个问题，进行组织、管理、经济和技术等方面的科学分析和论证，旨在为项目建设的决策和实施增值。

二、项目策划的基本内容

列项	决策阶段基本内容	实施阶段基本内容
项目定义和项目目标论证	1. 确定项目建设的目的、宗旨和指导思想； 2. 项目的规模、组成、功能和标准的定义； 3. 项目总投资规划和论证； 4. 建设周期规划和论证	1. 投资目标的分解和论证； 2. 编制项目投资总体规划； 3. 进度目标的分解和论证； 4. 编制项目建设总进度规划； 5. 项目功能分解； 6. 建筑面积分配； 7. 确定项目质量目标
组织策划	1. 决策期的组织结构； 2. 决策期任务分工； 3. 决策期管理职能分工； 4. 决策期工作流程； 5. 实施期组织总体方案； 6. 项目编码体系分析	1. 业主方项目管理的组织结构； 2. 任务分工和管理职能分工； 3. 项目管理工作流程； 4. 建立编码体系
管理策划	1. 项目实施期管理总体方案； 2. 生产运营期设施管理总体方案； 3. 生产运营期经营管理总体方案	1. 项目实施各阶段项目管理的工作内容； 2. 项目风险管理与工程保险方案

列项	决策阶段基本内容	实施阶段基本内容
合同策划	1. 决策期的合同结构； 2. 决策期的合同内容和文本； 3. 实施期合同结构总体方案	1. 方案设计竞赛的组织； 2. 项目管理委托、设计、施工、物资采购的合同结构方案； 3. 合同文本
经济策划	1. 项目建设成本分析； 2. 项目效益分析； 3. 融资方案； 4. 编制资金需求量计划	1. 资金需求量计划； 2. 融资方案的深化分析
技术策划	1. 技术方案分析和论证； 2. 关键技术分析和论证； 3. 技术标准、规范的应用和制定	1. 技术方案的深化分析和论证； 2. 关键技术的深化分析和论证； 3. 技术标准和规范的应用和制定等

◆ 考法 1：填空题

【例题·2011 年真题·单选题】建设工程项目实施阶段策划的主要任务是（　　）。

A. 定义项目开发或建设的任务　　　　B. 确定如何组织该项目的开发或建设

C. 确定建设项目的进度目标　　　　　D. 编制项目投资总体规划

【答案】B

【解析】建设工程项目实施阶段策划的主要任务是确定如何组织该项目的开发或建设。

◆ 考法 2：归类题

【例题·2021 年真题·单选题】下列项目策划工作内容中，属于实施阶段管理策划的是（　　）。

A. 项目实施期管理总体方案　　　　　B. 业主方项目管理组织结构

C. 生产运营期设施管理总体方案　　　D. 项目风险管理与工程保险方案

【答案】D

【解析】选项 A、C 都带有关键词"总体方案"，属于决策阶段策划的内容。选项 B 属于实施阶段组织策划的内容。

1Z201050　建设工程项目采购的模式

核 心 考 点 提 纲

```
                        ┌ 1. 项目总承包的内涵
1Z201053  项目总承包的模式 ┤
                        └ 2. 项目总承包方的工作程序
                        ┌ 1. 施工总承包管理模式与施工总承包模式的比较
1Z201054  施工任务委托的模式 ┤
                        └ 2. 两种施工发承包模式的特点对比
1Z201055  物资采购的模式—物资采购的模式与程序
```

核心考点剖析

1Z201053 项目总承包的模式

核心考点一 项目总承包的内涵

一、工程总承包概念

工程总承包企业受业主委托，按照合同约定对工程建设项目的勘察、设计、采购、施工、试运行等实行全过程或若干阶段的承包。

建设项目工程总承包主要有两种方式：设计—施工总承包（DB模式）（Design—Build）、设计采购施工总承包（EPC模式）（Engineering，Procurement，Construction）。

工程总承包企业按照合同约定对工程项目的质量、工期、造价等向业主负责。

工程总承包企业可依法将所承包工程中的部分工作发包给具有相应资质的分包企业；分包企业按照分包合同的约定对总承包企业负责。

二、工程总承包的基本出发点和主要意义

基本出发点：实现建设生产过程的组织集成化。

主要意义：并不在于总价包干，也不是"交钥匙"，其核心是通过设计与施工过程的组织集成，促进设计与施工的紧密结合，以达到为项目建设增值的目的。

◆ 考法：填空题

【例题·2014年真题·单选题】建设项目工程总承包的基本出发点是借鉴工业生产组织的经验，实现建设生产过程的（　　　）

A. 管理现代化　　　　　　　　　B. 施工机械化

C. 生产高效化　　　　　　　　　D. 组织集成化

【答案】D

【解析】建设项目工程总承包的基本出发点是实现建设生产过程的组织集成化。

核心考点二 项目总承包方的工作程序

序号	阶段	工作内容
1	项目启动阶段	任命项目经理，组建项目部
2	项目初始阶段	（1）进行项目策划，编制项目计划，召开开工会议； （2）发表项目协调程序，发表设计基础数据； （3）编制计划，包括采购计划、施工计划、试运行计划、财务计划和安全管理计划，确定项目控制基准等
3	设计阶段	（1）编制初步设计或基础工程设计文件，进行设计审查； （2）编制施工图设计或详细工程设计文件
4	采购阶段	采买、催交、检验、运输、与施工办理交接手续
5	施工阶段	施工开工前的准备工作，现场施工，竣工试验，移交工程资料，办理管理权移交，进行竣工决算

序号	阶段	工作内容
6	试运行阶段	对试运行进行指导和服务
7	合同收尾	取得合同目标考核证书，办理决算手续，清理各种债权债务；缺陷通知期限满后取得履约证书
8	项目管理收尾	办理项目资料归档，进行项目总结，对项目部人员进行考核评价，解散项目部

◆ **考法：归类题**

【例题·2020年真题·多选题】根据《建设项目工程总承包管理规范》GB/T 50358—2017，工程总承包方在项目管理收尾阶段的工作有（　　）。

A. 办理决算手续
B. 办理项目资料归档
C. 清理各种债权债务
D. 进行项目总结
E. 考核评价项目部人员

【答案】B、D、E

【解析】选项 A、C 都属于合同收尾的工作。

1Z201054　施工任务委托的模式

核心考点一　施工总承包管理模式与施工总承包模式的比较

一、含义与合同结构图不同

1. 施工总承包模式的含义与合同结构图

含义	合同结构图
1. 业主将全部施工任务发包给一个施工总承包单位，并签订施工总承包合同； 2. 经业主同意，施工总承包单位可将一部分施工任务分包给不同的分包单位； 3. 施工总承包单位分别与其自行分包或业主指定分包的分包单位签订施工分包合同； 4. 施工总承包方承担施工任务的执行和组织的总的责任	

2. 施工总承包管理模式的含义与合同结构图

含义
1. 业主与施工总承包管理单位签订施工总承包管理合同； 2. 业主将工程实体化整为零，将施工任务分别发包给不同的施工单位； 3. 业主分别与各个施工单位签订施工承包合同（如合同结构图一所示），或者施工总承包管理单位分别与各个分包单位签订施工分包合同（如合同结构图二所示）； 4. 施工总承包管理方承担施工任务组织的总的责任

合同结构图一（一般如此）	合同结构图二（很少如此）
业主 设计单位　施工总承包管理单位　[施工单位1　施工单位2　…　施工单位m]　供货单位1　供货单位2　供货单位n 组织管理	业主 设计单位　施工总承包管理单位　[分包单位1　分包单位2　…　分包单位m　分供货单位1　分供货单位2　…　分供货单位n]　业主指定供货单位　业主指定分包单位

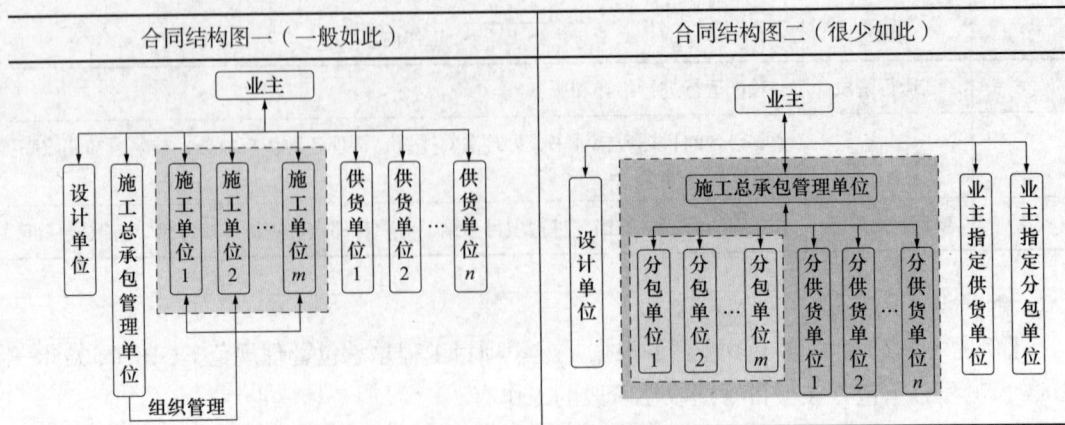

　　一般情况下，施工总承包管理单位不参与具体工程的施工，但若还想参与施工，可进一步通过施工投标竞争取得施工任务。

　　施工总承包管理单位不仅仅做管理与协调工作，还要对建设项目目标控制承担责任。

　　施工总承包管理单位有责任对分包人的质量和进度进行控制，并负责审核和控制分包合同的费用支付，负责协调各个分包的关系，负责各个分包合同的管理。

　　对分包单位的管理和服务，施工总承包管理单位和施工总承包单位一样，既要负责对现场施工的总体管理和协调，也要负责向分包人提供相应的配合施工的服务。

　　二、工作开展程序不同

施工发承包模式	工作开展程序不同
施工总承包	先进行施工图设计，全部结束后，再进行施工总承包的招标投标，然后再进行施工
施工总承包管理	（1）对施工总承包管理单位的招标：不依赖完整的施工图，即施工总承包管理单位的招标投标可以提前到项目尚处于设计阶段进行； （2）对分包单位的招标：工程实体化整为零，分别进行分包单位的招标，每完成一部分工程的施工图就招标一部分； （3）提前开工，可以在很大程度上缩短建设周期

　　三、对分包单位的选择和认可不同

施工发承包模式	对分包单位的选择和认可不同
施工总承包	分包单位由施工总承包单位选择，由业主认可
施工总承包管理	分包单位由业主选择，由施工总承包管理单位认可

　　四、与分包单位的合同关系不同

施工发承包模式	与分包单位的合同关系不同
施工总承包	（1）业主不与分包单位签订合同； （2）施工总承包单位与分包单位直接签订合同
施工总承包管理	（1）业主与分包单位直接签订合同（一般如此）； （2）施工总承包管理单位与分包单位签订合同（很少如此）

五、向分包单位的付款不同

施工发承包模式	向分包单位的付款不同
施工总承包	（1）业主不向分包单位付款（分包合同价对业主不透明）； （2）施工总承包单位向分包单位直接付款（可以赚取总包与分包之间的差价）
施工总承包管理	（1）业主直接向分包单位付款（分包合同价对业主透明）； （2）也可以由施工总承包管理单位向分包单位付款（不可以赚取总包与分包之间的差价）

六、与施工总承包模式相比，施工总承包管理模式具有的优点

施工总承包管理合同中，一般只确定总承包管理费，通常是按工程建安造价的一定百分比计取（也可以确定一个总价），而不需要事先确定建安工程总造价。

1. 合同总价不是一次确定，某一部分施工图设计完成以后，再进行该部分工程的施工招标，确定该部分工程的合同价，因此整个项目的合同总额的确定较有依据；

2. 所有分包合同和分供货合同的发包，都通过招标获得有竞争力的投标报价，对业主方节约投资有利；

3. 施工总承包管理单位只收取总包管理费，不赚总包与分包之间的差价；

4. 业主对分包单位的选择具有控制权；

5. 每完成一部分施工图设计，就可以进行该部分工程的施工招标，可以边设计边施工，可以提前开工，缩短建设周期，有利于进度控制。

◆ **考法：正误判断题**

【例题1·多选题】施工总承包管理与施工总承包相比，其在工作开展程序方面的不同主要表现在（   ）。

A. 施工总承包管理单位的招标可以不依赖完整的施工图

B. 施工总承包管理单位的招标与设计无关

C. 工程实体不得由施工总承包管理单位化整为零，分别进行分包

D. 施工总承包管理模式可以在很大程度上缩短建设周期

E. 施工总承包管理模式下，每完成一部分施工图就可以分包招标一部分

【答案】A、D、E

【解析】选项B、C错误。其中，选项B，施工总承包管理模式工作开展程序是：对施工总承包管理单位的招标，不依赖完整的施工图，即施工总承包管理单位的招标投标可以提前到项目尚处于设计阶段进行，并不是对施工总承包管理单位的招标与设计无关。选项C，施工总承包管理模式下，可以将工程实体化整为零，分别进行分包单位的招标，每完成一部分工程的施工图就招标一部分。

【例题2·2022年真题·多选题】关于施工总承包管理模式的说法，正确的有（   ）。

A. 业主的招标及合同管理工作量较大

B. 有利于业主控制工程总投资

C. 对分包人的质量控制由施工总承包管理单位进行

D. 业主的协调管理工作量小

E. 可减少业主实施工程的风险

【答案】A、C、D

【解析】选项B说法错误，在进行对施工总承包管理单位的招标时，只确定施工总承包管理费，而不确定工程总造价，这可能成为业主控制总投资的风险。选项E说法错误，多数情况下，由业主与分包商签约，这样有可能会增加业主方的风险。

【例题3·2020年真题·单选题】与施工总承包模式相比，施工总承包管理模式在合同价格方面的特点是（   ）。

A. 合同总价一次性确定，对业主投资控制有利

B. 施工总承包管理合同中确定总承包管理费和建安工程造价

C. 所有分包工程都需要再次进行发包，不利于业主节约投资

D. 分包合同价对业主是透明的

【答案】D

【解析】选项A的正确表述为：合同总价不是一次确定，某一部分施工图设计完成以后，再进行该部分施工招标，确定该部分合同价，因此整个建设项目的合同总额的确定较有依据。选项B的正确表述为：施工总承包管理合同中一般只确定施工总承包管理费，而不需要确定建筑安装工程造价。选项C的正确表述为：所有分包都通过招标获得有竞争力的投标报价，对业主方节约投资有利。

核心考点二 两种施工发承包模式的特点对比

一、投资控制特点比较

施工发承包模式	费用控制特点
施工总承包管理	（1）一部分施工图完成后，业主就可单独或与施工总承包管理单位共同进行该部分工程的招标，分包合同的投标报价和合同价以施工图为依据； （2）在进行对施工总承包管理单位的招标时，只确定施工总承包管理费，而不确定工程总造价，这可能成为业主控制总投资的风险； （3）多数情况下，由业主方与分包人直接签约
施工总承包	（1）一般以施工图设计为投标报价的基础，投标人的投标报价较有依据； （2）在开工前就有较明确的合同价，有利于业主的总投资控制； （3）若在施工过程中发生设计变更，可能会引发索赔

二、进度控制特点比较

施工发承包模式	进度控制特点
施工总承包管理	不需要等待施工图设计完成后再进行施工总承包管理的招标，分包合同的招标也可以提前，这样就有利于提前开工，有利于缩短建设周期
施工总承包	（1）一般要等施工图设计全部结束后，才进行施工总承包的招标； （2）开工日期不可能太早，建设周期会较长（这是施工总承包模式的最大缺点）； （3）限制了其在建设周期紧迫的建设工程项目上的应用

三、质量控制特点比较

施工发承包模式	质量控制特点
施工总承包管理	（1）对分包人的质量控制由施工总承包管理单位进行； （2）分包工程任务符合质量控制的"他人控制"原则，对质量控制有利； （3）各分包之间的关系可由施工总承包管理单位负责
施工总承包	建设工程项目质量的好坏在很大程度上取决于施工总承包单位的管理水平和技术水平

四、合同管理特点比较

施工发承包模式	合同管理特点
施工总承包管理	（1）一般情况下，所有分包合同的招标投标、合同谈判以及签约工作均由业主负责，业主方的招标及合同管理工作量较大； （2）对分包人的工程款支付可由施工总包管理单位支付或由业主直接支付
施工总承包	（1）业主只需要进行一次招标，与施工总承包商签约，因此招标及合同管理工作量将会减小； （2）若未完成施工图设计就进行招标，并选择施工总承包单位，采用所谓的"费率招标"，对业主方的合同管理和投资控制十分不利

五、组织与协调特点比较

施工发承包模式	组织与协调特点
施工总承包管理	施工总承包管理单位负责对所有分包人的管理及组织协调，大大减轻业主方的工作。这是采用施工总承包管理模式的基本出发点
施工总承包	业主只负责对施工总承包单位的管理及组织协调，其组织与协调的工作量比平行发包会大大减少，这对业主有利

◆ **考法：正误判断题**

【例题1·2021年真题·多选题】关于项目施工总承包模式特点的说法，正确的有（   ）。

A. 业主选择承包方的招标及合同管理工作量小

B. 合同价不明确，不利于业主的投资控制

C. 与平行发包模式相比，组织协调工作量大

D. 开工日期不可能太早，建设周期会较长

E. 工程质量在很大程度上取决于总承包方的管理水平和技术水平

【答案】A、D、E

【解析】选项B说法错误，在开工前就有较明确的合同价，有利于业主的总投资控制；选项C说法错误，由于业主只负责对施工总承包单位的管理及组织协调，其组织与协调的工作量比平行发包会大大减少，这对业主有利。

【例题2·2019年真题·多选题】关于施工总承包管理模式的说法，正确的有（   ）。

A. 施工总承包管理单位应自行完成主体结构工程的施工

B. 一般情况下，由施工总承包管理单位与分包单位签订分包合同

C. 施工总承包管理模式下，分包合同价对业主是透明的

D. 施工总承包管理的招标可以不依赖完整的施工图

E. 施工总承包管理单位负责对分包单位的质量、进度进行控制

【答案】C、D、E

【解析】一般情况下，施工总承包管理单位不参与具体工程的施工，故选项A错误。一般情况下，当采用施工总承包管理模式时，分包合同由业主与分包单位直接签订，但每一个分包人的选择和每一个分包合同的签订都要经过施工总承包管理单位的认可，故选项B错误。

1Z201055 物资采购的模式

核心考点 物资采购的模式与程序

一、物资采购的模式

在国际上业主方工程建设物资采购有多种模式，如：

1. 业主方自行采购；

2. 与承包商约定某些物资为指定供货商；

3. 承包商采购等。

二、采购管理程序

1. 明确采购产品或服务的基本要求、采购分工及有关责任；

2. 进行采购策划，编制采购计划；

3. 进行市场调查，选择合格的产品供应或服务单位，建立名录；

4. 采用招标或协商等方式实施评审工作，确定供应或服务单位；

5. 签订采购合同；

6. 运输、验证、移交采购产品或服务；

7. 处置不合格产品或不符合要求的服务；

8. 采购资料归档。

◆ 考法：排序题

【例题·2017年真题·单选题】物资采购管理程序中，完成编制采购计划后下一步应进行的工作是（   ）。

A. 进行市场调查，选择合格的产品供应单位并建立名录

B. 进行采购合同谈判，签订采购合同

C. 选择材料设备的采购单位

D. 明确采购产品的基本要求、采购分工和有关责任

【答案】A

【解析】采购管理应遵循下列程序：① 明确采购产品或服务的基本要求、采购分工及有关责任；② 进行采购策划，编制采购计划；③ 进行市场调查，选择合格的产品供应或服务单位，建立名录；④ 采用招标或协商等方式实施评审工作，确定供应或服务单位；⑤ 签订采购合同；⑥ 运输、验证、移交采购产品或服务；⑦ 处置不合格产品或不符合要

求的服务；⑧采购资料归档。

1Z201060　建设工程项目管理规划的内容和编制方法

核心考点提纲

1Z201062　项目管理规划的编制方法　$\begin{cases} 1.\ 项目管理规划 \\ 2.\ 项目管理规划的编制 \end{cases}$

核心考点剖析

1Z201062　项目管理规划的编制方法

核心考点一　项目管理规划

建设工程项目管理规划是指导项目管理工作的纲领性文件。

建设工程项目管理规划涉及项目整个实施阶段，它属于业主方项目管理的范畴。如果采用建设项目工程总承包的模式，业主方也可以委托建设项目工程总承包方编制建设工程项目管理规划，因为建设项目工程总承包方的工作涉及项目整个实施阶段。

建设项目的其他参与单位，如设计单位、施工单位和供货单位等，为进行其项目管理也需要编制项目管理规划，但它只涉及项目实施的一个方面，并体现一个方面的利益。

◆ **考法：项目管理规划的理解**

【例题·2012年真题·多选题】关于建设工程项目管理规划的说法，正确的有（　　　）。

A. 建设工程项目管理规划仅涉及项目的施工阶段和保修期

B. 建设工程项目管理规划完成以后不需要调整

C. 除业主方以外，建设项目的其他参与单位也需要编制项目管理规划

D. 如果采用工程总承包模式，业主方可以委托总承包方编制建设工程项目管理规划

E. 建设工程项目管理规划内容涉及的范围和深度，应视项目的特点而定

【答案】C、D、E

【解析】选项A、B错误。其中，选项A：建设工程项目管理规划涉及项目整个实施阶段，它属于业主方项目管理的范畴，所以选项A错误；选项B：建设工程项目管理规划完成以后需要根据工程项目的实际进展状况进行调整和优化，所以选项B错误。

核心考点二　项目管理规划的编制

一、项目管理规划的编制依据

序号	项目管理规划大纲的编制依据	项目管理实施规划的编制依据
1	项目文件、相关法律法规和标准	适用的法律、法规和标准
2	类似项目经验资料	项目合同及相关要求
3	实施条件调查资料	项目管理规则大纲

序号	项目管理规划大纲的编制依据	项目管理实施规划的编制依据
4		项目设计文件
5		工程情况与特点
6	—	项目资源和条件
7		有价值的历史数据
8		项目团队的能力和水平

二、项目管理规划的编制程序

序号	项目管理规划大纲的编制程序	项目管理实施规划的编制程序
1	明确项目需求和项目管理范围	了解相关方的要求
2	确定项目管理目标	分析项目具体特点和环境条件
3	分析项目实施条件，进行项目工作结构分解	熟悉相关法规和文件
4	确定项目管理组织模式、组织结构和职责分工	实施编制活动
5	规定项目管理措施	履行报批手续
6	编制项目资源计划	—
7	报送审批	

◆ **考法：排序题**

【例题·2021年真题·单选题】根据《建设工程项目管理规范》GB/T 50326—2017，项目管理实施规划的编制过程包括：① 熟悉相关法规和文件；② 分析项目具体特点和环境条件；③ 履行报批手续；④ 实施编制活动；⑤ 了解相关方的要求。正确的程序是（　　）。

A. ①—⑤—②—③—④　　　　　　B. ①—②—⑤—④—③

C. ⑤—②—①—④—③　　　　　　D. ②—⑤—①—③—④

【答案】C

【解析】项目管理实施规划的编制程序如下：① 了解相关方的要求；② 分析项目具体特点和环境条件；③ 熟悉相关的法规和文件；④ 实施编制活动；⑤ 履行报批手续。

1Z201070　施工组织设计的内容和编制方法

核心考点提纲

　　　┌ 1Z201071　施工组织设计的内容　┌ 1. 施工组织设计的基本内容（5项）
　　　│　　　　　　　　　　　　　　　└ 2. 施工组织设计的分类及其内容
　　　└ 1Z201072　施工组织设计的编制方法 ┌ 1. 施工组织设计的编制和审批
　　　　　　　　　　　　　　　　　　　　└ 2. 施工组织设计的动态管理

核心考点剖析

1Z201071 施工组织设计的内容

核心考点一 施工组织设计的基本内容（5项）

1. 工程概况。

2. 施工部署及施工方案

（1）根据工程情况，结合人力、材料、机械设备、资金、施工方法等条件，全面部署施工任务，合理安排施工顺序，确定主要工程的施工方案。

（2）对拟建工程可能采用的几个施工方案进行定性、定量的分析，通过技术经济评价，选择最佳方案。

3. 施工进度计划

（1）施工进度计划反映了最佳施工方案在时间上的安排，采用计划的形式，使工期、成本、资源等方面，通过计算和调整达到优化配置，符合项目目标的要求。

（2）使工序有序地进行，使工期、成本、资源等通过优化调整达到既定目标，在此基础上编制相应的人力和时间安排计划、资源需求计划和施工准备计划。

4. 施工平面图

施工平面图是施工方案及施工进度计划在空间上的全面安排。它把投入的各种资源、材料、构件、机械、道路、水电供应网络、生产和生活活动场地及各种临时工程设施合理地布置在施工现场，使整个现场能有组织地进行文明施工。

5. 主要技术经济指标。

◆ 考法：归类题

【例题·2015年真题·单选题】下列施工组织设计的内容中，属于施工部署及施工方案的是（　　　）。

A. 施工资源的需求计划　　　　　　　B. 施工资源的优化配置

C. 投入材料的堆场设计　　　　　　　D. 施工机械的分析选型

【答案】D

【解析】选项 A、B 属于施工进度计划，选项 C 属于施工平面图。

核心考点二 施工组织设计的分类及其内容

一、施工组织设计的分类

施工组织设计按编制对象，可分为施工组织总设计、单位工程施工组织设计和施工方案。

分类	编制对象	作用
施工组织总设计	若干单位工程组成的群体工程或特大型项目	对整个项目的施工过程起统筹规划、重点控制的作用
单位工程施工组织设计	单位（子单位）工程	对单位（子单位）工程的施工过程起指导和制约作用
施工方案	分部（分项）工程或专项工程	具体指导其施工过程

二、施工组织设计的内容

序号	施工组织总设计	单位工程施工组织设计	施工方案
1	工程概况	工程概况	工程概况
2	总体施工部署	施工部署	施工安排
3	施工总进度计划	施工进度计划	施工进度计划
4	总体施工准备与主要资源配置计划	施工准备与资源配置计划	施工准备与资源配置计划
5	主要施工方法	主要施工方案	施工方法及工艺要求
6	施工总平面布置	施工现场平面布置	—

◆ **考法：归类题**

【例题1·多选题】某施工企业承接了某住宅小区中10号楼的土建施工任务，项目经理部针对该施工编制了施工组织设计，其内容有（ ）。

A. 主要施工方法　　　　　　　　　B. 施工安排

C. 主要施工方案　　　　　　　　　D. 施工进度计划

E. 施工部署

【答案】C、D、E

【解析】对住宅小区中10号楼的土建施工编制的施工组织设计属于单位工程施工组织设计，选项C、D、E属于单位工程施工组织设计的内容，选项A属于施工组织总设计的内容，选项B属于施工方案的内容。

【例题2·2021年真题·多选题】根据《建筑施工组织设计规范》GB/T 50502—2009，施工方案的主要内容包括（ ）。

A. 工程概况　　　　　　　　　　　B. 施工部署

C. 施工方法及工艺要求　　　　　　D. 施工现场平面布置

E. 施工准备与资源配置计划

【答案】A、C、E

【解析】选项B、D都属于单位工程施工组织设计的内容。

1Z201072　施工组织设计的编制方法

核心考点一　施工组织设计的编制和审批

序号	施工组织设计	审批人
1	施工组织总设计	总承包单位技术负责人
2	单位工程施工组织设计	施工单位技术负责人
3	施工方案	项目技术负责人
4	重点、难点分部／分项工程和专项施工方案	施工单位技术负责人
5	专业承包单位施工的分部／分项工程或专项施工方案	专业承包单位技术负责人审批 总承包单位项目技术负责人核准备案

施工组织设计应由项目负责人主持编制，可根据需要分阶段编制和审批。

对达到一定规模的危险性较大的分部（分项）工程编制专项施工方案，并附具安全验算结果，经施工单位技术负责人、总监理工程师签字后实施。

序号	编制专项施工方案	编制专项施工方案＋组织专家论证、审查
1	基坑支护与降水工程	深基坑
2	土方开挖工程	地下暗挖工程
3	模板工程	高大模板工程
4	起重吊装工程	
5	脚手架工程	—
6	拆除爆破工程	
7	其他危险性较大的工程	

◆ **考法 1：正误判断题**

【例题·2020 年真题·单选题】根据《建筑施工组织设计规范》GB/T 50502—2009，关于施工组织设计审批的说法，正确的是（　　）。

A. 专项施工方案应由项目技术负责人审批

B. 施工方案应由项目总监理工程师审批

C. 施工组织总设计应由建设单位技术负责人审批

D. 单位工程施工组织设计应由承包单位技术负责人审批

【答案】D

【解析】本题考核的是施工组织设计的编制和审批。重点、难点分部（分项）工程和专项工程施工方案应由施工单位技术部门组织相关专家评审，施工单位技术负责人批准，故选项 A 错误。施工方案应由项目技术负责人审批，故选项 B 错误。施工组织总设计应由总承包单位技术负责人审批，故选项 C 错误。

◆ **考法 2：填空题**

【例题·2020 年真题·多选题】根据《建设工程安全生产管理条例》，施工单位应当组织专家进行专项施工方案论证的有（　　）。

A. 深基坑工程　　　　　　　　B. 地下暗挖工程

C. 脚手架工程　　　　　　　　D. 高大模板工程

E. 拆除爆破工程

【答案】A、B、D

【解析】根据《建设工程安全生产管理条例》，深基坑、地下暗挖工程、高大模板工程的专项施工方案，施工单位还应当组织专家进行论证、审查。

核心考点二　施工组织设计的动态管理

项目施工过程中，发生以下情况之一时，施工组织设计应及时进行修改或补充：

1. 工程设计有重大修改

（1）当工程设计图纸发生重大修改时，如地基基础或主体结构的形式发生变化、装修材料或做法发生重大变化、机电设备系统发生大的调整等，需要对施工组织设计进行修改。

（2）对工程设计图纸的一般性修改，视变化情况对施工组织设计进行补充。

（3）对工程设计图纸的细微修改或更正，施工组织设计则不需调整。

2. 有关法律、法规、规范和标准实施、修订和废止

当有关法律、法规、规范和标准开始实施或发生变更，并涉及工程的实施、检查或验收时，施工组织设计需要进行修改或补充。

3. 主要施工方法有重大调整

由于主客观条件的变化，施工方法有重大变更，原来的施工组织设计已不能正确地指导施工，需要对施工组织设计进行修改或补充。

4. 主要施工资源配置有重大调整

当施工资源的配置有重大变更，并且影响到施工方法的变化或对施工进度、质量、安全、环境、造价等造成潜在的重大影响，需对施工组织设计进行修改或补充。

5. 施工环境有重大改变

当施工环境发生重大改变，如施工延期造成季节性施工方法变化、施工场地变化造成现场布置和施工方式改变等，致使原来的施工组织设计已不能正确地指导施工，需对施工组织设计进行修改或补充。

◆ 考法：正误判断题

【例题·2022年真题·多选题】施工组织设计应及时进行修改或补充的情形有（　　　）。

A. 某房屋建筑项目的机电系统进行大调整

B. 因规范调整需要对工程进行检查验收

C. 因造价原因需要对某房屋建筑的电梯品牌及参数进行修改

D. 因自然灾害导致某在建项目工期严重滞后

E. 某在建工程施工场地变化造成现场布置和施工方式改变

【答案】A、B、D、E

【解析】项目施工过程中，发生以下情况之一时，施工组织设计应及时进行修改或补充：① 工程设计有重大修改（选项A）；② 有关法律、法规、规范和标准实施、修订和废止（选项B）；③ 主要施工方法有重大调整；④ 主要施工资源配置有重大调整（选项D）；⑤ 施工环境有重大改变（选项E）。

1Z201080　建设工程项目目标的动态控制

核心考点提纲

核心考点剖析

1Z201081　项目目标动态控制的方法及其应用

核心考点　动态控制程序和纠偏措施

一、动态控制程序

步骤	关键词	内容
第一步	确定计划值	对项目的目标进行分解，以确定用于目标控制的计划值
第二步	—	在项目实施过程中项目目标的动态控制
	收集实际值	收集项目目标的实际值，如实际投资、实际进度等
	实际与计划比较	定期进行项目目标的计划值和实际值的比较
	纠偏	如有偏差，则采取纠偏措施进行纠偏
第三步	调整目标	如有必要，进行项目目标的调整，目标调整后再回到第一步

二、动态控制的纠偏措施

序号	纠偏措施	示例
1	组织措施	如：调整项目组织结构、任务分工、管理职能分工、工作流程组织和项目管理班子人员等
2	管理措施（包括合同措施）	如：调整进度管理的方法和手段，改变施工管理和强化合同管理等
3	经济措施	如：落实加快工程施工进度所需的资金等
4	技术措施	如：调整设计、改进施工方法和改变施工机具等

◆ 考法 1：排序题

【例题·2019 年真题·单选题】项目目标动态控制工作包括：① 确定目标控制的计划值；② 分解项目目标；③ 收集项目目标的实际值；④ 定期比较计划值和实际值；⑤ 纠正偏差。正确的工作流程是（　　　）。

A. ①—③—②—⑤—④　　　　　　　　B. ②—①—③—④—⑤

C. ③—②—①—④—⑤　　　　　　　　D. ①—②—③—④—⑤

【答案】B

【解析】项目目标动态控制的工作程序：（1）第一步，将项目的目标进行分解，以确定用于目标控制的计划值。（2）第二步，在项目实施过程中项目目标的动态控制：① 收集项目目标的实际值。② 定期（如每两周或每月）进行项目目标的计划值和实际值的比较。③ 通过项目目标的计划值和实际值的比较，如有偏差，则采取纠偏措施进行纠偏。

◆ 考法 2：归类题

【例题·2021 年真题·单选题】下列项目目标动态控制的纠偏措施中，属于技术措施的是（   ）。

   A. 选用高效的施工机具   B. 优化项目管理任务分工

   C. 调整项目管理职能分工   D. 改变控制的方法和手段

【答案】A

【解析】选项 B、C 为组织措施，选项 D 为管理措施。

1Z201083　动态控制在投资控制中的应用

核心考点　投资计划值和实际值的比较

序号	设计过程中	施工过程中
1	工程概算与投资规划的比较	工程合同价与工程概算的比较
2	工程预算与概算的比较	工程合同价与工程预算的比较
3		工程款支付与工程概算的比较
4		工程款支付与工程预算的比较
5	—	工程款支付与工程合同价的比较
6		工程决算与工程概算的比较
7		工程预算和工程合同价的比较

投资的计划值和实际值是相对的，如：

1. 相对于工程预算而言，工程概算是投资的计划值。

2. 相对于工程合同价，则工程概算和工程预算都可作为投资的计划值等。

◆ 考法：归类题

【例题·2018 年真题·单选题】应用动态控制原理控制项目投资时，属于设计过程中投资的计划值与实际值比较的是（   ）。

   A. 工程概算与工程合同价   B. 工程预算与工程合同价

   C. 工程预算与工程概算   D. 工程概算与工程决算

【答案】C

【解析】选项 A、B、D 属于施工过程中投资的计划值与实际值比较。

1Z201090　施工企业项目经理的工作性质、任务和责任

核 心 考 点 提 纲

     1Z201091　施工企业项目经理的工作性质—项目经理的工作性质

     1Z201093　施工企业项目经理的责任—项目经理的责任

     1Z201094　项目各参与方之间的沟通方法—项目沟通

     1Z201095　施工企业人力资源管理的任务—劳动用工管理

核心考点剖析

1Z201091 施工企业项目经理的工作性质

核心考点 项目经理的工作性质

一、项目经理的工作性质

1. 大、中型工程项目施工的项目经理必须由取得建造师注册证书的人员担任，但取得建造师注册证书的人员是否担任工程项目施工的项目经理，由企业自主决定。

2. 在国际上，建造师的执业范围相当宽，可以在施工企业、政府管理部门、建设单位、工程咨询单位、设计单位、教学和科研单位等执业。

3. 建筑施工企业项目经理，是指受企业法定代表人委托对工程项目施工过程全面负责的项目管理者。

4. 项目经理是企业任命的一个项目的项目管理班子的负责人（领导人）。

5. 他的任务仅限于主持项目管理工作，其主要任务是项目目标的控制和组织协调。

6. 建造师是一种专业人士的名称，而项目经理是一个工作岗位的名称。

7. 项目经理不是一个技术岗位，而是一个管理岗位。

8. 项目经理不仅要负责控制项目的质量目标、费用目标和进度目标等相关的传统项目管理工作，很重要的是要关注项目建成后实现期望的经济效益和社会效益，实现项目交付价值。

二、《建设工程施工合同（示范文本）》GF—2017—0201 中关于项目经理的条款

1. 项目经理应为合同当事人所确认的人选，并在专用合同条款中明确项目经理的姓名、职称、注册执业证书编号、联系方式及授权范围等事项，项目经理经承包人授权后代表承包人负责履行合同。

2. 项目经理应是承包人正式聘用的员工，承包人应向发包人提交项目经理与承包人之间的劳动合同，以及承包人为项目经理缴纳社会保险的有效证明。

3. 承包人不提交上述文件的，项目经理无权履行职责，发包人有权要求更换项目经理，由此增加的费用和（或）延误的工期由承包人承担。

4. 项目经理应常驻施工现场，且每月在施工现场时间不得少于专用合同条款约定的天数。

5. 项目经理不得同时担任其他项目的项目经理。

6. 承包人需要更换项目经理的，应提前 14 天书面通知发包人和监理人，并征得发包人书面同意。未经发包人书面同意，承包人不得擅自更换项目经理。

7. 发包人有权书面通知承包人更换其认为不称职的项目经理，通知中应当载明要求更换的理由。承包人应在接到更换通知后 14 天内向发包人提出书面的改进报告。发包人收到改进报告后仍要求更换的，承包人应在接到第二次更换通知的 28 天内进行更换。

8. 项目经理因特殊情况授权其下属人员履行其某项工作职责的，该下属人员应具备履行相应职责的能力，并应提前 7 天将上述人员的姓名和授权范围书面通知监理人，并征

得发包人书面同意。

◆ **考法：正误判断题**

【例题1·多选题】关于施工项目经理任职条件的说法，正确的有（　　）。

A. 通过建造师职业资格考试的人员只能担任项目经理

B. 项目经理必须由承包人正式聘用的建造师担任

C. 项目经理每月在施工现场的时间可自行决定

D. 项目经理不得同时担任其他项目的项目经理

E. 项目经理可以由取得项目管理师资格证书的人员担任

【答案】B、D

【解析】选项A、C、E错误。其中，选项A，通过建造师职业资格考试的人员，职业范围很宽广，不是只能担任项目经理；选项C，项目经理应常驻施工现场，且每月在施工现场时间不得少于专用合同条款约定的天数，所以项目经理每月在施工现场的时间不可以自行决定；选项E，项目经理只能由取得建造师资格证书的人员担任。

【例题2·多选题】根据《建设工程施工合同（示范文本）》GF—2017—0201，关于施工项目经理的说法，正确的有（　　）。

A. 承包人应向发包人提交与项目经理的劳动合同以及为其缴纳社会保险的有效证明

B. 承包人应在通用合同条款中明确项目经理的姓名、职称、注册执业证书编号等事项

C. 承包人未经发包人书面同意，不能擅自更换项目经理

D. 承包人接到发包人更换项目经理的书面通知后，应在14天内向发包人提出书面改进报告

E. 项目经理因特殊情况授权下属履行其职责时，必须提前48小时通知监理人及发包人

【答案】A、C、D

【解析】选项B说法错误，项目经理应为合同当事人所确认的人选，并在专用合同条款中明确项目经理的姓名、职称、注册执业证书编号、联系方式及授权范围等事项，项目经理经承包人授权后代表承包人负责履行合同。选项E说法错误，项目经理因特殊情况授权其下属人员履行其某项工作职责的，该下属人员应具备履行相应职责的能力，并应提前7天将上述人员的姓名和授权范围书面通知监理人，并征得发包人书面同意。

1Z201093　施工企业项目经理的责任

核心考点　项目经理的责任

一、项目管理目标责任书

项目管理目标责任书应在项目实施之前，由组织法定代表人或其授权人与项目管理机构负责人协商制定。项目管理目标责任书应属于组织内部明确责任的系统性管理文件，其内容应符合组织制度要求和项目自身特点。

编制项目管理目标责任书应依据下列信息：

1. 项目合同文件；

2. 组织管理制度；

3. 项目管理规划大纲；

4. 组织经营方针和目标；

5. 项目特点和实施条件与环境。

二、项目管理机构负责人的职责

1. 项目管理目标责任书中规定的职责；

2. 工程质量安全责任承诺书中应履行的职责；

3. 组织或参与编制项目管理规划大纲、项目管理实施规划，对项目目标进行系统管理；

4. 主持制定并落实质量、安全技术措施和专项方案，负责相关的组织协调工作；

5. 对各类资源进行质量管控和动态管理；

6. 对进场的机械、设备、工器具的安全、质量使用进行监控；

7. 建立各类专业管理制度并组织实施；

8. 制定有效的安全、文明和环境保护措施并组织实施；

9. 组织或参与评价项目管理绩效；

10. 进行授权范围的任务分解和利益分配；

11. 按规定完善工程资料，规范工程档案文件，准备工程结算和竣工资料，参与工程竣工验收；

12. 接受审计，处理项目管理机构解体的善后工作；

13. 协助和配合组织进行项目检查、鉴定和评奖申报；

14. 配合组织完善缺陷责任期的相关工作。

三、项目管理机构负责人的权限

1. 参与项目招标、投标和合同签订；

2. 参与组建项目管理机构；

3. 参与组织对项目各阶段的重大决策；

4. 主持项目管理机构工作；

5. 决定授权范围内的项目资源使用；

6. 在组织制度的框架下制定项目管理机构管理制度；

7. 参与选择并直接管理具有相应资质的分包人；

8. 参与选择大宗资源的供应单位；

9. 在授权范围内与项目相关方进行直接沟通；

10. 法定代表人和组织授予的其他权利。

四、项目经理的责任

1. 项目经理在工程项目施工中处于中心地位，对工程项目施工负有全面管理的责任；

2. 项目经理由于主观原因，或由于工作失误有可能承担法律责任和经济责任；

3. 政府主管部门将追究的主要是其法律责任，企业将追究的主要是其经济责任。

◆ 考法：归类题

【例题1·多选题】根据《建设工程项目管理规范》GB/T 50326—2017，制定项目管理目标责任书的主要依据有（　　）。

A. 项目管理实施规划
B. 项目合同文件
C. 组织的管理制度
D. 组织的经营方针和目标
E. 项目管理规划大纲

【答案】B、C、D、E

【解析】项目管理目标责任书应在项目实施之前，由法定代表人或其授权人与项目经理协商制定。而选项A，项目管理实施规划是在项目中标之后，开工之前，由项目经理主持编制。简单地说，就是先制定项目管理目标责任书，后编制项目管理实施规划。所以，制定项目管理目标责任书的主要依据没有项目管理实施规划。

【例题2·2019年真题·单选题】根据《建设工程项目管理规范》GB/T 50326—2017，项目管理机构负责人的职责包括（　　）等。

A. 参与组建项目管理机构
B. 主持编制项目管理目标责任书
C. 对各类资源进行质量监控和动态管理
D. 确定项目管理实施目标

【答案】C

【解析】本题有相当的难度。选项A属于项目管理机构负责人的权限而非职责。选项B，项目管理目标责任书不是由项目管理机构负责人主持编制的，而是由组织法定代表人或其授权人与项目管理机构负责人协商制定的。选项D，项目管理实施目标不是由项目管理机构负责人确定的，而是由组织法定代表人或其授权人与项目管理机构负责人在编制项目管理目标责任书时协商制定的。

1Z201094　项目各参与方之间的沟通方法

核心考点　项目沟通

一、沟通过程的要素

沟通过程包括五个要素，即：沟通主体、沟通客体、沟通介体、沟通环境和沟通渠道。

沟通主体可以选择和决定沟通客体、沟通介体、沟通环境和沟通渠道，在沟通过程中处于主导地位。

沟通客体即沟通对象，包括个体沟通对象和团体沟通对象。沟通对象是沟通过程的出发点和落脚点，因而在沟通过程中具有积极的能动作用。

沟通介体即沟通主体用以影响、作用于沟通客体的中介，包括沟通内容和沟通方法，它使沟通主体与客体间建立联系，以保证沟通过程的正常开展。

二、沟通障碍

沟通障碍主要来自三个方面：发送者的障碍、接受者的障碍和沟通通道的障碍。

1. 发送者的障碍

障碍主要表现在：表达能力不佳；信息传送不全；信息传递不及时或不适时；知识经验的局限；对信息的过滤等。

2. 接受者的障碍

从信息接受者的角度看，影响信息沟通的因素主要有以下几个方面：信息译码不准确；对信息的筛选；对信息的承受力；心理上的障碍；过早地评价情绪。

3. 沟通通道的障碍

沟通通道障碍主要有以下几个方面：

（1）选择沟通媒介不当。比如对于重要事情，口头传达效果较差，因为接受者会认为"口说无凭""随便说说"而不加重视。

（2）几种媒介相互冲突。当信息用几种形式传送时，如果相互之间不协调，会使接受者难以理解传递的信息内容。

（3）沟通渠道过长。组织机构庞大，内部层次多，从最高层传递信息到最低层，从低层汇总情况到最高层，中间环节太多，容易使信息损失较大。

（4）外部干扰。信息沟通过程中经常会受到自然界各种物理噪声、机器故障的影响或被另外事物干扰所打扰，也会因双方距离太远而沟通不便，影响沟通效果。

三、沟通障碍的形式

沟通障碍有如下两种形式：

1. 组织的沟通障碍

在管理中，合理的组织机构有利于信息沟通。但是，如果组织机构过于庞大，中间层次太多，信息从最高决策层传递到下层不仅容易产生信息的失真，而且还会浪费大量时间，影响信息的及时性。同时，自下而上的信息沟通，如果中间层次过多，同样也浪费时间，影响效率。

2. 个人的沟通障碍

个人的沟通障碍由以下多种原因造成：

（1）个性因素所引起的障碍；

（2）知识、经验水平的差距所导致的障碍；

（3）个体记忆不佳所造成的障碍；

（4）对信息的态度不同所造成的障碍；

（5）相互不信任所产生的障碍；

（6）沟通者的畏惧感以及个人心理品质也会造成沟通障碍。

◆ 考法 1：填空题

【例题·2021年真题·单选题】下列沟通过程中的诸要素中，处于主导地位的是（   ）。

A. 沟通主体 　　　　　　　　　B. 沟通客体

C. 沟通环境 　　　　　　　　　D. 沟通渠道

【答案】A

【解析】沟通主体可以选择和决定沟通客体、沟通介体、沟通环境和沟通渠道，在沟通过程中处于主导地位。

◆ 考法 2：正误判断题

【例题·2015年真题·多选题】关于沟通障碍的说法，正确的有（   ）。

A. 从信息发送者的角度看，影响信息沟通的因素可能是信息译码不准确

B. 沟通障碍来自发送者的障碍、接受者的障碍和沟通通道的障碍

C. 沟通障碍包括组织的沟通障碍和能力的沟通障碍两种形式

D. 从信息接受者的角度看，影响信息沟通的因素可能是心理上的障碍

E. 选择沟通媒介不当是沟通通道障碍的一个方面

【答案】B、D、E

【解析】选项 A 属于接受者的障碍，选项 C 沟通障碍包括组织的沟通障碍和个人的沟通障碍。

1Z201095　施工企业人力资源管理的任务

核心考点　劳动用工管理

一、劳动用工管理

1. 建筑施工企业（包括施工总承包企业、专业承包企业和劳务分包企业，下同）应当按照相关规定办理用工手续，不得使用零散工，不得允许未与企业签订劳动合同的劳动者在施工现场从事施工活动。

2. 建筑施工企业与劳动者建立劳动关系，应当自用工之日起按照劳动合同法规的规定订立书面劳动合同。劳动合同中必须明确规定劳动合同期限，工作内容，工资支付的标准、项目、周期和日期，劳动纪律，劳动保护和劳动条件以及违约责任。劳动合同应一式三份，双方当事人各持一份，劳动者所在工地保留一份备查。

3. 施工总承包企业和专业承包企业应当加强对劳务分包企业与劳动者签订劳动合同的监督，不得允许劳务分包企业使用未签订劳动合同的劳动者。

4. 建筑施工企业应当将每个工程项目中的施工管理、作业人员劳务档案中有关情况在当地建筑业企业信息管理系统中按规定如实填报。人员发生变更的，应当在变更后 7 个工作日内，在建筑业企业信息管理系统中作相应变更。

二、工资支付管理

1. 建筑施工企业应当按照当地的规定，根据劳动合同约定的工资标准、支付周期和日期，支付劳动者工资，不得以工程款被拖欠、结算纠纷、垫资施工等理由克扣劳动者工资。

2. 建筑施工企业应当每月对劳动者应得的工资进行核算，并由劳动者本人签字。

3. 建筑施工企业应当至少每月向劳动者支付一次工资，且支付部分不得低于当地最低工资标准，每季度末结清劳动者剩余应得的工资。

4. 建筑施工企业应当将工资直接发放给劳动者本人，不得将工资发放给包工头或者不具备用工主体资格的其他组织或个人。

5. 建筑施工企业应当对劳动者出勤情况进行记录，作为发放工资的依据，并按照工资支付周期编制工资支付表，不得伪造、变造、隐匿、销毁出勤记录和工资支付表。

6. 建筑施工企业因暂时生产经营困难无法按劳动合同约定的日期支付工资的，应当向劳动者说明情况，并经与工会或职工代表协商一致后，可以延期支付工资，但最长不得

超过 30 日。超过 30 日不支付劳动者工资的，属于无故拖欠工资行为。

7. 建筑施工企业与劳动者终止或者依法解除劳动合同，应当在办理终止或解除合同手续的同时一次性付清劳动者工资。

◆ **考法 1：正误判断题**

【例题·2021 年真题·单选题】关于建筑施工企业劳动用工的说法，错误的是（　　）。

A. 建筑施工企业应当按照相关规定办理用工手续，不得使用零散工

B. 建筑施工企业与劳动者应当自试用期满后，按照有关法规签订书面劳动合同

C. 劳动合同应一式三份，双方当事人各持一份，劳动者所在工地保留一份备查

D. 每个工程项目中作业人员的有关情况应按相关规定如实填报

【答案】B

【解析】建筑施工企业与劳动者建立劳动关系，应当自用工之日起按照劳动合同法规的规定订立书面劳动合同，故选项 B 错误。

◆ **考法 2：填空题**

【例题·2019 年真题·单选题】建筑施工企业因暂时生产经营困难无法按劳动合同约定日期支付工资的，应当向劳动者说明情况，并与工会或职工代表协商一致后，可以延期支付工资，但最长不得超过（　　）日。

A. 30　　　　　　　　　　　　　　B. 45

C. 60　　　　　　　　　　　　　　D. 90

【答案】A

【解析】本题考核的是工资支付管理。建筑施工企业因暂时生产经营困难无法按劳动合同约定的日期支付工资的，应当向劳动者说明情况，并经与工会或职工代表协商一致后，可以延期支付工资，但最长不得超过 30 日。

1Z201100　建设工程项目的风险和风险管理的工作流程

核心考点提纲

> 1Z201101　项目的风险类型 {
> 1. 风险量
> 2. 四类风险
> }
> 1Z201102　项目风险管理的工作流程—风险管理的工作流程

核心考点剖析

1Z201101　项目的风险类型

核心考点一　风险量

风险量是指不确定的损失程度和损失发生的概率。若某个可能发生的事件其可能的损失程度和发生的概率都很大，则其风险量就很大，如图 1Z201101 所示的风险区 A。

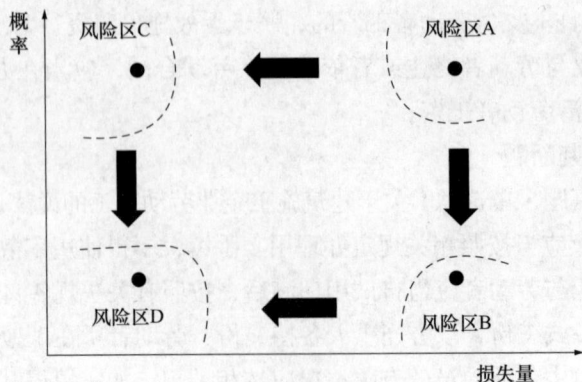

图 1Z201101　事件风险量的区域

若某事件经过风险评估，它处于风险区 A，则应采取措施，降低其概率，即使它移位至风险区 B；或采取措施降低其损失量，即使它移位至风险区 C。风险区 B 和 C 的事件则应采取措施，使其移位至风险区 D。

核心考点二　四类风险

序号	组织风险	经济与管理风险
1	组织结构模式	宏观和微观经济情况
2	工作流程组织	工程资金供应的条件
3	任务分工和管理职能分工	合同风险
4	业主方（人员）的构成和能力	现场与公用防火设施的可用性及其数量
5	设计人员和监理工程师的能力	事故防范措施和计划
6	承包方管理人员和一般技工的能力	人身安全控制计划
7	施工机械操作人员的能力和经验	信息安全控制计划等
8	损失控制和安全管理人员的资历和能力等	—

序号	工程环境风险	技术风险
1	自然灾害	工程勘测资料和有关文件
2	岩土地质条件和水文地质条件	工程设计文件
3	气象条件	工程施工方案
4	引起火灾和爆炸的因素等	工程物资
5	—	工程机械等

◆ **考法：归类题**

【例题 1·2014 年真题·多选题】下列建设工程项目风险中，属于组织风险的有（　　）。

A. 人身安全控制计划　　　　　　　B. 工作流程组织

C. 引起火灾和爆炸的因素　　　　　　　　D. 任务分工和管理职能分工

E. 设计人员和监理工程师的能力

【答案】B、D、E

【解析】选项 A 属于经济与管理风险，选项 C 属于工程环境风险。

【例题 2·2013 年真题·单选题】下列影响建设工程项目实施的风险因素中，属于技术风险的是（　　　）。

A. 工程勘察资料　　　　　　　　　　　　B. 气象条件

C. 公用防火设施的数量　　　　　　　　　D. 人身安全控制计划

【答案】A

【解析】选项 B 属于工程环境风险，选项 C、D 属于经济与管理风险。

1Z201102　项目风险管理的工作流程

核心考点　风险管理的工作流程

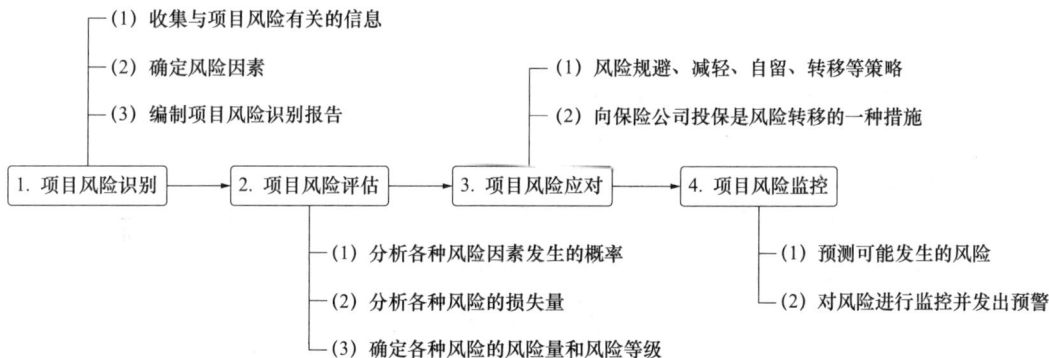

```
┌─(1) 收集与项目风险有关的信息
├─(2) 确定风险因素                      ┌─(1) 风险规避、减轻、自留、转移等策略
├─(3) 编制项目风险识别报告             ├─(2) 向保险公司投保是风险转移的一种措施

┌──────────────┐   ┌──────────────┐   ┌──────────────┐   ┌──────────────┐
│1. 项目风险识别│ → │2. 项目风险评估│ → │3. 项目风险应对│ → │4. 项目风险监控│
└──────────────┘   └──────────────┘   └──────────────┘   └──────────────┘
                    ┌─(1) 分析各种风险因素发生的概率        ┌─(1) 预测可能发生的风险
                    ├─(2) 分析各种风险的损失量              ├─(2) 对风险进行监控并发出预警
                    └─(3) 确定各种风险的风险量和风险等级
```

◆ 考法：归类题

【例题·2021 年真题·多选题】项目风险评估工作包括（　　　）。

A. 确定各种风险的风险等级　　　　　　　B. 确定风险因素

C. 确定应对各种风险的对策　　　　　　　D. 分析各种风险的损失量

E. 分析各种风险因素的发生概率

【答案】A、D、E

【解析】选项 B 属于风险识别的工作，选项 C 属于风险应对的工作。

1Z201110　建设工程监理的工作性质、工作任务和工作方法

核心考点提纲

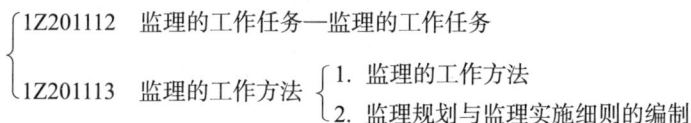

┌ 1Z201112　监理的工作任务—监理的工作任务

└ 1Z201113　监理的工作方法 ┌ 1. 监理的工作方法
　　　　　　　　　　　　　　 └ 2. 监理规划与监理实施细则的编制

核心考点剖析

1Z201112　监理的工作任务

核心考点　监理的工作任务

一、安全生产监理

1. 工程监理单位应当审查施工组织设计中的安全技术措施或者专项施工方案是否符合工程建设强制性标准。

2. 工程监理单位在实施监理过程中，发现存在安全事故隐患的，应当要求施工单位整改。

3. 情况严重的，应当要求施工单位暂时停止施工，并及时报告建设单位。

4. 施工单位拒不整改或者不停止施工的，工程监理单位应当及时向有关主管部门报告。

二、监理工作的主要任务

1. 施工准备阶段建设监理工作的主要任务

（1）审查施工单位选择的分包单位的资质。

（2）监督检查施工单位质量保证体系及安全技术措施，完善质量管理程序与制度。

（3）参与设计单位向施工单位的设计交底。

（4）审查施工组织设计。

（5）在单位工程开工前检查施工单位的复测资料。

（6）对重点工程部位的中线和水平控制进行复查。

（7）审批一般单项工程和单位工程的开工报告。

2. 施工阶段的质量控制

（1）核验施工测量放线，验收隐蔽工程、分部分项工程，签署分项、分部工程和单位工程质量评定表。

（2）进行巡视、旁站和平行检验，对发现的质量问题应及时通知施工单位整改，并做监理记录。

（3）审查施工单位报送的工程材料、构配件、设备的质量证明资料，抽检进场的工程材料、构配件的质量。

（4）审查施工单位提交的采用新材料、新工艺、新技术、新设备的论证材料及相关验收标准。

（5）检查施工单位的测量、检测仪器设备、度量衡定期检验的证明文件。

（6）监督施工单位对各类土木和混凝土试件按规定进行检查和抽查。

（7）监督施工单位认真处理施工中发生的一般质量事故，并认真做好记录。

（8）对大和重大质量事故以及其他紧急情况报告业主。

3. 施工阶段的进度控制

（1）监督施工单位严格按照施工合同规定的工期组织施工。

（2）审查施工单位提交的施工进度计划，核查施工单位对施工进度计划的调整。

（3）建立工程进度台账，核对工程形象进度，按月、季和年度向业主报告工程执行情况、工程进度以及存在的问题。

4. 施工阶段的投资控制

（1）审核施工单位提交的工程款支付申请，签发或出具工程款支付证书，并报业主审核、批准。

（2）建立计量支付签证台账，定期与施工单位核对清算。

（3）审查施工单位提交的工程变更申请，协调处理施工费用索赔、合同争议等事项。

（4）审查施工单位提交的竣工结算申请。

5. 竣工验收阶段建设监理工作的主要任务

（1）督促和检查施工单位及时整理竣工文件和验收资料，并提出意见。

（2）审查施工单位提交的竣工验收申请，编写工程质量评估报告。

（3）组织工程预验收，参加业主组织的竣工验收，并签署竣工验收意见。

（4）编制、整理工程监理归档文件并提交给业主。

6. 施工合同管理方面的工作

（1）拟订合同结构和合同管理制度，包括合同草案的拟订、会签、协商、修改、审批、签署和保管等工作制度及流程。

（2）协助业主拟订工程的各类合同条款，并参与各类合同的商谈。

（3）合同执行情况的分析和跟踪管理。

（4）协助业主处理与工程有关的索赔事宜及合同争议事宜。

◆ 考法 1：正误判断题

【例题·2018 年真题·单选题】根据《建设工程安全生产管理条例》，关于工程监理单位安全责任的说法，正确的是（　　　）。

A. 在实施监理过程中发现情况严重的安全事故隐患，应要求施工单位整改

B. 在实施监理过程中发现情况严重的安全事故隐患，应及时向有关主管部门报告

C. 应审查专项施工方案是否符合工程建设强制性标准

D. 对于情节严重的安全事故隐患，施工单位拒不整改时应向建设单位报告

【答案】C

【解析】《建设工程安全生产管理条例》规定：工程监理单位应当审查施工组织设计中的安全技术措施或者专项施工方案是否符合工程建设强制性标准。工程监理单位在实施监理过程中，发现存在安全事故隐患的，应当要求施工单位整改；情况严重的，应当要求施工单位暂时停止施工，并及时报告建设单位。施工单位拒不整改或者不停止施工的，工程监理单位应当及时向有关主管部门报告。工程监理单位和监理工程师应当按照法律、法规和工程建设强制性标准实施监理，并对建设工程安全生产承担监理责任。

◆ 考法 2：归类题

【例题·2022 年真题·单选题】下列工作中，属于工程监理单位施工质量控制任务的是（　　　）。

A. 核查施工进度计划的调整   B. 验收隐蔽工程

C. 核对工程形象进度   D. 参加项目应急预案演练

【答案】B

【解析】选项A、C属于监理单位施工阶段进度控制的任务；选项D属于监理单位施工阶段安全生产管理的任务。

1Z201113 监理的工作方法

核心考点一 监理的工作方法

1. 工程监理人员认为工程施工不符合工程设计要求、施工技术标准和合同约定的，有权要求建筑施工企业改正。

2. 工程监理人员发现工程设计不符合建筑工程质量标准或者合同约定的质量要求的，应当报告建设单位要求设计单位改正。

◆ 考法：填空题

【例题·2021年真题·单选题】工程监理人员在实施监理过程中，发现工程设计不符合工程质量标准或合同约定的质量要求时，应当采取的措施是（   ）。

A. 要求施工单位报告设计单位改正   B. 直接与设计单位确认修改工程设计

C. 报告建设单位要求设计单位改正   D. 要求设计单位改正并报告建设单位

【答案】C

【解析】工程监理人员发现工程设计不符合建筑工程质量标准或者合同约定的质量要求的，应当报告建设单位要求设计单位改正。

核心考点二 监理规划与监理实施细则的编制

一、编制程序对比

序号	监理规划的编制程序	监理实施细则的编制程序
1	在签订委托监理合同及收到设计文件后开始编制，在召开第一次工地会议前报送业主	在相应工程施工开始前编制完成
2	由总监理工程师主持，专业监理工程师参加编制	由专业监理工程师参与编制
3	必须经监理单位技术负责人审批	必须经总监理工程师批准

二、编制依据对比

序号	监理规划的编制依据	监理实施细则编制依据
1	建设工程的相关法律、法规及项目审批文件	已批准的工程建设监理规划
2	与建设工程项目有关的标准、设计文件和技术资料	相关的专业工程的标准、设计文件和有关的技术资料
3	监理大纲、委托监理合同文件以及建设项目相关的合同文件	施工组织设计

三、监理实施细则的内容

1. 专业工程的特点；

2. 监理工作的流程；

3. 监理工作的控制要点及目标值；

4. 监理工作的方法和措施。

◆ 考法 1：填空题

【例题·2016 年真题·单选题】根据《建设工程监理规范》GB/T 50319—2013，工程建设监理实施细则必须经（　　）批准。

A. 监理单位技术负责人　　　　　B. 总监理工程师

C. 专业监理工程师　　　　　　　D. 监理单位法定代表人

【答案】B

【解析】工程建设监理实施细则应在工程施工开始前编制完成，并必须经总监理工程师批准。

◆ 考法 2：归类题

【例题·2015 年真题·多选题】根据《建设工程监理规范》GB/T 50319—2013，编制工程建设监理实施细则的依据有（　　）。

A. 工程建设标准　　　　　　　　B. 监理大纲

C. 监理委托合同　　　　　　　　D. 施工组织设计

E. 工程设计文件

【答案】A、D、E

【解析】编制工程建设监理实施细则的依据：（1）已批准的工程建设监理规划；（2）相关的专业工程的标准、设计文件和有关的技术资料；（3）施工组织设计。

本章经典真题回顾

一、单项选择题（每题的备选项中，只有 1 个最符合题意）

1.【2022 年真题】建设工程项目决策阶段策划工作内容中，项目编码体系分析属于（　　）的工作内容。

A. 组织策划　　　　　　　　　　B. 管理策划

C. 合同策划　　　　　　　　　　D. 技术策划

【答案】A

【解析】项目决策阶段组织策划主要工作内容包括：① 决策期的组织结构；② 决策期任务分工；③ 决策期管理职能分工；④ 决策期工作流程；⑤ 实施期组织总体方案；⑥ 项目编码体系分析。

2.【2021 年真题】关于施工方项目管理目标的说法，正确的是（　　）。

A. 分包方的成本目标由施工总承包方确定

B. 施工总承包方的工期目标和质量目标必须符合合同的要求

C. 施工总承包方的成本目标由施工企业根据合同确定

D. 与业主方签订分包合同的工程，其工期目标和质量目标由分包方负责

【答案】B

【解析】本题考核施工方项目管理目标。选项A错误，分包方的成本目标是该施工企业内部自行确定的。选项C错误，施工总承包方或施工总承包管理方的成本目标是由施工企业根据其生产和经营的情况自行确定的。选项D错误，施工总承包方或施工总承包管理方应对合同规定的工期目标和质量目标负责。

3.【2020年真题】根据《建设项目工程总承包管理规范》GB/T 50358—2017，项目总承包方项目管理工作涉及（　　　）。

A. 项目决策管理、设计管理、施工管理和试运行管理

B. 项目设计管理、施工管理、试运行管理和项目收尾

C. 项目决策管理、设计管理、施工管理、试运行管理和项目收尾

D. 项目设计管理、采购管理、施工管理、试运行管理和项目收尾

【答案】D

【解析】根据《建设项目工程总承包管理规范》GB/T 50358—2017，项目总承包方的管理工作涉及：（1）项目设计管理；（2）项目采购管理；（3）项目施工管理；（4）项目试运行管理和项目收尾等。

4.【2020年真题】下列工程项目决策阶段策划工作内容中，属于组织策划的是（　　　）。

A. 设计项目管理组织结构　　　　B. 制定项目管理工作流程

C. 确定项目实施期组织总体方案　D. 进行项目管理职能分工

【答案】C

【解析】本题考核的是决策阶段策划和实施阶段策划工作内容的区分，是近五年的必考知识点。选项A、B、D都属于项目实施阶段组织策划的工作内容。

5.【2019年真题】项目管理实施规划的编制工作包括：① 分析项目具体特点和环境条件；② 熟悉相关的法规和文件；③ 了解相关方的要求；④ 履行报批手续；⑤ 实施编制活动。正确的工作程序是（　　　）。

A. ①—②—③—④—⑤　　　　B. ①—③—②—⑤—④

C. ③—②—①—④—⑤　　　　D. ③—①—②—⑤—④

【答案】D

【解析】项目管理实施规划的编制工作程序：（1）了解相关方的要求；（2）分析项目具体特点和环境条件；（3）熟悉相关的法规和文件；（4）实施编制活动；（5）履行报批手续。

6.【2019年真题】根据《建设工程安全生产管理条例》，对达到一定规模的危险性较大的分部（分项）工程编制专项施工方案，经施工单位技术负责人和（　　　）签字后实施。

A. 项目经理　　　　　　　　　B. 项目技术负责人

C. 总监理工程师　　　　　　　D. 业主方项目负责人

【答案】C

【解析】《建设工程安全生产管理条例》规定：对达到一定规模的危险性较大的分部（分项）工程编制专项施工方案，并附具安全验算结果，经施工单位技术负责人、总监理工程师签字后实施。

7.【2019年真题】建筑施工企业因暂时生产经营困难无法按劳动合同约定日期支付工资的，应当向劳动者说明情况，并与工会或职工代表协商一致后，可以延期支付工资，但最长不得超过（　　）日。

A. 30
B. 45
C. 60
D. 90

【答案】A

【解析】本题考核的是工资支付管理。建筑施工企业因暂时生产经营困难无法按劳动合同约定的日期支付工资的，应当向劳动者说明情况，并经与工会或职工代表协商一致后，可以延期支付工资，但最长不得超过30日。

8.【2018年真题】关于施工方项目管理的说法，正确的是（　　）。

A. 可以采用工程施工总承包管理模式
B. 项目的整体利益和施工方本身的利益是对立关系
C. 施工方项目管理工作涉及项目实施阶段的全过程
D. 施工方项目管理的目标应根据其生产和经营的情况确定

【答案】A

【解析】本题考核的是施工方的项目管理。项目的整体利益和施工方本身的利益是对立统一关系，两者有其统一的一面，也有其矛盾的一面，故选项B表述过于绝对。施工方项目管理工作涉及设计阶段、施工阶段、动用前准备阶段和保修期，主要在施工阶段进行。施工总承包方或施工总承包管理方的成本目标是由施工企业根据其生产和经营的情况自行确定的，要注意"目标"有"成本目标"的不同，故选项D错误。

9.【2018年真题】关于项目结构分析的说法，正确的是（　　）。

A. 同一个建设工程项目只有一个项目结构的分解方法
B. 居住建筑开发项目可根据建设的时间对项目结构进行逐层分解
C. 群体项目最多可进行到第二层次的分解
D. 单体工程不应再进行项目结构分解

【答案】B

【解析】本题考核的是项目结构分析。同一个建设工程项目可有不同的项目结构的分解方法，故选项A表述错误。一些居住建筑开发项目，可根据建设的时间对项目的结构进行逐层分解，如第一期工程、第二期工程和第三期工程等，选项B说法正确。群体项目、单体工程可以进行多层次分解，故选项C、D错误。

10.【2018年真题】某施工企业承接了"一带一路"的国际项目，但缺乏具备国际工程施工经验的管理人员和施工人员，这类风险属于建设工程风险类型中的（　　）。

A. 组织风险
B. 经济与管理风险
C. 工程环境风险
D. 技术风险

【答案】A

【解析】本题考核的是建设工程项目的风险类型。建设工程项目的组织风险，如：（1）组织结构模式；（2）工作流程组织；（3）任务分工和管理职能分工；（4）业主方（包括代表业主利益的项目管理方）人员的构成和能力；（5）设计人员和监理工程师的能力；（6）承包方管理人员和一般技工的能力；（7）施工机械操作人员的能力和经验；（8）损失控制和安全管理人员的资历和能力等。

11.【2017年真题】建设工程管理工作是一种增值服务工作，下列属于工程建设增值的是（　　）。

A. 确保工程使用安全
B. 满足最终用户的使用功能
C. 有利于工程维护
D. 提高工程质量

【答案】D

【解析】选项A、B、C都属于工程使用增值，选项D属于工程建设增值。

12.【2017年真题】根据《建筑施工组织设计规范》GB/T 50502—2009，"合理安排施工顺序"属于施工组织设计中（　　）的内容。

A. 施工进度计划
B. 施工部署和施工方案
C. 施工平面图
D. 施工准备工作计划

【答案】B

【解析】本题考查的是施工组织设计的基本内容中施工部署和施工方案、施工进度计划、施工平面图这三者概念的理解与区分。施工部署及施工方案包括：（1）根据工程情况，结合人力、材料、机械设备、资金、施工方法等条件，全面部署施工任务，合理安排施工顺序，确定主要工程的施工方案；（2）对拟建工程可能采用的几个施工方案进行定性、定量的分析，通过技术经济评价，选择最佳方案。故正确答案是选项B。

13.【2017年真题】应用动态控制原理进行建设工程项目投资控制时，相对于工程合同价，投资的计划值是（　　）。

A. 施工预算
B. 工程进度款
C. 工程预算
D. 工程决算

【答案】C

【解析】相对于工程合同价，则工程概算和工程预算都可作为投资的计划值。

14.【2016年真题】关于管理职能分工表的说法，错误的是（　　）。

A. 是用表的形式反映项目管理班子内部项目经理、各工作部门和各工作岗位对各项工作任务的项目管理职能分工
B. 可辅以管理职能分工描述书来明确每个工作部门的管理职能
C. 管理职能分工表无法暴露仅用岗位责任描述书时所掩盖的矛盾
D. 可以用管理职能分工表来区分业主方和代表业主利益的项目管理方和工程建设监理方等的管理职能

【答案】C

【解析】选项C说法错误，工业发达国家在建设项目管理中广泛应用管理职能分工表，

以使管理职能的分工更清晰、更严谨，并会暴露仅用岗位责任描述书时所掩盖的矛盾。

15.【2016 年真题】根据施工组织设计的管理要求，重点、难点分部（分项）工程施工方案的批准人是（　　）。

A. 项目技术负责人   B. 项目负责人

C. 施工单位技术负责人   D. 总监理工程师

【答案】C

【解析】重点、难点分部（分项）工程和专项工程施工方案应由施工单位技术部门组织相关专家评审，施工单位技术负责人批准。

16.【2015 年真题】下列工程项目策划工作中，属于项目决策阶段合同策划的是（　　）。

A. 组织方案设计竞赛   B. 确定项目设计合同结构方案

C. 拟定施工合同文本   D. 确定实施期合同结构总体方案

【答案】D

【解析】本题考查的是项目决策阶段策划的工作内容，合同策划主要内容包括：（1）决策期的合同结构；（2）决策期的合同内容和文本；（3）实施期合同结构总体方案。故选项D 正确。

17.【2015 年真题】根据《建设工程施工合同（示范文本）》GF—2013—0201，承包人应在首次收到发包人要求更换项目经理的书面通知后（　　）天内向发包人提出书面改进报告。

A. 28   B. 21

C. 14   D. 7

【答案】C

【解析】发包人有权书面通知承包人更换其认为不称职的项目经理，通知中应当载明要求更换的理由。承包人应在接到更换通知后 14 天内向发包人提出书面的改进报告。

18.【2014 年真题】下列工程项目风险管理工作中，属于风险评估阶段的是（　　）。

A. 确定风险因素   B. 编制项目风险识别报告

C. 确定各种风险的风险量和风险等级   D. 对风险进行监控

【答案】C

【解析】选项A、B 属于风险识别，选项 D 属于风险控制。

19.【2013 年真题】根据项目目标动态控制的工作程序，第一步工作是（　　）。

A. 收集项目目标的实际值   B. 进行目标的计划值与实际值比较

C. 进行项目目标分解   D. 确定各种资源投入量

【答案】C

【解析】动态控制程序第一步：对项目的目标进行分解，以确定用于目标控制的计划值。

20.【2013 年真题】根据《建设工程监理规范》GB/T 50319—2013，对中型及以上或专业性较强的工程项目，项目监理机构应编制工程建设监理实施细则，并必须经（　　）

批准后执行。

    A. 监理单位技术负责人   B. 专业监理工程师

    C. 总监理工程师   D. 业主代表

【答案】C

【解析】工程建设监理实施细则应在工程施工开始前编制完成，并必须经总监理工程师批准。

二、**多项选择题**（每题的备选项中，有2个或2个以上符合题意，至少有1个错项）

1.【2022年真题】工程项目风险管理中常用的风险对策有（   ）。

    A. 风险规避   B. 风险减轻

    C. 风险自留   D. 风险监控

    E. 风险转移

【答案】A、B、C、E

【解析】常用的风险对策包括风险规避、减轻、自留、转移及其组合等策略。

2.【2020年真题】根据《建设项目工程总承包管理规范》GB/T 50358—2005，工程总承包方在项目管理收尾阶段的工作有（   ）。

    A. 办理决算手续   B. 办理项目资料归档

    C. 清理各种债权债务   D. 进行项目总结

    E. 考核评价项目部人员

【答案】B、D、E

【解析】项目总承包方的工作程序如下：（1）项目启动；（2）项目初始阶段；（3）设计阶段；（4）采购阶段；（5）施工阶段；（6）试运行阶段；（7）合同收尾；（8）项目管理收尾。其中项目管理收尾包括：办理项目资料归档，进行项目总结，对项目部人员进行考核评价，解散项目部。都带关键词"项目"。选项A、C都属于合同收尾的工作。

3.【2019年真题】关于工作任务分工和管理职能分工的说法，正确的有（   ）。

    A. 管理职能是由管理过程的多个工作环节组成

    B. 在一个项目实施的全过程中，应视具体情况对工作任务分工进行调整

    C. 管理职能分工表既可用于项目管理，也可用于企业管理

    D. 编制任务分工表前应对项目实施各阶段的具体管理工作进行详细分解

    E. 项目各参与方应编制统一的工作任务分工表和管理职能分工表

【答案】A、B、C、D

【解析】选项E说法错误，业主方和项目各参与方，如设计单位、施工单位、供货单位和工程管理咨询单位等都有各自的项目管理的任务和其管理职能分工，上述各方都应该编制各自的（非统一的）项目管理职能分工表。

4.【2019年真题】项目风险管理过程中，项目风险评估包括（   ）。

    A. 确定风险因素   B. 编制项目风险识别报告

    C. 分析各种风险的损失量   D. 分析各种风险因素发生的概率

    E. 确定各种风险的风险量和风险等级

【答案】C、D、E

【解析】选项 A、B 属于项目风险识别的内容。

5.【2018 年真题】关于项目施工总承包模式特点的说法，正确的有（　　　）。

A. 业主择优选择承包方范围小

B. 项目质量好坏取决于总承包单位的管理水平和技术水平

C. 开工日期不可能太早，建设周期会较长

D. 有利于业主方的总投资控制

E. 与平行发包模式相比，业主组织协调工作量大大减少

【答案】B、C、D、E

【解析】本题考核的是施工总承包模式的特点。"建设工程项目质量的好坏在很大程度上取决于施工总承包单位的管理水平和技术水平"属于施工总承包模式进度质量方面的特点，故选项 B 正确。"由于一般要等施工图设计全部结束后，业主才进行施工总承包的招标，因此，开工日期不可能太早，建设周期会较长"属于施工总承包模式进度控制方面的特点，故选项 C 正确。"在开工前就有较明确的合同价，有利于业主的总投资控制"是施工总承包模式投资控制方面的特点，故选项 D 正确。"由于业主只负责对施工总承包单位的管理及组织协调，其组织与协调的工作量比平行发包会大大减少，这对业主有利"是施工总承包模式进度质量方面的特点，故选项 E 正确。

6.【2017 年真题】建设工程项目施工准备阶段，建设监理工作的主要任务有（　　　）。

A. 审查分包单位资质条件　　　　　　B. 检查施工单位的试验室

C. 签署单位工程质量评定表　　　　　D. 审查施工单位提交的施工进度计划

E. 审查工程开工条件

【答案】A、B、E

【解析】选项 C 属于竣工验收阶段建设监理工作的主要任务，选项 D 属于施工阶段建设监理的进度控制工作。

7.【2017 年真题】与施工总承包模式相比，施工总承包管理模式的优点有（　　　）。

A. 整个建设项目合同总额的确定较有依据

B. 对业主方节约投资较为有利

C. 缩短建设周期，进度控制较为有利

D. 能为分包单位提供更好的管理和服务

E. 施工现场的总体管理与协调较为有利

【答案】A、B、C

【解析】选项 D、E 说法错误，对分包单位的管理和服务以及施工现场的总体管理与协调，施工总承包模式和施工总承包管理模式是一样的。

8.【2016 年真题】关于建设工程项目管理的说法，正确的有（　　　）。

A. 业主方是建设工程项目生产过程的总组织者

B. 建设工程项目管理的核心任务是项目的费用控制

C. 施工方的项目管理是项目管理的核心

D. 建设工程项目各参与方的工作性质和工作任务不尽相同

E. 实施建设工程项目管理需要有明确的投资、进度和质量目标

【答案】A、D、E

【解析】选项B、C说法错误。其中，选项B，建设工程项目管理的核心任务是项目的目标控制，而非费用控制；选项C，业主方的项目管理往往是该项目的项目管理的核心，而非施工方。

9.【2015年真题】关于组织结构模式、组织分工和工作流程组织的说法，正确的有（　　）。

A. 组织结构模式反映指令关系

B. 工作流程组织反映工作间逻辑关系

C. 组织分工是指工作任务分工

D. 组织分工和工作流程组织都是动态组织关系

E. 组织结构模式和组织分工是一种相对静态的组织关系

【答案】A、B、E

【解析】组织结构模式反映一个组织系统中各子系统之间或各元素（各工作部门或各管理人员）之间的指令关系。组织分工反映一个组织系统中各子系统或各元素的工作任务分工和管理职能分工。工作流程组织反映一个组织系统中各项工作之间的逻辑关系，是一种动态关系。组织结构模式和组织分工都是一种相对静态的组织关系，工作流程组织是一种动态关系。

10.【2014年真题】根据《建筑施工组织设计规范》GB/T 50502—2009，以分部（分项）工程或专项工程为主要对象编制的施工方案，其主要内容包括（　　）。

A. 工程概况   B. 施工部署

C. 施工方法和工艺要求   D. 施工准备与资源配置计划

E. 施工现场平面布置

【答案】A、C、D

【解析】本题考查的是施工方案的内容和单位工程施工组织设计的内容的区分。选项B、E属于单位工程施工组织设计的内容。

11.【2013年真题】关于施工总承包管理模式特点的说法，正确的有（　　）。

A. 在开工前有较明确的合同价，有利于业主的总投资控制

B. 业主方的招标及合同管理工作量较大

C. 多数情况下，由业主方与分包人直接签约，这样有可能减少业主方的风险

D. 分包工程任务符合质量控制的"他人控制"原则，对质量控制有利

E. 各分包之间的关系可由施工总承包管理单位负责协调，这样可减轻业主方管理的工作量

【答案】B、D、E

【解析】选项A、C错误。其中，选项A，在进行对施工总承包管理单位的招标时，只确定施工总承包管理费，而不确定工程总造价；选项C，多数情况下，由业主方与分包

人直接签约，加大了业主方的风险。

本章模拟强化练习

1Z201010 建设工程管理的内涵和任务

1. 项目决策期管理的主要任务是（　　）。

A. 确定项目的范围
B. 确定项目的定义

C. 确定项目的初步设计
D. 确定项目的 WBS

2. 项目实施期管理的主要任务是（　　）。

A. 确定项目的范围
B. 确定项目的定义

C. 实现项目的目标
D. 沟通与协调

1Z201020 建设工程项目管理的目标和任务

1. 业主方项目管理工作中，最重要的任务是（　　）。

A. 投资控制
B. 合同管理

C. 质量控制
D. 安全管理

2. 关于项目参与各方项目管理的说法，正确的是（　　）。

A. 业主方项目管理的投资目标指的是项目的总投资目标

B. 设计方的项目管理目标不包括项目的投资目标

C. 施工方的项目管理不包括安全管理

D. 供货方的项目管理工作主要在施工阶段，但也涉及准备阶段、设计阶段等

E. 项目总承包方项目管理的目标包括项目的总投资目标等

1Z201030 建设工程项目的组织

1. 影响一个系统目标实现的主要因素有（　　）。

A. 组织
B. 环境因素

C. 人的因素
D. 方法与工具

E. 合同

2. 控制项目目标的主要措施包括组织措施、管理措施、经济措施和技术措施，其中最重要的措施是（　　）。

A. 组织措施
B. 管理措施

C. 经济措施
D. 技术措施

3. 对项目的结构进行逐层分解所采用的组织工具是（　　）。

A. 项目结构图
B. 组织结构图

C. 合同结构图
D. 工作流程图

4. 施工单位编制项目管理任务分工表之前要完成的工作是（　　）。

A. 对项目实施各阶段的管理任务进行详细分解

B. 明确各项管理工作的工作流程

C. 落实各工作部门的具体人员

D. 对各项管理工作的执行情况进行检查

1Z201040 建设工程项目策划

1. 建设工程项目实施阶段策划的主要任务是确定（　　　）。

A. 项目建设的总目标 　　　　　B. 如何实现项目的目标

C. 项目建设的指导思想 　　　　D. 如何组织项目的开发或建设

2. 在建设工程项目实施阶段策划工作中，对项目目标的分析和论证的主要工作内容包括（　　　）。

A. 项目的功能分解 　　　　　　B. 项目总投资规划和论证

C. 编制项目建设总进度规划 　　D. 建立编码体系

E. 确定建设规模和标准

1Z201050 建设工程项目采购的模式

1. 业主方委托一个施工单位或由多个施工单位组成的施工联合体或施工合作体作为施工总承包单位，施工总承包单位视需要再委托其他施工单位作为分包单位配合施工，这种施工任务委托模式是（　　　）。

A. 施工总承包 　　　　　　　　B. 施工总承包管理

C. 平行承发包 　　　　　　　　D. 建设工程项目总承包

2. 施工总承包模式的最大缺点是（　　　）。

A. 容易引发索赔 　　　　　　　B. 建设周期较长

C. 不利于投资控制 　　　　　　D. 业主组织协调工作量较大

3. 属于施工总承包在质量控制方面的特点的是（　　　）。

A. 质量的好坏在很大程度上取决于施工总承包单位的管理水平和技术水平

B. 质量的好坏在很大程度上取决于分包单位的管理水平和技术水平

C. 质量的好坏在很大程度上取决于业主方的管理水平和技术水平

D. 分包工程任务符合质量"他人控制"原则，对质量控制有利

4. 关于施工总承包和施工总承包管理模式的说法，正确的是（　　　）。

A. 施工总承包模式如果采用费率招标，对投资控制有利

B. 施工总承包管理模式，业主方招标和合同管理的工作量较小

C. 施工总承包管理模式一般要等到施工图全部设计完成才能进行招标

D. 施工总承包管理模式有利于压缩工期

1Z201060 建设工程项目管理规划的内容和编制方法

建设工程项目管理规划涉及整个实施阶段，它属于（　　　）项目管理范畴。

A. 业主方   B. 承包方

C. 咨询单位   D. 设计单位

1Z201070 施工组织设计的内容和编制方法

1. 不属于单位工程施工组织设计主要内容的是（   ）。

A. 工程概况   B. 施工现场平面布置

C. 主要施工方案   D. 施工安排

2. 施工组织总设计和单位工程施工组织设计均应包括的主要内容有（   ）。

A. 工程概况   B. 主要资源配置计划

C. 施工安排   D. 施工方法及工艺要求

E. 施工进度计划

3. 施工组织设计按编制对象，可分为（   ）。

A. 施工组织总设计   B. 单项施工组织设计

C. 单位工程施工组织设计   D. 施工方案

E. 分项工程施工组织设计

1Z201080 建设工程项目目标的动态控制

1. 在应用动态控制原理控制建设工程项目目标时，调整项目组织结构、管理职能分工属于（   ）措施。

A. 组织   B. 合同

C. 经济   D. 技术

2. 下列目标控制的措施中，属于管理措施的是（   ）。

A. 对进度控制的任务分工进行调整   B. 对进度控制的方法进行调整

C. 落实加快工程施工进度所需的资金   D. 改变施工机械加快工程进度

3. 在施工过程中，投资的计划值和实际值的比较包括（   ）。

A. 工程合同价与工程概算的比较   B. 工程合同价与工程预算的比较

C. 工程款支付与工程概算的比较   D. 工程款支付与工程预算的比较

E. 工程决算与投资规划的比较

1Z201090 施工企业项目经理的工作性质、任务和责任

1. 项目经理在承担项目施工管理过程中，在企业法定代表人授权范围内，行使的管理权力有（   ）。

A. 选择施工作业队伍   B. 进行合理的经济分配

C. 签署合同   D. 购置设备

E. 调配进入项目的人、财、物

2. 沟通过程的五要素包括（   ）。

A. 沟通主体、沟通客体、沟通介体、沟通内容和沟通渠道

B. 沟通主体、沟通客体、沟通介体、沟通环境和沟通方法

C. 沟通主体、沟通客体、沟通介体、沟通内容和沟通方法

D. 沟通主体、沟通客体、沟通介体、沟通环境和沟通渠道

3. 导致沟通失真的沟通障碍主要来自（　　　）。

A. 发送者的障碍
B. 处理者的障碍

C. 接受者的障碍
D. 沟通通道的障碍

E. 沟通方式的障碍

1Z201100　建设工程项目的风险和风险管理的工作流程

1. 建设工程施工过程中，可能会出现不利的地质条件（如地勘未探明的软弱层）而使施工进度延误、成本增加，这种风险属于（　　　）。

A. 经济与管理风险
B. 组织风险

C. 工程环境风险
D. 技术风险

2. 施工风险管理过程包括施工全过程的（　　　）。

A. 风险识别
B. 风险评估

C. 风险响应
D. 风险控制

E. 风险转移

3. 下列为防范土方开挖过程中塌方风险而采取的措施，属于风险转移对策的是（　　　）。

A. 投保建筑工程一切险
B. 设置警示牌

C. 进行专题安全教育
D. 设置边坡护壁

4. 工程项目风险管理过程中，风险识别工作包括（　　　）。

A. 分析风险的损失量
B. 确定风险因素

C. 分析风险因素发生的概率
D. 编制施工风险识别报告

E. 收集与施工风险有关的信息

1Z201110　建设工程监理的工作性质、工作任务和工作方法

1. 按照工程监理规范的相关要求，监理工程师在对建设工程实施监理时，应当采取的形式有（　　　）。

A. 旁站
B. 抽样检验

C. 巡视
D. 见证取样

E. 平行检验

2. 工程监理人员发现工程设计不符合建筑工程质量标准或者合同约定的质量要求的，应当（　　　）要求设计单位改正。

A. 报告总监理工程师
B. 通知施工单位

C. 无需向任何人报告
D. 报告建设单位

3. 下列各项中，不属于工程建设监理工作程序的是（　　　）。

A. 编制工程建设监理规划   B. 组织工程竣工验收

C. 编制工程建设监理细则   D. 参与工程竣工预验收

E. 向档案管理部门提交工程建设监理档案资料

★★ 模拟强化练习答案及解析 ★★

1Z201010 建设工程管理的内涵和任务

1.【答案】B

【解析】决策阶段管理工作的主要任务是确定项目的定义。

2.【答案】C

【解析】项目实施阶段管理的主要任务是通过管理使项目的目标得以实现。

1Z201020 建设工程项目管理的目标和任务

1.【答案】D

【解析】构成业主方 35 分块项目管理的任务,其中安全管理是项目管理中的最重要的任务,因为安全管理关系到人身的健康与安全,而投资控制、进度控制、质量控制和合同管理等则主要涉及物质的利益,所以选项 D 正确。

2.【答案】A、D、E

【解析】业主方项目管理的目标包含项目的投资目标、进度目标和质量目标,其中投资目标指的是项目的总投资目标,选项 A 正确。设计方项目管理的目标包含设计的成本目标、设计的进度目标、设计的质量目标以及项目的投资目标,选项 B 错误。施工方的项目管理包含安全管理、成本控制、进度控制、质量控制、合同管理、信息管理以及与施工有关的组织与协调,选项 C 错误。供货方的项目管理工作主要在施工阶段进行,但它也涉及项目的准备阶段、设计阶段以及动用前准备阶段和保修期,选项 D 正确。建设工程总承包方的项目管理目标包含工程建设的安全管理目标、项目的总投资目标和建设项目工程总承包方的成本目标、进度目标和质量目标,选项 E 正确。所以 A、D、E 正确。

1Z201030 建设工程项目的组织

1.【答案】A、C、D

【解析】影响一个系统目标实现的主要因素除了组织以外,还有人的因素和方法与工具。

2.【答案】A

【解析】控制项目目标的主要措施包括组织措施、管理措施、经济措施和技术措施,其中组织措施是最重要的措施,所以 A 正确。

3.【答案】A

【解析】项目结构图是一个组织工具，它通过树状图的方式对一个项目的结构进行逐层分解，以反映组成该项目的所有工作任务。

4.【答案】A

【解析】为了编制项目管理任务分工表，首先应对项目实施的各阶段的费用控制、进度控制、质量控制、合同管理、信息管理和组织与协调等管理任务进行详细分解。本题考查的就是这一步骤，所以A正确。

1Z201040　建设工程项目策划

1.【答案】D

【解析】建设工程项目实施阶段策划的主要任务是确定如何组织该项目的开发或建设，所以D正确。

2.【答案】A、B、C

【解析】项目目标的分析和论证的主要内容包括：投资目标的分解和论证、编制项目投资总体规划、进度目标的分解和论证、编制项目建设总进度规划、项目功能分解、建筑面积分配、确定项目质量目标，所以A、B、C正确。

1Z201050　建设工程项目采购的模式

1.【答案】A

【解析】施工总承包的定义，业主方委托一个施工单位或由多个施工单位组成的施工联合体或施工合作体作为施工总承包单位，经业主同意，施工总承包单位可以根据需要将施工任务的一部分分包给其他符合资质的分包人。

2.【答案】B

【解析】施工总承包模式在进度控制方面，由于一般要等施工图设计全部结束后，业主才能进行施工总承包单位的招标，因此，开工日期不可能太早，建设周期会较长，这是施工总承包模式最大的缺点，限制了其在建设周期紧迫的建设工程项目上的应用，所以B正确。

3.【答案】A

【解析】建设工程项目质量好坏在很大程度上取决于施工总承包单位管理水平和技术水平。

4.【答案】D

【解析】施工总承包管理模式，业主方的招标及合同管理工作量较大；施工总承包管理单位的招标可以不依赖完整的施工图，当完成一部分施工图就可对其进行招标。施工总承包模式中，"费率招标"实质上是开口合同，对业主方的合同管理和投资控制十分不利，所以D正确。

1Z201060　建设工程项目管理规划的内容和编制方法

【答案】A

【解析】建设工程项目管理规划涉及项目整个实施阶段，它属于业主方项目管理的范畴。

1Z201070　施工组织设计的内容和编制方法

1.【答案】D

【解析】施工安排是施工方案的主要内容，所以 D 正确。

2.【答案】A、E

【解析】主要资源配置计划是施工组织总设计的主要内容，施工安排和施工方法及工艺要求是施工方案主要内容，所以 A、E 正确。

3.【答案】A、C、D

【解析】施工组织设计按编制对象可分为施工组织总设计、单位工程施工组织设计和施工方案。

1Z201080　建设工程项目目标的动态控制

1.【答案】A

【解析】组织措施，分析由于组织的原因而影响项目目标实现的问题，并采取相应的措施，如调整项目组织结构、任务分工、管理职能分工、工作流程组织和项目管理班子人员等，所以 A 正确。

2.【答案】B

【解析】管理措施（包括合同措施），分析由于管理的原因而影响项目目标实现的问题，并采取相应的措施，如调整进度管理的方法和手段，改变施工管理和强化合同管理等，所以 B 正确。

3.【答案】A、B、C、D

【解析】在施工过程中，投资的计划值和实际值的比较包括：工程合同价和工程概算的比较；工程合同价与工程预算的比较；工程款支付与工程概算的比较；工程款支付与工程预算的比较；工程款支付与工程合同价的比较；工程决算与工程概算、工程决算与工程预算、工程决算与工程合同价的比较，所以 A、B、C、D 正确。

1Z201090　施工企业项目经理的工作性质、任务和责任

1.【答案】A、B、E

【解析】项目经理行使的管理权力包括：（1）组织项目管理班子；（2）以企业法定代表人的代表身份处理与所承担的工程项目有关的外部关系，受托签署有关合同；（3）指挥工程项目建设的生产经营活动，调配并管理进入工程项目的人力、资金、物资、机械设备等生产要素；（4）选择施工作业队伍；（5）进行合理的经济分配；（6）企业法定代表人授予的其他管理权力。所以 A、B、E 正确。

2.【答案】D

【解析】沟通过程包括五个要素，即沟通主体、沟通客体、沟通介体、沟通环境和沟

通渠道。

3.【答案】A、C、D

【解析】沟通障碍主要来自三个方面：发送者的障碍、接受者的障碍和沟通通道的障碍。

1Z201100 建设工程项目的风险和风险管理的工作流程

1.【答案】C

【解析】工程环境风险包括：（1）自然灾害；（2）岩土地质条件和水文地质条件；（3）气象条件；（4）引起火灾和爆炸的因素等。

2.【答案】A、B、C、D

【解析】风险管理过程包括项目实施全过程的项目风险识别、项目风险评估、项目风险响应和项目风险控制，所以A、B、C、D正确。

3.【答案】A

【解析】对难以控制的风险，向保险公司投保是风险转移的一种措施。

4.【答案】B、C、D

【解析】项目风险识别的任务是识别项目实施过程存在哪些风险，其工作程序包括：收集与项目风险有关的信息、确定风险因素、编制项目风险识别报告。

1Z201110 建设工程监理的工作性质、工作任务和工作方法

1.【答案】A、C、E

【解析】监理工程师应当按照工程监理规范的要求，采取旁站、巡视和平行检验等形式，对建设工程实施监理。

2.【答案】D

【解析】工程监理人员发现工程设计不符合建筑工程质量标准或者合同约定的质量要求的，应当报告建设单位要求设计单位改正。

3.【答案】B、E

【解析】工程建设监理工作程序包括：（1）组成项目监理机构，配备满足项目监理工作的监理人员与设施；（2）编制工程建设监理规划，根据需要编制监理实施细则；（3）实施监理服务；（4）组织工程竣工预验收，出具监理评估报告；（5）参与工程竣工验收，签署建设监理意见；（6）建设监理业务完成后，向业主提交监理工作报告及工程监理档案文件。监理只能参与工程竣工验收；监理应向业主提交工程建设监理档案资料。所以B、E正确。

1Z202000　建设工程项目成本管理

本章考情分析

近3年本章节次及条目分值分布

本章节次	本章条目	2022年		2021年		2020年	
		单选	多选	单选	多选	单选	多选
1Z202010	1Z202011　成本管理的任务和程序	2		2	2	1	2
	1Z202012　成本管理的措施	1	2			1	
1Z202020	1Z202021　成本计划的类型			1		2	2
	1Z202022　成本计划的编制依据和编制程序						
	1Z202023　按成本组成编制成本计划的方法	1			2		
	1Z202024　按项目结构编制成本计划的方法						
	1Z202025　按工程实施阶段编制成本计划的方法	1	2	1			
1Z202030	1Z202031　成本控制的依据和程序			1			
	1Z202032　成本控制的方法	2	2	1	2	2	2
1Z202040	1Z202041　成本核算的原则、依据、范围和程序	1		2		1	2
	1Z202042　成本核算的方法		2		2	1	
1Z202050	1Z202051　成本分析的依据内容和步骤	1	2			1	
	1Z202052　成本分析的方法	1		2	2	1	2
	1Z202053　成本考核的依据和方法						
合计		10	10	10	10	10	10
		20		20		20	

本章核心考点分析

1Z202010　成本管理的任务、程序和措施

核 心 考 点 提 纲

$$\left\{ \begin{array}{l} 1Z202011 \quad 成本管理的任务和程序 \left\{ \begin{array}{l} 1.\ 施工成本组成 \\ 2.\ 成本管理的任务 \end{array} \right. \\ 1Z202012 \quad 成本管理的措施—成本管理的措施 \end{array} \right.$$

75

核心考点剖析

1Z202011　成本管理的任务和程序

核心考点一　施工成本组成

施工成本是指在建设工程项目的施工过程中所发生的全部生产费用的总和，由直接成本和间接成本组成。

直接成本包括：① 人工费；② 材料费；③ 施工机具使用费；④ 施工措施费。

间接成本包括：① 管理人员工资；② 办公费；③ 差旅交通费等。

◆ **考法：归类题**

【例题·2021年真题·多选题】下列建设工程项目施工成本费用中，属于间接成本的有（　　）。

A. 管理人员工资　　　　　　　　B. 人工费

C. 机械费　　　　　　　　　　　D. 办公费

E. 差旅交通费

【答案】A、D、E

【解析】选项 B、C 属于直接成本。

核心考点二　成本管理的任务

施工成本管理就是要在保证工期和质量满足要求的情况下，采取相应管理措施，把成本控制在计划范围内，并进一步寻求最大程度的成本节约。

成本管理最根本最重要的基础工作是成本管理责任体系的建立。

成本管理任务包括：成本计划编制、成本控制、成本核算、成本分析、成本考核。

一、成本计划编制

概念：成本计划是以货币形式编制施工项目在计划期内的生产费用、成本水平、成本降低率以及为降低成本所采取的主要措施和规划的书面方案。

作用：成本计划是建立施工项目成本管理责任制、开展成本控制和核算的基础，它是该项目降低成本的指导文件，是设立目标成本的依据。

二、成本控制

概念：成本控制是在施工过程中，对影响成本的各种因素加强管理，并采取各种有效措施，将实际发生的各种消耗和支出严格控制在成本计划范围内。

施工成本控制应贯穿于项目从投标阶段开始直至保证金返还的全过程。

三、成本核算

施工成本核算一般以单位工程为对象。

项目管理机构应按规定的会计周期进行项目成本核算。

竣工工程的成本核算，区分为①竣工工程现场成本；②竣工工程完全成本。

竣工工程现场成本由项目经理部进行核算分析，目的在于考核项目管理绩效。

竣工工程完全成本由企业财务部门进行核算分析，目的在于考核企业经营效益。

四、成本分析

概念：成本分析是在施工成本核算的基础上，对成本的形成过程和影响成本升降的因素进行分析，以寻求进一步降低成本的途径，包括有利偏差的挖掘和不利偏差的纠正。

成本分析贯穿于成本管理的全过程，它是在成本的形成过程中，主要利用项目的成本核算资料（成本信息），与目标成本、预算成本以及类似项目的实际成本等进行比较，了解成本的变动情况。

五、成本考核

概念：成本考核是指在项目完成后，对项目成本形成中的各责任者，按项目成本目标责任制的有关规定，将成本的实际指标与计划、定额、预算进行对比和考核，评定施工项目成本计划的完成情况和各责任者的业绩，并以此给予相应的奖励和处罚。

◆ **考法：正误判断题**

【例题·2011年真题·单选题】关于施工成本及其管理的说法，正确的是（　　）。

A. 施工成本管理就是在保证工期和满足质量要求的情况下，采取相应措施把成本控制在计划范围内，并最大程度地节约成本

B. 施工成本是指施工过程中消耗的构成工程实体的各项费用支出

C. 施工成本考核是在施工成本核算的基础上，对成本形成过程和影响成本升降的因素进行分析，以寻求进一步降低成本的途径

D. 施工成本预测是以货币形式编制施工项目在计划期内的生产费用，成本水平，成本降低率及降低成本措施的书面方案

【答案】A

【解析】选项B、C、D错误。其中，选项B：施工过程中消耗的构成工程实体的各项费用支出说的是直接成本，但是，施工成本除了直接成本之外，还包括非直接用于也无法直接计入工程对象间接成本，所以选项B错误。选项C：在施工成本核算的基础上，对成本形成过程和影响成本升降的因素进行分析，以寻求进一步降低成本的途径，指的是施工成本分析，而非施工成本考核，所以选项C错误。选项D：以货币形式编制施工项目在计划期内的生产费用，成本水平，成本降低率及降低成本措施的书面方案，指的是施工成本计划，而非施工成本预测，所以选项D错误。

1Z202012　成本管理的措施

核心考点　成本管理的措施

序号	组织措施	技术措施
1	实行项目经理责任制	进行技术经济分析，确定最佳施工方案
2	落实施工成本管理的组织机构和人员	结合施工方法，比选材料，通过代用、改变配合比、使用添加剂等方法降低材料消耗的费用
3	明确各级施工成本管理人员的任务和职能分工、权利和责任	确定最合适的施工机械、设备使用方案

序号	组织措施	技术措施
4	编制施工成本控制工作计划,确定合理详细的工作流程	结合项目的施工组织设计及自然地理条件,降低材料的库存成本和运输成本
5	做好施工采购规划	先进施工技术的应用
6	加强施工定额管理和施工任务单管理,控制活劳动和物化劳动的消耗	新材料、新开发机械设备的使用
7	加强施工调度	—

序号	经济措施	合同措施
1	对施工成本管理目标进行风险分析,并制定防范性对策	选用合适的合同结构
2	对各种支出,应认真做好资金的使用计划,并在施工中严格控制各项开支	寻求合同索赔的机会
3	及时准确地记录、收集、整理、核算实际发生的成本	防止被对方索赔
4	对各种变更,及时做好增减账,及时落实业主签证,及时结算工程款	—

◆ **考法:归类题**

【例题1·2014年真题·单选题】下列施工成本管理措施中,属于组织措施的是( )。

A. 选用合适的分包项目合同结构

B. 确定合适的施工成本控制工作流程

C. 确定合适的施工机械设备使用方案

D. 对施工成本管理目标进行风险分析,并制定防范性对策

【答案】B

【解析】选项 A 属于合同措施,选项 C 属于技术措施,选项 D 属于经济措施。

【例题2·2022年真题·多选题】下列成本管理措施中,属于经济措施的有( )。

A. 编制项目资金使用计划

B. 对施工方案进行技术经济比较

C. 明确成本管理人员的工作任务

D. 分解成本管理目标

E. 对成本管理目标进行风险分析

【答案】A、D、E

【解析】选项 B 属于技术措施,选项 C 属于组织措施。

1Z202020　成本计划

核心考点提纲

1. 成本计划的类型
2. 施工预算与施工图预算的对比分析
3. 施工成本计划的编制方式

核心考点剖析

核心考点一　成本计划的类型

1. 竞争性成本计划：工程项目投标及签订合同阶段的估算成本计划，总体上较为粗略。

2. 指导性成本计划：选派项目经理阶段的预算成本计划，是项目经理的责任成本目标。是采用企业的预算定额制定的施工图预算成本计划。

3. 实施性计划成本：项目施工准备阶段的施工预算成本计划，采用企业的施工定额，通过编制施工预算而形成。

◆ **考法 1：归类题**

【例题·单选题】某施工企业经过投标获得了某工程的施工任务，合同签订后，公司有关部门开始选派项目经理并编制成本计划。该阶段所编制的成本计划属于（　　）。

A. 竞争性成本计划　　　　　　　　B. 指导性成本计划

C. 实施性成本计划　　　　　　　　D. 战略性成本计划

【答案】B

【解析】指导性成本计划是在选派项目经理阶段的预算成本计划，是项目经理的责任成本目标。

◆ **考法 2：填空题**

【例题·2017 年真题·单选题】编制实施性成本计划的主要依据是（　　）。

A. 施工图预算　　　　　　　　　　B. 施工预算

C. 投资估算　　　　　　　　　　　D. 设计概算

【答案】B

【解析】施工预算是编制实施性成本计划的主要依据，施工图预算是编制指导性成本计划的主要依据。

核心考点二　施工预算与施工图预算的对比分析

一、施工预算与施工图预算的不同点

序号	不同点	施工预算	施工图预算
1	编制的依据不同	施工定额	预算定额

序号	不同点	施工预算	施工图预算
1	编制的依据不同	施工定额比预算定额划分得更详细、更具体	—
2	适用的范围不同	是施工企业内部管理用的一种文件,与发包人无直接关系	既适用于发包人,又适用于承包人
3	发挥的作用不同	承包人组织生产、编制施工计划、准备现场材料、签发任务书、考核工效、进行经济核算的依据	投标报价的主要依据
		承包人改善经营管理、降低生产成本和推行内部经营承包责任制的重要手段	—

二、施工预算与施工图预算的对比

1. 人工量及人工费的对比分析

施工预算的人工数量及人工费比施工图预算一般要低,这是由于施工定额的用工量一般都比预算定额低。

2. 材料消耗量及材料费的对比分析

施工定额的材料损耗率一般都低于预算定额,同时,编制施工预算时还要考虑扣除技术措施的材料节约量。所以,施工预算的材料消耗量及材料费一般低于施工图预算。

3. 施工机具费的对比分析

施工预算机具费指施工作业所发生的施工机械、仪器仪表使用费或其租赁费。而施工图预算的施工机具是预算定额综合确定的,与实际情况可能不一致。

4. 周转材料使用费的对比分析

周转材料主要指脚手架和模板。① 施工预算的脚手架是根据施工方案确定的搭设方式和材料计算的,施工图预算则综合了脚手架搭设方式,按不同结构和高度,以建筑面积为基数计算的;② 施工预算模板是按混凝土与模板的接触面积计算,施工图预算的模板则按混凝土体积综合计算。

◆ 考法:正误判断题

【例题1·2021年真题·单选题】关于施工预算和施工图预算的说法,正确的是( )。

A. 施工预算的编制以预算定额为主要依据

B. 施工图预算的编制以施工定额为主要依据

C. 施工图预算只适用于建设单位,而不适用于施工单位

D. 施工预算是施工企业内部管理用的一种文件,与建设单位无直接关系

【答案】D

【解析】施工预算的编制以施工定额为主要依据,施工图预算的编制以预算定额为主要依据,故选项A、B错误。施工预算是施工企业内部管理用的一种文件,与发包人无直接关系;而施工图预算既适用于发包人,又适用于承包人,故选项C错误、选项D正确。

【例题2·2011年真题·单选题】关于施工图预算和施工预算的说法，错误的是（   ）。

A. 施工预算的材料消耗量一般低于施工图预算的材料消耗量

B. 施工预算是施工企业内部管理的一种文件，与建设单位无直接关系

C. 施工图预算中的脚手架是根据施工方案确定的搭设方式和材料计算的

D. 施工预算的用工量一般比施工图预算的用工量低

【答案】C

【解析】选项C：施工预算的脚手架是根据施工方案确定的搭设方式和材料计算的，施工图预算则综合了脚手架搭设方式，按不同结构和高度，以建筑面积为基数计算的。

核心考点三　施工成本计划的编制方式

一、按成本组成编

按照成本构成要素划分，建筑安装工程费由人工费、材料（包含工程设备）费、施工机具使用费、企业管理费、利润、规费和增值税组成。

1. 人工费	2. 材料费	3. 施工机具使用费
（1）计时工资或计件工资	（1）材料原价	（1）施工机械使用费
（2）奖金	（2）运杂费	①折旧费
（3）津贴补贴	（3）运输损耗费	②检修费
（4）加班加点工资	（4）采购及保管费	③维护费
（5）特殊情况下支付的工资		④安拆费及场外运费
4. 企业管理费		⑤人工费
（1）管理人员工资	（12）财务费	⑥燃料动力费
（2）办公费	（13）税金	⑦税费
（3）差旅交通费	（14）城市维护建设税	（2）仪器仪表使用费
（4）固定资产使用费	（15）教育费附加	5. 规费
（5）工具用具使用费	（16）地方教育附加	（1）社会保险费
（6）劳动保险和职工福利费	（17）其他	①养老保险费
（7）劳动保护费		②失业保险费
（8）检验试验费		③医疗保险费
（9）工会经费		④生育保险费
（10）职工教育经费		⑤工伤保险费
（11）财产保险费		（2）住房公积金

施工成本可以按成本构成分解为人工费、材料费、施工机具使用费和企业管理费等，在此基础上，编制按成本构成分解的成本计划。

二、按项目结构编

施工总成本分解次序：单项工程→单位工程→分部工程→分项工程。

在编制成本支出计划时，要在项目总的方面考虑总的预备费，也要在主要的分项工程中安排适当的不可预见费。

三、按工程实施阶段编

按实施进度编制成本计划，通常可在控制项目进度的网络图的基础上进一步扩充得到。

两种表示方式：① 在时标网络图上按月编制的成本计划；② 利用时间－成本曲线（S形曲线）表示。

时间－成本累积曲线的绘制步骤如下：

1. 确定工程项目进度计划，编制进度计划的横道图。

2. 根据每单位时间内完成的实物工程量或投入的人力、物力和财力，计算单位时间（月或旬）的成本，在时标网络图上按时间编制成本支出计划，如图 1Z202020-1 所示。

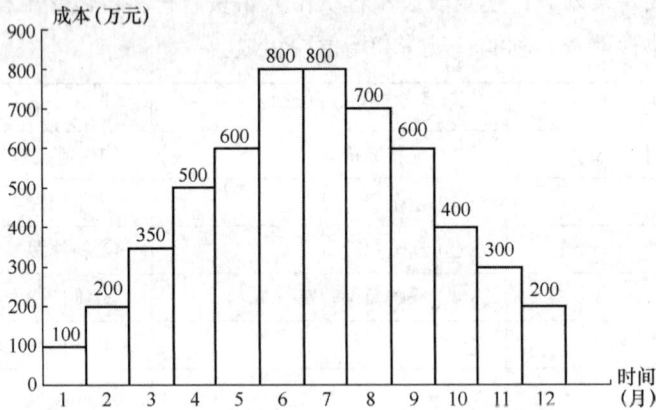

图 1Z202020-1　时标网络图上按月编制的成本计划

3. 计算规定时间 t 计划累计支出的成本额。

4. 按各规定时间的值，绘制 S 形曲线，如图 1Z202020-2 所示。

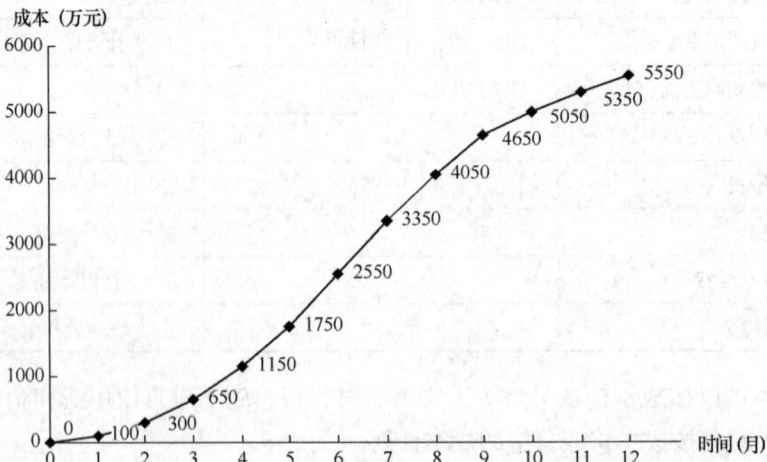

图 1Z202020-2　时间－成本累积曲线 （S形曲线）

项目经理可通过调整非关键线路上的工序项目的最早或最迟开工时间，力争将实际的成本支出控制在计划的范围内。

一般而言，所有工作都按最迟开始时间开始，对节约资金贷款利息是有利的，但同时，也降低了项目按期竣工的保证率。

◆ 考法 1：归类题

【例题·2021 年真题·多选题】按施工成本构成要素分类，应计入企业管理费用的有（　　）。

A. 固定资产使用费   B. 管理人员工资

C. 材料采购及保管费   D. 工具用具使用费

E. 规费

【答案】A、B、D

【解析】选项 C 应计入材料费，选项 E 是建筑安装工程费用的一个构成要素，不计入企业管理费。

◆ 考法 2：排序题

【例题·2017 年真题·单选题】绘制时间－成本累积曲线的环节有：① 计算单位时间成本；② 确定工程项目进度计划；③ 计算计划累计支出的成本额；④ 绘制 S 形曲线。正确的绘制步骤是（　　）。

A. ②—①—③—④   B. ①—②—③—④

C. ①—③—②—④   D. ②—③—④—①

【答案】A

【解析】时间－成本累积曲线的绘制步骤如下：① 确定工程项目进度计划，编制进度计划的横道图；② 根据每单位时间内完成的实物工程量或投入的人力、物力和财力，计算单位时间（月或旬）的成本，在时标网络图上按时间编制成本支出计划；③ 按各规定时间的 Q_t 值，绘制 S 形曲线。

◆ 考法 3：正误判断题

【例题·2019 年真题·多选题】关于按工程实施阶段编制施工成本计划的说法，正确的有（　　）。

A. 可在网络图的基础上进一步扩充得到

B. 可以用成本计划直方图的方式表示

C. 按最早时间安排工作可节约资金贷款利息

D. 可以用时间－成本累积曲线表示

E. 可根据资金筹措情况在"香蕉图"内调整 S 形曲线

【答案】A、B、D、E

【解析】一般而言，所有工作都按最迟开始时间开始，对节约资金贷款利息是有利的，故选项 C 表述错误。

1Z202030　成本控制

$$
\left\{
\begin{array}{l}
\text{1Z202031　成本控制的依据和程序}
\left\{
\begin{array}{l}
\text{1. 成本控制的依据} \\
\text{2. 成本控制程序}
\end{array}
\right. \\
\text{1Z202032　成本控制的方法}
\left\{
\begin{array}{l}
\text{1. 人工费、材料费的控制} \\
\text{2. 赢得值（挣值）法} \\
\text{3. 偏差分析的表达方法} \\
\text{4. 偏差原因分析与纠偏措施}
\end{array}
\right.
\end{array}
\right.
$$

核心考点剖析

1Z202031　成本控制的依据和程序

核心考点一　成本控制的依据

1. 合同文件；

2. 成本计划；

3. 进度报告；

4. 工程变更与索赔资料；

5. 各种资源的市场信息。

进度报告提供了每一时刻工程实际完成量、工程施工成本实际支付情况等重要信息。施工成本控制工作正是通过实际情况与施工成本计划相比较，找出两者之间的差别。

◆ 考法：填空题

【例题·单选题】下列施工成本控制依据中，能提供工程实际完成量及工程款实际支付情况的是（　　）。

A. 工程承包合同　　　　　　　B. 施工成本计划

C. 进度报告　　　　　　　　　D. 工程变更文件

【答案】C

【解析】进度报告提供了每一时刻工程实际完成量、工程施工成本实际支付情况等重要信息。

核心考点二　成本控制程序

要做好施工成本的过程控制，必须制定规范化的过程控制程序。

成本的过程控制中，有两类控制程序，一是管理行为控制程序（成本控制的基础），二是指标控制程序（成本控制的重点）。

两个程序既相对独立又相互联系，既相互补充又相互制约。

一、管理行为控制程序

1. 建立项目施工成本管理体系的评审组织和评审程序

成本管理体系的建立是企业自身生存发展的需要，没有社会组织来评审和认证。因此企业必须建立项目施工成本管理体系的评审组织和评审程序，定期进行评审和总结，持续改进。

2. 建立项目施工成本管理体系运行的评审组织和评审程序

项目施工成本管理体系的运行有一个逐步推行的渐进过程。一个企业的各分公司、工程项目部的运行质量往往是不平衡的。因此，必须建立专门的常设组织，依照程序定期进行检查和评审。

3. 目标考核，定期检查

管理程序文件应明确每个岗位人员在成本管理中的职责，确定每个岗位人员的管理行为，要把每个岗位人员是否按要求去履行职责作为一个目标来考核。表1Z202031是为规范管理行为而设计的考核表。

4. 制定对策，纠正偏差。

项目成本岗位责任考核表　　　　　　　　　　　表 1Z202031

序号	岗位名称	职责
1	项目经理	（1）建立项目成本管理组织； （2）组织编制项目施工成本管理手册； （3）定期或不定期地检查有关人员管理行为是否符合岗位职责要求
2	项目工程师	（1）指定采用新技术降低成本的措施； （2）编制总进度计划； （3）编制总的工具及设备使用计划
3	主管材料员	（1）编制材料采购计划； （2）编制材料采购月报表； （3）对材料管理工作每周组织检查一次； （4）编制月材料盘点表及材料收发结存报表
4	成本会计	（1）编制月度成本计划； （2）进行成本核算，编制月度成本核算表； （3）每月编制一次材料复核报告
5	成本员	（1）编制月度用工计划； （2）编制月材料需求计划； （3）编制月度工具及设备计划； （4）开具限额领料单

二、指标控制程序

1. 确定成本管理分层次目标；

2. 采集成本数据，监测成本形成过程；

3. 找出偏差，分析原因；

4. 制定对策，纠正偏差；

5. 调整改进成本管理方法。

◆ 考法1：归类题

【例题·2021年真题·单选题】下列成本管理的职责中，属于成本会计岗位的是（　　　）。

A. 每月编制一次材料复核报告　　　B. 制定采用新技术降低成本的措施

C. 编制月材料盘点表　　　D. 开具限额领料单

【答案】A

【解析】选项 B 为项目工程师的职责，选项 C 为主管材料员的职责，选项 D 为成本员的职责。

◆ **考法 2：正误判断题**

【例题·2017 年真题·单选题】关于建设工程项目施工成本控制的说法，正确的是（　　）。

A. 施工成本管理体系由社会有关组织进行评审和认证

B. 施工成本控制可分为事先控制、过程控制和事后控制

C. 管理行为控制程序是进行成本过程控制的重点

D. 管理行为控制程序和指标控制程序是相互独立的

【答案】B

【解析】选项 A、C、D 说法错误。其中，选项 A，成本管理体系的建立是企业自身生存发展的需要，没有社会组织来评审和认证。选项 C，管理行为控制程序是对成本全过程控制的基础，指标控制程序则是成本进行过程控制的重点。选项 D，管理行为控制程序和指标控制程序既相对独立又相互联系，既相互补充又相互制约。

1Z202032　成本控制的方法

核心考点一　人工费、材料费的控制

一、人工费的控制

实行"量价分离"的方法。加强劳动定额管理，提高劳动生产率，降低工程耗用人工工日，是控制人工费支出的主要手段。

二、材料费的控制

同样实行"量价分离"的方法。

1. 材料用量的控制

（1）控制方法

序号	控制方法	说明
1	定额控制	有消耗定额的材料，以消耗定额为依据，实行限额发料制度
2	指标控制	（1）没有消耗定额的材料，实行计划管理和按指标控制的办法； （2）根据以往项目的实际耗用情况，结合具体施工项目的内容和要求，制定领用材料指标，以控制发料； （3）超过指标的材料，必须经过一定的审批手续方可领用
3	计量控制	准确做好材料物资的收发计量检查和投料计量检查
4	包干控制	小型及零星材料（如钢钉、钢丝等），根据工程量计算出所需材料量，将其折算成费用，由作业者包干控制

（2）限额领料

1）限额领料的形式

序号	形式	示例	领料对象
1	按分项工程实行限额领料	钢筋绑扎、混凝土浇筑、砌筑、抹灰	施工班组
2	按工程部位实行限额领料	基础工程、结构工程和装饰工程	施工专业队
3	按单位工程实行限额领料	单位工程	项目经理部或分包单位

2）限额领料的依据

序号	依据	说明
1	准确的工程量	是计算限额领料量的基础
2	施工预算定额或企业内部消耗定额	是制定限额用量的标准
3	施工组织设计	是计算和调整非实体性消耗材料的基础
4	发包人认可的变更洽商单	是调整限额量的依据

2. 材料价格的控制：材料价格主要由材料采购部门控制。

◆ 考法：填空题

【例题·2017年真题·单选题】在施工成本的过程控制中，需进行包干控制的材料是（   ）。

A. 钢钉   B. 水泥

C. 钢筋   D. 石子

【答案】A

【解析】包干控制是指，在材料使用过程中，对部分小型及零星材料（如钢钉、钢丝等）根据工程量计算出所需材料量，将其折算成费用，由作业者包干使用。

核心考点二　赢得值（挣值）法

1. 基本参数

序号	基本参数	代号	计算式
1	已完工作预算费用	$BCWP$	Σ（已完工作量 × 预算单价）
2	计划工作预算费用	$BCWS$	Σ（计划工作量 × 预算单价）
3	已完工作实际费用	$ACWP$	Σ（已完工作量 × 实际单价）

2. 评价指标

序号	评价指标	代号	计算式	结果
1	费用偏差	CV	$CV = BCWP - ACWP$ ＝已完工作量 ×（预算单价－实际单价）	$CV > 0$，成本节约 $CV < 0$，成本超支

序号	评价指标	代号	计算式	结果
2	进度偏差	SV	$SV = BCWP - BCWS$ $=$ 预算单价 $\times$（已完工作量－计划工作量）	$SV > 0$，进度提前 $SV < 0$，进度拖延
3	费用绩效指数	CPI	$CPI = BCWP/ACWP$ $=$ 预算单价 / 实际单价	$CPI > 1$，成本节约 $CPI < 1$，成本超支
4	进度绩效指数	SPI	$SPI = BCWP/BCWS$ $=$ 已完工作量 / 计划工作量	$SPI > 1$，进度提前 $SPI < 1$，进度拖延

费用（进度）偏差反映的是绝对偏差，仅适合于对同一项目作偏差分析。

费用（进度）绩效指数反映的是相对偏差，它不受项目层次的限制，也不受项目实施时间的限制，因而在同一项目和不同项目比较中均可采用。

◆ 考法：计算题

【例题·单选题】某土方工程，月计划工程量 $2800m^3$，预算单价 25 元 $/m^3$；到月末时已完工程量 $3000m^3$，实际单价 26 元 $/m^3$。对该项工作采用赢得值法进行偏差分析的说法，正确的是（　　　）。

A. 已完成工作实际费用为 75000 元

B. 费用绩效指标＞1，表明项目运行超出预算费用

C. 进度绩效指标＜1，表明实际进度比计划进度拖后

D. 费用偏差为 -3000 元，表明项目运行超出预算费用

【答案】D

【解析】已完工作实际费用：$3000 \times 26 = 78000$ 元，选项 A 错误。已完工作预算费用：$3000 \times 25 = 75000$ 元；计划工作预算费用：$2800 \times 25 = 70000$ 元；费用绩效指数：$75000/78000 < 1$，选项 B 错误。进度绩效指标：$75000/70000 > 1$，选项 C 错误。费用偏差：$75000 - 78000 = -3000$，超支。

核心考点三　偏差分析的表达方法

一、横道图法

横道图法具有形象、直观、一目了然等优点，它能够准确表达出费用的绝对偏差，而且能直观地表明偏差的严重性。但这种方法反映的信息量少，一般在项目的较高管理层应用，如图 1Z202032-1 所示。

二、表格法

用表格法进行偏差分析具有如下优点：

1. 灵活、适用性强。可根据实际需要设计表格，进行增减项。

2. 信息量大。可以反映偏差分析所需的资料，从而有利于费用控制人员及时采取针对性措施，加强控制。

3. 表格处理可借助于计算机，从而节约大量数据处理所需的人力，并大大提高速度。

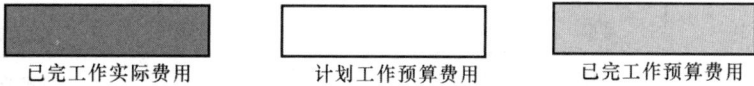

图 1Z202032-1　费用偏差分析的横道图法

三、曲线法

在项目实施过程中，以上三个参数可以形成三条曲线，即计划工作预算费用（*BCWS*）、已完工作预算费用（*BCWP*）、已完工作实际费用（*ACWP*）曲线，如图 1Z202032-2 所示。

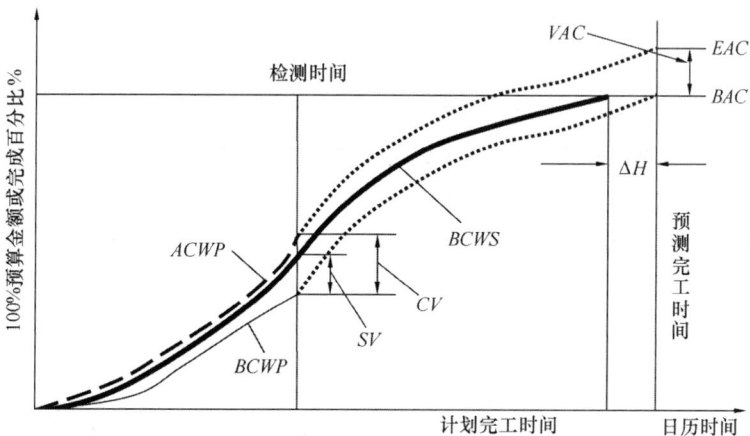

图 1Z202032-2　赢得值法评价曲线

◆ **考法 1：正误判断题**

【例题·2011年真题·多选题】关于项目费用偏差分析方法的说法，正确的有（　　）。

A. 横道图法是最常用的一种方法　　　B. 横道图法形象，直观

C. 曲线法能够直接用于定量分析　　　D. 表格法反映信息量大

E. 表格法具有灵活，适用性强的特点

【答案】B、D、E

【解析】选项A、C错误。其中，选项A：表格法是进行偏差分析最常用的一种方法，而非横道图法，所以选项A错误。选项C：曲线法能够直接用于定性分析，不能够直接用于定量分析，要进行定量分析，需要先进行进一步的数据计算，所以选项C错误。

◆ **考法 2：计算题**

【例题·2019年真题·单选题】某混凝土工程施工情况如下图所示，清单综合单价为1000元/m³，按月结算。根据赢得值法，该工程6月末进度偏差（SV）是（　　）万元。

项目名称	计划施工（m³/月）	实际施工（m³/月）	工程进度（月）								
			1	2	3	4	5	6	7	8	9
A	2500	2300								图例：	
B	2600	2500								计划进度	实际进度
C	3100	2900									
D	1000	1000									
E	1200	1250									

A. -215　　　　　　　　　　　　B. -200

C. -125　　　　　　　　　　　　D. -60

【答案】A

【解析】由图可知，该工程6月末的计划工作量＝（2500×4）＋（2600×2）＋（1200×2）＝17600m³。

该工程6月末的实际完成工作量＝（2300×4）＋（2500×2）＋（1250×1）＝15450m³。

该工程6月末的进度偏差（SV）＝已完工作预算费用（$BCWP$）－计划工作预算费用（$BCWS$）＝15450×1000－17600×1000＝-215万元。

核心考点四　偏差原因分析与纠偏措施

序号	图形	三参数关系	分析	措施
1	ACWP BCWS BCWP	$ACWP > BCWS > BCWP$ $SV < 0$；$CV < 0$	进度较慢，效率低	用工作效率高的人员更换一批工作效率低的人员

序号	图形	三参数关系	分析	措施
2		$BCWP > BCWS > ACWP$ $SV > 0$; $CV > 0$	进度较快，效率高	若偏离不大，维持现状
3		$BCWP > ACWP > BCWS$ $SV > 0$; $CV > 0$	进度快，效率较高	抽出部分人员，放慢进度
4		$ACWP > BCWP > BCWS$ $SV > 0$; $CV < 0$	进度较快，效率较低	抽出部分人员，增加少量骨干人员
5		$BCWS > ACWP > BCWP$ $SV < 0$; $CV < 0$	进度慢，效率较低	增加高效人员投入
6		$BCWS > BCWP > ACWP$ $SV < 0$; $CV > 0$	进度较慢，效率较高	迅速增加人员投入

◆ **考法：正误判断题**

【例题·2020年真题·单选题】某工程第三个月末时的已完工作实际费用（$ACWP$）为1200万元、已完工作预算费用（$BCWP$）为1000万元、计划工作预算费用（$BCWS$）为1500万元，根据赢得值法判断分析应采取的措施是（　　）。

A. 迅速增加人员投入

B. 增加高效人员投入

C. 抽出部分人员，增加少量骨干人员

D. 用工作效率高的人员更换一批工作效率低的人员

【答案】B

【解析】本题考核的是赢得值法参数分析与应对措施，有一定的难度。根据题意，计划工作预算费用（$BCWS$）>已完工作实际费用（$ACWP$）>已完工作预算费用（$BCWP$），则进度偏差（SV）<0，费用偏差（CV）<0，说明效率较低、进度慢、投入超前，应采

取措施增加高效人员投入。

1Z202040 成本核算

核心考点剖析

1Z202041 成本核算的原则、依据、范围和程序

核心考点 成本核算的范围

根据《企业会计准则第 15 号——建造合同》，工程成本包括从建造合同签订开始至合同完成止所发生的、与执行合同有关的直接费用和间接费用。

直接费用是指为完成合同所发生的、可以直接计入合同成本核算对象的各项费用支出。直接费用包括人工费、材料费、机械使用费、其他直接费用。

间接费用是企业下属的施工单位或生产单位为组织和管理施工生产活动所发生的费用。

1. 直接人工

指按照国家规定支付给施工过程中直接从事建筑安装工程施工的工人以及在施工现场直接为工程制作构件和运料、配料等工人的职工薪酬。

2. 直接材料

指在施工过程中所耗用的、构成工程实体的材料、结构件、机械配件和有助于工程形成的其他材料以及周转材料的租赁费和摊销等。

3. 机械使用费

指施工过程中使用自有施工机械所发生的机械使用费，使用外单位施工机械的租赁费，以及按照规定支付的施工机械进出场费等。

4. 其他直接费用

指施工过程中发生的材料搬运费、材料装卸保管费、燃料动力费、临时设施摊销、生产工具用具使用费、检验试验费、工程定位复测费、工程点交费、场地清理费，以及能够单独区分和可靠计量的为订立建造承包合同而发生的差旅费、投标费等费用。

5. 间接费用

指企业各施工单位为组织和管理工程施工所发生的费用。

6. 分包成本

指按照国家规定开展分包，支付给分包单位的工程价款。

◆ 考法：计算题

【例题·2022 年真题·单选题】某施工单位在 2021 年 6 月为订立某项目承包合同发

生差旅费、投标费共 30 万元，该项目于 2022 年 6 月完工时发生人工费 500 万元，差旅费 4 万元，项目管理人员工资 85 万元，材料搬运费 15 万元，施工机械租赁费 40 万元及生产用具使用费 25 万元。根据《财政部关于印发〈企业产品成本核算制度（试行）〉的通知》，应计入其他直接费用的是（　　）万元。

A. 74　　　　　　　　　　　　　　B. 70

C. 59　　　　　　　　　　　　　　D. 34

【答案】B

【解析】其他直接费用＝ 30 ＋ 15 ＋ 25 ＝ 70。

1Z202042　成本核算的方法

核心考点　表格核算法和会计核算法

施工项目成本核算的方法主要有表格核算法和会计核算法，项目财务部门一般用会计核算法。

序号	项目	会计核算法	表格核算法
1	优点	科学严密，人为控制的因素较小，覆盖面较大	简便易懂，方便操作，实用性较好
2	缺点	对核算工作人员的专业水平和工作经验都要求较高	难以实现较为科学严密的审核制度，精度不高，覆盖面较小
3	作用	用于工程项目成本核算	用于施工各岗位成本的责任核算
4	核算内容	（1）核算施工直接成本； （2）核算施工过程中出现的债权债务； （3）为施工而自购的工具、器具摊销； （4）向发包单位的报量和收款； （5）向分包付款等	—

◆ **考法：正误判断题**

【例题·多选题】施工项目成本核算的方法主要有表格核算法和会计核算法，关于这两种核算方法的说法，正确的有（　　）。

A. 表格核算法对核算工作人员的专业水平要求较高

B. 会计核算法难以实现较为科学严密的审核制度

C. 项目财务部门一般采用会计核算法

D. 用表格核算法进行工程项目成本核算

E. 表格核算法对工程项目内各岗位成本的责任核算比较实用

【答案】C、E

【解析】选项 A、B、D 说法错误。其中，选项 A，对核算工作人员的专业水平要求较高的是会计核算法，而非表格核算法。选项 B，难以实现较为科学严密的审核制度的是表格核算法，而非会计核算法。选项 D，用表格核算法进行工程项目施工各岗位成本的责任核算和控制，用会计核算法进行工程项目成本核算。

1Z202050　成本分析与成本考核

核 心 考 点 剖 析

1Z202051　成本分析的依据、内容和步骤

核心考点　成本分析的依据、内容和步骤

一、成本分析的依据

施工成本分析的主要依据是会计核算、业务核算和统计核算所提供的资料。

1. 会计核算

会计核算主要是价值核算。会计记录具有连续性、系统性、综合性等特点，是施工成本分析的重要依据。

2. 业务核算

业务核算的范围比会计、统计核算要广。会计和统计核算一般是对已经发生的经济活动进行核算，而业务核算不但可以核算已经完成的项目是否达到原定的目的、取得预期的效果，而且可以对尚未发生或正在发生的经济活动进行核算，它的特点是对个别的经济业务进行单项核算，业务核算的目的，在于迅速取得资料，以便在经济活动中及时采取措施进行调整。

3. 统计核算

它的计量尺度比会计宽，可以用货币计算，也可以用实物或劳动量计量。

二、成本分析的内容与步骤

序号	成本分析的内容	成本分析的步骤
1	时间节点成本分析	选择成本分析方法
2	工作任务分解单元成本分析	收集成本信息
3	组织单元成本分析	进行成本数据处理
4	单项指标成本分析	分析成本形成原因
5	综合项目成本分析	确定成本结果

◆ 考法：正误判断题

【例题·2017年真题·单选题】关于施工成本分析依据的说法，正确的是（ 　　 ）。

A. 业务核算主要是价值核算

B. 统计核算的计量尺度比会计核算窄

C. 会计核算可以对尚未发生的经济活动进行核算

D. 统计核算可以用货币计算

【答案】D

【解析】选项 A、B、C 说法错误。其中，选项 A，会计核算主要是价值核算。选项 B，统计核算的计量尺度比会计核算宽。选项 C，业务核算可对尚未发生的经济活动进行核算。

1Z202052　成本分析的方法

核心考点一　成本分析的基本方法

一、比较法

比较法又称"指标对比分析法"，是指对比技术经济指标，检查目标的完成情况，分析产生差异的原因，进而挖掘降低成本的方法。

1. 将实际指标与目标指标对比。

2. 本期实际指标与上期实际指标对比。

3. 与本行业平均水平、先进水平对比。

二、因素分析法

因素分析法又称连环置换法，可用来分析各种因素对成本的影响程度。在进行分析时，假定众多因素中的一个因素发生了变化，而其他因素则不变，然后逐个替换，分别比较其计算结果，以确定各个因素的变化对成本的影响程度。

排序规则：先实物量，后价值量；先绝对值，后相对值。

三、差额计算法

差额计算法是因素分析法的一种简化形式，它利用各个因素的目标值与实际值的差额来计算其对成本的影响程度。

四、比率法

常用的比率法有以下 3 种：

1. 相关比率法

将两个性质不同且相关的指标加以对比，求出比率，并以此来考查经营成果的好坏。

2. 构成比率法

考查成本总量的构成情况及各成本项目占总成本的比重，同时也可以看出预算成本、实际成本和降低成本的比例关系，从而寻求降低成本的途径。

3. 动态比率法

动态比率法是将同类指标不同时期的数值进行对比，求出比率，以分析该项指标的发展方向和发展速度。动态比率的计算，通常采用基期指数和环比指数两种方法，见下表。

指标动态比较表

指标	第一季度	第二季度	第三季度	第四季度
降低成本（万元）	45.60	47.80	52.50	64.30
基期指数（%）（上一季度＝100）		104.82	115.13	141.01
环比指数（%）（上一季度＝100）		104.82	109.83	122.48

◆ **考法1：正误判断题＋计算题**

【例题·多选题】某商品混凝土目标成本与实际成本对比见下表，关于其成本分析的说法，正确的有（　　）。

项目	单位	目标	实际
产量	m^3	600	640
单价	元	715	755
损耗率	%	4	3

A. 产量增加使成本增加了 28600 元　　B. 实际成本与目标成本的差额是 51536 元

C. 单价提高使成本增加了 26624 元　　D. 该商品混凝土目标成本是 497696 元

E. 损耗率下降使成本减少了 4832 元

【答案】B、C、E

【解析】目标额为：$600×715×1.04 = 446160$ 元，选项 D 错误。第一次替代产量因素：$640×715×1.04 = 475904$ 元；第二次替代单价因素：$640×755×1.04 = 502528$ 元；第三次替代损耗率因素：$640×755×1.03 = 497696$ 元。计算差额可知，因产量增加的差额：$475904-446160 = 29744$ 元，选项 A 错误。实际成本与目标成本的差额：$497696-446160 = 51536$ 元，选项 B 正确。因单价提高的差额：$502528-475904 = 26624$ 元，选项 C 正确。因损耗率下降的差额：$497696-502528 = -4832$ 元，选项 E 正确。

◆ **考法2：计算题**

【例题·单选题】某施工项目的成本指标如下，利用动态比率法进行成本分析时，第四季度的基期指数是（　　）。

指标	第一季度	第二季度	第三季度	第四季度
降低成本（万元）	45.60	47.80	52.50	64.30

A. 109.83%　　B. 115.13%

C. 122.48%　　D. 141.01%

【答案】D

【解析】本题考查的是施工成本分析基本方法中的动态比率法。本题中第四季度的基期指数（%）$= 64.30/45.60 = 141.01\%$，故答案为 D。

核心考点二 综合成本的分析方法

1. 分部分项工程成本分析

分析的对象：已完成分部分项工程

分析的方法：进行预算成本、目标成本和实际成本的"三算"对比，分别计算实际偏差和目标偏差，分析偏差产生的原因。

分析的资料来源：预算成本来自投标报价成本，目标成本来自施工预算，实际成本来自施工任务单的实际工程量、实耗人工和限额领料单的实耗材料。

分部分项工程成本分析是施工项目成本分析的基础。

由于施工项目包括很多分部分项工程，无法也没有必要对每一个分部分项工程都进行成本分析。

但是，对于主要分部分项工程必须进行成本分析，而且要做到从开工到竣工进行系统的成本分析。

2. 月（季）度成本分析

（1）通过实际成本与预算成本的对比，分析当月（季）的成本降低水平；通过累计实际成本与累计预算成本的对比，分析累计的成本降低水平，预测实现项目成本目标的前景。

（2）通过实际成本与目标成本的对比，分析目标成本的落实情况以及目标管理中的问题和不足。

（3）通过对各成本项目的成本分析，可以了解成本总量的构成比例和成本管理的薄弱环节。

（4）通过主要技术经济指标的实际与目标对比，分析产量、工期、质量、"三材"节约率、机械利用率等对成本的影响。

（5）通过对技术组织措施执行效果的分析，寻求更加有效的节约途径。

（6）分析其他有利条件和不利条件对成本的影响。

3. 年度成本分析

年度成本分析的依据是年度成本报表。重点是针对下一年度的施工进展情况制定切实可行的成本管理措施，以保证施工项目成本目标的实现。

4. 竣工成本的综合分析

单位工程竣工成本分析，应包括以下三方面内容：

（1）竣工成本分析。

（2）主要资源节超对比分析。

（3）主要技术节约措施及经济效果分析。

◆ **考法 1：正误判断题**

【例题·2021年真题·多选题】关于分部分项工程成本分析的说法，正确的有（   ）。

A. 必须对施工项目的所有分部分项工程进行成本分析

B. 分部分项工程成本分析的对象为已完分部分项工程

C. 分部分项工程成本分析是施工项目成本分析的基础

D. 分部分项工程成本分析是定期的中间成本分析

E. 主要分部分项工程要做到从开工到竣工进行系统的成本分析

【答案】B、C、E

【解析】选项 A、D 错误。其中，选项 A：由于施工项目包括很多分部分项工程，无法也没有必要对每一个分部分项工程都进行成本分析，所以选项 A 错误。选项 D：分部分项工程成本分析不是定期的中间成本分析，月（季）度成本分析是施工项目定期的、经常性的中间成本分析，故选项 D 错误。

◆ 考法 2：归类题

【例题·2020 年真题·多选题】下列成本分析工作中，属于综合成本分析的有（　　　）。

A. 年度成本分析　　　　　　　　　　B. 月度成本分析

C. 工期成本分析　　　　　　　　　　D. 资金成本分析

E. 分部分项工程成本分析

【答案】A、B、E

【解析】选项 C、D 属于专项成本分析方法。

核心考点三　专项成本分析方法

针对与成本有关的特定事项的分析，包括成本盈亏异常分析、工期成本分析、资金成本分析等内容。

1. 成本盈亏异常分析

项目经济核算的基本规律是：在完成多少产值、消耗多少资源、发生多少成本之间，有着必然的同步关系。如果违背这个规律，就会发生成本的盈亏异常。

"三同步"检查可以通过以下五个方面的对比分析来实现：

（1）产值与施工任务单的实际工程量和形象进度是否同步；

（2）资源消耗与施工任务单的实耗人工、限额领料单的实耗材料、当期租用的周转材料和施工机械是否同步；

（3）其他费用（如材料价、超高费和台班费等）的产值统计与实际支付是否同步；

（4）预算成本与产值统计是否同步；

（5）实际成本与资源消耗是否同步。

2. 工期成本分析

工期成本分析一般采用比较法，即将计划工期成本与实际工期成本进行比较，然后应用"因素分析法"分析各种因素的变动对工期成本差异的影响程度。

3. 资金成本分析

资金成本分析通常应用"成本支出率"指标，即成本支出占工程款收入的比例，计算公式如下：

$$成本支出率 = \frac{计算期实际成本支出}{计算期实际工程款收入} \times 100\%$$

◆ 考法 1：归类题

【例题·2019 年真题·多选题】施工项目专项成本分析包括（　　　）。

A. 成本盈亏异常分析　　　　　　B. 工期成本分析

C. 资金成本分析　　　　　　　　D. 月度成本分析

E. 年度成本分析

【答案】A、B、C

【解析】专项成本分析方法，针对与成本有关的特定事项的分析，包括成本盈亏异常分析、工期成本分析、资金成本分析等内容。

◆ 考法2：计算题

【例题·2017年真题·单选题】某项目在进行资金成本分析时，其计算期实际工程款收入为220万元，计算期实际成本支出为119万元，计划工期成本为150万元，则该项目成本支出率为（　　　）。

A. 30.69%　　　　　　　　　　B. 54.09%

C. 68.18%　　　　　　　　　　D. 79.33%

【答案】B

【解析】成本支出率＝计算期实际成本支出／计算期实际工程款收入×100%＝119/220×100%＝54.09%。

1Z202053　成本考核的依据和方法

核心考点一　成本考核的依据

1. 成本计划的数量指标，如：

（1）按子项汇总的工程项目计划总成本指标。

（2）按分部汇总的各单位工程（或子项目）计划成本指标。

（3）按人工、材料、机具等各主要生产要素划分的计划成本指标。

2. 成本计划的质量指标，如项目总成本降低率：

（1）设计预算成本计划降低率＝设计预算总成本计划降低额／设计预算总成本。

（2）责任目标成本计划降低率＝责任目标总成本计划降低额／责任目标总成本。

3. 成本计划的效益指标，如项目成本降低额：

（1）设计预算总成本计划降低额＝设计预算总成本－计划总成本。

（2）责任目标总成本计划降低额＝责任目标总成本－计划总成本。

◆ 考法：归类题

【例题·2018年真题·多选题】下列成本计划指标中，属于数量指标的有（　　　）。

A. 工程项目计划总成本指标　　　B. 设计预算成本计划降低率

C. 按主要生产要素划分的计划成本指标　D. 各单位工程计划成本指标

E. 责任目标成本计划降低率

【答案】A、C、D

【解析】成本考核的主要依据是成本计划确定的各类指标。其中，成本计划的数量指标包括：按子项汇总的工程项目计划总成本指标；按分部汇总的各单位工程（或子项目）计划成本指标；按人工材料、机具等各主要生产要素划分的计划成本指标。

核心考点二　成本考核的方法

公司应对项目管理机构成本考核主要指标：①项目成本降低额；②项目成本降低率。成本考核可分别考核公司层和项目管理机构：

1. 公司应对项目管理机构的成本和效益进行全面评价、考核与奖惩。

2. 公司层对项目管理机构进行考核与奖惩时，既要防止虚盈实亏，也要避免实际成本归集差错等的影响，使成本考核真正做到公平、公正、公开，在此基础上落实成本管理责任制的奖惩措施。

3. 项目管理机构应根据成本考核结果对相关人员进行奖惩。

◆ **考法：归类题**

【例题·2015年真题·多选题】下列指标中，属于项目部施工成本考核的有（　　）。

A. 施工成本降低额

B. 施工成本降低率

C. 施工生产总成本

D. 劳动力不均衡系数

E. 生产能力利用率

【答案】A、B

【解析】本题考查的是施工成本分析和施工成本考核。施工成本考核以施工成本降低额和施工成本降低率作为成本考核的主要指标。

本章经典真题回顾

一、单项选择题（每题的备选项中，只有1个最符合题意）

1.【2022年真题】某工程商品混凝土的目标产量为200m³，目标单价430元/m³，损耗率4%。实际产量为270m³，实际单价480元/m³，损耗率3%。采用因素分析法进行分析，因产量增加使成本增加（　　）元。

A. 31003

B. 31304

C. 45344

D. 44908

【答案】B

【解析】根据因素分析法的分析步骤，目标额为：$200 \times 430 \times 1.04 = 89440$ 元，第一次替代产量因素：$270 \times 430 \times 1.04 = 120744$ 元；计算差额可知，因产量增加的差额：$120744 - 89440 = 31304$ 元，选项B正确。

2.【2021年真题】某分项工程某月计划工程量为3200m²，计划单价为15元/m²。月末核定实际完成工程量为2800m²，实际单价为20元/m²。则该分项工程的已完工作预算费用（$BCWP$）是（　　）元。

A. 48000

B. 56000

C. 42000

D. 64000

【答案】C

【解析】本题考核赢得值法。已完工作预算费用（$BCWP$）＝已完成工作量×预算单价＝$2800 \times 15 = 42000$ 元。

3.【2020年真题】关于施工项目成本表格核算法的说法，正确的是（   ）。

A. 方便操作，但覆盖面较小　　　　　　B. 人为控制因素少、精度高

C. 项目财务部门比较常用　　　　　　　D. 对核算工作人员的专业水平要求较高

【答案】A

【解析】表格核算法的缺点是难以实现较为科学严密的审核制度，精度不高，故选项B错误。项目财务部门一般采用会计核算法，故选项C错误。表格核算法简便易懂，方便操作，实用性较好；而会计核算法的缺点是对核算工作人员的专业水平和工作经验都要求较高，故选项D错误。

4.【2019年真题】某工程施工成本计划采用时间—成本累计曲线（S形曲线）表示，因进度计划中存在有时差的工作，S形曲线必然被包络在由全部工作都按（   ）的曲线所组成的"香蕉图"内。

A. 最早开始时间开始和最迟开始时间开始

B. 最早开始时间开始和最早完成时间开始

C. 最迟开始时间开始和最迟完成时间开始

D. 最早开始时间开始和最迟完成时间开始

【答案】A

【解析】本题考核的是时间—成本累积曲线的绘制步骤。每一条S形曲线都对应某一特定的工程进度计划。因为在进度计划的非关键路线中存在许多有时差的工序或工作，因而S形曲线必然包络在由全部工作都按最早开始时间开始和全部工作都按最迟必须开始时间开始的曲线所组成的"香蕉图"内。

5.【2019年真题】在项目成本分析的依据中，既可对已经发生的经济活动进行核算，又可对尚未发生的经济活动进行核算的方式是（   ）。

A. 会计核算　　　　　　　　　　　　　B. 成本核算

C. 统计核算　　　　　　　　　　　　　D. 业务核算

【答案】D

【解析】业务核算的范围比会计、统计核算要广。会计和统计核算一般是对已经发生的经济活动进行核算，而业务核算不但可以核算已经完成的项目是否达到原定的目的、取得预期的效果，而且可以对尚未发生或正在发生的经济活动进行核算。

6.【2018年真题】关于施工项目成本核算方法的说法，正确的是（   ）。

A. 表格核算法的优点是覆盖面较大

B. 会计核算法不核算工程项目在施工过程中出现的债权债务

C. 表格核算法可用于工程项目施工各岗位成本的责任核算

D. 会计核算法不能用于整个企业的生产经营核算

【答案】C

【解析】本题考核的是成本核算的方法。表格法的缺点是难以实现较为科学严密的审核制度，精度不高，覆盖面小，故选项A错误。会计核算法不仅核算工程项目施工的直接成本，而且还要核算工程项目在施工过程中出现的债权债务、为施工生产而自购的工

具、器具摊销、向发包单位的报量和收款、分包完成和分包付款等，故选项 B 错误。因为表格核算具有操作简单和表格格式自由等特点，因而对工程项目内各岗位成本的责任核算，比较实用，故选项 C 正确。会计核算可以对施工单位整个企业的生产经营进行核算，故选项 D 错误。

7. 【2017年真题】编制实施性成本计划的主要依据是（　　）。

A. 施工图预算
B. 施工预算
C. 投资估算
D. 设计概算

【答案】B

【解析】施工预算是编制实施性成本计划的主要依据，施工图预算是编制指导性成本计划的主要依据。

8. 【2017年真题】某工程项目截至 8 月末的有关费用数据为：$BCWP$ 为 980 万元，$BCWS$ 为 820 万元，$ACWP$ 为 1050 万元，则其 SV 为（　　）万元。

A. -160
B. 160
C. 70
D. -70

【答案】B

【解析】本题考查的是赢得值法中进度偏差 SV 的计算。$SV = BCWP - BCWS = 980 - 820 = 160$。

9. 【2016年真题】某分项工程某月计划工程量为 3200m²，计划单价为 15 元/m²；月底核定承包商实际完成工程量为 2800m²，实际单价为 20 元/m²，则该工程的已完工作实际费用（$ACWP$）为（　　）元。

A. 42000
B. 48000
C. 56000
D. 64000

【答案】C

【解析】已完工作实际费用（$ACWP$）＝已完成工作量×实际单价＝2800×20＝56000 元。

10. 【2016年真题】关于施工成本控制程序的说法，正确的是（　　）。

A. 管理行为控制程序是成本全过程控制的重点
B. 指标控制程序是对成本进行过程控制的基础
C. 管理行为控制程序和指标控制程序在实施过程中相互制约
D. 管理行为控制程序是项目施工成本结果控制的主要内容

【答案】C

【解析】成本的过程控制中，有两类控制程序，一是管理行为控制程序，二是指标控制程序。管理行为控制程序是对成本全过程控制的基础，指标控制程序则是成本进行过程控制的重点，故选项 A、B 说法错误。两个程序既相对独立又相互联系，既相互补充又相互制约，故选项 C 说法正确。管理行为的控制程序和成本指标的控制程序是对项目施工成本进行过程控制的主要内容，而不是结果控制，故选项 D 说法错误。

11. 【2015年真题】关于施工预算、施工图预算"两算"对比的说法，正确的是（　　）。

A. 施工预算的编制以预算定额为依据，施工图预算的编制以施工定额为依据

B. "两算"对比的方法包括实物对比法

C. 一般情况下，施工图预算的人工数量及人工费比施工预算低

D. 一般情况下，施工图预算的材料消耗量及材料费比施工预算低

【答案】B

【解析】本题考查的是施工成本计划的类型。施工预算的编制以施工定额为主要依据，施工图预算的编制以预算定额为主要依据，选项 A 错误。两算对比的方法包括实物对比法和金额对比法，选项 B 正确。施工预算的人工数量及人工费比施工图预算一般要低 6% 左右，选项 C 错误。施工预算的材料消耗量及材料费一般低于施工图预算，选项 D 错误。

12.【2015 年真题】在建设工程项目施工成本分析中，成本盈亏异常分析属于（　　）方法。

A. 因素分析　　　　　　　　　　　B. 综合成本分析

C. 专项成本分析　　　　　　　　　D. 成本项目分析

【答案】C

【解析】专项成本分析方包括成本盈亏异常分析、工期成本分析、资金成本分析等。

13.【2014 年真题】下列施工成本管理的措施中，属于组织措施的是（　　）。

A. 选用合适的分包项目合同结构

B. 确定合理的施工成本控制工作流程

C. 确定合适的施工机械、设备使用方案

D. 对施工成本管理目标进行风险分析，并制定防范性对策

【答案】B

【解析】选项 A 属于合同措施，选项 C 属于技术措施，选项 D 属于经济措施。

14.【2014 年真题】关于施工成本控制的说法，正确的是（　　）。

A. 施工成本管理体系由社会有关组织进行评审和认证

B. 要做好施工成本的过程控制，必须制定规范化的过程控制程序

C. 管理行为控制程序是进行成本过程控制的重点

D. 管理行为控制程序和指标控制程序是相互独立的

【答案】B

【解析】选项 A、C、D 错误。其中，选项 A，成本管理体系的建立不同于质量管理体系，质量管理体系反映的是企业的质量保证能力，由社会有关组织进行评审和认证；成本管理体系的建立是企业自身生存发展的需要，没有社会组织来评审和认证，所以选项 A 错误。选项 C，指标控制程序则是成本进行过程控制的重点，而非管理行为控制程序，所以选项 C 错误。选项 D，管理行为控制程序和指标控制程序既相对独立又相互联系，既相互补充又相互制约，所以选项 D 错误。

15.【2013 年真题】编制成本计划时，施工成本可以按成本构成分解为（　　）。

A. 人工费、材料费、施工机具使用费、措施费和企业管理费

B. 人工费、材料费、施工机具使用费、规费和企业管理费

C. 人工费、材料费、施工机具使用费、规费和间接费

D. 人工费、材料费、施工机具使用费、间接费、利润和税金

【答案】A

【解析】施工成本可以按成本构成分解为人工费、材料费、施工机具使用费和企业管理费等。

16.【2013年真题】分部分项工程成本分析的"三算"对比分析，是指（　　）的比较。

A. 概算成本、预算成本、决算成本　　　　B. 预算成本、目标成本、实际成本

C. 月度成本、季度成本、年度成本　　　　D. 预算成本、计划成本、目标成本

【答案】B

【解析】分部分项工程成本分析是对预算成本、目标成本、实际成本的三算对比。

二、多项选择题（每题的备选项中，有2个或2个以上符合题意，至少有1个错项）

1.【2022年真题】关于成本分析的说法，正确的有（　　）。

A. 业务核算可以对未发生、正在发生及已完成的经济活动进行核算

B. 统计核算不能用劳动量进行计量

C. 分部分项工程成本分析的对象为已完分部分项工程

D. 年度成本分析的重点是针对下一年度的施工进展情况制定的成本管理措施

E. 材料采购保管费会随材料采购数量增多而增加

【答案】A、C、D、E

【解析】选项B说法错误。统计核算的计量尺度比会计宽，可以用货币计算，也可以用实物或劳动量计量。

2.【2021年真题】关于施工成本偏差分析表达方法的说法，正确的有（　　）。

A. 横道图法是最常用的一种方法　　　　B. 横道图法形象、直观，一目了然

C. 表格法反映的信息量大　　　　　　　D. 表格法具有灵活、适用性强的优点

E. 曲线法能够直接用于定量分析

【答案】B、C、D

【解析】本题考核成本控制的方法。选项A说法错误，施工成本偏差分析表达方法最常用的不是横道图，而是表格法；选项E说法错误，错在"直接"二字，曲线法能够用于定量分析，但不能够直接用于定量分析。

3.【2020年真题】施工项目竞争性成本计划是（　　）的估算成本计划。

A. 选派项目经理阶段　　　　　　　　　B. 投标阶段

C. 施工准备阶段　　　　　　　　　　　D. 签订合同阶段

E. 制定企业年度计划阶段

【答案】B、D

【解析】竞争性成本计划是施工项目投标及签订合同阶段的估算成本计划。

4.【2019年真题】关于按工程实施阶段编制施工成本计划的说法，正确的有（　　）。

A. 可在网络图的基础上进一步扩充得到

B. 可以用成本计划直方图的方式表示

C. 按最早时间安排工作可节约资金贷款利息

D. 可以用时间—成本累积曲线表示

E. 可根据资金筹措情况在"香蕉图"内调整 S 形曲线

【答案】A、B、D、E

【解析】本题考核的是按工程实施阶段编制施工成本计划。一般而言，所有工作都按最迟开始时间开始，对节约资金贷款利息是有利的，故 C 选项表述错误。

5.【2018 年真题】根据《财政部关于印发〈企业产品成本核算制度（试行）〉的通知》（财会〔2013〕17 号），建筑业企业可设置的成本项目有（ ）。

A. 直接人工　　　　　　　　　　B. 其他直接费用

C. 分包成本　　　　　　　　　　D. 借款费用

E. 相关税费

【答案】A、B、C。

【解析】本题考核的是成本核算的范围。《财政部关于印发〈企业产品成本核算制度（试行）〉的通知》（财会〔2013〕17 号），将成本项目分为：直接人工、直接材料、机械使用费、其他直接费用、间接费用、分包成本。

6.【2017 年真题】下列施工成本管理的措施中，属于经济措施的有（ ）。

A. 对施工方案进行经济效果分析论证

B. 通过生产要素的动态管理控制实际成本

C. 对各种变更及时落实业主签证并结算工程款

D. 抽检进场的工程材料、构配件质量

E. 对施工成本管理目标进行风险分析并制定防范性对策

【答案】C、E

【解析】选项 A 属于技术措施，选项 B、D 属于管理措施。

7.【2016 年真题】施工成本分析是在成本形成过程中，将施工项目的成本核算资料与（ ）进行比较，以了解成本变动情况。

A. 本施工项目的目标成本　　　　B. 类似施工项目的预算成本

C. 本施工项目的实际成本　　　　D. 本施工项目的预算成本

E. 类似施工项目的实际成本

【答案】A、D、E

【解析】施工成本分析贯穿于施工成本管理的全过程，它是在成本的形成过程中，主要利用施工项目的成本核算资料（成本信息），与目标成本、预算成本以及类似施工项目的实际成本等进行比较，了解成本的变动情况。

8.【2015 年真题】某工作横道图费用偏差分析如下图所示，正确的有（ ）。

A. 效率较高　　　　　　　　　　B. 费用超支

C. 进度较快　　　　　　　　　　D. 投入超前

E. 可采用抽出部分人员，放慢进度的措施

项目编号	项目名称	费用参数额（万元）
010302001	实心砖墙	已完工作预算费用 40 （BCWP） 计划工作预算费用 30 （BCWS） 已完工作实际费用 50 （ACWP）

【答案】B、C、D

【解析】本题考查的是根据横道图进行赢得值法成本偏差分析。从图中可知，费用偏差（CV）＝已完工作预算费用（BCWP）－已完工作实际费用（ACWP）＝40－50＝－10＜0，说明费用超支，所以选项 B 正确。进度偏差（SV）＝已完工作预算费用（BCWP）－计划工作预算费用（BCWS）＝40－30＝10＞0，说明进度提前，进度较快，所以选项 C 正确。根据进度提前、费用超支，可知项目投入超前，所以选项 D 正确。选项 A、E 的说法没有根据。

本章模拟强化练习

1Z202010　成本管理的任务、程序和措施

1. 施工成本管理就是要在（　　　）的情况下，采取相应管理措施，把成本控制在计划范围内。

A. 保证工期和确保质量优良　　　　　　B. 保证工期和满足质量要求

C. 缩短工期和确保质量优良　　　　　　D. 缩短工期和满足质量要求

2. 施工成本一般以（　　　）为成本核算对象。

A. 单项工程　　　　　　　　　　　　　B. 分部工程

C. 单位工程　　　　　　　　　　　　　D. 分项工程

3. 一是要能提出多个不同的技术方案，二是要对不同的技术方案进行技术经济分析。这两项工作是（　　　）的关键。

A. 组织措施　　　　　　　　　　　　　B. 技术措施

C. 经济措施　　　　　　　　　　　　　D. 合同措施

4. 在施工成本管理的各类措施中，一般不需增加费用，而且是其他各类措施的前提和保障的是（　　　）。

A. 过程控制措施　　　　　　　　　　　B. 经济措施

C. 技术措施　　　　　　　　　　　　　D. 组织措施

1Z202020　成本计划

1. 关于竞争性成本计划、指导性成本计划和实施性成本计划三者区别的说法，正确

的是（　　　）。

A. 指导性成本计划是项目施工准备阶段的施工预算成本计划，比较详细

B. 实施性成本计划是选派项目经理阶段的预算成本计划

C. 指导性成本计划是以项目实施方案为依据编制的

D. 竞争性成本计划是项目投标和签订合同阶段的估算成本计划，比较粗略

2. 下列有关施工预算和施工图预算的说法，正确的是（　　　）。

A. 施工预算的编制以预算定额为主要依据

B. 施工预算是投标报价的主要依据

C. 施工图预算既适用于建设单位，也适用于施工单位

D. 施工图预算是施工企业内部管理用的一种文件

3. 在编制实施性施工成本计划时要进行"两算"对比，这里的"两算"指的是（　　　）。

A. 设计概算   B. 施工预算

C. 设计预算   D. 施工图预算

E. 工程决算

4. 对施工成本进行划分，应计入企业管理费用的有（　　　）。

A. 固定资产使用费   B. 工程用材料购置费

C. 管理人员的办公费   D. 安全文明施工费

E. 工具用具使用费

5. 施工成本计划是施工项目成本控制的一个重要环节，一般情况下，施工成本计划总额应控制在（　　　）范围内。

A. 固定成本   B. 目标成本

C. 预算成本   D. 实际成本

6. 施工总成本目标确定后，还需通过编制详细的（　　　）把目标成本层层分解，落实到施工过程的每个环节，有效地进行成本控制。

A. 指导性成本计划   B. 竞争性成本计划

C. 实施性成本计划   D. 工艺性成本计划

7. 如按工程进度编制施工成本计划，在编制网络计划时应充分考虑进度控制对项目分解深度的要求，同时还应考虑施工成本支出计划对（　　　）的要求。

A. 成本目标   B. 项目目标

C. 成本分解   D. 项目划分

1Z202030　成本控制

1. 某钢门窗安装工程，工程到第三个月末时，已完成工作预算费用 40 万元，已完成工作实际费用为 45 万元，则该项目的成本控制效果是（　　　）。

A. 费用偏差为 −5 万元，项目运行超出预算

B. 费用偏差为 5 万元，项目运行节支

C. 费用偏差为 5 万元，项目运行超出预算

D. 费用偏差为 -5 万元，项目运行节支

2. 某土方工程，计划总工程量为 $4800m^3$，预算单价为 580 元 $/m^3$，计划 6 个月内均衡完成。开工后，实际单价为 600 元 $/m^3$。施工至第 3 个月底，累计实际完成工程量 $3000m^3$。若运用赢得值法分析，则至第 3 个月底的费用偏差为（　　）万元。

A. -34.8　　　　　　　　　　　　　B. -6

C. 6　　　　　　　　　　　　　　　　D. 34.8

3. 图中所示为拟完工程和已完工程计划施工成本的比较，图中 Δ 表示 t 时刻的（　　）。

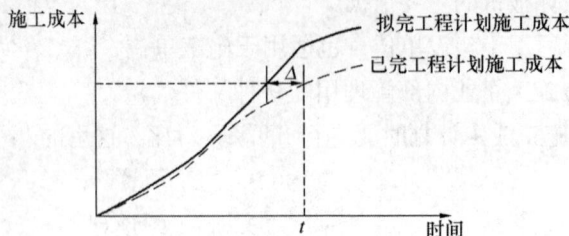

A. 施工成本节约值　　　　　　　　　B. 施工成本增加值

C. 施工进度滞后值　　　　　　　　　D. 施工进度提前量

4. 某项目采用赢得值法进行综合分析后得到：$BCWP > BCWS > ACWP$，则（　　）。

A. 费用超支　　　　　　　　　　　　B. 费用节余

C. 进度延误　　　　　　　　　　　　D. 进度提前

E. 投入超前

1Z202040　成本核算

1. 根据《企业会计准则》，下列费用中，属于间接费用的是（　　）。

A. 材料装卸保管费　　　　　　　　　B. 周转材料摊销费

C. 项目部的固定资产折旧费　　　　　D. 施工场地清理费

2. 工程成本应当包括（　　）所发生的、与执行合同有关的直接费用和间接费用。

A. 从工程投标开始至竣工验收为止　　B. 从合同签订开始至合同完成为止

C. 从场地移交开始至项目移交为止　　D. 从项目设计开始至竣工投产为止

3. 关于工程项目成本核算的说法，正确的有（　　）。

A. 成本核算应坚持形象进度、产值统计、成本分析同步的原则

B. 工程成本核算是企业会计核算的重要组成部分

C. 工程项目内各岗位成本责任核算一般采用业务核算法

D. 施工单位应在项目部设成本会计进行成本核算

E. 会计核算法人为控制因素较多、精度不高

1Z202050　成本分析与成本考核

1. 常用的比率法包括（　　）。

A. 相关比率法　　　　　　　　　　　B. 构成比率法

C. 动态比率法   D. 因素比率法

E. 差额比率法

2. 某工程商品混凝土的目标产量为 500m³，单价 720 元，损耗率 4%；实际产量为 550m³，单价 730 元，损耗率 3%。采用因素分析法进行分析，由于损耗率降低使成本降低了（   ）元。

A. 43160   B. 37440

C. 5720   D. 4015

3. 运用比较法分析施工成本时，可以采用的形式有（   ）。

A. 与本行业的平均水平、先进水平对比

B. 将预算指标与目标指标对比

C. 将实际指标与概算指标对比

D. 将本期目标指标与上期目标指标对比

E. 将本期实际指标与上期实际指标对比

4. 施工成本分析的基础是（   ）。

A. 分部分项工程成本分析   B. 单位工程成本分析

C. 单项工程成本分析   D. 月（季）度成本分析

5. 在分部分项工程成本分析中，预算成本的资料来自（   ）。

A. 施工任务单的实际工程量   B. 施工预算

C. 限额领料单的实耗材料   D. 投标报价成本

6. 施工项目月度成本分析的依据是当月的成本报表，分析的方法和内容包括（   ）。

A. 通过实际成本与预算成本的对比，分析当月的成本降低水平

B. 通过实际成本与目标成本的对比，分析目标成本的落实情况

C. 通过累计实际成本与累计预算成本的对比，分析竣工成本降低水平

D. 通过对各成本项目的成本分析，了解成本总量的构成比例

E. 通过对技术组织措施执行效果的分析，寻求更加有效的节约途径

★★ 模拟强化练习答案及解析 ★★

1Z202010   成本管理的任务、程序和措施

1.【答案】B

【解析】施工成本管理就是要在保证工期和质量满足要求的情况下，采取相应的管理措施，把成本控制在计划范围内，并进一步寻求最大程度的成本节约。目前我国工程质量等级分为合格和不合格两类，没有"优良"这一等级。所以，选项 B 正确。

2.【答案】A

【解析】施工成本核算一般以单位工程为对象，但也可以按照承包工程项目的规模、工期、结构类型、施工组织和施工现场等情况，结合成本管理要求，灵活划分成本核算

对象。

3.【答案】B

【解析】技术措施不仅对解决施工成本管理过程中的技术问题是不可缺少的，而且对纠正施工成本管理目标偏差也有相当重要的作用。因此，运用技术纠偏措施的关键，一是要能提出多个不同的技术方案，二是要对不同的技术方案进行技术经济分析。所以，选项B正确。

4.【答案】D

【解析】组织措施是其他各类措施的前提和保障，而且一般不需要增加额外的费用，运用得当可以取得良好的效果。

1Z202020　成本计划

1.【答案】D

【解析】指导性成本计划即选派项目经理阶段的预算成本计划，是以合同标书为依据，按照企业的预算定额标准制定的设计预算成本计划；实施性成本计划即项目施工准备阶段的施工预算成本计划；竞争性成本计划即工程项目投标及签订合同阶段的估算成本计划，总体上较为粗略。

2.【答案】C

【解析】施工预算是施工企业内部管理用的一种文件，与建设单位无直接关系；而施工图预算既适用于建设单位，又适用于施工单位。

3.【答案】B、D

【解析】"两算"对比表指同一工程内容的施工预算与施工图预算的对比分析表。

4.【答案】A、C、E

【解析】选项B属于材料费的内容，选项D属于施工措施费的内容。所以A、C、E正确。

5.【答案】B

【解析】一般情况下，施工成本计划总额应控制在目标成本的范围内，并建立在切实可行的基础上。

6.【答案】C

【解析】施工总成本目标确定之后，还需通过编制详细的实施性施工成本计划把目标成本层层分解，落实到施工过程的每个环节，有效地进行成本控制。

7.【答案】D

【解析】在编制网络计划时，应在充分考虑进度控制对项目划分要求的同时，还要考虑确定施工成本支出计划对项目划分的要求，做到两者兼顾。

1Z202030　成本控制

1.【答案】A

【解析】费用偏差（CV）＝已完工作预算费用（$BCWP$）－已完工作实际费用（$ACWP$）＝

$40-45 = -5$ 万元。

2.【答案】B

【解析】费用偏差（CV）＝已完工作预算费用（$BCWP$）－已完工作实际费用（$ACWP$）＝$3000 \times （580-600）$ 元＝-60000 元＝-6 万元，选项 B 正确。

3.【答案】C

【解析】图中 Δ 代表施工成本相同，但完成时间晚于计划时间，因此施工进度滞后。

4.【答案】B、D、E

【解析】费用偏差 $CV = BCWP-ACWP$，为负表示费用超支，为正表示费用节余，$SV = BCWP-BCWS$，为负表示进度延误，为正表示进度提前。所以，B、D、E 正确。

1Z202040　成本核算

1.【答案】C

【解析】间接费用是指企业各施工单位为组织和管理工程施工所发生的费用。选项 A、D 属于其他直接费用，选项 B 属于直接材料费。

2.【答案】B

【解析】本题考核的是成本核算的范围。根据《企业会计准则第 15 号——建造合同》，工程成本包括从建造合同签订开始至合同完成止所发生的、与执行合同有关的直接费用和间接费用。

3.【答案】B、D

【解析】本题的综合性非常强，有一定的难度。选项 A 考核的是成本核算的原则。项目成本核算应坚持形象进度、产值统计、成本归集同步的原则。故选项 A 错误。选项 B 考核的是成本核算的程序。成本核算是企业会计核算的重要组成部分。故选项 B 正确。因为表格核算具有操作简单和表格格式自由等特点，因而对工程项目内各岗位成本的责任核算比较实用。故选项 C 错误。会计核算法的优点是科学严密，人为控制的因素较小而且核算的覆盖面较大。故选项 E 错误。

1Z202050　成本分析与成本考核

1.【答案】A、B、C

【解析】常用的比率法有以下几种：相关比率法、构成比率法、动态比率法。

2.【答案】D

【解析】目标成本是 $500 \times 720 \times 1.04 = 374400$ 元，产量为第一替代因素：$550 \times 720 \times 1.04 = 411840$ 元，单价为第二替代因素：$550 \times 730 \times 1.04 = 417560$ 元，损耗率为第三替代因素：$550 \times 730 \times 1.03 = 413545$ 元，产量增加使成本增加了 $411840-374400 = 37440$ 元，单价增加使成本增加了 $417560-411840 = 5720$ 元，损耗率降低使成本降低了 $417560-413545 = 4015$ 元。

3.【答案】A、C、E

【解析】比较法的应用通常有以下形式：将实际指标与目标指标对比、本期实际指标与上期实际指标对比、与本行业平均水平、先进水平对比。

4.【答案】A

【解析】分部分项工程成本分析是施工项目成本分析的基础。分部分项工程成本分析的对象为已完成分部分项工程，分析的方法是：进行预算成本、目标成本和实际成本的"三算"对比，分别计算实际偏差和目标偏差，分析偏差产生的原因，为今后的分部分项工程成本寻求节约途径。

5.【答案】D

【解析】分部分项工程成本分析的资料来源为：预算成本来自投标报价成本，目标成本来自施工预算，实际成本来自施工任务单的实际工程量、实耗人工和限额领料单的实耗材料。

6.【答案】A、B、D、E

【解析】月（季）度成本分析的依据是当月（季）的成本报表，分析通常包括以下几个方面：通过实际成本与预算成本的对比，分析当月（季）的成本降低水平；通过累计实际成本与累计预算成本的对比，分析累计的成本降低水平，预测实现项目成本目标的前景；通过实际成本与目标成本的对比，分析目标成本的落实情况以及目标管理中的问题和不足；通过对各成本项目的成本分析，可以了解成本总量的构成比例和成本管理的薄弱环节。通过主要技术经济指标的实际与目标对比，分析产量、工期、质量、"三材"节约率、机械利用率等对成本的影响。通过对技术组织措施执行效果的分析，寻求更加有效的节约途径。所以A、B、D、E正确。

1Z203000 建设工程项目进度控制

本章考情分析

近3年本章节次及条目分值分布

本章节次	本章条目	2022年		2021年		2020年	
		单选	多选	单选	多选	单选	多选
1Z203000	本章前言内容			1			
1Z203010	1Z203011 项目进度控制的目的					1	
	1Z203012 项目进度控制的任务						2
	1Z203013 项目进度计划系统的建立	1					
	1Z203014 计算机辅助建设工程项目进度控制						2
1Z203020	1Z203021 项目总进度目标论证的工作内容	1	2	1	2	1	
	1Z203022 项目总进度目标论证的工作步骤					2	
1Z203030	1Z203031 横道图进度计划的编制方法	1		1		2	2
	1Z203032 工程网络计划的编制方法	3	2	3		3	2
	1Z203033 工程网络计划有关时间参数的计算	3	6	2	8		
	1Z203034 关键工作、关键路线和时差的确定			1			2
	1Z203035 进度计划调整的方法						
1Z203040	1Z203041 项目进度控制的组织措施	1	2				
	1Z203042 项目进度控制的管理措施			1			
	1Z203043 项目进度控制的经济措施					1	
	1Z203044 项目进度控制的技术措施				2		2
合计		10	12	10	12	10	12
		22		22		22	

本章核心考点分析

1Z203010 建设工程项目进度控制与进度计划系统

核心考点提纲

1Z203010 建设工程项目进度控制与进度计划系统—项目进度控制

核心考点剖析

核心考点　项目进度控制

一、项目进度控制的目的

1. 进度控制的目的是通过控制以实现工程的进度目标。

2. 施工进度控制并不仅关系到施工进度目标能否实现，它还直接关系到工程的质量和成本。在工程施工实践中，必须树立和坚持一个最基本的工程管理原则，即在确保工程质量的前提下，控制工程的进度。

二、项目进度控制的任务

1. 业主方进度控制的任务是控制整个项目实施阶段的进度。

2. 设计方进度控制的任务是依据设计任务委托合同对设计工作进度的要求控制设计工作进度。在国际上，设计进度计划主要是确定各设计阶段的设计图纸（包括有关的说明）的出图计划。

三、进度计划系统

建设工程项目进度计划系统是由多个相互关联的进度计划组成的系统，它是项目进度控制的依据。

项目进度计划系统的建立和完善有一个过程，它是逐步完善的。

根据项目进度控制不同的需要和不同的用途，业主方和项目各参与方可以构建多个不同的建设工程项目进度计划系统，比如：

序号	不同深度的进度计划系统	不同功能的进度计划系统
1	总进度规划（计划）	控制性进度规划（计划）
2	项目子系统进度规划（计划）	指导性进度规划（计划）
3	项目子系统中的单项工程进度计划等	实施性（操作性）进度计划等

序号	不同项目参与方的进度计划系统	不同周期的进度计划系统
1	业主方编制的整个项目实施的进度计划	5年建设进度计划
2	设计进度计划	年度、季度、月度和旬计划等
3	施工和设备安装进度计划	—
4	采购和供货进度计划等	—

◆ **考法1：正误判断题**

【例题·2021年真题·单选题】关于进度控制的说法，正确的是（　　　）。

A. 进度控制的目的是实现建设项目的总进度目标

B. 各项目管理方进度控制的目标和时间范畴应相同

C. 施工方对整个工程项目进度目标的实现具有决定性作用

D. 施工方必须在确保工程质量的前提下，控制工程进度

【答案】D

【解析】本题考核的综合性强，有一定难度。选项 A 说法错误，对不同参与方而言，进度控制的目的不同。对业主方而言，进度控制的目的是实现建设项目的总进度目标；而对施工方而言，进度控制的目的就不是实现建设项目的总进度目标，而是实现施工进度目标。选项 B 说法错误，各项目管理方进度控制的目标和时间范畴并不相同。选项 C 说法错误，施工方只能影响施工进度目标的实现，并不能对整个工程项目进度目标的实现具有决定性作用。

◆ 考法 2：归类题

【例题·2019 年真题·多选题】下列工程进度计划系统的构成内容中，属于由不同功能进度计划组成的有（　　）。

A. 施工总进度计划、主体工程施工进度计划、钢结构工程施工计划

B. 设计进度计划、物资采购进度计划、施工进度计划

C. 业主方的控制性进度计划、项目管理机构的操作性进度计划

D. 企业投标的指导性进度计划、项目部的实施性进度计划

E. 企业的年度进度计划、项目部的月度进度计划

【答案】C、D

【解析】选项 A 属于不同深度的计划，选项 B 属于不同项目参与方的计划，选项 E 属于不同周期的计划。

1Z203020　建设工程项目总进度目标的论证

核心考点提纲

> 1Z203021　项目总进度目标论证的工作内容—项目总进度目标论证的工作内容
> 1Z203022　项目总进度目标论证的工作步骤—项目总进度目标论证的工作步骤

核心考点剖析

1Z203021　项目总进度目标论证的工作内容

核心考点　项目总进度目标论证的工作内容

建设工程项目的总进度目标指的是整个项目的进度目标，它是在项目决策阶段项目定义时确定的。

建设工程项目总进度目标的控制是业主方项目管理的任务，若采用建设项目总承包的模式，协助业主进行项目总进度目标的控制也是建设项目总承包方项目管理的任务。

在进行建设工程项目总进度目标控制前，首先应分析和论证目标实现的可能性。

在项目的实施阶段，项目总进度不仅只是施工进度，它包括：

1. 设计前准备阶段的工作进度；

2. 设计工作进度；

3. 招标工作进度；

4. 施工前准备工作进度；

5. 工程施工和设备安装进度；

6. 工程物资采购工作进度；

7. 项目动用前的准备工作进度等。

建设工程项目总进度目标论证应分析和论证上述各项工作的进度，以及上述各项工作进展的相互关系。

总进度目标论证并不是单纯的总进度规划的编制工作，它涉及许多工程实施的条件分析和工程实施策划方面的问题。

大型建设工程项目总进度目标论证的核心工作是通过编制总进度纲要论证总进度目标实现的可能性。总进度纲要的主要内容包括：

1. 项目实施的总体部署；

2. 总进度规划；

3. 各子系统进度规划；

4. 确定里程碑事件的计划进度目标；

5. 总进度目标实现的条件和应采取的措施等。

◆ 考法 1：正误判断题

【例题·2021年真题·单选题】关于建设工程项目总进度目标论证的说法，正确的是（   ）。

A. 总进度目标论证应涉及工程实施的条件分析及工程实施策划

B. 已编制总进度规划的项目，可以不进行总进度目标论证

C. 总进度目标论证时，应论证项目动用后的工作进度

D. 总进度目标论证就是论证施工进度目标实现的可能性

【答案】A

【解析】本题考核建设工程项目总进度目标论证。综合性强，有一定难度。总进度目标论证并不是单纯的总进度规划的编制工作，它涉及许多工程实施的条件分析和工程实施策划方面的问题，故选项A正确、选项B错误。选项C、D说法错误，总进度目标论证，应论证项目实施阶段（而非项目动用后）的工作进度，论证的是项目总进度目标（而非施工进度目标）实现的可能性。

◆ 考法 2：归类题

【例题·2022年真题·多选题】建设工程项目总进度纲要的主要内容有（   ）。

A. 项目实施的总体部署

B. 总进度规划

C. 与总进度规划对应的资源需求计划

D. 确定里程碑事件的计划进度目标

E. 总进度目标实现的条件和应采取的措施

【答案】A、B、D、E

【解析】总进度纲要的主要内容包括：① 项目实施的总体部署；② 总进度规划；③ 各子系统进度规划；④ 确定里程碑事件的计划进度目标；⑤ 总进度目标实现的条件和应采取的措施等。

1Z203022　项目总进度目标论证的工作步骤

核心考点　项目总进度目标论证的工作步骤

建设工程项目总进度目标论证的工作步骤如下：

1. 调查研究和收集资料；

2. 进行项目结构分析；

3. 进行进度计划系统的结构分析；

4. 确定项目的工作编码；

5. 编制各层（各级）进度计划；

6. 协调各层进度计划的关系和编制总进度计划；

7. 若所编制的总进度计划不符合项目的进度目标，则设法调整；

8. 若经过多次调整，进度目标无法实现，则报告项目决策者。

上述步骤中，调查研究和收集资料、项目的结构分析、项目的进度计划系统、项目的工作编码具体内容如下：

（1）调查研究和收集资料包括如下工作：

① 了解和收集项目决策阶段有关项目进度目标确定的情况和资料；

② 收集与进度有关的该项目组织、管理、经济和技术资料；

③ 收集类似项目的进度资料；

④ 了解和调查该项目的总体部署；

⑤ 了解和调查该项目实施的主客观条件等。

（2）项目的结构分析：大型建设工程项目的结构分析是根据编制总进度纲要的需要，将整个项目进行逐层分解，并确立相应的工作目录。整个项目划分成多少结构层，应根据项目的规模和特点而定。

（3）项目的进度计划系统：大型建设工程项目的计划系统一般由多层计划构成，整个项目划分成多少计划层，应根据项目的规模和特点而定。

（4）项目的工作编码：指的是每一个工作项的编码，编码有各种方式，编码时应考虑下述因素：

① 对不同计划层的标识；

② 对不同计划对象的标识（如不同子项目）；

③ 对不同工作的标识（如设计工作、招标工作和施工工作等）。

◆ **考法 1：排序题**

【例题·2018 年真题·单选题】建设工程项目总进度目标论证的工作包括：① 编制各层进度计划；② 项目结构分析；③ 编制总进度计划；④ 项目的工作编码。其正确的工作程序是（　　）。

A. ④—③—②—①   B. ②—④—①—③

C. ②—④—③—①   D. ④—②—①—③

【答案】B

【解析】本题考核的是项目总进度目标论证的工作步骤。建设工程项目总进度目标论证的工作步骤：① 调查研究和收集资料；② 项目结构分析；③ 进度计划系统的结构分析；④ 项目的工作编码；⑤ 编制各层进度计划；⑥ 协调各层进度计划的关系，编制总进度计划；⑦ 若所编制的总进度计划不符合项目的进度目标，则设法调整；⑧ 若经过多次调整，进度目标无法实现，则报告项目决策者。

◆ 考法2：归类题

【例题·2017年真题·单选题】下列建设工程项目总进度目标论证的工作中，属于项目结构分析的是（ ）。

A. 了解和调查项目的总体部署 B. 对每一个工作项进行编码

C. 将项目进行逐层分解   D. 调查项目实施的主客观条件

【答案】C

【解析】选项 A、D 属于建设工程项目总进度目标论证的工作步骤中第一步"调查研究和收集资料"的内容。选项 B（对每一个工作项进行编码）属于第四步"项目的工作编码"的内容。

1Z203030 建设工程项目进度计划的编制和调整方法

核心考点提纲

  1Z203031 横道图进度计划的编制方法—横道图进度计划的缺点

  1Z203032 工程网络计划的编制方法 $\begin{cases} 1.\ 双代号网络计划图的绘图规则 \\ 2.\ 双代号时标网络计划 \\ 3.\ 单代号网络计划图的绘制规则 \end{cases}$

  1Z203033 工程网络计划有关时间参数的计算 $\begin{cases} 1.\ 双代号网络计划时间参数的计算 \\ 2.\ 单代号网络计划时间参数的计算 \end{cases}$

  1Z203035 进度计划调整的方法 $\begin{cases} 1.\ 网络计划检查的主要内容 \\ 2.\ 进度计划的调整 \end{cases}$

核心考点剖析

1Z203031 横道图进度计划的编制方法

核心考点 横道图进度计划的缺点

1. 工序（工作）之间的逻辑关系可以设法表达，但不易表达清楚。

2. 适用于手工编制计划。

3. 没有通过严谨的进度计划时间参数计算，不能确定计划的关键工作、关键路线与时差。

4. 计划调整只能用手工方式进行，其工作量较大。

5. 难以适应较大的进度计划系统。

◆ 考法：正误判断题

【例题·2020年真题·单选题】关于横道图进度计划特点的说法，正确的是（   ）。

A. 可以识别计划的关键工作   B. 不能表达工作逻辑关系

C. 调整计划的工作量较大   D. 可以计算工作时差

【答案】C

【解析】本题考核的是横道图进度计划的特点。没有通过严谨的进度计划时间参数计算，不能确定计划的关键工作、关键路线与时差，故选项 A、D 错误。工序（工作）之间的逻辑关系可以设法表达，但不易表达清楚，故选项 B 错误。

1Z203032   工程网络计划的编制方法

核心考点一   双代号网络计划图的绘图规则

一、基本概念

双代号网络图中，每一条箭线表示一项工作。箭线的箭尾节点 i 表示该工作的开始，箭线的箭头节点 j 表示该工作的完成。工作名称可标注在箭线的上方，完成该项工作所需要的持续时间可标注在箭线的下方。

虚箭线是实际工作中并不存在的一项虚设工作，故它们既不占用时间，也不消耗资源，一般起着工作之间的联系、区分和断路三个作用：

（1）联系作用：是指应用虚箭线正确表达工作之间相互依存的关系。

（2）区分作用：是指双代号网络图中每一项工作都必须用一条箭线和两个代号表示，若两项工作的代号相同时，应使用虚工作加以区分。

（3）断路作用：是用虚箭线断掉多余联系，即在网络图中把无联系的工作连接上时，应加上虚工作将其断开。

二、双代号网络计划图的绘图规则

1. 双代号网络图必须正确表达已确定的逻辑关系。

2. 双代号网络图中，不允许出现循环回路。

3. 双代号网络图中，在节点之间不能出现带双向箭头或无箭头的连线。

4. 双代号网络图中，不能出现没有箭头节点或没有箭尾节点的箭线。

5. 当双代号网络图的某些节点有多条外向箭线或多条内向箭线时，为使图形简洁，可使用母线法绘制（但应满足一项工作用一条箭线和相应的一对节点表示）。

6. 绘制网络图时，箭线不宜交叉。当交叉不可避免时，可用过桥法或指向法。

7. 双代号网络图中应只有一个起点节点和一个终点节点，而其他所有节点均应是中间节点。

8. 双代号网络图应条理清楚，布局合理。

◆ 考法：正误判断题

【例题1·2022年真题·单选题】某工程双代号网络图如下图所示，图中存在的错误是（　　）。

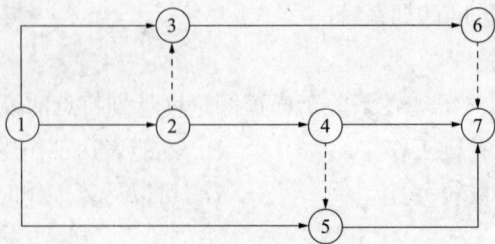

A. 节点编号混乱　　　　　　　　　B. 存在多余的虚箭线

C. 存在逆向箭线　　　　　　　　　D. 存在多个终点节点

【答案】B

【解析】虚工作⑥→⑦是多余的虚箭线。

【例题2·2020年真题·多选题】下列双代号网络图中，存在的绘图错误有（　　）。

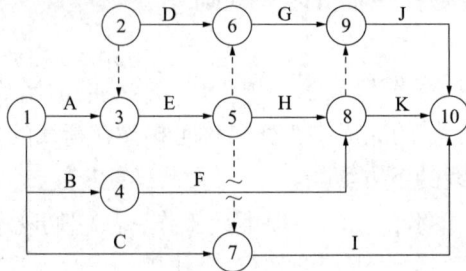

A. 存在多个起点节点　　　　　　　B. 存在多余的虚工作

C. 箭线交叉的方式错误　　　　　　D. 存在相同节点编号的工作

E. 存在没有箭尾节点的箭线

【答案】A、B

【解析】第一个错误：有两个起点节点。①节点和②节点，都是只有外向箭线（由节点向外指的箭线），故①节点和②节点都是起点节点。第二个错误：虚工作②→③是多余的。假设该网络图中不存在②→③这项虚工作的话，可以发现，该虚工作周边的工作之间的逻辑关系没有发生任何改变，即该虚工作的存在没有意义（并不需要该虚工作来表达工作之间的逻辑关系）。

核心考点二　单代号网络计划图的绘制规则

1. 单代号网络图必须正确表达已定的逻辑关系。

2. 单代号网络图中，严禁出现循环回路。

3. 单代号网络图中，严禁出现双向箭头或无箭头的连线。

4. 单代号网络图中，严禁出现没有箭尾节点的箭线和没有箭头节点的箭线。

5. 绘制网络图时，箭线不宜交叉，当交叉不可避免时，可采用过桥法或指向法绘制。

6. 单代号网络图中只应有一个起点节点和一个终点节点。当网络图中有多项起点节点或多项终点节点时，应在网络图的两端分别设置一项虚工作，作为该网络图的起点节点

（St）和终点节点（Fin）。

◆ **考法：正误判断题**

【例题·2014年真题·多选题】某单代号网络图如下图所示，存在的错误有（　　）。

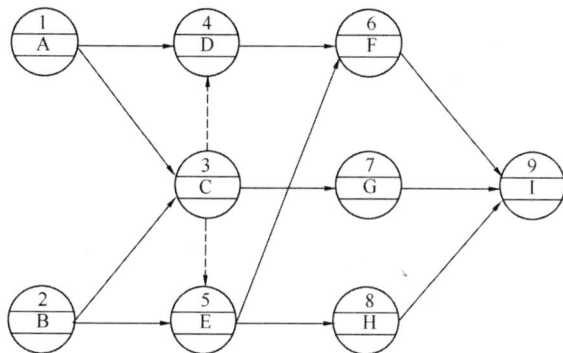

A. 多个起点节点　　　　　　　　　　B. 有多余虚箭线

C. 出现交叉箭线　　　　　　　　　　D. 没有终点节点

E. 出现循环回路

【答案】A、B、C

【解析】工作节点①和②都是起点节点，故选项A正确。单代号网络图逻辑关系要用实箭线表达，不能用虚箭线表示，故图中虚箭线③－④和③－⑤错误，选项B正确。箭线⑤－⑥与箭线③－⑦直接交叉，故选项C正确。除此之外，图中不存在其他错误。注意，两个虚箭线没有错误，起表达逻辑关系的作用。

1Z203033　工程网络计划有关时间参数的计算

核心考点一　双代号网络计划时间参数的计算

一、网络计划中工作的六个时间参数

分类	序号	时间参数	符号	概念
最早时间	1	最早开始时间	ES_{i-j}	各紧前工作全部完成后，工作 $i-j$ 有可能开始的最早时刻
	2	最早完成时间	EF_{i-j}	各紧前工作全部完成后，工作 $i-j$ 有可能完成的最早时刻
最迟时间	3	最迟开始时间	LS_{i-j}	在不影响整个任务按期完成的前提下，工作 $i-j$ 必须开始的最迟时刻
	4	最迟完成时间	LF_{i-j}	在不影响整个任务按期完成的前提下，工作 $i-j$ 必须完成的最迟时刻
时差	5	总时差	TF_{i-j}	在不影响总工期的前提下，工作 $i-j$ 可以利用的机动时间
	6	自由时差	FF_{i-j}	在不影响其紧后工作最早开始的前提下，工作 $i-j$ 可以利用的机动时间

二、双代号网络计划时间参数的计算

计算方向	序号	时间参数	符号	计算条件	计算公式
一去 （顺向）	1	最早 开始时间	ES_{i-j}	以起点节点（$i=1$）为开始节点的工作	$ES_{i-j}=0$（$i=1$）
				紧前工作 $h-i$ 只有一项	$ES_{i-j}=EF_{h-i}$
				紧前工作 $h-i$ 有多项	$ES_{i-j}=\max\{EF_{h-i}\}$
	2	最早 完成时间	EF_{i-j}	—	$EF_{i-j}=ES_{i-j}+D_{i-j}$
	3	计算工期	T_c	—	$T_c=\max\{EF_{i-n}\}$
一回 （逆向）	4	最迟 完成时间	LF_{i-j}	以终点节点（$j=n$）为完成节点的工作	$LF_{i-n}=T_p$
				紧后工作 $j-k$ 只有一项	$LF_{i-j}=LS_{j-k}$
				紧后工作 $j-k$ 有多项	$LF_{i-j}=\min\{LS_{j-k}\}$
	5	最迟 开始时间	LS_{i-j}	—	$LS_{i-j}=LF_{i-j}-D_{i-j}$
一停留	6	总时差	TF_{i-j}	—	$TF_{i-j}=LS_{i-j}-ES_{i-j}$ $TF_{i-j}=LF_{i-j}-EF_{i-j}$
	7	自由时差	FF_{i-j}	紧后工作 $j-k$ 只有一项	$FF_{i-j}=ES_{j-k}-EF_{i-j}$
				紧后工作 $j-k$ 有多项	$FF_{i-j}=\min\{ES_{j-k}\}-EF_{i-j}$
				以终点节点（$j=n$）为完成节点的工作	$FF_{i-n}=T_p-EF_{i-n}$

关键工作：网络计划中总时差最小的工作是关键工作。

关键线路：自始至终全部由关键工作组成的线路为关键线路，或线路上总的工作持续时间最长的线路为关键线路。

◆ **考法：计算题**

【例题 1·2022 年真题·单选题】某工程网络计划中，工作 M 的持续时间是 1 天，最早第 4 天开始。工作 M 的两个紧后工作的最迟开始时间分别为第 7 天和第 9 天。工作 M 的总时差是（　　）天。

A. 1　　　　　　　　　　　　　　B. 2

C. 3　　　　　　　　　　　　　　D. 5

【答案】B

【解析】工作 M 的最早完成时间 $EF_M=ES_M+D_M=4+1=5$ 天，工作 M 的最迟完成时间 $LF_M=\min\{7,9\}=7$ 天，工作 M 的总时差 $TF_M=LF_M-EF_M=7-5=2$ 天。

【例题 2·2020 年真题·多选题】某双代号网络计划如下图所示，关于工作时间参数的说法，正确的有（　　）。

A. 工作 B 的最迟完成时间是第 8 天　　B. 工作 C 的最迟开始时间是第 7 天

C. 工作 F 的自由时差是 1 天　　　　　D. 工作 G 的总时差是 2 天

E. 工作 H 的最早开始时间是第 13 天

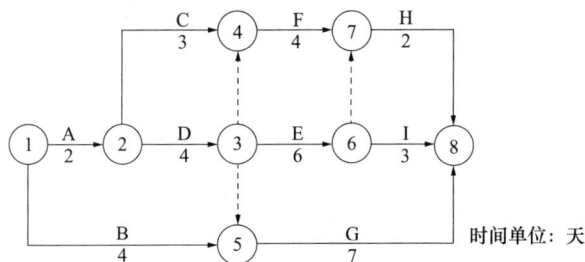

时间单位：天

【答案】A、D

【解析】$TF_B = LF_B - EF_B$，$LF_B = EF_B + TF_B = （0+4）+（2+2）= 8$，故选项 A 正确。

$TF_C = LS_C - ES_C$，$LS_C = ES_C + TF_C = 2 + （1+2+1）= 6$，故选项 B 错误。

$FF_F = ES_H - EF_F = 12 - （6+4）= 2$ 天，故选项 C 错误。

$TF_G = T_C - EF_G = 15 - （6+7）= 2$ 天，故选项 D 正确。

$ES_H = \max \{EF_F, EF_E\} = \max \{（6+4），（6+6）\} = 12$，故选项 E 错误。

核心考点二　单代号网络计划时间参数的计算

序号	时间参数	代号	计算条件	计算公式
1	最早开始时间	ES_i	起点节点（$i = 1$）的工作	$ES_i = 0（i = 1）$
			紧前工作 h 只有一项	$ES_i = EF_h$
			紧前工作 h 有多项	$ES_i = \max \{EF_h\}$
2	最早完成时间	EF_i	—	$EF_i = ES_i + D_i$
3	计算工期	T_c	—	$T_c = EF_n$
4	时间间隔	$LAG_{i,j}$	—	$LAG_{i,j} = ES_j - EF_i$
5	总时差	TF_i	终点节点 n 的工作	$TF_n = 0$
			其他节点的工作	$TF_i = \min \{TF_j + LAG_{i,j}\}$
6	自由时差	FF_i	终点节点 n 的工作	$FF_n = 0$
			紧后工作 j 只有一项	$FF_i = ES_j - EF_i$
			紧后工作 j 有多项	$FF_i = \min \{ES_j\} - EF_i$
7	最迟开始时间	LS_i	—	$LS_i = ES_i + TF_i$
8	最迟完成时间	LF_i	—	$LF_i = EF_i + TF_i$

关键工作：总时差最小的工作是关键工作。

关键线路的确定按以下规定：从起点节点开始到终点节点均为关键工作，且所有工作的时间间隔为零的线路为关键线路。

◆ 考法 1：计算题

【例题 1·2022 年真题·单选题】某工程网络计划中，工作 N 的持续时间是 1 天，最早第 14 天上班时刻开始，工作 N 的三个紧前工作 A、B、C 最早完成时间分别是第 9 天、第 11 天、第 13 天下班时刻，则工作 B 与工作 N 的时间间隔是（　　）天。

A. 0 　　　　　　　　　　　　　B. 1

C. 2 　　　　　　　　　　　　　D. 4

【答案】C

【解析】根据题意，工作 N 的最早开始时间 $ES_N = \max\{EF_A, EF_B, EF_C\} = \max\{9, 11, 13\} = 13$ 天（注意工作 N 的最早开始时间不是 14 天），则工作 B 与工作 N 的时间间隔 $LAG_{B,N} = ES_N - EF_B = 13 - 11 = 2$ 天。

【例题 2·2015 年真题·单选题】已知工程 F 有且仅有两项并行的紧后工作 G 和 H，G 工作的最迟开始时间为第 12 天，最早开始时间为第 8 天；H 工作的最迟完成时间为第 14 天，最早完成时间为第 12 天；工作 F 与 G、H 的时间间隔分别为 4 天和 5 天，则 F 工作的总时差为（　　）天。

A. 0 　　　　　　　　　　　　　B. 5

C. 7 　　　　　　　　　　　　　D. 9

【答案】C

【解析】本题考的是单代号网络计划时间参数的计算，在单代号网络计划中，工作 i 的总时差 TF_i 等于该工作的各个紧后工作 j 的总时差 TF_j 加该工作与其紧后工作之间的时间间隔 $LAG_{i,j}$ 之和的最小值，即：$TF_i = \min\{TF_j + LAG_{i,j}\}$。$TF_G = LS_G - ES_G = 12 - 8 = 4$ 天，$TF_H = LF_H - EF_H = 14 - 12 = 2$ 天，$LAG_{F,G} = 4$ 天，$LAG_{F,H} = 5$ 天，则 $TF_F = \min\{(TF_G + LAG_{F,G}), (TF_H + LAG_{F,H})\} = \min\{(4 + 4 = 8), (2 + 5 = 7)\} = 7$ 天。

考法 2：正误判断题

【例题·2022 年真题·多选题】工程网络计划中，关键线路是指（　　）的线路。

A. 双代号网络计划中无虚箭线

B. 双代号时标网络计划中无波形线

C. 单代号网络计划中关键工作之间时间间隔均为零

D. 双代号网络计划中由关键节点组成

E. 单代号网络计划中工作自由时差均为零

【答案】B、C

【解析】选项 A 说法错误，双代号网络计划的关键线路中可以有虚箭线。选项 D 说法错误，由关键节点组成的线路不一定是关键线路。选项 E 说法错误，单代号网络计划中关键线路是指从起点节点开始到终点节点均为关键工作，且所有工作的时间间隔为零的线路为关键线路。

1Z203035　进度计划调整的方法

核心考点一　网络计划检查的主要内容

1. 关键工作进度。

2. 非关键工作的进度及时差利用情况。

3. 实际进度对各项工作之间逻辑关系的影响。

4. 资源状况。

5. 成本状况。

6. 存在的其他问题。

◆ **考法：正误判断题**

【例题·2020年真题·多选题】某项目时标网络计划第2、4周末实际进度前锋线如下图所示，关于该项目进度情况的说法，正确的有（   ）。

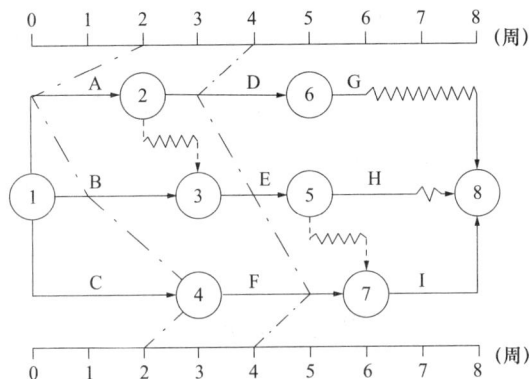

A. 第2周末，工作A拖后2周，但不影响工期

B. 第2周末，工作B拖后1周，但不影响工期

C. 第2周末，工作C提前1周，工期提前1周

D. 第4周末，工作D拖后1周，但不影响工期

E. 第4周末，工作F提前1周，工期提前1周

【答案】A、B、D、E

【解析】本题考核的是实际进度前锋线。注意：有第2周末和第4周末两个检查日期，应分别考虑。

第2周末检查时，工作C确实提前1周，但并不会使工期提前1周。因为要同时考虑在第2周末检查时涉及的另外两项工作，工作A拖延2周，工作A有2周的总时差，所以对总工期没有影响（总工期8周）；工作B拖延1周，工作B有1周的总时差，所以对总工期没有影响（总工期8周）。所以即使工作C提前1周，也不会使总工期提前，总工期还是8周（工作A和工作B已经变成关键工作），故选项C错误。

第4周末检查时，工作D拖后1周，工作D有2周的总时差，还剩下1周的机动时间（总工期7周）；工作E进度正常，工作E本身有1周的总时差（总工期7周）；而工作F提前1周；综合考虑在第4周末检查时涉及的D、E、F三项工作，可使总工期提前1周，为7周，故选项E正确。

核心考点二　进度计划的调整

1. 网络计划调整的内容

（1）调整关键线路的长度；

125

（2）调整非关键工作时差；

（3）增、减工作项目；

（4）调整逻辑关系；

（5）重新估计某些工作的持续时间；

（6）对资源的投入作相应调整。

2. 网络计划调整的方法

（1）调整关键线路的方法

① 当关键线路的实际进度比计划进度拖后时，应在尚未完成的关键工作中，选择资源强度小或费用低的工作缩短其持续时间，并重新计算未完成部分的时间参数，将其作为一个新计划实施。

② 当关键线路的实际进度比计划进度提前时，若不拟提前工期，应选用资源占用量大或者直接费用高的后续关键工作，适当延长其持续时间，以降低其资源强度或费用；当确定是要提前完成计划时，应将计划尚未完成的部分作为一个新计划，重新确定关键工作的持续时间，按新计划实施。

（2）非关键工作时差的调整方法

① 将工作在其最早开始时间和最迟完成时间范围内移动；

② 延长工作的持续时间；

③ 缩短工作的持续时间。

非关键工作时差的调整应在其时差的范围内进行。

（3）增、减工作项目的调整方法：不打乱原网络计划总的逻辑关系，只对局部逻辑关系调整。

（4）调整逻辑关系。

（5）调整工作的持续时间。

（6）调整资源的投入。

◆ 考法：正误判断题

【例题·2015年真题·单选题】关于施工进度计划调整的说法，正确的是（　　）。

A. 当资源供应发生异常时，可调整工作的工艺关系

B. 当实际进度计划拖后时，可缩短关键工作持续时间

C. 为充分利用资源、降低成本，应减少资源的投入

D. 任何情况下均不允许增减工作项目

【答案】B

【解析】选项A、C、D错误。其中，选项A：工艺关系不可调整，但组织关系可以调整，所以选项A错误。选项C：为充分利用资源、降低成本，应对资源的投入作相应调整，而非是减少资源的投入，所以选项C错误。选项D：可以通过增、减工作项目来调整施工进度计划，所以选项D错误。

1Z203040 建设工程项目进度控制的措施

核 心 考 点 提 纲

1Z203040 建设工程项目进度控制的措施—进度控制的措施

核 心 考 点 剖 析

核心考点 进度控制的措施

序号	组织措施	管理措施
1	健全项目管理的组织体系	管理的思想、管理的方法、管理的手段
2	落实任务分工、管理职能分工	合同管理：选择合同结构、承发包模式、工程物资采购模式
3	编制进度控制工作流程： （1）定义项目进度计划系统的组成； （2）各类进度计划的编制程序、审批程序和计划调整程序等	风险管理：分析影响工程进度的风险
4	进行进度控制会议的组织设计	应用网络计划技术进行进度控制
5	—	应用信息技术进行进度控制
序号	经济措施	技术措施
1	编制资金需求计划	设计技术：设计理念、设计技术路线、设计方案
2	编制人力和物力资源需求计划	施工技术：选用施工方案、改变施工技术、施工方法和施工机械
3	采取经济激励措施	—

其中，进度控制的管理措施中，在管理观念方面存在的主要问题见下表：

序号	主要问题	说明
1	缺乏进度计划系统的观念	分别编制各种独立而互不联系的计划，形成不了计划系统
2	缺乏动态控制的观念	只重视计划的编制，不重视及时的动态调整
3	缺乏进度计划多方案比较和选优的观念	不重视进度计划的比选

◆ **考法：归类题**

【例题1·2021年真题·单选题】在进度控制中，缺乏动态控制观念的表现是（　　）。

A. 不重视进度计划的调整

B. 同一项目不同进度计划之间的关联性不够

C. 不重视进度计划的比选

D. 不注意分析影响进度的风险

【答案】A

【解析】选项 A 属于缺乏动态控制的观念，选项 B 属于缺乏进度计划系统的观念，选项 C 属于缺乏进度计划多方案比较和选优的观念，选项 D 总体上属于管理措施，但不对上述三个方面问题进行区分。故本题正确选项为 A。

【例题 2·2021 年真题·多选题】下列项目进度控制的措施中，与工程设计技术有关的措施有（　　）。

A. 组织工程设计方案的评审与选用　　B. 分析施工组织设计对进度的影响

C. 寻求设计变更加快施工进度的可能　　D. 重视信息技术在进度控制中的应用

E. 改变施工机械设计，提高机械效率

【答案】A、C

【解析】注意本题的考核角度，并不是按照常规考核四大措施的区分，而是技术措施中更深入的设计技术和施工技术的区分。选项 A、C 属于与工程设计技术有关的措施；选项 B、E 属于与工程施工技术有关的措施；选项 D 属于管理措施。

【例题 3·2022 年真题·单选题】下列建设工程项目进度控制措施中，属于组织措施的是（　　）。

A. 进度控制会议的组织设计　　B. 分析施工方案对工程进度的影响

C. 编制相应的资源需求计划　　D. 对比分析工程物资采购模式

【答案】A

【解析】选项 B 属于技术措施，选项 C 属于经济措施，选项 D 属于管理措施。

本章经典真题回顾

一、单项选择题（每题的备选项中，只有 1 个最符合题意）

1.【2022 年真题】关于横道图进度计划功能的说法，正确的是（　　）。

A. 确定进度计划的关键线路　　B. 分析进度目标完成的概率

C. 计算项目资源的需要量　　D. 调整资源需要量的均衡度

【答案】C

【解析】选项 A、B、D 都属于双代号网络计划或双代号时标网络计划的功能。

2.【2022 年真题】关于单代号网络图中箭线的说法，正确的是（　　）。

A. 箭线不能自右向左绘制

B. 箭线代表的工作不消耗资源

C. 相邻工作间的时间间隔用波形线表示

D. 用虚箭线表示工作之间的工艺关系

【答案】A

【解析】单代号网络图中既不存在虚箭线，也不存在波形线，只有实箭线，且实箭线仅表示相邻工作间的逻辑关系（即工艺关系或组织关系），不体现资源消耗情况，故选项 B、D 说法错误。相邻工作间的时间间隔不用波形线表示，仅以 LAG 标识在对应实箭线上，故选项 C 说法错误。

3.【2021年真题】某双代号网络计划如下图所示，存在的不妥之处是（　　）。

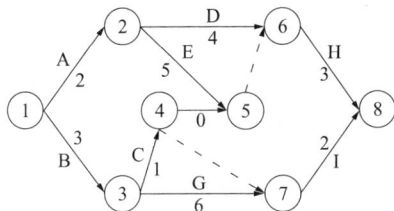

A. 有多个起点节点　　　　　　　　B. 工作表示方法不一致

C. 节点编号不连续　　　　　　　　D. 有多余时间参数

【答案】B

【解析】本题考核的是双代号网络图中虚工作的表示方法。本题在同一图中虚工作的表示方法有两种，不一致；且其中的工作④－⑤持续时间为零，应是虚工作；依据我国《工程网络计划技术规程》，虚工作一般用虚箭线表示，但图中用实箭线和持续时间"0"来表示，不符合我国《工程网络计划技术规程》要求，所以本题正确选项应为 B。

4.【2021年真题】某网络计划执行情况的检查结果分析见下表，对工作 M 的判断分析，正确的是（　　）。

工作编号	工作名称	尚需工作天数（天）	总时差（天）		自由时差（天）	
			原有	目前尚有	原有	目前尚有
...						
$i-j$	M	3	5	1	2	0
...						

A. 比计划提前4天，不影响工期

B. 比计划延迟4天，影响紧后工作2天，不影响工期

C. 比计划延迟4天，不影响紧后工作，不影响工期

D. 比计划延迟4天，影响工期1天

【答案】B

【解析】本题考核总时差和自由时差的理解和应用。由表格已知，工作 M 原有的总时差5天，目前尚有总时差1天，则可判断工作 M 的实际进度拖延了4天，且超过工作 M 原有的自由时差。即工作 M 比计划延迟4天，不会影响总工期，但使其紧后工作最早开始时间推迟2天。

5.【2020年真题】关于建设工程项目总进度目标论证工作顺序的说法，正确的是（　　）。

A. 先进行项目工作编码，后进行项目结构分析

B. 先进行计划系统结构分析，后进行项目工作编码

C. 先编制总进度计划，后编制各层进度计划

D. 先进行项目结构分析，后进行资料收集

【答案】B

【解析】建设工程项目总进度目标论证的工作步骤有：（1）调查研究和收集资料；（2）项目结构分析；（3）进度计划系统的结构分析；（4）项目的工作编码；（5）编制各层进度计；（6）协调各层进度计划的关系，编制总进度计划；（7）若所编制的总进度计划不符合项目的进度目标，则设法调整；（8）若经过多次调整，进度目标无法实现，则报告项目决策者。

6.【2020年真题】下列建设工程项目进度控制措施中，属于经济措施的是（　　）。

A. 增加进度控制的岗位和人员　　　　B. 比较分析工程物资的采购模式

C. 编制资源需求计划　　　　　　　　D. 分析施工技术的先进性和经济合理性

【答案】C

【解析】建设工程项目进度控制的经济措施涉及资金需求计划、资金供应的条件和经济激励措施等。选项A属于组织措施，选项B属于管理措施，选项D属于技术措施。

7.【2019年真题】关于项目进度计划和进度计划系统的说法，正确的是（　　）。

A. 进度计划是实施性的，进度计划系统是控制性的

B. 业主方编制的进度计划是控制性的，施工方编制的进度计划是实施性的

C. 进度计划是项目参与方编制的，进度计划系统是业主方建立的

D. 进度计划系统由多个进度计划组成，是逐步形成的

【答案】D

【解析】本题考核的是项目进度计划和进度计划系统。建设工程项目进度计划系统是由多个相互关联的进度计划组成的系统，它是项目进度控制的依据。项目进度计划系统的建立和完善也有一个过程，它是逐步形成的，故选项D正确。

8.【2019年真题】根据项目总进度目标论证的工作步骤，进度计划系统结构分析的紧后工作是（　　）。

A. 项目结构分析　　　　　　　　　　B. 编制各层进度计划

C. 项目的工作编码　　　　　　　　　D. 编制总进度计划

【答案】C

【解析】建设工程项目总进度目标论证的工作步骤如下：（1）调查研究和收集资料；（2）进行项目结构分析；（3）进行进度计划系统的结构分析；（4）确定项目的工作编码；（5）编制各层（各级）进度计划；（6）协调各层进度计划的关系和编制总进度计划；（7）若所编制的总进度计划不符合项目的进度目标，则设法调整；（8）若经过多次调整，进度目标无法实现，则报告项目决策者。

9.【2019年真题】某工程网络计划如下图所示，工作D的最迟开始时间是第（　　）天。

A. 3　　　　　　　　　　　　　　　　B. 5

C. 6　　　　　　　　　　　　　　　　D. 8

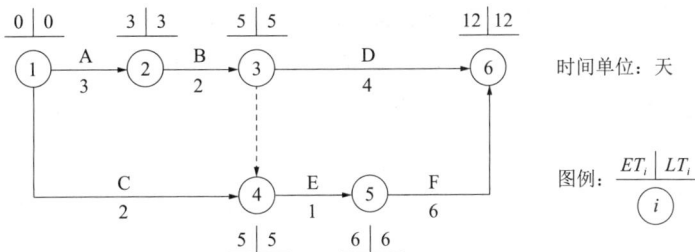

时间单位：天

图例：$\dfrac{ET_i \mid LT_i}{i}$

【答案】D

【解析】本题考核的是最迟开始时间的计算。求工作的最迟开始时间，首先应求其最迟完成时间。工作最迟完成时间等于各紧后工作的最迟开始时间的最小值。工作D的紧后工作的最迟开始时间为12，即工作D的工作最迟完成时间为12，工作D的最迟开始时间＝最迟完成时间－持续时间＝12－4＝8。

10.【2018年真题】某建设工程项目按施工总进度计划、各单位工程进度计划及相应分部工程进度计划组成了计划系统，该计划系统是由多个相互关联的不同（　　）的进度计划组成。

A. 项目参与方 　　　　　　　　B. 功能

C. 周期 　　　　　　　　　　　　D. 深度

【答案】D

【解析】本题考核的是不同类型的建设工程进度计划系统。由不同深度的进度计划构成的计划系统，包括：（1）总进度规划（计划）；（2）项目子系统进度规划（计划）；（3）项目子系统中的单项工程进度计划等。

11.【2018年真题】某网络计划中，工作N的持续时间为6天，最迟完成时间为第25天；该工作三项紧前工作的最早完成时间分别为第10天、第12天和第13天，则工作N的总时差是（　　）天。

A. 4 　　　　　　　　　　　　　　B. 6

C. 8 　　　　　　　　　　　　　　D. 12

【答案】B

【解析】本题考核的是总时差的计算。首先判断工作N的最早开始时间：其3项紧前工作的最早完成时间的最大值，即第13天。最迟完成时间为第25天，持续时间为6天，则工作N的最迟开始时间为第19天。总时差等于其最迟开始时间减去最早开始时间，或等于最迟完成时间减去最早完成时间。工作的总时差＝最迟开始时间－最早开始时间＝25－19＝6天。

12.【2018年真题】下列建设工程项目进度控制的措施中，属于经济措施的是（　　）。

A. 编制与进度计划相适应的资源需求计划

B. 重视信息技术在进度控制中的应用

C. 分析设计方案对工程进度的影响，优化设计方案

D. 分析影响工程进度的风险，减少进度失控的风险量

【答案】A

【解析】本题考核的是项目进度控制的经济措施。建设工程项目进度控制的经济措施涉及资金需求计划、资金供应的条件和经济激励措施等。为确保进度目标的实现，应编制与进度计划相适应的资源、需求计划（资源进度计划）。选项 B、D 属于管理措施，选项 C 属于技术措施。

13.【2017年真题】下列建设工程项目总进度目标论证的工作中，属于项目结构分析的是（　　）。

A. 了解和调查项目的总体部署　　　　B. 对每一个工作项进行编码

C. 将项目进行逐层分解　　　　D. 调查项目实施的主客观条件

【答案】C

【解析】选项 A、D 属于建设工程项目总进度目标论证的工作步骤中第一步"调查研究和收集资料"的内容，选项 B（对每一个工作项进行编码）属于第四步"项目的工作编码"的内容。

14.【2017年真题】某单代号网络计划如下图所示，工作 A、D 之间的时间间隔是（　　）天。

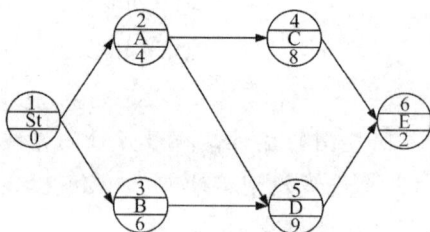

A. 0　　　　B. 1

C. 2　　　　D. 3

【答案】C

【解析】相邻两项工作之间的时间间隔等于紧后工作的最早开始时间和本工作的最早完成时间之差，工作 A 的最早完成时间为 4，工作 D 的最早开始时间为 6，$6-4=2$，故工作 AD 之间的时间间隔为 2 天。

15.【2016年真题】在进行建设工程项目总进度目标控制前，首先应分析和论证（　　）。

A. 进度目标实现的可能性　　　　B. 进度计划系统的完整性

C. 进度计划方法的适用性　　　　D. 进度控制方法的合理性

【答案】A

【解析】在进行建设工程项目总进度目标控制前，首先应分析和论证进度目标实现的可能性。

16.【2016年真题】某双代号网络计划中，假设计划工期等于计算工期，且工作 M 的开始节点和完成节点均为关键节点。关于工作 M 的说法，正确的是（　　）。

A. 工作 M 是关键工作　　　　B. 工作 M 的总时差等于自由时差

C. 工作 M 的自由时差为零　　　　D. 工作 M 的总时差大于自由时差

【答案】B

【解析】以关键节点为完成节点的工作，其总时差与自由时差必定相等。

17.【2015年真题】已知工程F有且仅有两项并行的幕后工作G和H，G工作的最迟开始时间为第12天，最早开始时间为第8天；H工作的最迟完成时间为第14天，最早完成时间为第12天；工作F与G、H的时间间隔分别为4天和5天，则F工作的总时差为（　　）天。

A. 0　　　　　　　　　　　　B. 5

C. 7　　　　　　　　　　　　D. 9

【答案】C

【解析】本题考的是单代号网络计划时间参数的计算，在单代号网络计划中，工作i的总时差TF_i等于该工作的各个紧后工作j的总时差TF_j加该工作与其紧后工作之间的时间间隔$LAG_{i,j}$之和的最小值，即：$TF_i = \min\{TF_j + LAG_{i,j}\}$。$TF_G = LS_G - ES_G = 12 - 8 = 4$天，$TF_H = LF_H - EF_H = 14 - 12 = 2$天，$LAG_{F,G} = 4$天，$LAG_{F,H} = 5$天，则$TF_F = \min\{(TF_G + LAG_{F,G}),(TF_H + LAG_{F,H})\} = \min\{(4+4=8),(2+5=7)\} = 7$天。

18.【2015年真题】一般情况下，横道图能反映出工作的（　　）。

A. 总时差　　　　　　　　　　B. 最迟开始时间

C. 持续时间　　　　　　　　　D. 自由时差

【答案】C

【解析】横道图计划表中的进度线与时间坐标相对应，表达的是工作的持续时间。

19.【2014年真题】某双代号网络图如下图所示，存在的错误是（　　）。

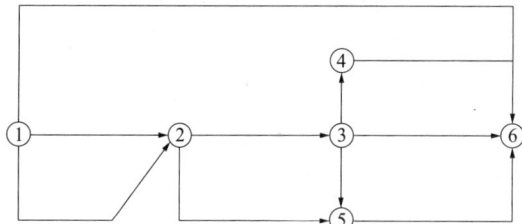

A. 出现无箭头连线　　　　　　B. 出现无箭头节点箭线

C. 出现多个起点节点　　　　　D. 工作代号相同

【答案】D

【解析】工作①－②用两条箭线表示是错误的，在双代号网络图中每一项工作都必须用一条箭线和两个代号表示。

20.【2014年真题】某工作有且仅有两个紧后工作C、D，其中C工作最早开始时间为10（计算坐标系，下同），最迟完成时间为18，持续时间为5天；D工作最早完成时间为18，最迟完成时间为20，持续时间为6天；该工作与C工作间的时间间隔为2天，与D工作间的时间间隔为4天。则该工作的总时差为（　　）天。

A. 3　　　　　　　　　　　　B. 4

C. 5　　　　　　　　　　　　D. 6

【答案】C

【解析】该工作的总时差等于该工作的各个紧后工作的总时差与该工作与其紧后工作之间的时间间隔之和的最小值。工作 C 的总时差＝最迟开始时间－最早开始时间＝18－5－10＝3 天。工作 D 的总时差＝最迟完成时间－最早完成时间＝20－18＝2 天。该工作的总时差＝min{2＋3，4＋2}＝5 天。

二、多项选择题（每题的备选项中，有 2 个或 2 个以上符合题意，至少有 1 个错项）

1. 【2022 年真题】某工程单代号网络计划（时间：天）如下图所示，图中节点上下方数字分别表示相应工作代号和持续时间。时间参数计算正确的有（　　　）。

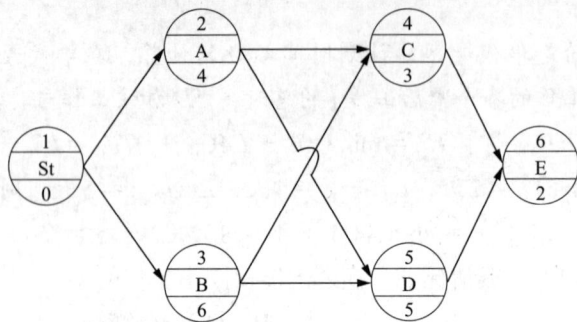

A. $LS_A = 0$
B. $LS_B = 0$
C. $TF_C = 0$
D. $FF_D = 0$
E. $LF_E = 13$

【答案】B、D、E

【解析】选项 A、C 计算错误，正确的计算结果是 $LS_A = 2$、$TF_C = 2$。

2. 【2020 年真题】下列建设工程项目进度控制措施中，属于技术措施的有（　　　）。

A. 分析装配式混凝土结构和现浇混凝土结构对施工进度的影响
B. 通过比较钢网架高空散装法和高空滑移法的优缺点选择施工方案
C. 采用网络计划技术优化工程施工工期
D. 分析无粘结预应力混凝土结构的技术风险
E. 通过变更落地钢管脚手架为外爬式脚手架缩短工期

【答案】A、B、E

【解析】建设工程项目进度控制的技术措施涉及对实现进度目标有利的设计技术和施工技术的选用。在工程进度受阻时，应分析是否存在施工技术的影响因素，为实现进度目标有无改变施工技术、施工方法和施工机械的可能性。选项 C、D 都属于管理措施。建设工程项目进度控制的管理措施涉及管理的思想、管理的方法、管理的手段、承发包模式、合同管理和风险管理等。

3. 【2019 年真题】关于网络计划中工作自由时差（FF_i 或 FF_{i-j}）的说法，正确的有（　　　）。

A. $FF_i = \min\{LAG_{i,j}\}$（$LAG_{i,j}$ 是本工作和紧后工作之间的间隔时间）
B. $FF_{i-j} = \min\{ES_{j-k} - EF_{i-j}\}$（$ES_{j-k}$ 是所有紧后工作的最早开始时间）

C. $FF_{i-j} = \min\{ET_j\} - ET_i - D_{i-j}$（$ET_j$ 是指所有紧后工作开始节点的最早时间）

D. 时标网络计划中，自由时差是该工作与紧后工作间最短波形线的长度

E. 自由时差是在不影响工期的前提下，工作所具有的机动时间

【答案】A、B、C、D

【解析】自由时差 FF_{i-j} 是指在不影响其紧后工作最早开始的前提下，工作 $i-j$ 可以利用的机动时间，故 E 选项错误。

4. 【2019 年真题】下列项目进度控制的措施中，属于经济措施的有（　　）。

A. 编制工程网络计划　　　　　　B. 编制资源需求计划

C. 分析影响进度的资源风险　　　D. 采取激励措施

E. 分析资金供应条件

【答案】B、D、E

【解析】选项 A、C 都属于管理措施。

5. 【2018 年真题】某工程双代号网络计划（时间：天）如下图所示，已标明各项工作的最早开始时间（ES_{i-j}）、最迟开始时间（LS_{i-j}）和持续时间（D_{i-j}）。该网络计划表明（　　）。

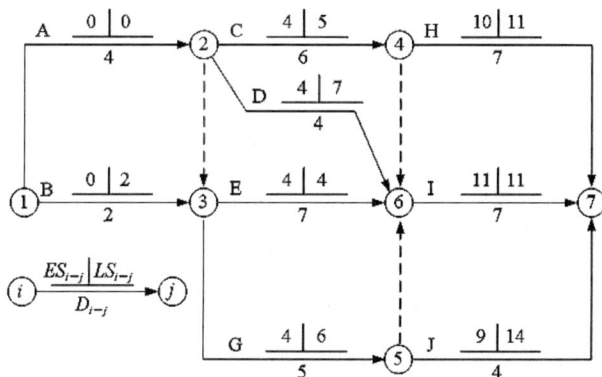

A. 工作 B 的总时差和自由时差相等

B. 工作 D 的总时差和自由时差相等

C. 工作 C 和工作 E 均为关键工作

D. 工作 G 的总时差、自由时差分别为 2 天、0 天

E. 工作 J 的总时差和自由时差相等

【答案】A、B、D、E

【解析】本题考核的是双代号网络计划时间参数的计算。工作 B 的总时差＝4－2－0＝2 天，工作 B 的自由时差＝4－2－0＝2 天，两者相等，故选项 A 正确。本题的关键线路为①→②→③→⑥→⑦，工作 C 为非关键工作。工作 D 的总时差＝11－4－4＝3 天，工作 D 的自由时差＝11－4－4＝3 天，两者相等，故选项 B 正确。工作 G 的总时差＝11－5－4＝2 天，工作 G 的自由时差＝9－5－4＝0 天，故选项 D 正确。工作 J 的总时差＝18－4－9＝5 天，工作 J 的自由时差＝18－4－9＝5 天，故选项 E 正确。

6. 【2018 年真题】网络进度计划的工期调整可通过（　　）来实现。

A. 调整关键工作持续时间   B. 增减工作项目

C. 缩短非关键工作的持续时间   D. 调整工作间的逻辑关系

E. 增加非关键工作的时差

【答案】A、B、D

【解析】本题考核的是网络计划调整的内容。网络计划调整内容包括：调整关键线路的长度；调整非关键工作时差；增、减工作项目；调整逻辑关系；重新估计某些工作的持续时间；对于资源的投入作相应调整。

7. 【2017年真题】某双代号网络计划如下图所示（图中粗实线为关键工作），若计划工期等于计算工期，则自由时差一定等于总时差且不为零的工作有（   ）。

A. ①—②   B. ③—⑤

C. ④—⑤   D. ⑥—⑧

E. ②—⑦

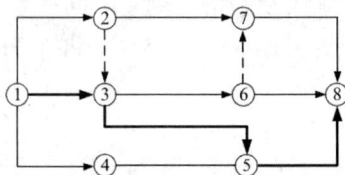

【答案】C、D

【解析】双代号网络图中，以关键节点为完成节点的工作，其总时差与自由时差相等。以非关键节点为完成节点的工作，其总时差与自由时差不相等。本题中，关键节点是①、③、⑤、⑧。非关键节点是②、④、⑥、⑦。所以，选项A、E对应的工作①—②和②—⑦，其总时差与自由时差不相等。选项B的③—⑤为关键工作，其总时差与自由时差相等，且都为零。选项C、D对应的工作④—⑤和⑥—⑧都是以关键节点为完成节点的非关键工作，其总时差与自由时差相等，且不为零。故选项C、D正确。

8. 【2017年真题】某工程工作逻辑关系见下表，C工作的紧后工作有（   ）。

工作	A	B	C	D	E	F	G	H
紧前工作	—	—	A	A、B	C	B、C	D、E	C、F、G

A. 工作D   B. 工作E

C. 工作F   D. 工作G

E. 工作H

【答案】B、C、E

【解析】表中工作间的逻辑关系，工作E、F、H的紧前工作都有C工作，所以，它们当然就是C工作的紧后工作。

9. 【2016年真题】关于工作总时差、自由时差及相邻两工作间间隔时间关系的说法，正确的有（   ）。

A. 工作的自由时差一定不超过其相应的总时差

B. 工作的自由时差一定不超过其与紧后工作之间的间隔时间

C. 工作的自由时差一定不超过其紧后工作的总时差

D. 工作的总时差一定不超过其紧后工作的自由时差

E. 工作的总时差一定不超过其与紧后工作之间的间隔时间

【答案】A、B

【解析】选项 C 错误，本工作的自由时差，与紧后工作的总时差没有必然的联系。选项 D 错误，本工作的总时差等于本工作的自由时差加上其紧后工作总时差的最小值之和，故本工作的总时差会大于等于其紧后工作自由时差的。选项 E 错误，与紧后工作的最小时间间隔是该工作的自由时差，总时差一定是大于等于自由时差的。

10.【2015 年真题】某工程项目的双代号时标网络计划，当计划执行到第 4 周末及第 10 周末时，检查得出实际进度前锋线如下图所示，检查结果表明（　　　）。

A. 第 4 周末检查时工作 B 拖后 1 周，但不影响总工期

B. 第 4 周末检查时工作 A 拖后 1 周，影响总工期 1 周

C. 第 10 周末检查时工作 I 提前 1 周，可使总工期提前 1 周

D. 第 10 周末检查时工作 G 拖后 1 周，但不影响总工期

E. 在第 5 周到第 10 周内，工作 F 和工作 I 的实际进度正常

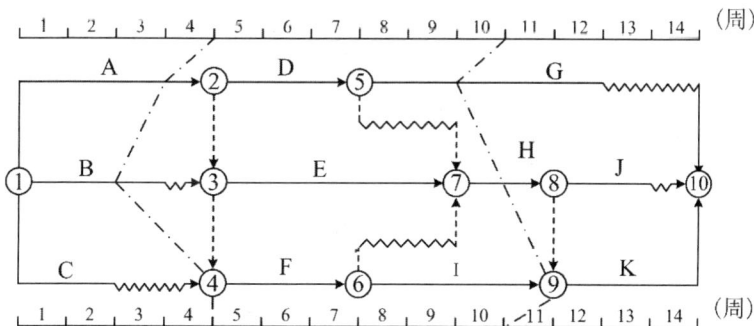

【答案】B、D

【解析】2015 年的这道真题与 2012 年一道真题完全一样！当然，这道题很难！第 4 周末检查时工作 B 并非拖后 1 周，而是拖后 2 周，但工作 B 有 1 周的总时差，将会使得总工期拖后 1 周，而不是不影响总工期，因此选项 A 错误。工作 A 为关键工作，总时差为 0，第 4 周末检查时工作 A 拖后 1 周，将影响总工期 1 周，因此选项 B 正确。工作 I 为关键工作，总时差为 0，第 10 周末检查时工作 I 提前 1 周，但不可使总工期提前 1 周，因为该网络计划有两条关键线路，工作 I 只是位于其中一条关键线路上，所以工作 I 提前 1 周，不可使总工期提前 1 周，因此选项 C 错误。工作 G 的总时差为 2 周，第 10 周末检查时工作 G 拖后 1 周，不影响总工期，因此选项 D 正确。在第 5 周到第 10 周内，工作 F 实际进度正常，工作 I 的实际进度提前 1 周，因此选项 E 错误。

11.【2014 年真题】某工程双代号时标网络计划，在第 5 天末进行检查得到实际进度前锋线如下图所示，正确的有（　　　）。

A. H 工作还剩 1 天机动时间　　　　　　　B. 总工期缩短 1 天

C. H 工作影响总工期 1 天   D. E 工作提前 1 天完成

E. G 工作进度落后 1 天

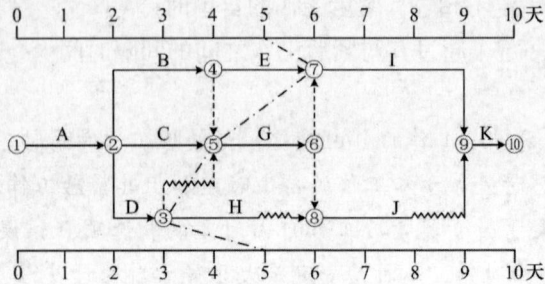

【答案】D、E

【解析】H 工作拖延 2 天，H 工作有 2 天的总时差，所以，H 工作没有机动时间了，也不影响总工期，故选项 A、C 说法错误。E 工作提前 1 天完成，虽然 E 工作是关键工作，但只是位于三条关键线路中其中一条，所以 E 工作工作提前 1 天完成，并不能总工期缩短 1 天，故选项 B 错误，选项 D 正确。G 工作进度落后 1 天，故选项 E 说法正确。

12.【2013 年真题】关于建设工程项目进度控制的说法，正确的有（   ）。

A. 进度控制的过程，就是随着项目的进展，进度计划不断调整的过程

B. 施工方进度控制的目的就是尽量缩短工期

C. 项目各参与方进度控制的目标和时间范畴是相同的

D. 施工进度控制直接关系到工程的质量和成本

E. 进度控制的目的是通过控制以实现工程的进度目标

【答案】A、D、E

【解析】选项 B、C 错误。其中，选项 B，施工方进度控制的目的是通过控制以实现工程的进度目标，而不是尽量缩短工期，所以选项 B 错误。选项 C，建设工程项目管理有多种类型，代表不同利益方的项目管理（业主方和项目参与各方）都有进度控制的任务，但是，其控制的目标和时间范畴并不相同，所以选项 C 错误。

本章模拟强化练习

1Z203010 建设工程项目进度控制与进度计划系统

1. 建设工程项目进度控制的目的是（   ）。

A. 通过控制以实现工程的进度目标   B. 编制进度计划

C. 论证进度目标是否合理   D. 跟踪检查进度计划

2. 设计进度计划主要是各设计阶段的（   ）。

A. 施工进度计划   B. 设计图纸出图计划

C. 设计工作的招标计划   D. 设计任务委托合同规

3. 由不同功能的计划构成的进度计划系统包括（   ）。

A. 控制性进度计划   B. 指导性进度计划

C. 总进度计划   D. 年度进度计划

E. 实施性进度计划

1Z203020 建设工程项目总进度目标的论证

1. 大型建设工程项目总进度目标论证的核心工作是（   ）。

A. 编制总进度纲要   B. 编制总进度规划

C. 分析总进度目标实现的可能性   D. 提出应采取的措施

2. 项目总进度目标论证时应调研和收集的资料包括（   ）。

A. 了解和收集项目决策阶段有关项目进度目标确定的情况和资料

B. 收集与进度有关的该项目组织、管理、经济和技术资料

C. 收集类似项目的进度资料

D. 了解和调查该项目的总体部署

E. 了解和调查该项目实施的环境条件

1Z203030 建设工程项目进度计划的编制和调整方法

1. 关于横道图特点的说法，正确的是（   ）。

A. 横道图无法表达工作间的逻辑关系

B. 可以确定横道图计划的关键工作和关键路线

C. 只能用手工方式对横道图计划进行调整

D. 横道图计划适用于大的进度计划系统

2. 某分部工程双代号网络图如下图所示，图中错误是（   ）。

A. 存在循环回路   B. 节点编号有误

C. 存在多个起点节点   D. 存在多个终点

3. 关于双代号网络计划的说法，正确的有（   ）。

A. 可能没有关键线路

B. 至少有一条关键线路

C. 在计划工期等于计算工期时，关键工作为总时差为零的工作

D. 在网络计划执行过程中，关键线路不能转移

E. 关键工作一定在关键线路上

4. 在工程网络计划中，如果某项工作的拖延时间超过其自由时差但没有超过总时差，

则（   ）。

    A. 该项工作的延误会影响工程总工期

    B. 该项工作会变成关键工作

    C. 该项工作使其紧后工作不能按最早时间开始

    D. 该项工作对后续工作及工程总工期无影响

5. 下列网路计划中，工作 E 的最迟开始时间是（   ）。

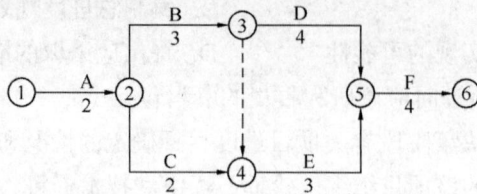

    A. 4   B. 5

    C. 6   D. 7

6. 已知工作 $i-j$ 的最早开始时间为第 18 天，最迟开始时间为第 21 天。则该工作的总时差为（   ）天。

    A. 8   B. 1

    C. 3   D. 5

7. 某双代号网络计划中（以天为单位），工作 K 的最早开始时间为 6，工作持续时间为 3，工作 M 的最迟完成时间为 20，工作持续时间为 10 天，工作 N 的最迟完成时间为 20，工作持续时间为 5，已知工作 K 只有 M、N 两项紧后工作，工作 K 的总时差为（   ）天。

    A. 1   B. 3

    C. 5   D. 6

8. 网络计划中，某项工作的持续时间是 4 天，最早第 2 天开始，两项紧后工作分别最早在第 8 和第 12 天开始。该项工作的自由时差是（   ）天。

    A. 4   B. 6

    C. 2   D. 8

9. 在网络计划中，关键工作是指（   ）。

    A. 总时差最小的工作   B. 自由时差最小的工作

    C. 时标网络计划中无波形线的工作   D. 持续时间最长的工作

10. 某分部工程时标网络计划如下图所示，当计划执行到第 3 周末及第 6 周末时，检查得到的实际进度如图中的实际进度前锋线所示。该图表明（   ）。

    A. 工作 A 和工作 D 在第 4 周至第 6 周内实际进度正常

    B. 工作 B 和工作 E 在第 4 周至第 6 周内实际进度正常

    C. 第 3 周末检查时预计工期拖后 1 周

    D. 第 6 周末检查时工作 G 实际进度拖后 1 周

    E. 第 6 周末检查时预计工期拖后 1 周

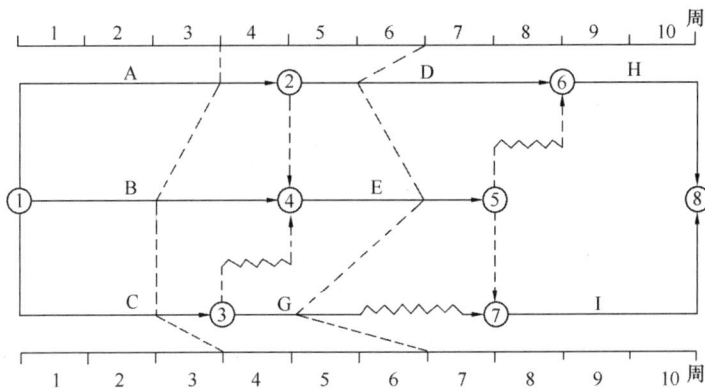

1Z203040 建设工程项目进度控制的措施

1. 为了实现项目的进度目标，应选择合理的合同结构，以避免过多的合同交界面而影响工程的进展。这属于进度控制的（   ）。

A. 管理措施
B. 组织措施
C. 经济措施
D. 技术措施

2. 下列进度控制的措施中，属于经济措施的有（   ）。

A. 按时支付工程款项
B. 设立提前完工奖
C. 拖延完工予以处罚
D. 编制进度控制工作流程
E. 选用恰当的承发包形式

3. 施工方进度控制的措施主要包括（   ）。

A. 组织措施
B. 管理措施
C. 经济措施
D. 技术措施
E. 纠偏措施

★★ 模拟强化练习答案及解析 ★★

1Z203010 建设工程项目进度控制与进度计划系统

1.【答案】A

【解析】进度控制的目的是通过控制以实现工程的进度目标。

2.【答案】B

【解析】设计进度计划主要是各设计阶段的设计图纸（包括有关的说明）的出图计划，在出图计划中标明每张图纸的名称、图纸规格、负责人和出图日期。出图计划是设计方进度控制的依据，也是业主方控制设计进度的依据。

3.【答案】A、B、E

【解析】由不同功能的计划构成进度计划系统，包括：控制性进度规划（计划）、指导性进度规划（计划）、实施性（操作性）进度计划等。

1Z203020 建设工程项目总进度目标的论证

1. 【答案】C

【解析】大型建设工程项目总进度目标论证的核心工作是通过编制总进度纲要论证总进度目标实现的可能性。

2. 【答案】A、B、C、D

【解析】其中，调查研究和收集资料包括如下工作：（1）了解和收集项目决策阶段有关项目进度目标确定的情况和资料；（2）收集与进度有关的该项目组织、管理、经济和技术资料；（3）收集类似项目的进度资料；（4）了解和调查该项目的总体部署；（5）了解和调查该项目实施的主客观条件等。

1Z203030 建设工程项目进度计划的编制和调整方法

1. 【答案】C

【解析】横道图计划表中的进度线（横道）与时间坐标相对应，这种表达方式较直观，易看懂计划编制的意图。但是，横道图进度计划法也存在一些问题，如：（1）工序（工作）之间的逻辑关系可以设法表达，但不易表达清楚；（2）适用于手工编制计划；（3）没有通过严谨的进度计划时间参数计算，不能确定计划的关键工作、关键路线与时差；（4）计划调整只能用手工方式进行，其工作量较大；（5）难以适应大的进度计划系统。

2. 【答案】C

【解析】1和6两个节点都是开始节点。

3. 【答案】B、C

【解析】网络图中持续时间最长的线路是关键线路，可能有一条也可能会有多条。在计划执行过程中，关键线路有可能会转移。

4. 【答案】C

【解析】在工程网络计划中，如果某项工作的拖延时间超过其自由时差但没有超过总时差，该项工作使其紧后工作不能按最早时间开始，该项工作的延误不会影响工程总工期。

5. 【答案】C

【解析】工作最迟时间参数受到紧后工作的约束，故其计算顺序应从终点节点起，逆着箭线方向依次逐项计算。关键路线工期为13天，E和F的持续时间为3＋4＝7天，因此E工作的最迟开始时间为13－7＝6，选项C正确。

6. 【答案】C

【解析】总时差等于其最迟开始时间减去最早开始时间，或等于最迟完成时间减去最早完成时间。21－18＝3天，因此选项C正确。

7. 【答案】A

【解析】工作M的持续时间10天，最迟完成时间为20，因此M的最迟开始时间为10；工作N的持续时间5天，最迟完成时间为20，因此M的最迟开始时间为15；工作K的最早开始时间为 6 天，持续时间 3 天，因此 K 的最早完成时间为 9。总时差等于其最迟开始时间减去最早开始时间，或等于最迟完成时间减去最早完成时间。总时差＝ 10－9 ＝ 1 天。

8.【答案】C

【解析】自由时差为紧后工作的最早开始时间减去该工作最早完成时间的最小值。该工作的最早完成时间＝最早开始时间＋持续时间＝ 2 ＋ 4 ＝ 6，自由时差＝ min｛8－6，12－6｝＝ 2。

9.【答案】A

【解析】关键工作指的是网络计划中总时差最小的工作。自由时差最小不一定总时差最小，时标网络计划中无波形线的工作只能说明没有自由时差不能说明总时差最小，持续时间长短与关键工作没有直接关系。

10.【答案】C、E

【解析】工作进展位置点在检查时标点的左边，进度延误，工作进展位置点在检查时标点的右边，进度超前，D 工作在第六周周末检查时延误，所以 A 错误。在第 3 周末时，B 工作延误，在第六周末时，E 工作进度正常，B 选项不严谨。B 工作总时差为 0，C 工作的总时差为 1，B、C 均延误 1 周，所以，总工期拖后 1 周，C 选项正确。第 6 周末检查时，G 工作延误 2 周，D 项错误。第 6 周周末检查时，关键工作 D 延误 1 周，G 工作虽然延误 2 周，但其有 2 周的总时差，所以 D 工作和 G 工作的延误对总工期的影响是延误 1 周。

1Z203040　建设工程项目进度控制的措施

1.【答案】A

【解析】建设工程项目进度控制的管理措施涉及管理的思想、管理的方法、管理的手段、承发包模式、合同管理和风险管理等。

2.【答案】A、B、C

【解析】编制进度控制工作流程属于组织措施，选用恰当的承发包形式属管理措施。

3.【答案】A、B、C、D

【解析】施工方进度控制的措施主要包括：组织措施、管理措施、经济措施、技术措施，没有纠偏措施。

1Z204000　建设工程项目质量控制

本章考情分析

近 3 年本章节次及条目分值分布

本章节次	本章条目	2022 年		2021 年		2020 年	
		单选	多选	单选	多选	单选	多选
1Z204010	1Z204011　项目质量控制的目标、任务与责任	1		1		1	
	1Z204012　项目质量的形成过程和影响因素分析	1					
	1Z204013　项目质量风险分析和控制			1		1	
1Z204020	1Z204021　全面质量管理思想和方法的应用		2			1	
	1Z204022　项目质量控制体系的建立和运行	1		1	2	1	
	1Z204023　施工企业质量管理体系的建立与认证	1		1			2
1Z204030	1Z204031　施工质量控制的依据与基本环节	1					
	1Z204032　施工质量计划的内容与编制方法				2		
	1Z204033　施工生产要素的质量控制	1				1	2
	1Z204034　施工准备的质量控制			1			
	1Z204035　施工过程的质量控制		2	1		1	
	1Z204036　施工质量与设计质量的协调			1			
1Z204040	1Z204041　施工过程的质量验收	1	2	1	2	1	2
	1Z204042　竣工质量验收	1		1		1	
1Z204050	1Z204051　工程质量问题和质量事故的分类	1		1			
	1Z204052　施工质量事故的预防	1	2		2	1	2
	1Z204053　施工质量问题和质量事故的处理	1					
1Z204060	1Z204061　分层法的应用						
	1Z204062　因果分析图法的应用					1	
	1Z204063　排列图法的应用				2		
	1Z204064　直方图法的应用		2	1			2
1Z204070	1Z204071　政府对工程项目质量监督的职能与权限	1		1			
	1Z204072　政府对工程项目质量监督的内容与实施	1		1		1	
合计		13	10	13	10	13	10
		23		23		23	

本章核心考点分析

1Z204010 建设工程项目质量控制的内涵

核心考点提纲

- 1Z204011 项目质量控制的目标、任务与责任—项目质量控制的责任
- 1Z204012 项目质量的形成过程和影响因素分析—项目质量的影响因素
- 1Z204013 项目质量风险分析和控制
  - 1. 质量风险识别
  - 2. 质量风险响应

核心考点剖析

1Z204011 项目质量控制的目标、任务与责任

核心考点 项目质量控制的责任

1. 质量管理

质量管理是在质量方面指挥和控制组织的协调活动，包括建立和确定质量方针和质量目标，并在质量管理体系中通过质量策划、质量保证、质量控制和质量改进等手段来实施全部质量管理职能，从而实现质量目标的所有活动。

2. 质量控制

质量控制是质量管理的一部分，是致力于满足质量要求的一系列相关活动。这些活动主要包括：（1）设定目标；（2）测量检查；（3）评价分析；（4）纠正偏差。

3. 项目质量控制的责任

建设工程项目的建设单位、勘察单位、设计单位、施工单位、工程监理单位都要依法对建设工程质量负责，尤其要突出建设单位首要责任和落实施工单位主体责任。

建筑工程五方责任主体项目负责人是指承担建筑工程项目建设的建设单位项目负责人、勘察单位项目负责人、设计单位项目负责人、施工单位项目经理、监理单位总监理工程师。

建筑工程五方责任主体项目负责人质量终身责任，是指参与新建、扩建、改建的建筑工程项目负责人按照国家法律法规和有关规定，在工程设计使用年限内对工程质量承担相应责任。

考法1：排序题

【例题·2020年真题·单选题】质量控制活动包括：① 设定目标；② 纠正偏差；③ 测量检查；④ 评价分析。正确的顺序是（　　）。

A. ①—②—③—④
B. ①—③—④—②
C. ③—①—②—④
D. ③—④—①—②

【答案】B

【解析】质量控制的活动包括：（1）设定目标；（2）测量检查；（3）评价分析；（4）纠正偏差。

考法2：正误判断题

【例题·2022年真题·单选题】根据《质量管理体系 基础和术语》GB/T 19000—2016，质量控制是指（　　）。

A. 针对特定时间段所策划并具有特定目标的一组安排

B. 对建筑产品具备的满足规定要求能力的程度进行的系统检查

C. 为达到工程项目质量要求所采取的作业技术和活动

D. 致力于满足质量要求的一系列相关活动

【答案】D

【解析】质量控制是质量管理的一部分，是致力于满足质量要求的一系列相关活动。

1Z204012　项目质量的形成过程和影响因素分析

核心考点　项目质量的影响因素

一、人的因素

1. 人的因素起决定性作用，项目质量控制应以控制人的因素为基本出发点。

2. 建筑业企业经营资质管理制度、市场准入制度、执业资格注册制度、作业及管理人员持证上岗制度等，都是对人的素质和能力进行控制。

二、机械因素

指施工机械和各类工器具。

三、材料设备因素

1. 材料包括工程材料和施工用料，又包括原材料、半成品、成品、构配件和周转材料等。

2. 设备是指工程设备，是组成工程实体的工艺设备和各类机具。

四、环境因素

序号	自然环境因素	社会环境因素
（1）	工程地质	国家建设法律法规的健全程度及其执法力度
（2）	水文	建设工程项目法人决策的理性化程度以及建筑业经营者的经营管理理念
（3）	气象条件	建筑市场包括建设工程交易市场和建筑生产要素市场的发育程度及交易行为的规范程度
（4）	周边建筑	政府的工程质量监督及行业管理成熟程度
（5）	地下障碍物	建设咨询服务业的发展程度及其服务水准的高低
（6）	—	廉政管理及行风建设的状况等

序号	管理环境因素	作业环境因素
（1）	施工单位质量管理体系、质量管理制度	施工现场平面和空间环境条件
（2）	各参建施工单位之间的协调	各种能源介质供应
（3）	建立统一的现场施工组织系统和质量管理的综合运行机制	施工照明、通风、安全防护设施
（4）	—	施工场地给水排水
（5）		交通运输和道路条件

考法：归类题

【例题1·2016年真题·单选题】下列影响项目质量的环境因素中，属于管理环境因素的是（   ）。

A. 项目现场施工组织系统　　　　B. 项目所在地建筑市场规范程度

C. 项目所在地政府的工程质量监督　　D. 项目咨询公司的服务水平

【答案】A

【解析】选项B、C、D都属于社会环境因素。

【例题2·2015年真题·单选题】"建设工程项目法人决策的理性化程度以及建筑业经营者的经营管理理念"属于影响建设工程质量的（   ）。

A. 管理环境因素　　　　　　　　B. 人的因素

C. 方法的因素　　　　　　　　　D. 社会环境因素

【答案】D

【解析】社会环境包括国家建设法律法规的健全程度及其执法力度；建设工程项目法人决策的理性化程度以及经营者的经营管理理念；建筑市场（包括建设工程交易市场和建筑生产要素市场）的发育程度及交易行为的规范程度；政府的工程质量监督及行业管理成熟程度；建设咨询服务业的发展程度及其服务水准的高低；廉政管理及行风建设的状况等。

1Z204013　项目质量风险分析和控制

核心考点一　质量风险识别

一、常见的质量风险（从风险产生的原因分析）

分类	说明
自然风险	（1）客观自然条件：软弱、不均匀的岩土地基，恶劣的水文、气象条件； （2）突发自然灾害：地震、暴风、雷电、暴雨以及洪水、滑坡、泥石流等
技术风险	（1）现有科学技术水平的局限； （2）项目实施人员对工程技术的掌握、应用不当； （3）不够成熟的新结构、新技术、新工艺、新材料的应用

分类	说明
管理风险	（1）质量管理体系存在缺陷； （2）组织结构不合理； （3）工作流程组织不科学； （4）任务分工和职能划分不恰当； （5）管理制度不健全； （6）各级管理者的管理能力不足和责任心不强
环境风险	（1）社会环境：社会上的种种腐败现象和违法行为； （2）现场环境：现场的空气污染、水污染、光污染和噪声、固体废弃物等

二、质量风险识别的步骤

1. 采用层次分析法画出质量风险结构层次图。

2. 分析每种风险的促发因素。

3. 将风险识别的结果汇总成为质量风险识别报告。

考法 1：归类题

【例题·2020年真题·单选题】下列项目质量风险中，属于管理风险的是（　　）。

A. 项目采用了不够成熟的新材料　　　B. 项目场地周边发生滑坡

C. 项目组织结构不合理　　　　　　　D. 项目现场存在严重的水污染

【答案】C

【解析】选项 A 属于技术风险，选项 B 属于自然风险，选项 D 属于环境风险。

考法 2：正误判断题

【例题·2016年真题·单选题】关于工程项目质量风险识别的说法，正确的是（　　）。

A. 从风险产生的原因分析，质量风险分为自然风险、施工风险、设计风险

B. 可按风险责任单位和项目实施阶段分别进行风险识别

C. 因项目实施人员自身技术水平局限造成错误的质量风险属于管理风险

D. 风险识别的步骤是：分析每种风险的促发因素→画出质量风险结构层次图→将结果汇总成质量风险识别报告

【答案】B

【解析】本题采用排除法。选项 A 的正确表述为：从风险产生的原因分析，质量风险分为自然风险、技术风险、管理风险、环境风险。选项 C 的正确表述为：因项目实施人员自身技术水平局限造成错误的质量风险属于技术风险。选项 D 风险识别的步骤应为：画出质量风险结构层次图→分析每种风险的促发因素→将结果汇总成质量风险识别报告。

核心考点二　质量风险响应

序号	响应	说明
1	规避	采取恰当的措施避免质量风险的发生，关键词"避免""避开""不选用"
2	减轻	制定和落实施工质量保证措施和质量事故应急预案

序号	响应	说明
3	转移	（1）分包转移：签订分包合同、依法实行联合承包； （2）担保转移：提供履约担保、扣留质量保证金等； （3）保险转移：向保险公司投保适当的险种
4	自留	（1）设立风险基金； （2）预留不可预见费

考法 1：归类题

【例题·2019 年真题·单选题】下列质量风险应对策略中，属于风险转移策略的是（　　）。

A. 施工单位合理安排工期，避开可能发生的自然灾害对质量的影响

B. 建设单位在工程发包时，要求承包单位提供履约担保

C. 施工单位在施工中有针对性地制定质量事故应急预案

D. 建设单位在工程预算价格中预留一定比例的不可预见费

【答案】B

【解析】选项 A 的关键词"避开"，属于规避对策。选项 B 的关键词"履约担保"，分包、担保和保险都属于转移对策。简记：转移三个宝。选项 C 的关键字"应急预案"，属于减轻对策。选项 D，强调预留费用、抵御风险，属于自留对策。

考法 2：正误判断题

【例题·2015 年真题·多选题】关于风险对策的说法，正确的有（　　）。

A. 编制安全生产事故应急预案是生产者安全风险规避策略

B. 招标人要求中标人提交履约担保是招标人合同风险减轻策略

C. 承包商确定质量风险缺陷基金是承包商质量风险自留策略

D. 承包商合理安排施工工期、进度计划，避开可能发生的自然灾害是承包商的质量风险规避策略

E. 依法组成联合体承接大型工程项目是承包商的风险转移策略

【答案】C、D、E

【解析】选项 A 的关键字"应急预案"，属于减轻对策。选项 B 的关键词"履约担保"，属于转移对策。选项 C，强调预留费用、抵御风险，属于自留对策。选项 D 的关键词"避开"，属于规避对策。选项 E，依法实行联合承包，也是分担风险的办法，属于转移对策。

1Z204020　建设工程项目质量控制体系

核心考点提纲

1Z204021　全面质量管理思想和方法的应用—全面质量管理的思想和方法
1Z204022　项目质量控制体系的建立和运行—项目质量控制体系
1Z204023　施工企业质量管理体系的建立与认证—企业质量管理体系

1Z204021　全面质量管理思想和方法的应用

核心考点　全面质量管理的思想和方法

1. 全面质量管理的思想（TQC）

序号	三全管理	说明
1	全面质量管理	（1）工程（产品）质量的全面管理； （2）工作质量的全面管理
2	全过程质量管理	（1）项目策划与决策过程； （2）勘察设计过程； （3）设备材料采购过程； （4）施工组织与实施过程； （5）检测设施控制与计量过程； （6）施工生产的检验试验过程； （7）工程质量的评定过程； （8）工程竣工验收与交付过程； （9）工程回访维修服务过程等
3	全员参与质量管理	开展全员参与质量管理的重要手段就是运用目标管理方法，将组织的质量总目标逐级进行分解，使之形成自上而下的质量目标分解体系和自下而上的质量目标保证体系

2. 全面质量管理的方法（PDCA循环）

序号	过程	代号	说明
1	计划	P	（1）确定质量目标； （2）制定实现质量目标的行动方案
2	实施	D	（1）计划行动方案的部署和交底； （2）将质量的目标值，通过生产要素的投入、作业技术活动和产出过程，转换为质量的实际值
3	检查	C	（1）作业者的自检、互检和专职管理者专检； （2）检查是否严格执行了计划的行动方案； （3）检查计划执行的结果
4	处置	A	处置分为纠偏和预防改进

考法1：填空题

【例题·2022年真题·多选题】质量管理的实施职能在于将质量目标值，可通过（　　）转换为质量实际值。

A. 生产要素投入 　　　　　　　B. 技术创新研发

C. 作业技术活动 　　　　　　　D. 产出过程

E. 管理活动

【答案】A、C、D

【解析】实施职能在于将质量的目标值，通过生产要素的投入、作业技术活动和产出过程，转换为质量的实际值。

考法2：归类题

【例题1·2019年真题·单选题】建设工程项目质量管理的PDCA循环中，质量处置（A）阶段的主要任务是（　　）。

A. 明确质量目标并制定实现目标的行动方案

B. 将质量计划落实到工程项目的施工作业技术活动中

C. 对计划实施过程进行科学管理

D. 对质量问题进行原因分析，采取措施予以纠正

【答案】D

【解析】选项A属于计划（P），选项B、C属于实施（D），选项D属于处置（A）。

【例题2·2019年真题·多选题】施工质量管理的PDCA循环中，检查C包括（　　）。

A. 作业者的自检　　　　　　　　B. 作业者的互检

C. 监理单位的平行检查　　　　　D. 政府部门的监督检查

E. 专职管理者的专检

【答案】A、B、E

【解析】检查指对计划实施过程进行各种检查，包括作业者的自检、互检和专职管理者专检。

1Z204022　项目质量控制体系的建立和运行

核心考点　项目质量控制体系

一、特点对比

序号	特点	项目质量控制体系	企业质量管理体系
1	建立目的	只用于特定的项目质量控制	用于建筑企业或组织的质量管理
2	服务范围	所有的质量责任主体	针对某一企业或组织机构
3	控制目标	项目的质量目标	某一企业或组织的质量管理目标
4	作用时效	一次性的质量工作体系	永久性的质量管理体系
5	评价方式	自我评价与诊断	进行第三方认证

二、项目质量控制体系中不同层次的编制人

层次	编制人
第一层次	（1）建设单位的工程项目管理机构； （2）代建方项目管理机构； （3）受托项目管理机构； （4）工程总承包企业项目管理机构
第二层次	设计总负责单位、施工总承包单位等
第三层次	各承包单位的现场质量自控体系

三、建立程序

1. 建立系统质量控制网络；

2. 制定质量控制制度；

3. 分析质量控制界面；

4. 编制质量控制计划。

四、运行机制

1. 动力机制：是项目质量控制体系运行的核心机制。

2. 约束机制：取决于各质量责任主体内部的自我约束能力和外部的监控效力。

3. 反馈机制：运行状态和结果的信息反馈，是对质量控制系统的能力和运行效果进行评价，并为及时作出处置提供决策依据。

4. 持续改进机制：应用 PDCA 循环原理展开质量控制。

考法1：填空题

【例题1·2020年真题·单选题】评价和诊断项目质量控制体系的有效性，一般由（ ）进行。

A. 项目监理单位　　　　　　　　B. 项目管理的组织者

C. 项目咨询单位　　　　　　　　D. 第三方认证机构

【答案】B

【解析】项目质量控制体系的有效性一般由项目管理的组织者进行自我评价与诊断，不需进行第三方认证。

【例题2·2015年真题·单选题】项目质量控制体系运行的核心机制是（ ）。

A. 约束机制　　　　　　　　　　B. 反馈机制

C. 持续改进机制　　　　　　　　D. 动力机制

【答案】D

【解析】动力机制是项目质量控制体系运行的核心机制。

考法2：排序题

【例题·2021年真题·单选题】建设工程项目质量控制体系的建立过程包括：① 制定质量控制制度；② 编制质量控制计划；③ 建立系统质量控制网络；④ 分析质量控制界面。正确的程序是（ ）。

A. ①—②—③—④　　　　　　　B. ③—①—④—②

C. ③—④—①—②　　　　　　　D. ①—③—②—④

【答案】B

【解析】项目质量控制体系的建立过程：（1）建立系统质量控制网络；（2）制定质量控制制度；（3）分析质量控制界面；（4）编制质量控制计划。关键词是：网络、制度、界面、计划，简记为：网络制度面积。

考法3：归类题

【例题·2016年真题·单选题】下列项目质量控制体系中，属于质量控制体系第二层次的是（ ）。

A. 建设单位项目管理机构建立的项目质量控制体系

B. 交钥匙工程总承包企业项目管理机构建立的项目质量控制体系

C. 项目设计总负责单位建立的项目质量控制体系

D. 施工设备安装单位建立的现场质量控制体系

【答案】C

【解析】选项A"建设单位项目管理机构"和选项B"工程总承包企业项目管理机构"负责建立的体系，都属于第一层次的质量控制体系。选项D"施工设备安装单位"建立的现场质量自控体系，属于第三层次的质量控制体系。

考法4：正误判断题

【例题·2018年真题·单选题】关于工程项目质量控制体系的说法，正确的是（　　）。

A. 涉及工程项目实施中所有的质量责任主体

B. 目的是用于建筑业企业的质量管理

C. 其控制目标是建筑业企业的质量管理目标

D. 体系有效性需进行第三方审核认证

【答案】A

【解析】选项B、C、D都是企业质量管理体系的特点。

1Z204023 施工企业质量管理体系的建立与认证

核心考点 企业质量管理体系

一、体系的构成文件

序号	质量手册	程序文件
1	纲领性文件	质量手册的支持性文件，是落实质量手册要求而规定的细则
2	质量手册的主要内容： （1）企业的质量方针、质量目标； （2）组织机构和质量职责； （3）各项质量活动的基本控制程序或体系要素； （4）质量评审、修改和控制管理办法	通用性管理程序，适用于各类企业： （1）文件控制程序； （2）质量记录管理程序； （3）内部审核程序； （4）不合格品控制程序； （5）纠正措施控制程序； （6）预防措施控制程序
3	—	视企业质量控制需要而制定，不作统一规定的管理程序： （1）生产过程管理程序； （2）服务过程管理程序； （3）管理过程管理程序； （4）监督过程管理程序

序号	质量计划	质量记录
1	在程序文件的指导下制定的专门质量措施和活动顺序的文件	应有实施、验证、审核等签署意见

序号	质量计划	质量记录
2	质量计划的内容包括： （1）应达到的质量目标； （2）该项目各阶段的责任和权限； （3）应采用的特定程序、方法和作业指导书； （4）有关阶段的实验、检验和审核大纲； （5）随项目的进展而修改和完善质量计划的方法； （6）为达到质量目标必须采取的其他措施等	—

二、内部质量审核的目的

1. 评价质量管理程序的执行情况及适用性；

2. 揭露过程中存在的问题，为质量改进提供依据；

3. 检查质量体系运行的信息；

4. 向外部审核单位提供体系有效的证据。

三、企业质量管理体系认证与监督

序号	列项	说明
1	认证机构	公正的第三方认证机构
2	认证有效期	3 年
3	监督检查	通常是每年 1 次
4	认证注销	企业的自愿行为
5	认证暂停	对获证企业质量管理体系发生不符合认证要求情况时采取的警告措施
6	认证撤销	撤销认证的企业一年后可重新提出认证申请
7	重新换证	认证标准变更、认证范围变更、认证证书持有者变更，可换证

考法 1：归类题

【例题·2018 年真题·单选题】下列质量管理体系程序性文件中，可视企业质量控制需要而制定，不作统一规定的是（　　）。

A. 内部审核程序　　　　　　　　　B. 质量记录管理程序

C. 纠正措施控制程序　　　　　　　D. 生产过程管理程序

【答案】D

【解析】选项 A、B、C 属于通用性管理程序，适用于各类企业。

考法 2：填空题

【例题·2021 年真题·单选题】第三方认证机构对认证合格单位质量管理体系维持情况进行定期检查的频次通常是（　　）。

A. 每年两次　　　　　　　　　　　B. 两年一次

C. 每年一次　　　　　　　　　　　D. 一季度一次

【答案】C

【解析】认证机构对认证合格单位质量管理体系维持情况进行监督性现场检查，包括定期和不定期的监督检查。定期检查通常是每年一次，不定期检查视需要临时安排。

1Z204030 建设工程项目施工质量控制

核心考点提纲

- 1Z204031 施工质量控制的依据与基本环节—施工质量控制的依据与环节
- 1Z204032 施工质量计划的内容与编制方法—施工质量计划
- 1Z204033 施工生产要素的质量控制—施工生产要素的质量控制
- 1Z204034 施工准备的质量控制—施工准备的质量控制
- 1Z204035 施工过程的质量控制—施工过程的质量控制
- 1Z204036 施工质量与设计质量的协调—设计交底与图纸会审的作用

核心考点剖析

1Z204031 施工质量控制的依据与基本环节

核心考点 施工质量控制的依据与环节

一、施工质量控制的依据

序号	依据		
1	共同性依据		
（1）	《中华人民共和国建筑法》		××法 ××条例
（2）	《中华人民共和国招标投标法》		
（3）	《建设工程质量管理条例》		
2	专业技术性依据		
（1）	工程建设项目质量检验评定标准		××规范 ××规程 ××标准 ××规定
（2）	有关建筑材料、半成品和构配件质量方面的专门技术法规性文件		
（3）	有关材料验收、包装和标志等方面的技术标准和规定		
（4）	施工工艺质量等方面的技术法规性文件		
（5）	有关新工艺、新技术、新材料、新设备的质量规定和鉴定意见等		
3	项目专用性依据		
（1）	工程建设合同	（5）	设计修改
（2）	勘察设计文件	（6）	技术变更通知
（3）	设计交底	（7）	相关会议记录
（4）	图纸会审记录	（8）	工程联系单

（最右列"本项目的"跨（1）～（8）行）

二、施工质量控制的环节

1. 事前质量控制

（1）编制施工质量计划；

（2）明确质量目标；

（3）制定施工方案；

（4）设置质量管理点；

（5）落实质量责任；

（6）制定预防措施。

2. 事中质量控制

（1）包括质量活动主体的自我控制和他人监控的控制方式；

（2）自我控制是作业者对自己质量活动行为的约束和技术能力的发挥；

（3）他人监控是对作业者的质量活动过程和结果进行监督检查；

（4）自控主体不能因为监控主体的存在和监控职能的实施而减轻或推脱其质量责任；

（5）控制的重点是工序质量、工作质量和质量控制点的控制。

3. 事后质量控制

（1）对质量活动结果的评价、认定；

（2）对工序质量偏差的纠正；

（3）对不合格产品进行整改和处理。

考法 1：归类题

【例题·2016 年真题·单选题】下列施工质量控制依据中，属于专用性依据的是
（   ）。

A. 工程建设项目质量检验评定标准

B. 设计交底及图纸会审记录

C. 建设工程质量管理条例

D. 材料验收的技术标准

【答案】B

【解析】选项 A、D 关键词"标准"，属于专业技术性依据。选项 C 关键词"条例"，属于共同性依据。

考法 2：归类题

【例题·2022 年真题·单选题】下列施工质量控制活动中，属于事中质量控制的是
（   ）。

A. 设置质量管理点   B. 工序质量检查

C. 质量活动结果评价   D. 编制施工质量报告

【答案】B

【解析】选项 A、D 属于事前质量控制，选项 C 属于事后质量控制。

1Z204032　施工质量计划的内容与编制方法

核心考点　施工质量计划

一、施工质量计划的基本内容

1. 工程特点及施工条件（合同条件、法规条件和现场条件等）分析；

2. 质量总目标及其分解目标；

3. 质量管理组织机构和职责，人员及资源配置计划；

4. 确定施工工艺与操作方法的技术方案和施工组织方案；

5. 施工材料、设备等物资的质量管理及控制措施；

6. 施工质量检验、检测、试验工作的计划安排及其实施方法与检测标准；

7. 施工质量控制点及其跟踪控制的方式与要求；

8. 质量记录的要求等。

二、施工质量控制点

1. 设置原则：质量控制点应选择那些技术要求高、施工难度大、对工程质量影响大或是发生质量问题时危害大的对象进行设置。

2. "见证点"：如重要部位、特种作业、专门工艺等。

3. "待检点"：如隐蔽工程等。

考法：归类题

【例题·2021年真题·多选题】下列施工作业质量控制点中，属于"见证点"的有（　　）。

A. 隐蔽工程　　　　　　　　　　B. 重要部位施工

C. 压力容器特种作业　　　　　　D. 二次结构砌体施工

E. 预应力施工工艺

【答案】B、C、E

【解析】对施工作业质量控制点，按照不同的性质和管理要求，细分为"见证点"和"待检点"进行施工质量的监督和检查。凡属"见证点"的施工作业，如重要部位、特种作业、专门工艺等，施工方必须在该项作业开始前，书面通知现场监理机构到位旁站，见证施工作业过程。

1Z204033　施工生产要素的质量控制

核心考点　施工生产要素的质量控制

一、施工人员

1. 坚持执业资格注册制度和作业人员持证上岗制度；

2. 对施工项目领导者、组织者进行教育和培训；

3. 对施工队伍进行全员培训，加强质量意识的教育和技术训练；

4. 对分包单位进行严格的资质考核和施工人员的资格考核。

二、施工机械

1. 对机械设备，应根据工程需要从设备选型、主要性能参数及使用操作要求等方面加以控制，符合安全、适用、经济、可靠和节能、环保等方面的要求；

2. 对施工中使用的模具、脚手架等施工设备，除可按适用的标准定型选用之外，一般需按设计及施工要求进行专项设计；

3. 混凝土预制构件吊运应根据构件的形状、尺寸、重量和作业半径等要求选择吊具和起重设备，预制柱的吊点数量、位置应经计算确定，吊索水平夹角不宜小于60°，不应小于45°；

4. 特别是危险性较大的现场安装的起重机械设备，在安装前要编制专项安装方案并经过审批后实施，安装完毕不仅必须经过自检和专业检测机构检测，而且要经过相关管理部门验收合格后方可使用。

三、材料设备

1. 企业应建立装配式建筑部品部件生产和施工安装全过程质量控制体系，对装配式建筑部品部件实行驻厂监造制度；

2. 混凝土预制构件出厂时混凝土强度不宜低于设计混凝土强度等级值的75%。

四、工艺技术方案

1. 制定施工技术方案和组织方案，前者包括施工工艺、施工方法，后者包括施工区段划分、施工流向及劳动组织等；

2. 合理选用施工机械设备和设置施工临时设施，合理布置施工总平面图和各阶段施工平面图；

3. 根据施工工艺技术方案选用和设计保证质量和安全的模具、脚手架等施工设备；

4. 编制采用的新材料、新技术、新工艺的专项技术方案和质量管理方案；

5. 分析气象、地质等环境因素对施工的影响，制定应对措施。

五、施工环境因素

1. 要减少其对施工质量的不利影响，主要是采取预测预防的风险控制方法；

2. 包括：自然环境因素、管理环境因素、作业环境因素。

考法1：归类题

【例题·2019年真题·单选题】下列质量控制工作中，属于施工作业环境因素控制的工作是（　　）。

A. 建立统一的现场施工组织系统

B. 制定应对极端天气的专项紧急预案

C. 根据工程岩土地质资料采取基坑加固方案

D. 严格落实施工组织设计，保证现场施工条件

【答案】D

【解析】选项A关键词"组织系统"，在施工生产要素中并未单独列出组织因素，而把"组织系统"归入管理环境因素；选项B关键词"极端天气"、选项C关键词"岩土地质"，均属于自然环境因素。

考法 2：填空题

【例题·2020 年真题·单选题】为减少环境因素对施工质量的不利影响，施工企业主要采取（　　）方法。

A. 动态控制
B. 风险控制
C. 跟踪管理
D. 静态控制

【答案】B

【解析】环境因素对工程质量的影响，具有复杂多变和不确定性的特点，具有明显的风险特性。要减少其对施工质量的不利影响，主要是采取预测预防的风险控制方法。

1Z204034　施工准备的质量控制

核心考点　施工准备的质量控制

一、技术准备质量控制

1. 熟悉施工图纸，组织设计交底和图纸审查；

2. 进行工程项目检查验收的项目划分和编号；

3. 细化施工技术方案和施工人员、机具配置方案；

4. 编制施工作业技术指导书；

5. 绘制各种施工详图；

6. 进行技术交底和技术培训；

7. 依据经审批的质量计划审查、完善施工质量控制措施；

8. 针对质量控制点，明确质量控制的重点对象和控制方法。

二、现场准备质量控制

1. 现场施工准备工作的质量控制包括计量控制、测量控制、施工平面图控制；

2. 施工单位在开工前应编制测量控制方案，经项目技术负责人批准后实施。

考法 1：归类题

【例题·2021 年真题·单选题】下列施工准备的质量控制工作中，属于现场施工准备工作的是（　　）。

A. 组织设计交底
B. 细化施工方案
C. 复核测量控制点
D. 编制作业指导书

【答案】C

【解析】选项 A "交底"、选项 B "细化施工方案"、选项 D "编制作业指导书"，都属于技术准备工作。

考法 2：填空题

【例题·2017 年真题·单选题】施工单位在工程开工前编制的测量控制方案，需经（　　）批准后方可实施。

A. 项目技术负责人
B. 项目经理
C. 总监理工程师
D. 项目质量工程师

【答案】A

【解析】施工单位在开工前应编制测量控制方案，经项目技术负责人批准后实施。而对建设单位提供的原始坐标点、基准线和水准点等测量控制点、线进行复核，将复测结果应上报监理工程师审核。一个是测量控制方案的批准，一个是测量控制点线的复核。注意，带"复核""复测"的，是监理工程师审核。

1Z204035 施工过程的质量控制

核心考点 施工过程的质量控制

一、工序施工质量控制

1. 工序作业质量的控制，首先是作业者的自控；其次是来自作业者外部的各种作业质量检查、验收和对质量行为的监督；

2. 工序的质量控制是施工阶段质量控制的重点；

3. 工序施工质量控制包括工序施工条件控制和工序施工效果控制；

4. 工序施工条件控制就是控制工序活动的各种投入要素质量和环境条件质量；

5. 工序施工效果控制属于事后质量控制。

二、施工作业质量自控

1. 自控主体

施工方是施工阶段质量自控主体。

2. 自控程序

（1）施工作业技术的交底

施工作业交底是最基层的技术和管理交底活动，施工总承包方和工程监理机构都要对施工作业交底进行监督；

（2）施工作业活动的实施。

（3）施工作业质量的检验

施工作业的质量检查，是贯穿整个施工过程的最基本的质量控制活动，包括施工单位内部的工序作业质量自检、互检、专检和交接检查，以及现场监理机构的旁站检查、平行检验等。

三、施工作业质量监控

1. 监控主体

建设单位、监理单位、设计单位及政府的工程质量监督部门，对施工单位的质量行为和项目实体质量实施监督控制（在施工阶段）。

2. 现场质量检查（监控手段）

序号		检查方法
1.		目测法
（1）	看	外观检查
（2）	摸	通过触摸手感进行检查、鉴别
（3）	敲	运用敲击工具进行音感检查

序号		检查方法
（4）	照	通过光源照射，检查难以看到或光线较暗部位
2.		实测法
（1）	靠	检查墙面、地面、路面等的平整度
（2）	量	大理石板拼缝尺寸、摊铺沥青拌合料的温度、混凝土坍落度的检测等
（3）	吊	砌体垂直度检查、门窗的安装等
（4）	套	阴阳角的方正、踢脚线的垂直度、预制构件的方正、门窗口及构件的对角线检查等
3.		试验法
（1）	理化试验	物理力学性能的检验和化学成分及化学性能的测定，有时还需进行现场试验
（2）	无损检测	超声波探伤、X 射线探伤、γ 射线探伤

考法 1：正误判断题

【例题·2011 年真题·单选题】关于施工过程的作业质量控制的说法，正确的是（　　）。

A. 工序施工效果的控制属于事前质量控制

B. 在施工阶段，施工承包方和监理方都是质量自控主体

C. 工序施工质量控制主要包括工序施工效果控制和纠正质量偏差

D. 工序质量控制包括作业者的自我控制和作业者外部的检查、监督

【答案】D

【解析】工序施工效果控制属于事后质量控制，故选项 A 错误。施工方是施工阶段质量自控主体，故选项 B 错误。工序施工质量控制主要包括工序施工条件控制和工序施工效果控制，故选项 C 错误。工序作业质量的控制，首先是质量生产者即作业者的自控，作业者能力及其发挥的状况是决定作业质量的关键；其次，是来自作业者外部的各种作业质量检查、验收和对质量行为的监督，也是不可缺少的设防和把关的管理措施，故选项 D 正确。

考法 2：归类题

【例题 1·2022 年真题·多选题】施工作业质量自控的基本程序中包含的工作有（　　）。

A. 施工作业技术交底　　　　　　　B. 施工作业活动的实施

C. 质量监督机构的抽检　　　　　　D. 专职管理人员的质量检查

E. 现场旁站检查

【答案】A、B、D

【解析】施工作业质量自控的基本程序包括施工作业技术交底、施工作业活动的实施、施工作业质量的自检自查、互检互查以及专职管理人员的质量检查等。选项 C、E 属于监控内容，不属于自控内容。

【例题2·2013年真题·单选题】下列现场质量检查方法中，属于无损检测方法的是（　　）。

A. 拖线板挂锤吊线检查　　　　　　B. 铁锤敲击检查
C. 留置试块试验检查　　　　　　　D. 超声波探伤检查

【答案】D

【解析】选项A属于实测法中的"吊"，选项B属于目测法中的"敲"，选项C属于试验法中的理化试验，选项D属于试验法中的无损检测。

1Z204036　施工质量与设计质量的协调

核心考点　设计交底与图纸会审的作用

建设单位和监理单位应组织设计单位向所有的施工实施单位进行设计交底。

序号	设计交底的作用	图纸会审的作用
1	使实施单位充分理解设计意图	深入发现和解决各专业设计之间可能存在的矛盾
2	了解设计内容和技术要求	消除施工图的差错
3	明确质量控制的重点和难点	—

考法：归类题

【例题·2018年真题·多选题】建设单位应组织设计单位进行设计交底，使施工单位（　　）。

A. 充分理解设计意图

B. 了解设计内容和技术要求

C. 解决各专业设计之间可能存在的矛盾

D. 消除施工图差错

E. 明确质量控制的重点与难点

【答案】A、B、E

【解析】设计交底的目的是：理解"意图"、了解"要求"、明确"重点和难点"。而图纸会审的目的是：解决"矛盾"、消除"差错"，即找到可能存在的问题，然后解决问题。

1Z204040　建设工程项目施工质量验收

核 心 考 点 提 纲

核心考点剖析

1Z204041　施工过程的质量验收

核心考点一　施工过程的质量验收

一、施工过程的质量验收

1. 质量验收的组织

验收对象	组织人和参加人	
检验批	专业监理工程师组织施工单位项目专业质量检查员、专业工长等进行验收	
分项工程	专业监理工程师组织施工单位项目专业技术负责人进行验收	
分部工程	总监理工程师组织，施工单位项目负责人和项目技术负责人参加	
	地基与基础分部工程验收参加人： （1）勘察单位项目负责人； （2）设计单位项目负责人； （3）施工单位技术部门负责人； （4）施工单位质量部门负责人	主体结构、节能分部工程验收参加人： （1）设计单位项目负责人； （2）施工单位技术部门负责人； （3）施工单位质量部门负责人

2. 质量验收合格的规定

序号	检验批	分项工程
1	主控项目的质量经抽样检验均应合格	分项工程所含的检验批均应符合合格质量的规定
2	一般项目的质量经抽样检验合格	分项工程所含的检验批的质量验收记录应完整
3	具有完整的施工操作依据、质量检查记录	—

序号	分部工程
1	所含分项工程的质量均应验收合格
2	质量控制资料应完整
3	有关安全、节能、环境保护和主要使用功能的抽样检验结果应符合相应规定
4	观感质量应符合要求

检验批是工程验收的最小单位，是分项工程乃至整个建筑工程质量验收的基础。

主控项目是指建筑工程中的对安全、节能、环境保护和主要使用功能起决定性作用的检验项目。

主控项目的验收必须从严要求，不允许有不符合要求的检验结果，主控项目的检查具有否决权。

除主控项目以外的检验项目称为一般项目。

二、质量不符合要求的处理办法

第一种情况，①严重的缺陷，推倒重来；②一般的缺陷，翻修或更换器具、设备，采取措施后重新验收。

第二种情况，难以确定可否验收时，应请具有法定资质的检测单位检测鉴定。当鉴定结果能够达到设计要求时，该检验批仍应认为通过验收。

第三种情况，如经检测鉴定达不到设计要求，但经原设计单位核算，仍能满足结构安全和使用功能的情况，该检验批可以予以验收。

第四种情况，如经法定检测单位检测鉴定以后认为达不到规范标准的相应要求，必须按一定的技术方案进行加固处理，使之能保证其满足安全使用的基本要求。在不影响安全和主要使用功能条件下，可按技术处理方案和协商文件进行验收。

第五种情况，通过返修或加固处理仍不能满足安全使用要求的分部工程、单位（子单位）工程，严禁验收。

考法1：填空题

【例题1·2022年真题·单选题】设计单位项目负责人应参加验收的是（　　）分部工程。

A. 节能　　　　　　　　　　　　B. 防水

C. 装饰装修　　　　　　　　　　D. 设备安装

【答案】A

【解析】勘察、设计单位项目负责人和施工单位技术、质量部门负责人应参加地基与基础分部工程验收；设计单位项目负责人和施工单位技术、质量部门负责人应参加主体结构、节能分部工程验收。

【例题2·2021年真题·单选题】根据《建筑工程施工质量验收统一标准》GB 50300—2013，分项工程质量验收的组织者是（　　）。

A. 项目经理　　　　　　　　　　B. 项目技术负责人

C. 总监理工程师　　　　　　　　D. 专业监理工程师

【答案】D

【解析】分项工程应由专业监理工程师组织。

考法2：正误判断题

【例题·2015年真题·单选题】下列施工检验批验收的做法中，正确的是（　　）。

A. 存在一般缺陷的检验批应推倒重做

B. 某些指标不能满足要求时，可予以验收

C. 严重缺陷经加固处理后能满足安全使用要求，可按技术处理方案进行验收

D. 经加固处理后仍不能满足安全使用要求的分部工程可缺项验收

【答案】C

【解析】选项A、B、D错误。其中，选项A：一般的缺陷，翻修或更换器具、设备，采取措施后重新验收，所以选项A错误。选项B：某些指标不能满足要求时，不可直接予以验收，难以确定可否验收时，应请具有法定资质的检测单位检测鉴定。当鉴定结果能够达到设计要求时，该检验批仍应认为通过验收；如经检测鉴定达不到设计要求，但经原设计单位核算，仍能满足结构安全和使用功能的情况，该检验批可以予以验收。所以选项

B 错误。选项 D：经加固处理后仍不能满足安全使用要求的分部工程，严禁验收，不能缺项验收，所以选项 D 错误。

考法 3：归类题

【例题·2011 年真题·多选题】工程项目分部工程质量验收合格的基本条件是（　　）。

A. 所含分项工程的质量均验收合格 　　B. 质量控制资料完整

C. 观感质量验收符合要求 　　D. 主控项目的质量抽样检验均合格

E. 涉及安全、节能、环境保护和主要使用功能的抽样检验结果符合相应规定

【答案】A、B、C、E

【解析】选项 D 是检验批质量验收合格的规定。

核心考点二　预制构件的质量验收

1. 预制构件进场时应检查质量证明文件或质量验收记录。

2. 梁板类简支受弯预制构件进场时应进行结构性能检验，结构性能检验应符合国家现行有关标准的有关规定及设计的要求。

3. 钢筋混凝土构件和允许出现裂缝的预应力混凝土构件应进行承载力、挠度和裂缝宽度检验；不允许出现裂缝的预应力混凝土构件应进行承载力、挠度和抗裂检验。

4. 对于不可单独使用的叠合板预制底板，可不进行结构性能检验。对叠合梁构件，是否进行结构性能检验、结构性能检验的方式应根据设计要求确定。

5. 不做结构性能检验的预制构件，施工单位或监理单位代表应驻厂监督生产过程。当无驻厂监督时，预制构件进场时应对其进行如下的实体检验：

列项	序号	说明
检验内容	1	主要受力钢筋数量、规格、间距、保护层厚度
	2	混凝土强度
检验数量	1	同一类型预制构件不超过 1000 个为一批
	2	每批随机抽取 1 个构件进行结构性能检验

考法 1：填空题

【例题·2020 年真题·单选题】梁板类简支受弯混凝土预制构件进场时应进行（　　）检验。

A. 混凝土强度 　　B. 预埋件

C. 灌浆强度 　　D. 结构性能

【答案】D

【解析】梁板类简支受弯预制构件进场时应进行结构性能检验。

考法 2：归类题

【例题·2018 年真题·多选题】对于不做结构性能检验的混凝土预制构件，当无驻厂监督时，预制构件进场时应按规定进行实体检验，其检验内容包括（　　）。

A. 受力钢筋的数量、规格、间距 　　B. 受力钢筋的保护层厚度

C. 混凝土强度 　　D. 预埋铁件的型号、数量

E. 外形尺寸偏差

【答案】A、B、C

【解析】不做结构性能检验的预制构件，施工单位或监理单位代表应驻厂监督生产过程。当无驻厂监督时，预制构件进场时应对其主要受力钢筋数量、规格、间距、保护层厚度及混凝土强度等进行实体检验。

考法3：正误判断题

【例题·2018年真题·单选题】当无驻厂监督时，未做结构性能检验的装配式混凝土预制构件，进场时应按规定进行实体检验。关于检验数量的说法，正确的是（   ）。

A. 同一类型不超过 500 个为一批，每批随机抽取 1 个

B. 同一类型不超过 500 个为一批，每批随机抽取 3 个

C. 同一类型不超过 1000 个为一批，每批随机抽取 1 个

D. 同一类型不超过 1000 个为一批，每批随机抽取 3 个

【答案】C

【解析】检验数量：同一类型预制构件不超过 1000 个为一批，每批随机抽取 1 个构件进行结构性能检验。

1Z204042 竣工质量验收

核心考点 竣工质量验收

一、竣工质量验收的条件

1. 完成建设工程设计和合同约定的各项内容。

2. 有完整的技术档案和施工管理资料。

3. 有工程使用的主要建筑材料、建筑构配件和设备的进场试验报告。

4. 有勘察、设计、施工、工程监理等单位分别签署的质量合格文件。

5. 有施工单位签署的工程保修书。

二、竣工质量验收的标准

1. 所含分部工程的质量均应验收合格。

2. 质量控制资料应完整。

3. 所含分部工程有关安全、节能、环境保护和主要使用功能的检验资料应完整。

4. 主要使用功能的抽查结果应符合相关专业质量验收规范的规定。

5. 观感质量应符合要求。

住宅工程质量分户验收的内容主要包括：

1. 地面、墙面和顶棚质量。

2. 门窗质量。

3. 栏杆、护栏质量。

4. 防水工程质量。

5. 室内主要空间尺寸。

6. 给水排水系统安装质量。

7. 室内电气工程安装质量。

8. 建筑节能和供暖工程质量。

9. 有关合同中规定的其他内容。

每户住宅和规定的公共部位验收完毕，应填写《住宅工程质量分户验收表》，建设单位和施工单位项目负责人、监理单位项目总监理工程师要分别签字。

分户验收不合格，不能进行住宅工程整体竣工验收。

三、竣工质量验收程序

单位工程中的分包工程完工后，分包单位应对所承包的工程项目进行自检，并应按规定的程序进行验收。验收时，总包单位应派人参加。

单位工程完工后，施工单位应组织有关人员进行自检。总监理工程师应组织各专业监理工程师对工程质量进行竣工预验收。

建设单位收到建设工程竣工报告后，应当组织设计、施工、工程监理等有关单位进行竣工验收。

四、竣工验收报告

工程竣工验收合格后，建设单位应当及时提出工程竣工验收报告。

工程竣工验收报告主要包括下列内容：

1. 工程概况。

2. 建设单位执行基本建设程序情况。

3. 建设单位对工程勘察、设计、施工、监理等方面的评价。

4. 工程竣工验收时间、程序、内容和组织形式。

5. 工程竣工验收意见等。

工程竣工验收报告还应附有下列文件：

1. 施工许可证。

2. 施工图设计文件审查意见。

3. 勘察、设计、施工、工程监理等单位分别签署的质量合格文件。

4. 验收组人员签署的工程竣工验收意见。

5. 法规、规章规定的其他有关文件。

五、竣工验收备案

建设单位应当自建设工程竣工验收合格之日起15日内，向工程所在地的县级以上地方人民政府建设主管部门备案。

建设单位办理工程竣工验收备案应当提交下列文件：

1. 工程竣工验收备案表。

2. 工程竣工验收报告。

3. 法律、行政法规规定应当由规划、环保等部门出具的认可文件或者准许使用文件。

4. 法律规定应当由公安消防部门出具的对大型的人员密集场所和其他特殊建设工程验收合格的证明文件。

5. 施工单位签署的工程质量保修书。

6. 法规、规章规定必须提供的其他文件。

住宅工程还应当提交《住宅质量保证书》和《住宅使用说明书》。

考法1：填空题

【例题·2021年真题·单选题】根据《建筑工程施工质量验收统一标准》GB 50300—2013，单位工程竣工预验收的组织方式是（　　）。

A. 施工单位项目负责人组织各专业负责人进行

B. 建设单位项目负责人组织总监理工程师、专业监理工程师进行

C. 总监理工程师组织各专业监理工程师进行

D. 总监理工程师组织施工单位项目负责人、专业负责人进行

【答案】C

【解析】单位工程完工后，施工单位应组织有关人员进行自检。总监理工程师应组织各专业监理工程师对工程质量进行竣工预验收。

考法2：正误判断题

【例题·2018年真题·单选题】关于单位工程竣工验收的说法，错误的是（　　）。

A. 工程完工后，总监理工程师应组织各专业监理工程师进行竣工预验收

B. 对存在的质量问题整改完毕后，施工单位应提交工程竣工报告，申请验收

C. 竣工验收应由建设单位组织，并书面通知政府质量监督机构

D. 工程竣工验收合格后，施工单位应当及时提出工程竣工验收报告

【答案】D

【解析】单位工程完工后，施工单位应组织有关人员进行自检。总监理工程师应组织各专业监理工程师对工程质量进行竣工预验收，故选项A正确。工程完工并对存在的质量问题整改完毕后，施工单位向建设单位提交工程竣工报告，申请工程竣工验收，故选项B正确。建设单位组织工程竣工验收。建设单位应当在工程竣工验收7个工作日前将验收的时间、地点及验收组名单书面通知负责监督该工程的工程质量监督机构，故选项C正确。工程竣工验收合格后，建设单位应当及时提出工程竣工验收报告，故选项D错误。

考法3：归类题

【例题·2019年真题·多选题】住宅工程质量分户验收的内容有（　　）。

A. 地面工程质量　　　　　　　　　B. 门窗工程质量

C. 电梯工程质量　　　　　　　　　D. 供暖工程质量

E. 防水工程质量

【答案】A、B、D、E

【解析】住宅工程质量分户验收的内容主要包括：（1）地面、墙面和顶棚质量；（2）门窗质量；（3）栏杆、护栏质量；（4）防水工程质量；（5）室内主要空间尺寸；（6）给水排水系统安装质量；（7）室内电气工程安装质量；（8）建筑节能和供暖工程质量；（9）有关合同中规定的其他内容。

1Z204050 施工质量不合格的处理

核心考点提纲

1Z204051 工程质量问题和质量事故的分类—工程质量事故的分类
1Z204052 施工质量事故的预防—施工质量事故发生的原因
1Z204053 施工质量问题和质量事故的处理
　1. 施工质量事故报告和调查处理程序
　2. 施工质量缺陷处理的基本方法

核心考点剖析

1Z204051 工程质量问题和质量事故的分类

核心考点 工程质量事故的分类

一、按事故造成损失的程度分级

序号	事故等级	死亡人数	重伤人数	直接经济损失
1	特别重大事故	$[30, \infty)$	$[100, \infty)$	$[1亿, \infty)$
2	重大事故	$[10, 30)$	$[50, 100)$	$[5000万, 1亿)$
3	较大事故	$[3, 10)$	$[10, 50)$	$[1000万, 5000万)$
4	一般事故	$[0, 3)$	$[0, 10)$	$[100万, 1000万)$
—	简记分界线	3-1-3	1-5-1	1-5-1

二、按事故责任分类

序号	事故分类	原因	示例
1	指导责任事故	领导失误	（1）强令他人违章作业； （2）片面追求进度，不按质量标准进行控制和检验； （3）降低施工质量标准等
2	操作责任事故	操作者犯错	（1）浇筑混凝土时随意加水； （2）混凝土振捣疏漏等
3	自然灾害事故	不可抗力	地震、台风、暴雨、雷电及洪水等

考法：归类题

【例题·2021年真题·单选题】某工程混凝土浇筑过程中，因工人直接浇筑高度超出施工方案要求造成质量事故，该事故按照事故责任分类属于（　　）。

A. 操作责任事故　　　　　　　　B. 指导责任事故

C. 技术责任事故　　　　　　　　D. 管理责任事故

【答案】A

【解析】工程质量事故按事故责任分为指导责任事故、操作责任事故和自然灾害事故。本题只能在选项A、B中选择。操作责任事故是指由于实施操作者不按规程和标准实施操作，而造成的质量事故。本题的关键词是"工人"。

1Z204052 施工质量事故的预防

核心考点 施工质量事故发生的原因

一、施工质量事故发生的原因

1. 技术原因

（1）地质勘察过于疏略，对水文地质情况判断错误，致使地基基础设计采用不正确的方案；

（2）结构设计方案不正确，计算失误，构造设计不符合规范要求；

（3）施工管理及实际操作人员的技术素质差，采用了不合适的施工方法或施工工艺等。

2. 管理原因

（1）施工单位或监理单位的质量管理体系不完善；

（2）检验制度不严密；

（3）质量控制不严格；

（4）质量管理措施落实不力；

（5）检测仪器设备管理不善而失准；

（6）材料检验不严等。

3. 社会、经济原因

（1）盲目追求利润而不顾工程质量；

（2）在投标报价中恶意压低标价，中标后则采用随意修改方案或偷工减料等违法手段而导致发生的质量事故。

4. 人为事故和自然灾害原因

（1）人为的设备事故、安全事故，导致连带发生质量事故；

（2）严重的自然灾害等不可抗力造成质量事故。

二、施工质量事故预防的具体措施

1. 严格按照基本建设程序办事；

2. 认真做好工程地质勘察；

3. 科学地加固处理好地基；

4. 进行必要的设计审查复核；

5. 严格把好建筑材料及制品的质量关；

6. 依法进行施工组织管理；

7. 做好应对不利施工条件和各种灾害的预案；

8. 加强施工安全与环境管理。

考法：归类题

【例题·2020年真题·多选题】下列施工质量事故发生原因中，属于技术原因的有（　　）。

A. 因地质勘察不细导致的桩基方案不正确

B. 因施工管理混乱导致违章作业

C. 违反建设程序的"三边"工程

D. 因计算失误导致结构设计方案不正确

E. 采用不合适的施工方法、施工工艺

【答案】A、D、E

【解析】选项 B 属于管理原因，选项 C 属于社会、经济原因。

1Z204053 施工质量问题和质量事故的处理

核心考点一 施工质量事故报告和调查处理程序

一、施工质量事故报告和调查处理程序

1. 事故报告；

2. 事故调查；

3. 事故的原因分析；

4. 制定事故处理的技术方案；

5. 事故处理；

6. 事故处理的鉴定验收；

7. 提交事故处理报告。

建设工程发生质量事故，有关单位应当在 24 小时内向当地建设行政主管部门和其他有关部门报告。

对重大质量事故，事故发生地的建设行政主管部门和其他有关部门应当按照事故类别和等级向当地人民政府和上级建设行政主管部门和其他有关部门报告。

未造成人员伤亡的一般事故，县级人民政府也可以委托事故发生单位组织事故调查组进行调查。

二、事故调查报告和处理报告的内容

序号	事故调查报告内容	事故处理报告内容
1	事故项目及各参建单位概况	事故调查的原始资料、测试的数据
2	事故发生经过和事故救援情况	事故原因分析和论证结果
3	事故造成的人员伤亡和直接经济损失	事故处理的依据
4	事故项目有关质量检测报告和技术分析报告	事故处理的技术方案及措施
5	事故发生的原因和事故性质	实施技术处理过程中有关的数据、记录、资料
6	事故责任的认定和对事故责任者的处理建议	检查验收记录
7	事故防范和整改措施	对事故相关责任者的处罚情况和事故处理的结论等

三、施工质量事故处理的基本要求

1. 质量事故的处理应达到安全可靠、不留隐患、满足生产和使用要求、施工方便、经济合理的目的；

2. 消除造成事故的原因，注意综合治理，防止事故再次发生；

3. 正确确定技术处理的范围和正确选择处理的时间和方法；

4. 切实做好事故处理的检查验收工作，认真落实防范措施；

5. 确保事故处理期间的安全。

考法1：排序题

【例题·2021年真题·单选题】施工质量事故的调查处理程序包括：① 事故调查；② 事故原因分析；③ 事故处理；④ 事故处理的鉴定验收；⑤ 制定事故处理的技术方案。正确的程序是（　　）。

A. ①—②—③—④—⑤ 　　　　　　B. ②—①—③—④—⑤

C. ④—②—⑤—①—③ 　　　　　　D. ①—②—⑤—③—④

【答案】D

【解析】施工质量事故报告和调查处理的一般程序为：① 事故报告；② 事故调查；③ 事故的原因分析；④ 制定事故处理的技术方案；⑤ 事故处理；⑥ 事故处理的鉴定验收；⑦ 提交事故处理报告。

考法2：填空题

【例题·2017年真题·单选题】下列工程质量事故中，可由事故发生单位组织事故调查组的是（　　）。

A. 2人以下死亡，100万～500万元的直接经济损失

B. 5人以下重伤，100万～500万元的直接经济损失

C. 未造成人员伤亡，1000万～5000万元的直接经济损失

D. 未造成人员伤亡，100万～1000万元的直接经济损失

【答案】D

【解析】未造成人员伤亡的一般事故，县级人民政府也可以委托事故发生单位组织事故调查组进行调查。

考法3：正误判断题

【例题·2016年真题·多选题】关于施工质量事故调查处理的说法，正确的有（　　）。

A. 未造成人员伤亡的一般事故，县级人民政府可以委托事故发生单位组织调查

B. 在事故原因分析中，必要时要组织对事故项目进行检测鉴定和专家技术论证

C. 事故处理应包括对事故相关责任者实施行政处罚

D. 事故处理报告应包括对事故相关责任者的处罚情况和事故处理的结论

E. 制定事故处理技术方案时，只需考虑使用功能，不需考虑成本

【答案】A、B、C、D

【解析】在制定事故处理的技术方案时，应做到安全可靠、技术可行、不留隐患、经济合理、具有可操作性、满足项目的安全和使用功能要求，故选项E错误。

核心考点二　施工质量缺陷处理的基本方法

一、返修处理

1. 混凝土结构表面出现蜂窝、麻面，修补处理；

2. 对混凝土结构出现的裂缝，经分析研究后如果不影响结构的安全和使用时，也可采取返修处理。

序号	裂缝情况	裂缝尺寸	返修办法
1	裂缝宽度	≤0.2mm	表面密封
2		>0.3mm	嵌缝密闭
3	裂缝深度	较深	灌浆修补
4	表面干缩微裂		不做处理

二、返工处理

序号	工程项目	质量问题	处理办法
1	防洪堤坝	（1）压实土的干密度未达到规定值； （2）不满足抗渗能力的要求	返工处理
2	公路桥梁	预应力按规定张拉系数为1.3，而实际仅为0.8	返工处理
3	高层住宅	有几层的混凝土结构误用了安定性不合格的水泥	返工处理

三、限制使用

当工程质量缺陷按修补方法处理后，无法保证达到规定的使用要求和安全要求，而又无法返工处理的情况下，不得已时可做出诸如结构卸荷或减荷以及限制使用的决定。

四、不作处理

序号	质量缺陷	质量缺陷说明	处理办法
1	某建筑物出现放线定位的偏差，且严重超过规范标准规定	（1）若要纠正会造成重大经济损失； （2）经过分析、论证，其偏差不影响生产工艺和正常使用	不作处理
2	混凝土表面裂缝	（1）属于表面养护不够的干缩微裂； （2）不影响使用和外观	不作处理
3	混凝土结构表面的轻微麻面	可通过后续的抹灰、刮涂、喷涂等弥补	不作处理
4	混凝土现浇楼面的平整度偏差达到10mm	后续垫层和面层的施工可以弥补	不作处理
5	某检验批混凝土试块强度值不满足规范要求	经法定检测单位对混凝土实体强度进行实际检测后，其实际强度达到规范允许和设计要求值	不作处理
6	某结构构件截面尺寸不足，或材料强度不足，影响结构承载力	按实际情况进行复核验算后仍能满足设计要求的承载力	不作处理

考法：归类题

【例题1·2019年真题·单选题】某混凝土结构出现宽度为0.5mm的裂缝且裂缝深度较深，应采用的处理方法是（　　）。

A. 表面密封法　　　　　　　　　B. 嵌缝封闭法

C. 粘钢加固法　　　　　　　　　D. 灌浆修补法

【答案】D

【解析】当裂缝宽度不大于0.2mm时，可采用表面密封法；当裂缝宽度大于0.3mm时，采用嵌缝密闭法；当裂缝较深时，则应采取灌浆修补的方法。

【例题2·2016年真题·单选题】下列工程质量问题中，可不做专门处理的是（　　）。

A. 某高层住宅施工中，底部二层的混凝土结构误用安定性不合格的水泥

B. 某防洪堤坝填筑压实后，压实土的干密度未达到规定值

C. 某检验批混凝土试块强度不满足规范要求，但混凝土实体强度检测后满足设计要求

D. 某工程主体结构混凝土表面裂缝大于0.5mm

【答案】C

【解析】选项A、B应采用返工处理，选项D应采用返修处理。

1Z204060　数理统计方法在工程质量管理中的应用

核心考点剖析

1Z204061　分层法的应用

核心考点　分层法

1. 基本原理

对工程质量状况的调查和质量问题的分析，必须分门别类地进行，以便准确有效地找出问题及其原因所在，这就是分层法的基本思想。

2. 实际应用

应用分层法的关键是调查分析的类别和层次划分，根据管理需要和统计目的，取得原始数据。

考法：填空题

【例题·2013年真题·单选题】对工程质量状况和质量问题，按总包、专业分包和劳务分包分门别类地进行调查和分析，以准确有效地找出问题及其原因所在。这是质量管理统计方法中（　　）的基本思想。

A. 分层法
B. 因果分析图法
C. 排列图法
D. 直方图法

【答案】A

【解析】由于项目质量的影响因素众多，对工程质量状况的调查和质量问题的分析，必须分门别类地进行，以便准确有效地找出问题及其原因所在，这就是分层法的基本思想。

1Z204062 因果分析图法的应用

核心考点 因果分析图法

一、因果分析图法的基本原理

因果分析图法，也称为质量特性要因分析法，其基本原理是对每一个质量特性或问题，逐层深入排查可能原因，然后确定其中最主要原因，进行有的放矢地处置和管理。

二、因果分析图法应用时的注意事项

1. 一个质量特性或一个质量问题使用一张图分析；

2. 通常采用 QC 小组活动的方式进行，集思广益，共同分析；

3. 必要时可以邀请小组以外的有关人员参与，广泛听取意见；

4. 分析时要充分发表意见，层层深入，排出所有可能的原因；

5. 在充分分析的基础上，由各参与人员采用投票或其他方式，从中选择 1～5 项多数人达成共识的最主要原因。

考法 1：填空题

【例题·2018 年真题·单选题】工程质量控制中采用因果分析图法的目的是（　　）。

A. 找出工程中存在的主要质量问题　　　B. 全面分析工程中可能存在的质量问题

C. 找出影响工程质量问题的最主要原因　D. 动态地分析工程中的质量问题

【答案】C

【解析】选项 A、B、D 都强调"找问题"或者"分析问题"，不符合题意。因果分析图法的目的是针对某个质量问题，"找原因"，并且确定"最主要原因"。

考法 2：正误判断题

【例题·2022 年真题·单选题】关于因果分析图法的说法，正确的是（　　）。

A. 因果分析图可以反映质量数据的分布特征

B. 通常采用 QC 小组活动的方式进行因果分析

C. 可以定量分析影响质量的主次因素

D. 一张因果分析图可以分析多个质量问题

【答案】B

【解析】选项 A、C、D 说法错误。其中选项 A 说的不是因果分析图而是直方图的作用，选项 C 是定性分析影响质量的最主要因素，选项 D 正确的说法应该是一个质量问题使用一张图分析。

1Z204063 排列图法的应用

核心考点 排列图法

一、适用范围

通过抽样检查或检验试验所得到的关于质量问题、偏差、缺陷、不合格等方面的统计数据，以及造成质量问题的原因分析统计数据，均可采用排列图方法进行状况描述，它具有直观、主次分明的特点。

二、ABC 分类管理法

序号	累计频率	问题分类	问题主次	管理办法
1	0～80%	A 类问题	主要问题	重点管理
2	80%～90%	B 类问题	次要问题	次重点管理
3	90%～100%	C 类问题	一般问题	按照常规适当加强管理

考法 1：归类题

【例题·2019 年真题·多选题】对某模板工程表面平整度、截面尺寸、平面水平度、垂直度、标高等项目进行抽样检查，按照排列图法对抽样数据进行统计分析，发现其质量问题累计频率分别为 30%、60%、75%、89% 和 100%，则 A 类质量问题包括（　　）。

A. 表面平整度
B. 截面尺寸
C. 平面水平度
D. 垂直度
E. 标高

【答案】A、B、C

【解析】在 ABC 分类管理法中，将累计频率 0～80% 定为 A 类问题，即主要问题，进行重点管理。

考法 2：填空题

【例题·2015 年真题·多选题】工程质量管理常用数据统计方法中，排列图方法可用于（　　）的数据状况描述。

A. 质量偏差
B. 质量稳定程度
C. 质量缺陷
D. 造成质量问题原因
E. 质量受控情况

【答案】A、C、D

【解析】本题考核排列图法的适用范围。选项 B、E 应采用直方图法。

1Z204064　直方图法的应用

核心考点　直方图法

一、直方图法的主要用途

1. 整理统计数据，了解统计数据的分布特征，即数据分布的集中或离散状况，从中掌握质量能力状态。

2. 观察分析生产过程质量是否处于正常、稳定和受控状态以及质量水平是否保持在公差允许的范围内。

二、直方图的观察分析

1. 形状观察分析

（1）直方图的分布形状及分布区间宽窄是由质量特性统计数据的平均值和标准偏差所决定的。

（2）正常直方图呈正态分布，其形状特征是中间高、两边低、成对称。

2. 位置观察分析

序号	位置图	质量特性数据分布位置	状态分析	措施
1		分布在公差标准上、下界限范围内	处于正常、稳定和受控状态	—
2		分布偏下限	易出现不合格	在管理上必须提高总体能力
3		分布宽度边界达到质量标准的上下界限	质量能力处于临界状态，易出现不合格	必须分析原因，采取措施
4		分布居中且边界与质量标准的上下界限有较大的距离	质量能力偏大，不经济	—
5		分布均已出现超出质量标准的上下界限	存在质量不合格	需要分析原因，采取措施进行纠偏
6				

考法 1：归类题

【例题·2018 年真题·多选题】施工现场质量管理中，直方图法的主要用途有（   ）。

A. 分析生产过程质量是否处于稳定状态

B. 分析生产过程质量是否处于正常状态

C. 分析质量水平是否保持在公差允许的范围内

D. 整理统计数据，了解其分布特征

E. 找出质量问题的主要影响因素

【答案】A、B、C、D

【解析】直方图法的主要用途包括：① 整理统计数据，了解统计数据的分布特征，即数据分布的集中或离散状况，从中掌握质量能力状态。② 观察分析生产过程质量是否处于正常、稳定和受控状态以及质量水平是否保持在公差允许的范围内。

考法 2：填空题

【例题·2020 年真题·多选题】直方图的分布形状及分布区间宽窄取决于质量特性统计数据的（   ）。

A. 平均值
B. 标准偏差
C. 最大值
D. 最小值
E. 离散性

【答案】A、B

【解析】直方图的分布形状及分布区间宽窄是由质量特性统计数据的平均值和标准偏差所决定的。

考法 3：正误判断题

【例题·2016 年真题·多选题】根据下列直方图的分布位置与质量控制标准的上下限范围的比较分析，正确的有（   ）。

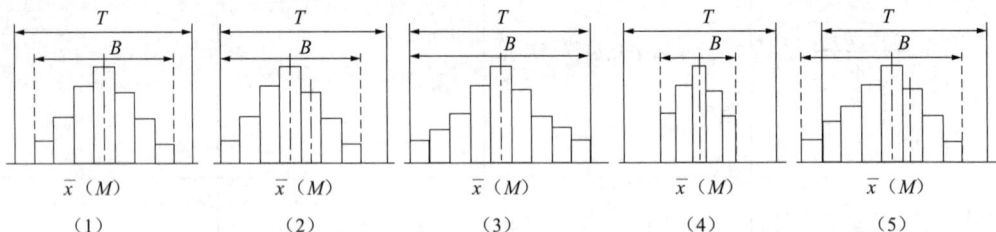

(1)　　(2)　　(3)　　(4)　　(5)

A. 图（1）显示生产过程的质量正常、稳定、受控
B. 图（3）显示质量特性数据分布达到质量标准上下限，质量能力处于临界状态
C. 图（4）显示质量特性数据的分布居中，质量能力偏大，不经济
D. 图（5）显示质量特性数据超出质量标准的下限，存在质量不合格情况
E. 图（2）显示质量特性数据分布偏上限，易出现不合格

【答案】A、B、C、D

【解析】选项 E 的正确表述：图（2）显示质量特性数据分布偏下限，易出现不合格。

1Z204070　建设工程项目质量的政府监督

核心考点提纲

核心考点剖析

1Z204071 政府对工程项目质量监督的职能与权限

核心考点 政府质量监督的职能与权限

一、政府质量监督的性质

政府质量监督的性质属于行政执法行为，是主管部门依据有关法律法规和工程建设强制性标准，对①工程实体质量和工程建设、勘察、设计、施工、监理单位（以下简称工程质量责任主体）和质量检测等单位的②工程质量行为实施监督。

二、政府质量监督的职权

政府建设行政主管部门和其他有关部门履行工程质量监督检查职责时，有权采取下列措施：

1. 要求被检查的单位提供有关工程质量的文件和资料。

2. 进入被检查单位的施工现场进行检查。

3. 发现有影响工程质量的问题时，责令改正。

考法1：归类题

【例题·2021年真题·单选题】建设工程政府质量监督机构履行质量监督职责时，可以采取的措施是（ ）。

A. 发现有影响工程质量的问题时，责令改正

B. 暂时扣押被检查单位的固定资产

C. 对被检查单位负责人进行处罚

D. 吊销被检查单位的资质证书

【答案】A

【解析】政府建设行政主管部门履行工程质量监督检查职责时，有权采取下列措施：（1）要求被检查单位提供有关工程质量的文件和资料。（2）进入被检查单位的施工现场进行检查。（3）发现有影响工程质量的问题时，责令改正。

考法2：正误判断题

【例题·2018年真题·单选题】关于工程项目政府质量监督的说法，正确的是（ ）。

A. 政府质量监督的性质属于行政执法行为

B. 施工单位应在项目开工前向监督机构申报质量监督手续

C. 临时性房屋建筑工程也属于政府质量监督的范围

D. 质量监督机构可以聘请助理工程师协助质量监督工作

【答案】A

【解析】在工程项目开工前，监督机构接受建设单位有关建设工程质量监督的申报手续，故选项B错误。根据《房屋建筑和市政基础设施工程质量监督管理规定》，在中华人民共和国境内主管部门实施对新建、扩建、改建房屋建筑和市政基础设施工程质量监督管

理的，适用该规定；而抢险救灾工程、临时性房屋建筑工程和农民自建低层住宅工程，不适用该规定，故选项 C 错误。监督机构可以聘请中级职称以上的工程类专业技术人员协助实施工程质量监督，故选项 D 错误。

1Z204072　政府对工程项目质量监督的内容与实施

核心考点　质量监督的实施程序

一、质量监督程序

1. 受理建设单位办理质量监督手续；

2. 制定工作计划并组织实施；

3. 对工程实体质量和工程质量行为进行抽查、抽测；

4. 监督工程竣工验收；

5. 形成工程质量监督报告；

6. 建立工程质量监督档案。

二、对工程实体质量和工程质量行为的抽查、抽测

1. 对工程实体质量的抽查、抽测

（1）日常检查和抽查抽测相结合，采取"双随机、一公开"检查方式和"互联网＋监管"模式。

① 随机抽取检查对象；

② 随机选派监督检查人员；

③ 及时公开检查情况和查处结果。

（2）监督抽样检测的重点是涉及结构安全和重要使用功能的项目，例如，在工程基础和主体结构分部工程质量验收前，要对地基基础和主体结构混凝土强度分别进行监督检测。

2. 对工程质量行为的抽查、抽测

对工程质量责任主体和质量检测等单位的质量行为进行检查，检查内容包括：

① 参与工程项目建设各方的质量保证体系建立和运行情况；

② 企业的工程经营资质证书和相关人员的资格证书；

③ 按建设程序规定的开工前必须办理的各项建设行政手续是否齐全完备；

④ 施工组织设计、监理规划等文件及其审批手续和实际执行情况；

⑤ 执行相关法律法规和工程建设强制性标准的情况；

⑥ 工程质量检查记录。

三、监督工程竣工验收

1. 竣工验收前，针对在质量监督检查中提出的质量问题进行复查，检查其是否按要求整改完毕；

2. 竣工验收时，参加竣工验收的会议，对验收的程序及验收的过程进行监督；

3. 工程竣工验收合格后，建设单位应当在建筑物明显部位设置永久性标牌，载明建设、勘察、设计、施工、监理单位等工程质量责任主体的名称和主要责任人姓名。

考法 1：填空题

【例题 1·2022 年真题·单选题】在工程竣工验收时，政府质量监督机构的监督重点是（   ）。

A. 核验参与竣工验收人员的资格
B. 检查执行工程建设强制性标准的情况
C. 监督检查质量问题的整改情况
D. 监督竣工验收的程序及验收过程

【答案】D

【解析】竣工验收时，参加竣工验收的会议，对验收的程序及验收的过程进行监督。

【例题 2·2021 年真题·单选题】在工程项目质量监督的"双随机、一公开"方法中，"双随机"是指（   ）。

A. 随机确定检查时间、随机抽取检查对象
B. 随机选派监督检查人员、随机确定检查时间
C. 随机抽取检查对象、随机选派监督检查人员
D. 随机选派监督检查人员、随机确定抽检部位

【答案】C

【解析】对工程实体质量和工程质量行为进行抽查、抽测，应日常检查和抽查抽测相结合，采取"双随机、一公开"的检查方式和"互联网＋监管"的模式。"双随机"是指随机抽取检查对象，随机选派监督检查人员。

考法 2：正误判断题

【例题·2016 年真题·单选题】关于政府主管部门质量监督程序的说法，正确的是（   ）。

A. 监督机构在工程基础和主体结构分部工程质量验收前，要对地基基础和主体结构混凝土分别进行监督检测
B. 工程项目开工后，监督机构接受建设单位有关建设工程质量监督的申报手续，并对文件进行审查，合格后签发质量监督文件
C. 监督机构的检查内容中不包含企业的工程经营资质证书和人员的资格证书检查
D. 监督机构要组织进行工程竣工验收并对发现的质量问题进行复查

【答案】A

【解析】选项 B 的正确表述为：在工程项目开工前，监督机构受理建设单位有关建设工程质量监督的申报手续，并对文件进行审查，合格后签发质量监督文件。选项 C 的正确表述为：监督机构的检查内容中包括企业的工程经营资质证书和人员的资格证书。选项 D 的正确表述为：建设单位组织工程竣工验收。

本章经典真题回顾

一、单项选择题（每题的备选项中，只有 1 个最符合题意）

1.【2022 年真题】关于政府质量监督机构和监督人员的说法，正确的是（   ）。

A. 质量监督机构经建设行政主管部门授权后即实施质量监督

B. 质量监督人员应占质量监督机构总人数的 70% 以上

C. 质量监督机构应有固定的工作场所和满足监督检查所需的仪器、设备和工具

D. 质量监督人员具有一年以上工程质量管理或者设计、施工、监理等工作经历

【答案】C

【解析】选项 A、B、D 说法错误。其中，选项 A，政府质量监督机构必须按照国家有关规定经国务院有关部门或者省、自治区、直辖市人民政府有关部门考核，经考核合格后方可实施质量监督。选项 B，监督人员应当占监督机构总人数的 75% 以上。选项 D，监督人员应具有 3 年以上工程质量管理或者设计、施工、监理等工作经历。

2.【2021 年真题】下列质量检查内容中，可通过目测法中"照"的手段检查的是（　　）。

A. 油漆的光滑度

B. 内墙抹灰的大面是否平直

C. 混凝土的强度是否符合要求

D. 管道井内管线、设备安装质量

【答案】D

【解析】选项 A，可通过目测法中"摸"的手段检查；选项 B，可通过目测法中"看"的手段检查；选项 C，可通过试验法中"理化试验"检查。

3.【2020 年真题】质量控制活动包括：① 设定目标；② 纠正偏差；③ 测量检查；④ 评价分析。正确的顺序是（　　）。

A. ①—②—③—④

B. ①—③—④—②

C. ③—①—②—④

D. ③—④—①—②

【答案】B

【解析】质量控制是质量管理的一部分，是致力于满足质量要求的一系列相关活动。这些活动主要包括：（1）设定目标；（2）测量检查；（3）评价分析；（4）纠正偏差。

4.【2020 年真题】根据施工质量事故调查处理的一般程序，事故处理的最后一步工作是（　　）。

A. 提出事故鉴定结论

B. 提交事故处理结果

C. 提出事故处理方案

D. 提交事故处理报告

【答案】D

【解析】施工质量事故报告和调查处理的一般程序是：（1）事故报告；（2）事故调查；（3）事故的原因分析；（4）制定事故处理的技术方案；（5）事故处理；（6）事故处理的鉴定验；（7）提交事故处理报告。

5.【2019 年真题】下列质量风险应对策略中，属于风险转移策略的是（　　）。

A. 施工单位合理安排工期，避开可能发生的自然灾害对质量的影响

B. 建设单位在工程发包时，要求承包单位提供履约担保

C. 施工单位在施工中有针对性地制定质量事故应急预案

D. 建设单位在工程预算价格中预留一定比例的不可预见费

【答案】B

【解析】选项 A 属于风险规避，选项 C 属于风险减轻，选项 D 属于风险自留。

6.【2019 年真题】某工程发生质量事故导致 12 人重伤，按照事故损失的程度分级，该质量事故属于（　　）。

A. 特别重大事故　　　　　　　　B. 重大事故

C. 较大事故　　　　　　　　　　D. 一般事故

【答案】C

【解析】较大事故，是指造成 3 人以上 10 人以下死亡，或者 10 人以上 50 人以下重伤，或者 1000 万元以上 5000 万元以下直接经济损失的事故。

7.【2018 年真题】我国实行建筑业企业资质管理制度、建造师执业资格注册制度、管理人员持证上岗等制度，都是对建设工程项目质量影响因素中（　　）的控制。

A. 管理因素　　　　　　　　　　B. 人的因素

C. 环境因素　　　　　　　　　　D. 技术因素

【答案】B

【解析】本题考核的是项目质量的影响因素分析。我国实行建筑业企业经营资质管理制度、市场准入制度、执业资格注册制度、作业及管理人员持证上岗制度等，从本质上说，都是对从事建设工程活动的人的素质和能力进行必要的控制。

8.【2018 年真题】关于单位工程竣工验收的说法，错误的是（　　）。

A. 工程完工后，总监理工程师应组织各专业监理工程师进行竣工预验收

B. 对存在的质量问题整改完毕后，施工单位应提交工程竣工报告，申请验收

C. 竣工验收应由建设单位组织，并书面通知政府质量监督机构

D. 工程竣工验收合格后，施工单位应当及时提出工程竣工验收报告

【答案】D

【解析】本题考核的是竣工质量验收的程序和组织。工程竣工验收合格后，建设单位应当及时提出工程竣工验收报告。选项 D 中的主体错误。

9.【2017 年真题】关于建设工程项目施工质量验收的说法，正确的是（　　）。

A. 分项工程、分部工程应由专业监理工程师组织验收

B. 分项工程是工程验收的最小单元

C. 分部工程所含全部分项工程质量验收合格，即可认为该分部工程验收合格

D. 分部工程的质量验收在分项工程验收的基础上进行

【答案】D

【解析】选项 A、B、C 说法错误。其中，选项 A，分项工程应由专业监理工程师组织验收，分部工程应由总监理工程师组织验收。选项 B，工程验收的最小单元是检验批，而不是分项工程。选项 C，分部工程所含全部分项工程质量验收合格，这只是该分部工程验收合格 4 个条件之一。选项 D，分部工程的质量验收在分项工程验收的基础上进行，说法正确，故正确答案是 D。

10.【2017 年真题】根据《中华人民共和国建筑法》和《建设工程质量管理条例》，设计单位的质量责任和义务是（　　）。

A. 按设计要求检验商品混凝土质量　　　B. 将施工图设计文件上报有关部门审查

C. 向施工单位提供设计原始资料　　　　D. 参与建设工程质量事故分析

【答案】D

【解析】选项 A 是施工单位的责任和义务，选项 B、C 是建设单位的责任和义务。

11.【2016 年真题】下列项目质量控制体系中，属于质量控制体系第二层次的是（　　）。

A. 建设单位项目管理机构建立的项目质量控制体系

B. 交钥匙工程总承包企业项目管理机构建立的项目质量控制体系

C. 项目设计总负责单位建立的项目质量控制体系

D. 施工设备安装单位建立的现场质量控制体系

【答案】C

【解析】第二层次的质量控制体系，通常是指分别由项目的设计总负责单位、施工总承包单位等建立的相应管理范围内的质量控制体系。

12.【2016 年真题】下列施工质量控制依据中，属于专用性依据的是（　　）。

A. 设计交底及图纸会审记录　　　　B. 工程建设项目质量检验评定标准

C. 建设工程质量管理条例　　　　　D. 材料验收的技术标准

【答案】A

【解析】选项 B、D 属于专业技术性依据，选项 C 属于共同性依据。

13.【2015 年真题】某工程的混凝土结构出现较深的裂缝，但经分析判定其不影响结构的安全和使用，正确的处理方法的是（　　）。

A. 表面密封　　　　　　　　　　　B. 嵌缝封闭

C. 灌浆修补　　　　　　　　　　　D. 限制使用

【答案】C

【解析】当裂缝宽度不大于 0.2mm 时，可采用表面密封法；当裂缝宽度大于 0.3mm 时，采用嵌缝密闭法；当裂缝较深时，则应采取灌浆修补的方法。

14.【2015 年真题】下列质量控制工作中，属于施工技术准备工作的是（　　）。

A. 明确质量控制的重点对象　　　　B. 编制测量控制方案

C. 建立施工现场计量管理的规章制度　　D. 正确安装设置施工机械设备

【答案】A

【解析】施工准备阶段的质量控制分为施工技术准备的质量控制、现场施工准备的质量控制、材料的质量控制和施工机械设备的质量控制。选项 B 属于现场施工准备工作的质量控制中的测量控制，选项 C 属于现场施工准备工作的质量控制中的计量控制，选项 D 属于施工机械设备的质量控制。

15.【2014 年真题】关于项目质量控制体系的说法，正确的是（　　）。

A. 项目质量控制体系需要第三方认证

B. 项目质量控制体系是一个永久性的质量管理体系

C. 项目质量控制体系既适用于特定项目的质量控制，也适用于企业的质量管理

D. 项目质量控制体系涉及项目实施过程所有的质量责任主体

【答案】D

【解析】选项A、B、C错误。其中，选项A，项目质量控制体系的有效性一般由项目管理的总组织者进行自我评价与诊断，不需进行第三方认证，所以选项A错误。选项B，项目质量控制体系与项目管理组织系统相融合，是一次性的质量工作体系，并非永久性的质量管理体系，所以选项B错误。选项C，项目质量控制体系只用于特定的项目质量控制，而不是用于建筑企业或组织的质量管理，所以选项C错误。

16.【2013年真题】建设工程项目质量管理的PDCA循环中，质量计划阶段的主要任务是（　　）。

A. 明确质量目标并制定实现目标的行动方案

B. 展开工程项目的施工作业技术活动

C. 对计划实施过程进行科学管理

D. 对质量问题进行原因分析，采取措施予以纠正

【答案】A

【解析】质量管理的计划职能，包括确定质量目标和制定实现质量目标的行动方案两方面，所以选项A正确。选项B属于实施职能，选项C属于检查职能，选项D属于处理职能。

二、多项选择题（每题的备选项中，有2个或2个以上符合题意，至少有1个错项）

1.【2022年真题】在工程质量管理中，采用直方图的作用有（　　）。

A. 确定产生质量问题的主次影响因素

B. 分析判断生产过程是否处于稳定状况

C. 分析质量数据的分布特征

D. 分析质量水平是否保持在公差允许范围内

E. 逐层深入排查产生质量问题的可能原因

【答案】B、C、D

【解析】选项A属于排列图法的作用，选项E属于因果分析图法的作用。

2.【2021年真题】钢筋混凝土构件和允许出现裂缝的预应力混凝土构件进场质量验收时，应进行的检验项目包括（　　）。

A. 承载力 　　　　　　　　　B. 材料性能

C. 挠度 　　　　　　　　　　D. 裂缝宽度

E. 外观质量

【答案】A、C、D

【解析】钢筋混凝土构件和允许出现裂缝的预应力混凝土构件应进行承载力、挠度和裂缝宽度检验；不允许出现裂缝的预应力混凝土构件应进行承载力、挠度和抗裂检验。

3.【2020年真题】下列施工质量事故发生原因中，属于技术原因的有（　　）。

A. 因地质勘察不细导致的桩基方案不正确

B. 因施工管理混乱导致违章作业

C. 违反建设程序的"三边"工程

D. 因计算失误导致结构设计方案不正确

E. 采用不合适的施工方法、施工工艺

【答案】A、D、E

【解析】技术原因：指引发质量事故是由于在项目勘察、设计、施工中技术上的失误。例如，地质勘察过于疏略，对水文地质情况判断错误，致使地基基础设计采用不正确的方案；或结构设计方案不正确，计算失误，构造设计不符合规范要求；施工管理及实际操作人员的技术素质差，采用了不合适的施工方法或施工工艺等。选项 B 属于管理原因，选项 C 属于社会、经济原因。

4.【2019 年真题】对某模板工程表面平整度、截面尺寸、平面水平度、垂直度、标高等项目进行抽样检查，按照排列图法对抽样数据进行统计分析，发现其质量问题累计频率分别为 30%、60%、75%、89% 和 100%，则 A 类质量问题包括（　　）。

A. 表面平整度　　　　　　　　　　B. 截面尺寸

C. 平面水平度　　　　　　　　　　D. 垂直度

E. 标高

【答案】A、B、C

【解析】本题考核的是排列图法的应用。累计频率 0~80% 定为 A 类问题，即主要问题，进行重点管理，故 A、B、C 选项正确。

5.【2018 年真题】施工现场质量管理中，直方图法的主要用途有（　　）。

A. 分析生产过程质量是否处于稳定状态

B. 分析生产过程质量是否处于正常状态

C. 分析质量水平是否保持在公差允许的范围内

D. 整理统计数据，了解其分布特征

E. 找出质量问题的主要影响因素

【答案】A、B、C、D

【解析】本题考核的是直方图法的主要用途。直方图法的主要用途：（1）整理统计数据，了解统计数据的分布特征，即数据分布的集中或离散状况，从中掌握质量能力状态；（2）观察分析生产过程质量是否处于正常、稳定和受控状态以及质量水平是否保持在公差允许的范围内。

6.【2016 年真题】关于施工质量事故调查处理的说法，正确的有（　　）。

A. 未造成人员伤亡的一般事故，县级人民政府可以委托事故发生单位组织调查

B. 在事故原因分析中，必要时要组织对事故项目进行检测鉴定和专家技术论证

C. 制定事故处理技术方案时，只需考虑使用功能，不需考虑成本

D. 事故处理应包括对事故相关责任者实施行政处罚

E. 事故处理报告应包括对事故相关责任者的处罚情况和事故处理的结论

【答案】A、B、D、E

【解析】选项 C 错误，在制定事故处理的技术方案时，应做到安全可靠、技术可行、不留隐患、经济合理、具有可操作性、满足项目的安全和使用功能要求。

7.【2015 年真题】关于风险对策的说法，正确的有（　　）。

A. 编制生产安全事故应急预案是生产者安全风险规避策略

B. 招标人要求中标人提交履约担保是招标人合同风险减轻策略

C. 承包商设立质量缺陷风险基金是承包商的质量风险自留策略

D. 承包商合理安排施工工期，进度计划，避开可能发生的自然灾害是承包商质量风险规避策略

E. 依法组成联合体承接大型工程项目是承包商的风险转移策略。

【答案】C、D、E

【解析】选项 A、B 错误。其中，选项 A，编制生产安全事故应急预案是生产者安全风险减轻策略，而非规避策略，所以选项 A 错误。选项 B，招标人要求中标人提交履约担保是招标人合同风险转移策略，而非减轻策略，所以选项 B 错误。

8.【2014 年真题】质量管理方法中，直方图的分布区间宽窄取决于其质量特性统计数据的（　　）。

A. 平均值　　　　　　　　　　B. 中位数

C. 极差　　　　　　　　　　　D. 标准偏差

E. 变异系数

【答案】A、D

【解析】直方图的分布形状及分布区间宽窄是由质量特性统计数据的平均值和标准偏差所决定的。

本章模拟强化练习

1Z204010　建设工程项目质量控制的内涵

1. 在我国，实行建筑业企业经营资质管理制度、执业资格注册制度、作业及管理人员持证上岗等制度，从本质上来说，都是对建设工程项目质量影响因素中（　　）的控制。

A. 管理因素　　　　　　　　　B. 人的因素

C. 环境因素　　　　　　　　　D. 技术因素

2. 影响建设工程项目质量的管理因素，主要有（　　）。

A. 决策因素　　　　　　　　　B. 设计技术因素

C. 建筑市场因素　　　　　　　D. 组织因素

E. 经济因素

1Z204020　建设工程项目质量控制体系

1. 建设工程项目的全面质量管理是指（　　）。

A. 各参与主体的工程质量和工作质量的全面管理

B. 建设工程项目管理工程的控制

C. 组织内部有关人员参与到实施质量方针的环境中

D. 工序质量、分项工程质量、分部工程质量及单位工程质量控制

2. 开展全员质量管理的主要手段是（　　）。

A. 操作者的自我质量控制　　　　　　　B. 进行技术改进

C. 目标管理　　　　　　　　　　　　　D. PDCA 循环

3. 建设工程项目质量管理的 PDCA 循环中，质量检查阶段的主要任务是（　　）。

A. 明确质量目标并制定实现目标的行动方案

B. 展开工程项目的施工作业技术活动

C. 对计划实施过程进行各种检查

D. 对质量问题进行原因分析，采取措施予以纠正

4. 建立建设工程项目质量控制系统的原则有（　　）。

A. 分层次规划原则　　　　　　　　　　B. 质量责任制原则

C. 全员参与原则　　　　　　　　　　　D. 目标分解原则

E. 系统有效性原则

1Z204030　建设工程项目施工质量控制

1. 关于"三阶段"质量控制原理的说法，正确的是（　　）。

A. 事前控制、事中控制和事后控制构成了质量控制的系统过程

B. 事前控制就是对质量活动结果的评价认定

C. 事中控制包括设置质量管理点，落实质量责任

D. 事后控制就是对质量活动结果的评价认定

2. 在工程施工中一般应选择（　　）作为质量控制点。

A. 对工程质量形成过程产生直接影响的关键部位、工序、环节及隐蔽工程

B. 采用新技术、新工艺、新材料的部位或环节

C. 对下道工序有较大影响的上道工序

D. 施工条件好、技术难度不大的工序或环节

E. 用户反馈指出的和过去有过返工的不良工序

3. 关于施工作业质量控制点中，"见证点"和"待检点"的说法，错误的有（　　）。

A. 见证点通常指重要部位、特种作业、专门工艺等

B. 见证点，施工方应该在施工完后 24 小时内书面通知监理单位

C. 待检点包括隐蔽工程等

D. 待检点施工检查前必须自检完成

E. 待检点应提前 48 小时通知监理单位

4. 下列施工现场质量检查方法中，不属于实测法检查的是（　　）。

A. 检查踢脚线的垂直度

B. 测量摊铺沥青拌合料的温度

C. 检查预制构件的方正

D. 用超声波探测结构物内部组织结构或损伤情况

1Z204040 建设工程项目施工质量验收

1. 根据我国相关文件的规定，施工质量验收的基本单元是（　　）。

A. 分项工程 B. 检验批

C. 检验批和分项工程 D. 分部工程

2. 应由监理工程师（建设单位项目技术负责人）组织进行验收的是（　　）质量验收。

A. 分项工程 B. 子分部工程

C. 分部工程 D. 单位工程

3. 关于施工过程质量验收不合格的处理的说法，正确的有（　　）。

A. 在检验批验收时，对严重的缺陷应推倒重来后按照合格验收

B. 经法定检测单位检测鉴定能够达到设计要求的检验批，应通过验收

C. 经检测鉴定达不到设计要求的检验批，但经法定检测单位核算仍能够满足结构安全和使用功能的检验批，可予以验收

D. 经检测鉴定达不到设计要求的检验批，经原法定检测单位核算不能够满足最低限度的结构安全和使用功能的检验批，则必须进行加固补强

E. 经检测鉴定达不到设计要求的检验批，经原设计单位核算不能够满足最低限度的结构安全和使用功能的检验批，则必须进行加固补强

4. 关于施工质量验收的说法，正确的有（　　）。

A. 工程质量验收分为过程验收和竣工验收

B. 单位工程完工后，施工单位自行检查合格后向建设单位提交验收申请

C. 有时工程质量验收不必在施工单位自己检查评定的基础上进行

D. 隐蔽工程在隐蔽前通知建设单位（或监理）进行验收，并形成验收文件

E. 对涉及结构安全和使用功能的重要分部工程、专业工程应进行功能性抽样检测

1Z204050 施工质量不合格的处理

1. 某建设工程发生一起质量事故，导致 50 人重伤，直接经济损失 5100 万元，则该起质量事故属于（　　）。

A. 一般事故 B. 严重事故

C. 较大事故 D. 重大事故

2. 某工程在浇筑门厅（结构高度为 28.1m，净跨 24m）混凝土时，发生支模架坍塌，造成 13 人死亡，17 人受伤。经调查，该事故主要是由于现场技术管理人员生病请假，工程负责人为了不影响施工进度，未经技术交底就吩咐工人自行作业造成的。则该工程质量事故应判定为（　　）。

A. 管理原因引发的事故 B. 技术原因引发的事故

C. 特别重大事故　　　　　　　　　　D. 指导责任事故

E. 重大质量事故

3. 施工质量事故处理过程应当包括（　　　）。

A. 事故调查及事故原因分析　　　　　B. 事故处理

C. 制定事故处理方案　　　　　　　　D. 事故处理的鉴定验收

E. 事故损失的评估

1Z204060　数理统计方法在工程质量管理中的应用

1. 关于因果分析图法的说法，正确的是（　　　）。

A. 因果分析图法又称为质量特性要因分析法

B. 必要时可以邀请小组以外的有关人员参与，广泛听取意见

C. 基本原理是对每一个质量特性或问题逐层深入排查可能原因

D. 一个质量特性不能使用一张图进行分析

E. 通常采用 QC 小组的方式进行

2. 排列图法的特点主要是（　　　）。

A. 全程跟踪　　　　　　　　　　　　B. 直观

C. 美观　　　　　　　　　　　　　　D. 主次分明

E. 动态控制

3. 直方图的观察分析分为形状观察分析和（　　　）。

A. 数据观察分析　　　　　　　　　　B. 偏差观察分析

C. 位置观察分析　　　　　　　　　　D. 距离观察分析

★★ 模拟强化练习答案及解析 ★★

1Z204010　建设工程项目质量控制的内涵

1. 【答案】B

【解析】在工程项目质量管理中，人的因素起决定性的作用。我国实行建筑业企业经营资质管理制度、市场准入制度、执业资格注册制度、作业及管理人员持证上岗制度等，从本质上说，都是对从事建设工程活动的人的素质和能力进行必要的控制。

2. 【答案】A、D

【解析】影响建设工程项目质量的管理因素主要是指项目参建单位的质量管理体系、质量管理制度和各参建单位之间的协调等因素。如，参建单位的质量管理体系是否健全，运行是否有效，决定了该单位的质量管理能力；在项目施工中根据承发包的合同结构，理顺管理关系，建立统一的现场施工组织系统和质量管理的综合运行机制，确保工程项目质量保证体系处于良好的状态，创造良好的质量管理环境和氛围。

1Z204020　建设工程项目质量控制体系

1.【答案】B

【解析】建设工程项目的全面质量管理，是指项目参与各方所进行的工程项目质量管理的总体控制。

2.【答案】C

【解析】开展全员参与质量管理的重要手段就是运用目标管理方法，将组织的质量总目标逐级进行分解，使之形成自上而下的质量目标分解体系和自下而上的质量目标保证体系。

3.【答案】C

【解析】PDCA循环中质量检查阶段的主要任务是对计划实施过程进行各种检查。

4.【答案】A、B、D、E

【解析】工程项目质量控制系统建立的原则：分层次规划原则、目标分解原则、质量责任制原则、系统有效性原则。

1Z204030　建设工程项目施工质量控制

1.【答案】A

【解析】事后控制就是对质量活动结果的评价认定，选项B不正确。事前质量控制包括编制施工质量计划，明确质量目标，制定施工方案，设置质量管理点，落实质量责任，选项C不正确。事后控制包括对质量活动结果的评价、认定；对工序质量偏差的纠正和对不合格产品进行整改和处理，选项D不全面。

2.【答案】A、B、C、E

【解析】质量控制点应选择那些技术要求高、施工难度大、对工程质量影响大或是发生质量问题时危害大的对象进行设置。

3.【答案】B、E

【解析】"见证点"的施工作业包括重要部位、特种作业、专门工艺等，选项A正确；施工方必须在该项作业开始前24小时，书面通知现场监理机构到位旁站，见证施工作业过程，选项B、E不正确；"待检点"的施工作业，如隐蔽工程等，施工方必须在完成施工质量自检的基础上，提前通知项目监理机构进行检查验收，选项C、D正确。

4.【答案】D

【解析】用超声波探测结构物内部组织结构或损伤情况属于试验法。

1Z204040　建设工程项目施工质量验收

1.【答案】C

【解析】检验批和分项工程是质量验收的基本单元。

2.【答案】A

【解析】（1）检验批、分项工程应由监理工程师（建设单位项目技术负责人）组织施工单位项目专业质量（技术）负责人进行验收；（2）分部工程应由总监理工程师（建设单位项目负责人）组织施工单位项目负责人和技术、质量负责人等进行验收；（3）单位工程应由建设单位组织正式的竣工验收。所以选项 A 正确。

3. 【答案】B、E

【解析】A 选项，推倒重来后应重新进行验收。当检测鉴定达不到设计要求，但经原设计单位核算仍能满足结构安全和使用功能的检验批，可予以验收，选项 C 不正确。经检测鉴定达不到设计要求的检验批，经原法定检测单位核算不能够满足最低限度的结构安全和使用功能的检验批，不能验收，选项 D 不正确。

4. 【答案】A、D、E

【解析】单位工程完工后，施工单位自行检查合格后向现场监理机构提交工程竣工预验收申请报告，要求组织工程竣工预验收，选项 B 不正确。工程质量验收必须在施工单位自己检查评定的基础上进行，选项 C 不正确。

1Z204050　施工质量不合格的处理

1. 【答案】D

【解析】本题考查工程质量事故的 4 个等级。

2. 【答案】A、D、E

【解析】本事故首先是由于工程现场技术管理人员生病请假，工程负责人赶工期未经技术交底而产生的，属于实施指导或领导失误而造成的质量事故和管理原因引起的；13 人死亡，17 人受伤属于重大质量施工的范畴。重大事故，是指造成 10 人以上 30 人以下死亡，或者 50 人以上 100 人以下重伤，或者 5000 万元以上 1 亿元以下直接经济损失的事故。

3. 【答案】A、B、C、D

【解析】施工质量事故处理的一般程序：（排序）（1）事故报告；（2）事故调查；（3）事故的原因分析；（4）制定事故处理的技术方案；（5）事故处理；（6）事故处理的鉴定验收；（7）提交事故处理报告。

1Z204060　数理统计方法在工程质量管理中的应用

1. 【答案】A、B、C、E

【解析】D 选项是错误的。一个质量特性或一个质量问题应该只用一张图分析。所以A、B、C、E 正确。

2. 【答案】B、D

【解析】排列图法具有直观、主次分明的特点。

3. 【答案】C

【解析】直方图的观察分析分为分布形状观察分析和分布位置观察分析。

1Z205000 建设工程职业健康安全与环境管理

微信扫一扫
查看更多考点视频

本章考情分析

近3年本章节次及条目分值分布

本章节次	本章条目	2022年		2021年		2020年	
		单选	多选	单选	多选	单选	多选
1Z205010	1Z205011 职业健康安全管理体系与环境管理体系标准			1			
	1Z205012 职业健康安全与环境管理的特点和要求						
	1Z205013 职业健康安全管理体系与环境管理体系的建立和运行	2				1	
1Z205020	1Z205021 安全生产管理制度	1	2	3		1	
	1Z205022 安全生产管理预警体系的建立和运行	1		1		1	
	1Z205023 施工安全技术措施和安全技术交底				2	1	2
	1Z205024 安全生产检查监督的类型和内容	1					
	1Z205025 安全隐患的处理	1				1	
1Z205030	1Z205031 生产安全事故应急预案的内容	1				1	
	1Z205032 生产安全事故应急预案的管理	1			2		2
	1Z205033 职业健康安全事故的分类和处理	1	2	2		1	
1Z205040	1Z205041 施工现场文明施工的要求		2	1	2		2
	1Z205042 施工现场环境保护的要求	2		1	2	1	2
	1Z205043 施工现场职业健康安全卫生的要求		2			1	
合计		11	8	9	8	9	8
		19		17		17	

本章核心考点分析

1Z205010　职业健康安全管理体系与环境管理体系

核心考点提纲

1Z205012　职业健康安全与环境管理的特点和要求—职业健康安全与环境管理的特点和要求

1Z205013　职业健康安全管理体系与环境管理体系的建立和运行
　　　　　—职业健康安全管理体系与环境管理体系的建立和运行

核心考点剖析

1Z205012　职业健康安全与环境管理的特点和要求

核心考点　职业健康安全与环境管理的特点和要求

1. 建设工程项目决策阶段

建设单位应办理各种有关安全与环境保护方面的审批手续。

2. 建设工程设计阶段

（1）设计单位应当对涉及施工安全的重点部分和环节在设计文件中应进行注明，并对防范生产安全事故提出指导意见。

（2）对于采用新结构、新材料、新工艺的建设工程和特殊结构的建设工程，设计单位应提出保障施工作业人员安全和预防生产安全事故的措施建议。

3. 建设工程施工阶段

（1）对于依法批准开工报告的建设工程，建设单位应当自开工报告批准之日起 15 日内，将保证安全施工的措施报送建设工程所在地的县级以上人民政府建设行政主管部门或者其他有关部门备案。

（2）对于应当拆除的工程，建设单位应当在拆除工程施工 15 日前，将资料报送工程所在地县级以上地方人民政府主管部门或者其他有关部门备案。

（3）企业的法定代表人是安全生产的第一负责人，项目负责人是施工项目生产的主要负责人。

4. 项目验收试运行阶段

环保行政主管部门应在收到申请环保设施竣工验收之日起 30 日内完成验收。验收合格后，才能投入生产和使用。

对于需要试生产的建设工程项目，建设单位应当在项目投入试生产之日起 3 个月内向环保行政主管部门申请对其项目配套的环保设施进行竣工验收。

考法：归类题

【例题·2013 年真题·多选题】在建设工程项目决策阶段，建设单位职业健康安全与环境管理的任务包括（　　　）。

A. 提出生产安全事故防范的指导意见

B. 办理有关安全的各种审批手续

C. 提出保障施工作业人员安全和预防生产安全事故的措施建议

D. 办理有关环境保护的各种审批手续

E. 将保证安全施工的措施报有关管理部门备案

【答案】B、D

【解析】在决策阶段，建设单位应办理各种有关安全与环境保护方面的审批手续。选项 A、C 是在设计阶段对设计单位的要求，选项 E 是施工阶段对建设单位的要求。

1Z205013 职业健康安全管理体系与环境管理体系的建立和运行

核心考点 职业健康安全管理体系与环境管理体系的建立和运行

一、管理体系的文件

体系文件包括管理手册、程序文件、作业文件三个层次。

1. 管理手册：是对组织整个管理体系的整体性描述，为体系的进一步展开以及后续程序文件的制定提供了框架要求和原则规定，是管理体系的纲领性文件。

2. 作业文件：一般包括① 作业指导书（操作规程）；② 管理规定；③ 监测活动准则；④ 程序文件引用的表格。

二、管理体系的维持

维持	序号	说明
内部审核	1	是施工企业对其自身的管理体系进行的审核
	2	是对体系是否正常进行以及是否达到了规定的目标所作的独立的检查和评价
	3	是管理体系自我保证和自我监督的一种机制
管理评审	1	是施工企业的最高管理者对管理体系的系统评价
	2	判断企业的管理体系面对内部情况的变化和外部环境是否充分适应有效
合规性评价	1	项目组级评价：① 项目经理组织评价；② 当某个阶段施工时间超过半年时，合规性评价不少于 1 次；③ 工程结束时应针对整个工程进行系统的合规性评价
	2	公司级评价：每年进行 1 次，由管理者代表组织评价

考法 1：归类题

【例题·2006 年真题·多选题】职业健康安全管理体系与环境管理体系的作业文件包括（　　）。

A. 操作规程　　　　　　　　　　B. 程序文件引用的表格

C. 管理手册　　　　　　　　　　D. 绩效报告

E. 监测活动准则

【答案】A、B、E

【解析】作业文件是指管理手册、程序文件之外的文件，一般包括作业指导书（操作规程）、管理规定、监测活动准则及程序文件引用的表格。

考法 2：正误判断题

【例题·2013 年真题·单选题】关于职业健康安全与环境管理体系内部审核的说法，正确的是（　　）。

A. 内部审核是对相关的法律的执行情况进行评价

B. 内部审核是管理体系自我保证和自我监督的一种机制

C. 内部审核是最高管理者对管理体系的系统评价

D. 内部审核是管理体系接受政府监督的一种机制

【答案】B

【解析】本题考查的是内部审核、管理评审、合规性评价的概念。选项 A、C、D 错误。其中，选项 A，对相关的法律的执行情况进行评价，是合规性评价，不是内部审核；内部审核是施工企业对其自身的管理体系进行的审核。选项 C，最高管理者对管理体系的系统评价，是管理评审，不是内部审核。选项 D，内部审核是管理体系自我保证和自我监督的一种机制，不是接受政府监督的一种机制。

1Z205020　建设工程安全生产管理

核心考点提纲

> 1Z205021　安全生产管理制度—安全生产管理制度
> 1Z205022　安全生产管理预警体系的建立和运行—安全生产管理预警体系
> 1Z205023　施工安全技术措施和安全技术交底—施工安全技术措施和安全技术交底
> 1Z205025　安全隐患的处理—安全事故隐患治理原则

核心考点剖析

1Z205021　安全生产管理制度

核心考点　安全生产管理制度

一、安全生产责任制度

安全生产责任制是最基本的安全管理制度，是所有安全生产管理制度的核心。

序号	建筑面积	专职安全人员配备
1	1 万 m² 以下	不少于 1 人
2	1 万～5 万 m²	不少于 2 人
3	5 万 m² 以上	不少于 3 人，且按专业

二、安全生产许可证制度

严禁未取得安全生产许可证建筑施工企业从事建筑施工活动。

安全生产许可证的有效期为 3 年，有效期满需要延期的，应于期满前 3 个月办理延期手续。

企业在安全生产许可证有效期内，严格遵守有关安全生产的法律法规，未发生死亡事故的，安全生产许可证有效期届满时，经原安全生产许可证颁发管理机关同意，不再审查，安全生产许可证有效期延期3年。

三、安全生产教育培训制度

企业安全生产教育培训一般包括对管理人员、特种作业人员和企业员工的安全教育。

企业员工的安全教育主要有新员工上岗前的三级安全教育、改变工艺和变换岗位安全教育、经常性安全教育三种形式。

1. 新员工上岗前的三级安全教育

新员工上岗前的三级安全教育，具体指企业（公司）、项目（或工区、工程处、施工队）、班组三级。新员工的岗前培训时间不得少于24学时。

（1）企业（公司）级安全教育由企业主管领导负责，企业职业健康安全管理部门会同有关部门组织实施。

（2）项目（或工区、工程处、施工队）级安全教育由项目级负责人组织实施，专职或兼职安全员协助。

（3）班组级安全教育由班组长组织实施。

2. 改变工艺和变换岗位时的安全教育

（1）企业（或工程项目）在实施新工艺、新技术或使用新设备、新材料时，必须对有关人员进行相应级别的安全教育。

（2）当组织内部员工发生从一个岗位调到另外一个岗位，或从某工种改变为另一工种，或因放长假离岗一年以上重新上岗的情况，企业必须进行相应的安全技术培训和教育。

3. 经常性安全教育

经常性安全教育的形式有：每天的班前班后会上说明安全注意事项；安全活动日；安全生产会议；事故现场会；张贴安全生产招贴画、宣传标语及标志等。

四、安全措施计划制度

序号	安全措施计划的范围	编制安全技术措施计划的步骤
1	安全技术措施	工作活动分类
2	职业卫生措施	危险源识别
3	辅助用房间及设施	风险确定
4	安全宣传教育措施	风险评价
5	—	制定安全技术措施计划
6		评价安全技术措施计划的充分性

五、特种作业人员持证上岗制度

特种作业人员必须经培训考核合格，取得特种作业操作证后，才能上岗作业。

特种作业操作证在全国范围内有效，离开特种作业岗位6个月以上的特种作业人员，应当重新进行实际操作考试，经确认合格后方可上岗作业。

六、专项施工方案专家论证制度

对下列达到一定规模的危险性较大的分部分项工程编制专项施工方案，并附具安全验算结果，经施工单位技术负责人、总监理工程师签字后实施，由专职安全生产管理人员进行现场监督。

序号	仅需：编制专项施工方案	既要：编制专项施工方案 又要：组织专家进行论证、审查
1	基坑支护与降水工程	深基坑
2	土方开挖工程	地下暗挖工程
3	模板工程	高大模板工程
4	起重吊装工程	—
5	脚手架工程	
6	拆除、爆破工程	
7	规定的其他危险性较大的工程	

七、施工起重机械使用登记制度

施工单位应当自施工起重机械和整体提升脚手架、模板等自升式架设设施验收合格之日起30日内，向建设行政主管部门或者其他有关部门登记。

登记应提交施工起重机械生产方面的资料和使用的有关情况资料。

序号	生产方面的资料	使用的有关情况资料
1	设计文件	机械的管理制度和措施
2	制造质量证明书	机械的使用情况
3	监督检验证书	作业人员的情况
4	使用说明书	—
5	安装证明	

八、意外伤害保险制度

序号	保险	说明
1	工伤保险	法定强制性保险，是施工企业应尽的法定义务
2	意外伤害险	非强制性保险，是否投保，由施工企业自主决定

考法1：填空题

【例题·2020年真题·单选题】根据《建设工程安全生产管理条例》，达到一定规模的危险性较大的起重吊装工程应由（　　）进行现场监督。

A. 施工单位技术负责人　　　　　　B. 总监理工程师

C. 专职安全生产管理人员　　　　　D. 专业监理工程师

【答案】C

【解析】施工单位对达到一定规模的危险性较大的分部分项工程编制专项施工方案，

附具安全验算结果，经施工单位技术负责人、总监理工程师签字后实施，由专职安全生产管理人员进行现场监督。

考法 2：正误判断题

【例题·2018 年真题·单选题】关于安全生产教育培训的说法，正确的是（   ）。

A. 企业新员工按规定经过三级安全教育和实际操作训练后即可上岗

B. 项目级安全教育由企业安全生产管理部门负责人组织实施、安全员协助

C. 班组级安全教育由项目负责人组织实施、安全员协助

D. 企业安全教育培训包括对管理人员、特种作业人员和企业员工的安全教育

【答案】D

【解析】选项 A 错在缺少"经考核合格后方可上岗"。选项 B 的正确表述应为"项目级安全教育，由项目级负责人组织实施，专职或兼职安全员协助"。选项 C 的正确表述应为"班组级安全教育由班组长组织实施"。

考法 3：归类题

【例题·2022 年真题·多选题】根据《建设工程安全生产管理条例》，下列危险性较大的分部分项工程中，施工单位应组织专家对专项施工方案进行论证的有（   ）。

A. 起重吊装工程　　　　　　　　　　B. 脚手架工程

C. 地下暗挖工程　　　　　　　　　　D. 深基坑工程

E. 高大模板工程

【答案】C、D、E

【解析】涉及深基坑、地下暗挖工程、高大模板工程的专项施工方案，施工单位还应当组织专家进行论证、审查，简记为"挖大坑"。

1Z205022　安全生产管理预警体系的建立和运行

核心考点　安全生产管理预警体系

一、安全生产管理预警体系的要素

一个完整的预警体系应由以下四部分构成：① 外部环境预警系统；② 内部管理不良的预警系统；③ 预警信息管理系统；④ 事故预警系统。

序号	外部环境预警系统	内部管理不良的预警系统
1	自然环境突变的预警	质量管理预警
2	政策法规变化的预警	设备管理预警
3	技术变化的预警	人的行为活动管理预警

二、安全管理预警体系实现的功能

预警体系功能的实现主要依赖于预警分析和预控对策两大子系统作用的发挥。

1. 预警分析

预警分析主要由以下四个工作内容组成：① 预警监测；② 预警信息管理；③ 预警评价指标体系构建；④ 预警评价。

2. 预控对策

预控对策一般包括三个活动阶段：① 组织准备；② 日常监控；③ 事故危机管理。

预警级别	安全状况	预警信号
Ⅰ级预警	特别严重	红色
Ⅱ级预警	严重威胁	橙色
Ⅲ级预警	事故上升	黄色
Ⅳ级预警	生产正常	蓝色

三、预警体系的运行

预警体系通过预警分析和预控对策实现事故的预警和控制。

1. 预警分析：完成监测、识别、诊断与评价功能。

2. 预控对策：完成对事故征兆的不良趋势进行纠错和治错的功能。

序号	预警分析	主要任务
1	监测	一是对生产中的薄弱环节和重要环节进行全方位、全过程的监测
		二是利用预警信息管理系统对大量的监测信息进行处理（整理、分类、存储、传输）并建立信息档案
2	识别	应用适宜的识别指标，判断已经发生的异常征兆、可能的连锁反应
3	诊断	在诸多致灾因素中找出危险性最高、危险程度最严重的主要因素，并对其成因进行分析，对发展过程及可能的发展趋势进行准确定量的描述
4	评价	明确生产活动在这些事故征兆现象冲击下会遭受什么样的打击，通过预警评价判断此时生产所处状态是正常、警戒、还是危险、极度危险、危机状态，并把握其发展趋势，在必要时准确报警

考法 1：归类题

【例题·2021 年真题·单选题】安全生产管理预警体系运行中，"找出诸多致灾因素中危险性最高、危险程度最严重的主要因素，并对其成因进行分析"属于（　　）环节的工作。

A. 诊断　　　　　　　　　　　　B. 监测

C. 识别　　　　　　　　　　　　D. 评价

【答案】A

【解析】预警分析完成监测、识别、诊断与评价功能。其中，诊断的主要任务是在诸多致灾因素中找出危险性最高、危险程度最严重的主要因素，并对其成因进行分析，对发展过程及可能的发展趋势进行准确定量的描述。

考法 2：正误判断题

【例题·2016 年真题·单选题】关于建设工程安全生产管理预警级别的说法，正确的是（　　）。

A. Ⅳ级预警一般用蓝色表示　　　B. Ⅰ级预警表示生产活动处于正常状态

C. Ⅱ级预警表示处于事故的上升阶段　　D. Ⅲ级预警表示受到事故的严重威胁

【答案】A

【解析】Ⅰ级预警表示安全状况特别严重，故选项 B 错误。Ⅱ级预警表示受到事故的严重威胁，故选项 C 错误。Ⅲ级预警表示处于事故的上升阶段，故选项 D 错误。

1Z205023　施工安全技术措施和安全技术交底

核心考点　施工安全技术措施和安全技术交底

一、施工安全的控制程序

1. 确定每项具体建设工程项目的安全目标；

2. 编制建设工程项目安全技术措施计划；

3. 安全技术措施计划的落实和实施；

4. 安全技术措施计划的验证；

5. 持续改进。

二、施工安全技术措施的一般要求

1. 施工安全技术措施必须在工程开工前制定

施工安全技术措施是施工组织设计的重要组成部分，应在工程开工前与施工组织设计一同编制。

2. 施工安全技术措施要有全面性

对于大中型工程项目、结构复杂的重点工程，除必须在施工组织设计中编制施工安全技术措施外，还应编制专项工程施工安全技术措施。

对爆破、拆除、起重吊装、水下、基坑支护和降水、土方开挖、脚手架、模板等危险性较大的作业，必须编制专项安全施工技术方案。

3. 施工安全技术措施要有针对性

施工安全技术措施是针对每项工程的特点制定的。

4. 施工安全技术措施应力求全面、具体、可靠

全面具体不等于罗列一般通常的操作工艺、施工方法以及日常安全工作制度、安全纪律等。这些制度性规定，安全技术措施中不需要再作抄录，但必须严格执行。

5. 施工安全技术措施必须包括应急预案

施工技术措施计划必须包括面对突发事件或紧急状态的各种应急设施、人员逃生和救援预案。

6. 施工安全技术措施要有可行性和可操作性

施工安全技术措施应能够在每个施工工序之中得到贯彻实施，既要考虑保证安全要求，又要考虑现场环境条件和施工技术条件能够做得到。

三、施工安全技术措施的主要内容

1. 进入施工现场的安全规定；

2. 地面及深槽作业的防护；

3. 高处及立体交叉作业的防护；

4. 施工用电安全；

5. 施工机械设备的安全使用；

6. 在采取"四新"技术时，有针对性的专门安全技术措施；

7. 有针对自然灾害预防的安全措施；

8. 预防有毒、有害、易燃、易爆等作业造成危害的安全技术措施；

9. 现场消防措施。

安全技术措施中必须包含施工总平面图。

结构复杂、危险性大、特性较多的分部分项工程，应编制专项施工方案和安全措施。

季节性施工安全技术措施：一般工程可在施工组织设计或施工方案的安全技术措施中编制季节性施工安全措施；危险性大、高温期长的工程，应单独编制季节性的施工安全措施。

四、安全技术交底主要内容

1. 工程项目和分部分项工程的概况；

2. 本施工项目的施工作业特点和危险点；

3. 针对危险点的具体预防措施；

4. 作业中应遵守的安全操作规程以及应注意的安全事项；

5. 作业人员发现事故隐患应采取的措施；

6. 发生事故后应及时采取的避难和急救措施。

五、安全技术交底的要求

1. 项目经理部必须实行逐级安全技术交底制度，纵向延伸到班组全体作业人员；

2. 技术交底必须具体、明确，针对性强；

3. 技术交底的内容应针对分部分项工程施工中给作业人员带来的潜在危险因素和存在问题；

4. 应优先采用新的安全技术措施；

5. 对于涉及"四新"项目或技术含量高、技术难度大的单项技术设计，必须经过两阶段技术交底，即初步设计技术交底和实施性施工图技术设计交底；

6. 应将工程概况、施工方法、施工程序、安全技术措施等向工长、班组长进行详细交底；

7. 定期向由两个以上作业队和多工种进行交叉施工的作业队伍进行书面交底；

8. 保存书面安全技术交底签字记录。

考法：正误判断题

【例题1·2021年真题·多选题】关于安全技术交底要求的说法，正确的有（　　　）。

A. 必须采用新的安全技术措施

B. 必须实行逐级安全技术交底制度

C. 定期向多工种交叉施工作业队伍书面交底

D. 必须采用两阶段技术交底

E. 保留书面安全技术交底签字记录

【答案】B、C、E

【解析】选项 A 错在"必须采用"，正确表述为"优先采用"。选项 D 错在人为扩大了必须经两阶段技术交底的范围。对于涉及"四新"项目或技术含量高、技术难度大的单项技术设计，必须经过两阶段技术交底。

【例题 2·2018 年真题·单选题】关于施工安全技术措施要求的说法，正确的是（　　）。

A. 施工安全技术措施应包括应急预案

B. 施工企业针对工程项目可编制统一的施工安全技术措施

C. 编制施工安全技术措施应与工程施工同步进行

D. 编制施工组织设计时必须包括专项安全施工技术方案

【答案】A

【解析】施工安全技术措施要有针对性，而非编制"统一的"措施，故选项 B 错误。施工安全技术措施应在工程开工前与施工组织设计一同编制，故选项 C 错误。对爆破、拆除、起重吊装、水下、基坑支护和降水、土方开挖、脚手架、模板等危险性较大的作业，才必须编制专项安全施工技术方案，故选项 D 错误。

1Z205025　安全隐患的处理

核心考点　安全事故隐患治理原则

1. 冗余安全度治理原则：道路上有一个坑，既要设防护栏及警示牌，又要设照明及夜间警示红灯（在事故发生前，设置多道防线）。

2. 单项隐患综合治理原则：某工地发生触电事故，一方面要进行人的安全用电操作教育，同时现场也要设置漏电开关，对配电箱、用电线路进行防护改造，也要严禁非专业电工乱接乱拉电线（在事故发生后，人、机、料、法、环多角度治理）。

3. 事故直接隐患与间接隐患并治原则：对人、机、环境系统进行安全治理的同时，还需治理安全管理措施。

4. 预防与减灾并重治理原则：尽可能减少发生事故的可能性，如果不能安全控制事故的发生，也要设法将事故等级减低。

5. 重点治理原则：实行危险点分级治理，也可以用安全检查表打分。

6. 动态治理原则：生产过程中发现问题及时治理。

考法：归类题

【例题·2022 年真题·单选题】某项目发生职工触电事故后，工程项目部在组织安全用电培训的同时，对现场配电箱进行防护改造，设置漏电开关。此项工作遵循了安全事故隐患治理的（　　）原则。

A. 重点治理　　　　　　　　　　　　B. 冗余安全度治理

C. 动态治理　　　　　　　　　　　　D. 综合治理

【答案】D

【解析】单项隐患综合治理原则，例如某工地发生触电事故，一方面要进行人的安全用电操作教育，同时现场也要设置漏电开关，对配电箱、用电线路进行防护改造，也要严禁非专业电工乱接乱拉电线（在事故发生后，人、机、料、法、环多角度治理）。

1Z205030 建设工程生产安全事故应急预案和事故处理

核心考点提纲

1Z205031 生产安全事故应急预案的内容——应急预案的内容
1Z205032 生产安全事故应急预案的管理——应急预案的管理
1Z205033 职业健康安全事故的分类和处理 1. 职业伤害事故的分类
　　　　　　　　　　　　　　　　　　　2. 安全事故的处理

核心考点剖析

1Z205031 生产安全事故应急预案的内容

核心考点　应急预案的内容

一、编制应急预案的目的

1. 防止一旦紧急情况发生时出现混乱；

2. 能够按照合理的响应流程采取适当的救援措施；

3. 预防和减少可能随之引发的职业健康安全和环境影响。

二、应急预案体系的构成

1. 综合应急预案

从总体上阐述事故的应急方针、政策，应急组织结构及相关应急职责，应急行动、措施和保障等基本要求和程序，是应对各类事故的综合性文件。

2. 专项应急预案

针对具体的事故类别（如基坑开挖、脚手架拆除等事故）、危险源和应急保障而制定的计划或方案，是综合应急预案的组成部分。

生产规模小、危险因素少的生产经营单位，其综合应急预案和专项应急预案可以合并编写。

3. 现场处置方案

针对具体的装置、场所或设施、岗位所制定的应急处置措施。

考法1：归类题

【例题·2020年真题·单选题】在应急预案体系的构成中，针对具体设施所制定的应急处置措施属于（　　）。

A. 综合应急预案　　　　　　　　　　B. 专项应急预案

C. 应急行动指南　　　　　　　　　　D. 现场处置方案

【答案】D

【解析】现场处置方案是针对具体的装置、场所或设施、岗位所制定的应急处置措施。

考法2：正误判断题

【例题·2018年真题·多选题】关于生产安全事故应急预案的说法，正确的有（　　）。

A. 编制目的是为了杜绝职业健康安全和环境事故的发生

B. 应急预案体系包括综合应急预案、专项应急预案和现场处置方案

C. 综合应急预案从总体上阐述应急的基本要求和程序

D. 专项应急预案是针对具体装置、场所或设施、岗位所制定的应急措施

E. 现场处置方案是针对具体事故类别、危险源和应急保障而制定的计划或方案

【答案】B、C

【解析】编制应急预案的目的，是防止一旦紧急情况发生时出现混乱，能够按照合理的响应流程采取适当的救援措施，预防和减少可能随之引发的职业健康安全和环境影响，故选项A错误。专项应急预案是针对具体的事故类别（如基坑开挖、脚手架拆除等事故）、危险源和应急保障而制定的计划或方案，故选项D错误。现场处置方案是针对具体的装置、场所或设施、岗位所制定的应急处置措施，故选项E错误。

1Z205032　生产安全事故应急预案的管理

核心考点　应急预案的管理

生产安全事故应急预案的管理包括应急预案的评审、备案、实施和奖惩。

一、应急预案的评审

1. 参加应急预案评审的人员应当包括应急预案涉及的政府部门工作人员和有关安全生产及应急管理方面的专家。

2. 评审人员与所评审预案的施工单位有利害关系的，应当回避。

二、应急预案的备案【2020年修订】

1. 地方各级人民政府应急管理部门的应急预案，应当报同级人民政府备案，同时抄送上一级人民政府应急管理部门，并依法向社会公布。

2. 地方各级人民政府其他负有安全生产监督管理职责的部门的应急预案，应当抄送同级人民政府应急管理部门。

三、应急预案演练

应急预案	综合应急预案	专项应急预案	现场处置方案
演练频次	每年至少演练1次		每半年至少演练1次

四、应急预案修订【2020年修订】

1. 依据的法律、法规、规章、标准及上位预案中的有关规定发生重大变化的；

2. 应急指挥机构及其职责发生调整的；

3. 面临的事故风险发生重大变化的；

4. 重要应急资源发生重大变化的；

5. 预案中的其他重要信息发生变化的；

6. 在应急演练和事故应急救援中发现问题需要修订的；

7. 编制单位认为应当修订的其他情况。

考法 1：填空题

【例题·2017 年真题·单选题】建设工程生产安全事故应急预案的管理包括应急预案的（　　）。

A. 评审、备案、实施和奖惩
B. 制订、评审、备案和实施
C. 制订、备案、实施和奖惩
D. 评审、备案、实施和落实

【答案】A

【解析】生产安全事故应急预案的管理包括应急预案的评审、备案、实施和奖惩。

考法 2：归类题

【例题·2021 年真题·多选题】应当及时修订生产安全事故应急预案的情形有（　　）。

A. 依据的上位预案中的有关规定发生重大变化
B. 编制人员构成发生重大变化
C. 重要应急资源发生重大变化
D. 面临的事故风险发生重大变化
E. 应急演练中发现问题需要修订

【答案】A、C、D、E

【解析】有下列情形之一的，应急预案应当及时修订并归档：① 依据的法律、法规、规章、标准及上位预案中的有关规定发生重大变化的；② 应急指挥机构及其职责发生调整的；③ 面临的事故风险发生重大变化的；④ 重要应急资源发生重大变化的；⑤ 预案中的其他重要信息发生变化的；⑥ 在应急演练和事故应急救援中发现问题需要修订的；⑦ 编制单位认为应当修订的其他情况。

考法 3：正误判断题

【例题·2020 年真题·多选题】关于生产安全事故应急预案管理的说法，正确的有（　　）。

A. 生产经营单位应每半年至少组织一次现场处置方案演练
B. 生产经营单位应每年至少组织一次综合应急预案演练
C. 地方各级人民政府应急管理部门的应急预案应当报同级人民政府备案
D. 非生产经营单位的应急管理方面的专家均可受邀参加应急方案的评审
E. 施工单位应急预案涉及应急响应等级内容变更的，应重新进行修订

【答案】A、B、C、E

【解析】评审人员与所评审预案的生产经营单位有利害关系的，应当回避，故选项 D 错误。

1Z205033　职业健康安全事故的分类和处理

核心考点一　职业伤害事故的分类

一、按事故严重程度分类

序号	伤亡事故分类	说明
1	轻伤事故	受伤人员休息1个工作日以上（含1个工作日）105个工作日以下
2	重伤事故	受伤人损失105个工作日以上（含105个工作日）的失能伤害
3	重大伤亡事故	一次事故死亡1~2人
4	特大伤亡事故	一次事故死亡3人以上（含3人）

二、按事故造成的人员伤亡或者直接经济损失分类

序号	事故等级	死亡人数	重伤人数	直接经济损失
1	特别重大事故	［30，∞）	［100，∞）	［1亿，∞）
2	重大事故	［10，30）	［50，100）	［5000万，1亿）
3	较大事故	［3，10）	［10，50）	［1000万，5000万）
4	一般事故	［0，3）	［0，10）	［0，1000万）
—	简记分界线	3-1-3	1-5-1	1-5-1

考法：归类题

【例题1·2017年真题·单选题】某房屋建筑拆除工程施工中，发生倒塌事故，造成12人重伤、6人死亡，根据《企业职工伤亡事故分类》，该事故属于（　　）。

A. 较大事故　　　　　　　　　　B. 特大伤亡事故

C. 重大事故　　　　　　　　　　D. 重大伤亡事故

【答案】B

【解析】注意审题，本题目考核的是《企业职工伤亡事故分类》，并非考核《生产安全事故报告和调查处理条例》。选项A、C都属于《生产安全事故报告和调查处理条例》中的事故类型。不符合题意。选项B、D属于《企业职工伤亡事故分类》中的事故类型。特大伤亡事故，指一次事故死亡3人以上的事故（含3人），故选项B符合题意。

【例题2·2018年真题·单选题】根据《生产安全事故报告和调查处理条例》，下列安全事故中，属于较大事故的是（　　）。

A. 10人死亡，3000万元直接经济损失　　B. 3人死亡，4800万元直接经济损失

C. 4人死亡，6000万元直接经济损失　　D. 2人死亡，980万元直接经济损失

【答案】B

【解析】选项A、C属于重大事故，选项B属于较大事故，选项D属于一般事故。

核心考点二　安全事故的处理

一、安全事故处理原则【2020年修订】

1. 事故原因不清不放过；

2. 责任人员未处理不放过；

3. 有关人员未受到教育不放过；

4. 整改措施未落实不放过。

二、建设主管部门事故报告要求

1. 建设主管部门接到事故报告后，应当依照下列规定上报事故情况：

（1）特别重大事故、重大事故逐级上报至国务院应急管理部门和负有安全生产监督管理职责的有关部门；

（2）较大事故逐级上报至省、自治区、直辖市人民政府应急管理部门和负有安全生产监督管理职责的有关部门；

（3）一般事故上报至设区的市级人民政府应急管理部门和负有安全生产监督管理职责的有关部门。

2. 应急管理部门和负有安全生产监督管理职责的有关部门依照前款规定上报事故情况，应当同时报告本级人民政府。

3. 国务院应急管理部门和负有安全生产监督管理职责的有关部门以及省级人民政府接到发生特别重大事故、重大事故的报告后，应当立即报告国务院。

4. 必要时，应急管理部门和负有安全生产监督管理职责的有关部门可以越级上报事故情况。

5. 应急管理部门和负有安全生产监督管理职责的有关部门逐级上报事故情况，每级上报的时间不得超过 2 小时。

三、安全事故调查

1. 特别重大事故由国务院或者国务院授权有关部门组织事故调查组进行调查。

2. 重大事故、较大事故、一般事故分别由事故发生地省级人民政府、设区的市级人民政府、县级人民政府负责调查。

3. 未造成人员伤亡的一般事故，县级人民政府也可以委托事故发生单位组织事故调查组进行调查。

事故调查组应当自事故发生之日起 60 日内提交事故调查报告；

特殊情况下，经负责事故调查的人民政府批准，提交事故调查报告的期限可以适当延长，但延长的期限最长不超过 60 日。

四、事故的批复

1. 重大事故、较大事故、一般事故，负责事故调查的人民政府应当自收到事故调查报告之日起 15 日内作出批复。

2. 特别重大事故，30 日内作出批复，特殊情况下，批复时间可以适当延长，但延长的时间最长不超过 30 日。

★ 安全事故处理的归纳总结

	一般事故	较大事故	重大事故	特别重大事故
事故逐级上报（应急管理部门）	设区的市级人民政府应急管理部门	省、自治区、直辖市人民政府应急管理部门	国务院应急管理部门	
事故调查（人民政府）	县级人民政府	设区的市级人民政府	省级人民政府	国务院
提交事故调查报告	事故调查组应当自事故发生之日起 60 日内提交事故调查报告；特殊情况下，期限可延长，延长最长不超过 60 日			
批复事故调查报告	自收到事故调查报告之日起 15 日内作出批复			30 日内批复，延长最长不超过 30 日

考法 1：填空题

【例题·2022 年真题·多选题】根据《生产安全事故报告和调查处理条例》，下列事故中，县级人民政府应当自收到事故调查报告之日起 15 日内做出批复的有（　　）。

A. 造成人员伤亡的一般事故　　　　B. 无人员死亡的较大事故

C. 直接经济损失较小的重大事故　　D. 未造成人员伤亡的一般事故

E. 特别重大事故

【答案】A、D

【解析】特别重大事故由国务院或者国务院授权有关部门组织事故调查组进行调查。重大事故、较大事故、一般事故分别由事故发生地省级人民政府、设区的市级人民政府、县级人民政府负责调查。重大事故、较大事故、一般事故，负责事故调查的人民政府应当自收到事故调查报告之日起 15 日内作出批复；特别重大事故，30 日内作出批复。

考法 2：正误判断题

【例题·2019 年真题·单选题】关于按规定向有关部门报告建设工程安全事故情况的说法，正确的是（　　）。

A. 事故发生后，事故现场有关人员应当于 1 小时内向本单位安全负责人报告

B. 专业工程施工中出现安全事故的，可以只向行业主管部门报告

C. 事故现场人员可直接向事故发生地县级以上人民政府应急管理部门报告

D. 应急管理部门每级上报的时间不得超过 4 小时

【答案】C

【解析】选项 A 的正确表述为：事故发生后，事故现场有关人员应当立即向本单位负责人报告。选项 B 的正确表述为：各个行业的建设施工中出现了安全事故，都应当向建设行政主管部门报告。专业工程出现安全事故，还需要向有关行业主管部门报告。选项 D 的正确表述为：应急管理部门和负有安全生产监督管理职责的有关部门逐级上报事故情况，每级上报的时间不得超过 2 小时。

1Z205040　建设工程施工现场职业健康安全与环境管理的要求

核心考点提纲

{
1Z205041　施工现场文明施工的要求—文明施工
1Z205042　施工现场环境保护的要求—环境保护
1Z205043　施工现场职业健康安全卫生的要求—职业健康安全卫生
}

核心考点剖析

1Z205041　施工现场文明施工的要求

核心考点　文明施工

一、组织措施

应确立项目经理为现场文明施工的第一责任人。

二、管理措施

1. 现场围挡

（1）施工现场必须实行封闭管理，设置进出口大门，制定门卫制度，严格执行外来人员进场登记制度。

（2）沿工地四周连续设置围挡，市区主要路段和其他涉及市容景观路段的工地设置围挡的高度不低于2.5m，其他工地的围挡高度不低于1.8m。

2. 标牌（五牌一图）

① 工程概况牌；② 管理人员名单及监督电话牌；③ 消防保卫（防火责任）牌；④ 安全生产牌；⑤ 文明施工牌；⑥ 施工现场总平面图。

3. 施工场地

（1）施工现场应积极推行硬地坪施工，作业区、生活区主干道地面必须用一定厚度的混凝土硬化，场内其他道路地面也应硬化处理。

（2）严禁泥浆、污水、废水外流或未经允许排入河道，严禁堵塞下水道和排水河道。

（3）施工现场适当地方设置吸烟处，作业区内禁止随意吸烟。

现场生活设施：施工现场作业区与办公、生活区必须明显划分。

4. 现场消防、防火管理

（1）现场建立消防管理制度，建立消防领导小组，落实消防责任制和责任人员，做到思想重视、措施跟上、管理到位。

（2）现场必须有消防平面布置图，临时设施按消防条例有关规定搭设，做到标准规范。

（3）易燃易爆物品堆放间、油漆间、木工间、总配电室等消防防火重点部位要按规定设置灭火器和消防沙箱，并有专人负责，对违反消防条例的有关人员进行严肃处理。

（4）施工现场用明火做到严格按动用明火规定执行，审批手续齐全。

考法1：正误判断题

【例题·2020年真题·多选题】关于施工现场文明施工措施的说法，正确的有（　　）。

A. 闹市区施工现场设置2.5m高的围挡

B. 利用现场施工道路堆放砌块材料

C. 材料库房内配备保管员住宿用的单人床

D. 施工作业区内禁止随意吸烟

E. 在总配电室设置灭火器和消防沙箱

【答案】A、D、E

【解析】施工现场道路畅通、平坦、整洁，无散落物，故选项B错误。施工现场作业区与办公、生活区必须明显划分，故选项C错误。

考法2：填空题

【例题·2015年真题·单选题】施工现场文明施工管理组织的第一责任人是（　　）。

A. 项目经理　　　　　　　　　　　B. 总监理工程师

C. 业主代表　　　　　　　　　　　D. 项目总工程师

【答案】A

【解析】应确立项目经理为现场文明施工的第一责任人。

考法 3：归类题

【例题·2021 年真题·多选题】下列现场文明施工的管理措施中，属于现场消防、防火管理措施的有（　　　）。

A. 建立门卫值班管理制度

B. 建立消防管理制度及消防领导小组

C. 作业区与生活区必须明显划分

D. 现场必须有消防平面布置图

E. 对违反消防条例的有关人员进行严肃处理

【答案】B、D、E

【解析】选项 A 属于治安管理措施，选项 C 属于现场生活设施的要求。

1Z205042　施工现场环境保护的要求

核心考点　环境保护

一、施工现场大气污染的防治措施

1. 施工现场垃圾渣土要及时清理出现场。

2. 高大建筑物清理施工垃圾时，要使用封闭式的容器或者采取其他措施处理高空废弃物，严禁凌空随意抛撒。

3. 施工现场道路应指定专人定期洒水清扫，形成制度，防止道路扬尘。

4. 对于细颗粒散体材料（如水泥、粉煤灰、白灰等）的运输、储存要注意遮盖、密封，防止和减少飞扬。

5. 车辆开出工地要做到不带泥沙，基本做到不洒土、不扬尘，减少对周围环境污染。

6. 除设有符合规定的装置外，禁止在施工现场焚烧油毡、橡胶、塑料、皮革、树叶、枯草、各种包装物等废弃物品以及其他会产生有毒、有害烟尘和恶臭气体的物质。

7. 机动车都要安装减少尾气排放的装置，确保符合国家标准。

8. 工地茶炉应尽量采用电热水器。若只能使用烧煤茶炉和锅炉时，应选用消烟除尘型茶炉和锅炉，大灶应选用消烟节能回风炉灶，使烟尘降至允许排放范围为止。

9. 大城市市区的建设工程已不容许搅拌混凝土。在容许设置搅拌站的工地，应将搅拌站封闭严密，并在进料仓上方安装除尘装置，采用可靠措施控制工地粉尘污染。

10. 拆除旧建筑物时，应适当洒水，防止扬尘。

二、施工过程水污染的防治措施

1. 禁止将有毒有害废弃物作土方回填。

2. 施工现场搅拌站废水，现制水磨石的污水，电石（碳化钙）的污水必须经沉淀池沉淀合格后再排放，最好将沉淀水用于工地洒水降尘或采取措施回收利用。

3. 现场存放油料，必须对库房地面进行防渗处理，如采用防渗混凝土地面、铺油毡等措施。使用时，要采取防止油料跑、冒、滴、漏的措施，以免污染水体。

4. 施工现场 100 人以上的临时食堂，污水排放时可设置简易有效的隔油池，定期清理，防止污染。

5. 工地临时厕所、化粪池应采取防渗漏措施。

三、施工现场噪声污染的防治措施

建筑施工场界噪声限值：白天，70dB（A）；夜间，55dB（A）。

噪声控制技术可从声源、传播途径、接收者防护等方面来考虑。

1. 声源控制

（1）声源上降低噪声，是防止噪声污染的最根本的措施。

（2）尽量采用低噪声设备和加工工艺代替高噪声设备与加工工艺，如低噪声振捣器、风机、电动空压机、电锯等。

（3）在声源处安装消声器消声，即在通风机、鼓风机、压缩机、燃气机、内燃机及各类排气放空装置等进出风管的适当位置设置消声器。

2. 传播途径的控制

（1）吸声：利用吸声材料或由吸声结构形成的共振结构吸收声能。

（2）隔声：应用隔声结构，阻碍噪声向空间传播，将接收者与噪声声源分隔。

（3）消声：利用消声器阻止传播。

（4）减振降噪：如将阻尼材料涂在振动源上，或改变振动源与其他刚性结构的连接方式等。

3. 接收者的防护

使用耳塞、耳罩等防护用品，减少人在噪声环境中的暴露时间。

4. 严格控制人为噪声

凡在人口稠密区进行强噪声作业时，须严格控制作业时间，一般晚 10 点到次日早 6 点之间停止强噪声作业。

四、固体废弃物的处理

固体废物处理的基本思想是：采取资源化、减量化和无害化的处理，对固体废物产生的全过程进行控制。

考法 1：正误判断题

【例题·2021 年真题·单选题】关于建设工程施工现场环境保护措施的说法，正确的是（　　）。

A. 工地茶炉不得使用烧煤茶炉

B. 经无害化处理后的建筑废弃残渣用于土方回填

C. 施工现场设置符合规定的装置用于熔化沥青

D. 严格控制噪声作业，夜间作业将噪声控制在 70dB（A）以下

【答案】C

【解析】工地茶炉应尽量采用电热水器。若只能使用烧煤茶炉和锅炉时，应选用消烟

除尘型茶炉和锅炉，故选项 A 错误。建筑废弃残渣是施工工地上常见的固体废物。填埋是固体废物经过无害化、减量化处理的废物残渣集中到填埋场进行处置。禁止将有毒有害废弃物现场填埋，故选项 B 错误。除有符合规定的装置外，不得在施工现场熔化沥青和焚烧油毡、油漆，故选项 C 正确。建筑施工场界噪声排放限值，昼间：70dB（A），夜间：55dB（A），故选项 D 错误。

考法 2：归类题

【例题·2021年真题·多选题】下列施工现场噪声的控制措施中，属于控制传播途径的有（   ）。

A. 利用多孔材料吸收声能   B. 设置隔声屏障

C. 振动源上涂覆阻尼材料   D. 压缩机风管处设置消声器

E. 操作人员使用耳塞、耳罩

【答案】A、B、C

【解析】选项 D 在声源处设置消声器，并非传播途径的控制措施，而属于声源控制措施。选项 E 属于接受者的防护措施。

考法 3：填空题

【例题·2016年真题·单选题】下列施工现场防止噪声污染的措施中，最根本的措施是（   ）。

A. 接收者防护   B. 传播途径控制

C. 严格控制作业时间   D. 声源上降低噪声

【答案】D

【解析】声源上降低噪声，这是防止噪声污染的最根本的措施。

1Z205043　施工现场职业健康安全卫生的要求

核心考点　职业健康安全卫生

1. 宿舍

（1）宿舍室内净高不得小于 2.4m，通道宽度不得小于 0.9m、每间宿舍居住人员不得超过 16 人。

（2）宿舍必须设置可开启式窗户，宿舍内的床铺不得超过 2 层，严禁使用通铺。

2. 食堂

（1）食堂必须有卫生许可证，炊事人员必须持身体健康证上岗。

（2）炊事人员不得穿工作服出食堂，非炊事人员不得随意进入制作间。

（3）食堂应设置独立的制作间、储藏间，门扇下方应设不低于 0.2m 的防鼠挡板。制作间灶台及其周边应贴瓷砖，所贴瓷砖高度不宜小于 1.5m。

（4）食堂的燃气罐应单独设置存放间，存放间应通风良好并严禁存放其他物品。

（5）食堂外应设置密闭式泔水桶，并应及时清运。

3. 厕所

（1）施工现场应设置水冲式或移动式厕所，厕所地面应硬化。

（2）蹲位之间宜设置隔板，隔板高度不宜低于0.9m。

（3）高层建筑施工超过8层以后，每隔4层宜设置临时厕所。

4. 其他

生活区应设置开水炉、电热水器或饮用水保温桶。施工区应配备流动保温水桶。

考法：正误判断题

【例题·2022年真题·多选题】关于施工现场食堂管理的说法，正确的有（　　）。

A. 食堂必须有卫生许可证

B. 非炊事人员不得随意进入制作间

C. 门扇下方应设不低于0.1m的防鼠挡板

D. 制作间灶台及其周边应贴高度不宜小于1.5m的瓷砖

E. 各种作料和副食应贴好标识，存放在密闭器皿内

【答案】A、B、D、E

【解析】选项C说法错误，食堂应设置独立的制作间、储藏间，门扇下方应设不低于0.2m的防鼠挡板。

本章经典真题回顾

一、单项选择题（每题的备选项中，只有1个最符合题意）

1.【2022年真题】设备管理预警属于安全生产管理预警体系要素中（　　）的内容。

A. 外部环境预警系统　　　　　　　B. 预警信息管理系统

C. 内部管理不良预警系统　　　　　D. 事故预警系统

【答案】C

【解析】内部管理不良预警系统包括：① 质量管理预警；② 设备管理预警；③ 人的行为活动管理预警。

2.【2022年真题】某拆除工程施工中发生倒塌事故，造成70人重伤、6人死亡。根据《生产安全事故报告和调查处理条例》，该事故属于（　　）。

A. 一般事故　　　　　　　　　　　B. 较大事故

C. 重大事故　　　　　　　　　　　D. 特别重大事故

【答案】C

【解析】按生产安全事故造成的人员伤亡或者直接经济损失，事故分为：① 特别重大事故，② 重大事故，③ 较大事故，④ 一般事故。其中，重大事故，是指造成10人以上30人以下死亡，或者50人以上100人以下重伤，或者5000万元以上1亿元以下直接经济损失的事故。

3.【2021年真题】下列分部分项工程中，应当组织专家论证、审查专项施工方案的是（　　）。

A. 起重吊装工程　　　　　　　　　B. 拆除工程

C. 爆炸工程　　　　　　　　　　　D. 地下暗挖工程

【答案】D

【解析】选项 A、B、C 只需编制专项施工方案，不需组织专家论证、审查。选项 D 既要编制专项施工方案，又要组织专家论证、审查。

4.【2020年真题】关于建设工程施工现场环境保护措施的说法，正确的是（　　）。

A. 主要道路应换土覆盖，定期洒水清扫　　B. 搭设专用封闭通道清运建筑物内垃圾

C. 施工现场必须使用预拌混凝土　　　　　D. 施工现场可以焚烧材料包装物

【答案】B

【解析】施工现场应积极推行硬地坪施工，作业区、生活区主干道地面必须用一定厚度的混凝土硬化，场内其他道路地面也应硬化处理。施工现场道路应指定专人定期洒水清扫，形成制度，防止道路扬尘。故选项 A 错误。大城市市区的建设工程已不容许搅拌混凝土。在容许设置搅拌站的工地，应将搅拌站封闭严密，并在进料仓上方安装除尘装置，采用可靠措施控制工地粉尘污染。故选项 C 说法过于绝对。除设有符合规定的装置外，禁止在施工现场焚烧油毡、橡胶、塑料、皮革、树叶、枯草、各种包装物等废弃物品以及其他会产生有毒、有害烟尘和恶臭气体的物质。故选项 D 错误。

5.【2019年真题】建设工程安全事故调查组应当提交事故调查报告的时间为（　　）。

A. 自事故发生之日起30日内　　　　B. 自事故发生之日起60日内

C. 自调查组成立之日起30日内　　　D. 自调查组成立之日起60日内

【答案】B

【解析】本题考核的是提交事故调查报告的时间限制。事故调查组应当自事故发生之日起60日内提交事故调查报告；特殊情况下，经负责事故调查的人民政府批准，提交事故调查报告的期限可以适当延长，但延长的期限最长不超过60日。

6.【2018年真题】关于施工现场食堂职业健康安全卫生管理的说法，正确的是（　　）。

A. 食堂不需办理卫生许可证，但炊事人员须有健康证明

B. 除炊事人员和现场管理人员外，不得随意进入制作间

C. 食堂制作间灶台及周边贴1.8m高瓷砖

D. 食堂外设置敞开式泔水桶，并定期进行清理

【答案】C

【解析】本题考核的是施工现场食堂的管理。制作间灶台及其周边应贴瓷砖，所贴瓷砖高度不宜小于1.5m，选项 C 符合要求。食堂必须有卫生许可证，炊事人员必须持身体健康证上岗，故选项 A 错误。非炊事人员不得随意进入制作间，故选项 B 错误。食堂外应设置密闭式泔水桶，并应及时清运，并非"定期清理"。

7.【2017年真题】预警信号一般采用国际通用的颜色表示不同的安全状况，Ⅲ级预警用（　　）表示。

A. 红色　　　　　　　　　　　　　B. 橙色

C. 黄色　　　　　　　　　　　　　D. 蓝色

【答案】C

【解析】预警信号一般采用国际通用的颜色表示不同的安全状况，如：Ⅰ级预警，表示安全状况特别严重，用红色表示。Ⅱ级预警，表示受到事故的严重威胁，用橙色表示。Ⅲ级预警，表示处于事故的上升阶段，用黄色表示。Ⅳ级预警，表示生产活动处于正常状态，用蓝色表示。

8.【2015年真题】关于施工安全技术措施的说法，正确的是（　　）。

A. 施工安全技术措施要有针对性

B. 施工安全技术措施必须包括固体废弃物的处理

C. 施工安全技术措施不可以包括针对自然灾害的应急预案

D. 施工安全技术措施可在工程开工后制定

【答案】A

【解析】施工安全技术措施的一般要求：（1）施工安全技术措施必须在工程开工前制定；（2）施工安全技术措施要有全面性；（3）施工安全技术措施要有针对性；（4）施工安全技术措施应力求全面、具体、可靠；（5）施工安全技术措施必须包括应急预案；（6）施工安全技术措施要有可行性和可操作性。

9.【2014年真题】地方各级安全生产监督管理部门的应急预案，应当报（　　）备案。

A. 上一级人民政府　　　　　　　　B. 国务院安全生产监督管理部门

C. 同级安全生产监督管理部门　　　D. 同级人民政府

【答案】D

【解析】地方各级安全生产监督管理部门的应急预案，应当报同级人民政府和上一级安全生产监督管理部门备案。

二、多项选择题（每题的备选项中，有2个或2个以上符合题意，至少有1个错项）

1.【2022年真题】关于建设工程现场文明施工措施的说法，正确的有（　　）。

A. 施工平面布置应随工程实施的不同阶段进行调整和优化

B. 沿工地四周应连续设置围挡

C. 市区主要路段的工地围挡高度不低于2.4m

D. 现场不得焚烧有毒、有害物质

E. 施工作业区适当地方设置吸烟处

【答案】A、B、D

【解析】选项C、E说法错误。其中，选项C，市区主要路段的工地围挡高度不低于2.5m；选项E，施工现场适当地方设置吸烟处，作业区内禁止随意吸烟。

2.【2020年真题】下列施工现场噪声控制措施中，属于控制传播途径的有（　　）。

A. 使用耳塞、耳罩等防护用品

B. 限制高音喇叭的使用

C. 选用吸声材料搭设防护棚

D. 改变震动源与其他刚性结构的连接方式

E. 进行强噪声作业时严格控制作业时间

【答案】C、D

【解析】选项 A 属于接收者的防护，选项 B、E 属于严格控制人为噪声。

3.【2019 年真题】一个完整的施工企业安全生产管理预警体系由（   ）构成。

A. 事故预警系统
B. 外部环境预警系统
C. 预警评价分析系统
D. 预警信息管理系统
E. 内部管理不良预警系统

【答案】A、B、D、E

【解析】一个完整的预警体系应由外部环境预警系统、内部管理不良的预警系统、预警信息管理系统和事故预警系统四部分构成。

4.【2018 年真题】关于生产安全事故应急预案的说法，正确的有（   ）。

A. 编制目的是为了杜绝职业健康安全和环境事故的发生
B. 应急预案体系包括综合应急预案、专项应急预案和现场处置方案
C. 综合应急预案从总体上阐述应急的基本要求和程序
D. 专项应急预案是针对具体装置、场所或设施、岗位所制定的应急措施
E. 现场处置方案是针对具体事故类别、危险源和研究保障而制定的计划或方案

【答案】B、C

【解析】本题考核的是生产安全事故应急预案的目的及其构成。编制应急预案的目的，是防止一旦紧急情况发生时出现混乱，能够按照合理的响应流程采取适当的救援措施，预防和减少可能随之引发的职业健康安全和环境影响，故选项 A 错误。专项应急预案是针对具体的事故类别（如基坑开挖、脚手架拆除等事故）、危险源和应急保障而制定的计划或方案，故选项 D 错误。现场处置方案是针对具体的装置、场所或设施、岗位所制定的应急处置措施，故选项 E 错误。

5.【2017 年真题】关于建设工程现场文明施工管理措施的说法，正确的有（   ）。

A. 项目安全负责人是施工现场文明施工的第一责任人
B. 沿工地四周连续设置围挡，市区主要路段的围挡高度不得低于 1.8m
C. 施工现场必须实行封闭管理，严格执行外来人员进场登记制度
D. 现场必须有消防平面布置图，临时设施按消防条例有关规定搭设
E. 施工现场设置排水系统，泥浆、污水、废水有组织地排入下水道或排入河道

【答案】C、D

【解析】选项 A、B、E 说法错误。其中，选项 A，施工现场文明施工的第一责任人是项目经理，而不是项目安全负责人。选项 B，市区主要路段的围挡高度不得低于 2.5m。选项 E，施工现场设置排水系统，泥浆、污水、废水经处理后方可排入下水道或排入河道。

6.【2016 年真题】关于建设工程现场职业健康安全卫生措施的说法，正确的有（   ）。

A. 每间宿舍居住人员不得超过 16 人
B. 施工现场宿舍必须设置可开启式窗户
C. 现场食堂炊事人员必须持身体健康证上岗

D. 施工区必须配备开水炉

E. 厕所应设专人负责清扫、清毒

【答案】A、B、C、E

【解析】选项 D 错误，正确的说法是：生活区应设置开水炉、电热水器或饮用水保温桶；施工区应配备流动保温水桶。

7.【2015 年真题】关于施工过程水污染预防措施的说法，正确的有（　　）。

A. 禁止将有毒有害废弃物作土方回填

B. 施工现场搅拌站废水经沉淀池合格后也不能用于工地洒水降尘

C. 现制水磨石的污水必须经沉淀池沉淀合格后再排放

D. 现场存放油料，必须对库房地面进行防渗处理

E. 化学用品、外加剂等要妥善保管，库内存放

【答案】A、C、D、E

【解析】选项 B 错误。其中，选项 B，施工现场搅拌站废水，现制水磨石的污水，电石（碳化钙）的污水必须经沉淀池沉淀合格后再排放，最好将沉淀水用于工地洒水降尘或采取措施回收利用，所以选项 B 错误。

本章模拟强化练习

1Z205010　职业健康安全管理体系与环境管理体系

1. 建立环境管理体系的目的是"针对众多相关方和社会对环境保护的不断的需要"，即主要目标是（　　）。

A. 使公众和社会对环境保护满意

B. 环境能够服务于人类经济社会的发展

C. 环境污染不至于造成人类生存基本条件的破坏

D. 使经济的发展与人类生存环境相协调

2. 职业健康安全和环境管理体系的不同点是（　　）。

A. 管理原理　　　　　　　　　　B. 不规定具体绩效标准

C. 管理目标　　　　　　　　　　D. 管理的侧重点

3. 职业健康安全管理体系通过（　　）满足员工和相关方的要求。

A. 危险源的辨识　　　　　　　　B. 消除风险

C. 评价风险　　　　　　　　　　D. 改进职业健康安全绩效

E. 控制风险

4. 职业健康安全和环境管理体系的相同点是（　　）。

A. 管理目标基本一致　　　　　　B. 管理原理基本相同

C. 需要满足的对象相同　　　　　D. 不规定具体的业绩标准

E. 管理的侧重点基本相同

1Z205020 建设工程安全生产管理

1. 某工地发生触电事故，一方面要进行人的安全用电操作教育，同时现场也要设置漏电开关，对配电箱、用电线路进行防护改造，也要严禁非专业电工乱接乱拉电线。此属于（　　）。

　　A. 冗余安全度治理原则　　　　　　B. 单项隐患综合治理原则

　　C. 事故直接隐患与间接隐患并治原则　　D. 重点治理原则

2. 安全预警信号采用橙色时表示的安全预警级别是（　　）。

　　A. Ⅰ级预警　　　　　　　　　　B. Ⅱ级预警

　　C. Ⅲ级预警　　　　　　　　　　D. Ⅳ级预警

3. 安全措施计划的范围应包括（　　）等内容。

　　A. 改善劳动条件　　　　　　　　B. 防止事故发生

　　C. 预防职业病　　　　　　　　　D. 职业中毒

　　E. 职业伤害

4. 预警分析主要由（　　）等工作内容组成。

　　A. 预测评估　　　　　　　　　　B. 预警监测

　　C. 预警信息管理　　　　　　　　D. 预警评价指标体系构建

　　E. 预测评价

5. 安全控制的目标是减少和消除生产过程中的事故，保证人员健康安全和财产免受损失。具体应包括（　　）。

　　A. 减少或消除人的不安全行为的目标

　　B. 减少或消除设备的不安全状态的目标

　　C. 改善生产环境和保护自然环境的目标

　　D. 减少或消除材料的不安全状态的目标

　　E. 避免人的不安全行为的目标

1Z205030 建设工程生产安全事故应急预案和事故处理

1. 根据本单位的事故预防重点，每年至少组织（　　）次综合应急预案演练或者专项应急预案演练。

　　A. 2　　　　　　　　　　　　　B. 4

　　C. 1　　　　　　　　　　　　　D. 3

2. 一般事故上报至（　　）和负有安全生产监督管理职责的有关部门。

　　A. 省人民政府应急管理部门　　　　B. 设区的市级人民政府应急管理部门

　　C. 自治区人民政府应急管理部门　　D. 直辖市人民政府应急管理部门

3. 事故调查组应当自事故发生之日起（　　）天内提交事故调查报告。

　　A. 10　　　　　　　　　　　　　B. 20

　　C. 30　　　　　　　　　　　　　D. 60

4. 地方各级应急管理部门的应急预案，应当报（　　　）部门备案。

A. 同级人民政府　　　　　　　　B. 上一级人民政府

C. 同级应急管理部门　　　　　　D. 上一级应急管理部门

E. 国务院

1Z205040　建设工程施工现场职业健康安全与环境管理的要求

1. 噪声的传播途径控制手段中，通过降低机械振动减小噪声属于（　　　）。

A. 吸声　　　　　　　　　　　　B. 消声

C. 隔声　　　　　　　　　　　　D. 减振降噪

2. 固体废物处理的基本思想是采取（　　　）。

A. 资源化、减量化、无害化　　　B. 分选、压碎、脱水

C. 焚烧、热解、堆肥　　　　　　D. 稳定固化、填埋

3. 施工现场必须设有"五牌一图"，其中包括（　　　）。

A. 工程概况牌　　　　　　　　　B. 安全生产牌

C. 施工现场平面图　　　　　　　D. 文明施工牌

E. 宣传教育牌

4. 噪声控制技术可从（　　　）等方面来考虑。

A. 声源　　　　　　　　　　　　B. 减振降噪

C. 传播途径　　　　　　　　　　D. 接收者防护

E. 在声源处安装消声器消声

5. 施工现场作业区与（　　　）必须明显划分，确因场地狭窄不能划分的，要有可靠的隔离栏防护措施。

A. 办公区　　　　　　　　　　　B. 生活区

C. 焊工间　　　　　　　　　　　D. 试验室

E. 构件房

★★ 模拟强化练习答案及解析 ★★

1Z205010　职业健康安全管理体系与环境管理体系

1.【答案】A

【解析】建立环境管理体系的目的是"针对众多相关方和社会对环境保护的不断的需要"，即主要目标是使公众和社会对环境保护满意。

2.【答案】D

【解析】职业健康安全和环境管理体系的不同点：（1）需要满足的对象不同；（2）管理的侧重点有所不同。

3.【答案】A、C、D、E

【解析】职业健康安全管理体系通过对危险源的辨识、评价风险、控制风险、改进职业健康安全绩效，满足员工和相关方的要求。

4.【答案】A、B、D

【解析】职业健康安全和环境管理体系的相同点：（1）管理目标基本一致；（2）管理原理基本相同；（3）不规定具体绩效标准。

1Z205020　建设工程安全生产管理

1.【答案】B

【解析】人、机、料、法、环境五者任一个环节产生安全事故隐患，都要从五者安全匹配的角度考虑，调整匹配的方法，提高匹配的可靠性。一件单项隐患问题的整改需综合（多角度）治理。人的隐患，既要治人也要治机具及生产环境等各环节。

2.【答案】B

【解析】Ⅰ级预警，表示安全状况特别严重，用红色表示；Ⅱ级预警，表示受到事故的严重威胁，用橙色表示；Ⅲ级预警，表示处于事故的上升阶段，用黄色表示；Ⅳ级预警，表示生产活动处于正常状态，用蓝色表示。

3.【答案】A、B、C、D

【解析】安全措施计划的范围应包括改善劳动条件、防止事故发生、预防职业病和职业中毒等内容。

4.【答案】B、C、D、E

【解析】预警分析主要由预警监测、预警信息管理、预警评价指标体系构建和预测评价等工作内容组成。

5.【答案】A、B、C、D

【解析】本题考查安全控制的目标。

1Z205030　建设工程生产安全事故应急预案和事故处理

1.【答案】C

【解析】根据本单位的事故预防重点，每年至少组织一次综合应急预案演练或者专项应急预案演练。

2.【答案】B

【解析】一般事故上报至设区的市级人民政府应急管理部门和负有安全生产监督管理职责的有关部门。

3.【答案】D

【解析】一般事故调查组应当自事故发生之日起60天内提交事故调查报告。

4.【答案】A、D

【解析】地方各级应急管理部门的应急预案，应当报同级人民政府和上一级应急管理部门备案。

1Z205040 建设工程施工现场职业健康安全与环境管理的要求

1.【答案】D

【解析】减振降噪：对来自振动引起的噪声，通过降低机械振动减小噪声，如将阻尼材料涂在振动源上，或改变振动源与其他刚性结构的连接方式等。

2.【答案】A

【解析】固体废物处理的基本思想是：采取资源化、减量化和无害化的处理。

3.【答案】A、B、C、D

【解析】施工现场必须设有"五牌一图"，即工程概况牌、管理人员名单及监督电话牌、消防保卫（防火责任）牌、安全生产牌、文明施工牌和施工现场平面图。

4.【答案】A、C、D

【解析】噪声控制技术可从声源、传播途径、接收者防护等方面来考虑。

5.【答案】A、B

【解析】施工现场作业区与办公、生活区必须明显划分，确因场地狭窄不能划分的，要有可靠的隔离栏防护措施。

1Z206000 建设工程合同与合同管理

本章考情分析

近3年本章节次及条目分值分布

本章节次	本章条目	2022年		2021年		2020年	
		单选	多选	单选	多选	单选	多选
1Z206010	1Z206011 施工招标	1		1	2	1	
	1Z206012 施工投标						2
	1Z206013 合同谈判与签约		2				
1Z206020	1Z206021 施工承包合同的内容	1			2	1	
	1Z206022 物资采购合同的内容	1		1			
	1Z206023 施工专业分包合同的内容			1		1	
	1Z206024 施工劳务分包合同的内容		2				
	1Z206025 工程总承包合同的内容	1		1		1	
	1Z206026 工程监理合同的内容	1					
	1Z206027 工程咨询合同的内容						
1Z206030	1Z206031 单价合同	1		1		1	
	1Z206032 总价合同		2	1			
	1Z206033 成本加酬金合同				2		2
	1Z206034 工程咨询合同计价方式	1				1	
1Z206040	1Z206041 施工合同风险管理			1			
	1Z206042 工程保险		2		2	1	
	1Z206043 工程担保	2		1		1	2
1Z206050	1Z206051 施工合同分析				2	1	
	1Z206052 施工合同交底						
	1Z206053 施工合同实施的控制	2	2	1			2
	1Z206054 施工分包管理方法						
	1Z206055 施工合同履行过程中的诚信自律			1			
1Z206060	1Z206061 索赔依据		2	1	2	1	2
	1Z206062 索赔方法						
	1Z206063 索赔费用计算						
	1Z206064 工期索赔计算	2		1		1	2

本章节次	本章条目	2022 年		2021 年		2020 年	
		单选	多选	单选	多选	单选	多选
1Z206070	1Z206071　国际常用的施工承包合同条件				1		
	1Z206072　施工承包合同争议的解决方式	1					1
合计		14	12	13	12	13	12
		26		25		25	

本章核心考点分析

1Z206010　建设工程施工招标与投标

核 心 考 点 提 纲

1Z206011　施工招标—施工招标
1Z206012　施工投标—施工投标
1Z206013　合同谈判与签约—合同谈判与签约

核 心 考 点 剖 析

1Z206011　施工招标

核心考点　施工招标

一、招标条件

1. 招标人已经依法成立。

2. 初步设计及概算应当履行审批手续的，已经批准。

3. 招标范围、招标方式和招标组织形式等应当履行核准手续的，已经核准。

4. 有相应资金或资金来源已经落实。

5. 有招标所需的设计图纸及技术资料。

二、招标方式

1. 公开招标

（1）国有资金占控股或者主导地位的依法必须进行招标的项目，应当公开招标。

（2）如果采用公开招标，招标人就不得以不合理的条件限制或排斥潜在投标人。

2. 邀请招标

（1）有下列情形之一的，可以邀请招标：

① 技术复杂、有特殊要求或者受自然环境限制，只有少量潜在投标人可供选择；

② 采用公开招标方式的费用占项目合同金额的比例过大。

（2）采用邀请招标方式，应当向三个以上具备承担招标项目的能力、资信良好的特定的法人或者其他组织发出投标邀请书。

三、招标信息

1. 招标信息发布

（1）工程招标是一种公开的经济活动，因此要采用公开的方式发布信息。

（2）依法必须招标项目的招标公告和公示信息应当在"中国招标投标公共服务平台"或者项目所在地省级电子招标投标公共服务平台发布。

（3）依法必须招标项目的招标公告和公示信息除在发布媒介发布外，招标人或其招标代理机构也可以同步在其他媒介公开，并确保内容一致。

（4）拟发布的招标公告和公示信息文本应当由招标人或其招标代理机构盖章，并由主要负责人或其授权的项目负责人签名。

（5）自招标文件或者资格预审文件出售之日起至停止出售之日止，最短不得少于5日。

（6）投标人必须自费购买相关招标或资格预审文件；招标文件或者资格预审文件售出后，不予退还。

（7）招标人在发布招标公告、发出投标邀请书后或者售出招标文件或资格预审文件后不得擅自终止招标。

2. 招标信息修正

如果招标人在招标文件已经发布之后，发现有问题需要进一步澄清或修改，必须依据以下原则进行：

（1）时限：招标人对已发出的招标文件进行必要的澄清或者修改，应当在招标文件要求提交投标文件截止时间至少15日前发出。

（2）形式：所有澄清文件必须以书面形式进行。

（3）全面：所有澄清文件必须直接通知所有招标文件收受人。

四、资格预审

1. 招标人不得以不合理的条件限制、排斥潜在投标人或者投标人。

2. 招标人有下列行为之一的，属于以不合理条件限制、排斥潜在投标人或者投标人：

（1）就同一招标项目向潜在投标人或者投标人提供有差别的项目信息。

（2）设定的资格、技术、商务条件与招标项目的具体特点和实际需要不相适应或者与合同履行无关。

（3）依法必须进行招标的项目以特定行政区域或者特定行业的业绩、奖项作为加分条件或者中标条件。

（4）对潜在投标人或者投标人采取不同的资格审查或者评标标准。

（5）限定或者指定特定的专利、商标、品牌、原产地或者供应商。

（6）依法必须进行招标的项目非法限定潜在投标人或者投标人的所有制形式或者组织形式。

（7）以其他不合理条件限制、排斥潜在投标人或者投标人。

五、标前会议

1. 无论是会议纪要还是对个别投标人的问题的解答，都应以书面形式发给每一个获得招标文件的投标人，以保证招标的公平和公正。

2. 但对问题的答复不需要说明问题来源。

3. 会议纪要和答复函件形成招标文件的补充文件，都是招标文件的有效组成部分。与招标文件具有同等法律效力。

4. 当补充文件与招标文件内容不一致时，应以补充文件为准。

六、评标

1. 初步评审主要是进行符合性审查，即重点审查投标书是否实质上响应了招标文件的要求。

2. 初步评审要对报价计算的正确性进行审查，如果计算有误，通常的处理方法是：大小写不一致的以大写为准，单价与数量的乘积之和与所报的总价不一致的应以单价为准；标书正本和副本不一致的，则以正本为准。

3. 详细评审是评标的核心，是对标书进行实质性审查，包括技术评审和商务评审。

4. 评标结束应推荐中标候选人。评标委员会推荐的中标候选人应当限定在 1~3 人。

5. 招标人确定中标人的三种方式：

① 招标人根据评标委员会提出的书面评标报告和推荐的中标候选人确定中标人；

② 招标人也可以授权评标委员会直接确定中标人；

③ 在招标文件中规定排名第一的中标候选人为中标人。

考法 1：归类题

【例题·2021 年真题·多选题】建设工程施工招标应当具备的条件有（   ）。

A. 有编制招标文件和组织评标的能力

B. 招标人已经依法成立

C. 有相应资金或资金来源已经落实

D. 初步设计及概算应当履行审批程序的，已经批准

E. 有招标所需的设计图纸及技术资料

【答案】B、C、D、E

【解析】依法必须招标的工程建设项目，应当具备下列条件才能进行施工招标：① 招标人已经依法成立；② 初步设计及概算应当履行审批手续的，已经批准；③ 招标范围、招标方式和招标组织形式等应当履行核准手续的，已经核准；④ 有相应资金或资金来源已经落实；⑤ 有招标所需的设计图纸及技术资料。

考法 2：正误判断题

【例题·2020 年真题·单选题】关于招标信息发布的说法，正确的是（   ）。

A. 投资 1000 万元的工程施工招标可以采用不公开的方式发布信息

B. 招标公告只能在中国招标投标公共服务平台发布

C. 自招标文件出售之日起至停止出售之日止，最短不得少于 5 天

D. 投标人必须自费购买相关招标或资格预审文件，未中标时予以退还

【答案】C

【解析】工程招标是一种公开的经济活动，因此要采用公开的方式发布信息，故选项A错误。依法必须招标项目的招标公告和公示信息应当在"中国招标投标公共服务平台"或者项目所在地省级电子招标投标公共服务平台发布，故选项B错误。投标人必须自费购买相关招标或资格预审文件。招标文件或者资格预审文件售出后，不予退还，故选项D错误。

1Z206012　施工投标

核心考点　施工投标

一、研究招标文件

投标人应该重点注意投标人须知中的问题：

1. 注意招标工程的详细内容和范围。

2. 注意投标文件的组成。

3. 注意招标答疑时间、投标截止时间等重要时间安排。

二、正式投标注意事项

1. 注意投标的截止日期

① 投标人在投标截止日之前所提交的投标是有效的，超过该日期之后就会被视为无效投标。

② 在招标文件要求提交投标文件的截止时间后送达的投标文件，招标人可以拒收。

2. 投标文件的完备性

投标文件应当对招标文件提出的实质性要求和条件作出响应。

3. 注意标书的标准

① 标书的提交要有固定的要求，基本内容是：签章、密封。

② 如果不密封或密封不满足要求，投标是无效的。

③ 投标书还需要按照要求签章，投标书需要盖有投标企业公章以及企业法人的名章（或签字）。

④ 如果项目所在地与企业距离较远，由当地项目经理部组织投标，需要提交企业法人对于投标项目经理的授权委托书。

4. 注意投标的担保

通常投标需要提交投标担保。

考法：正误判断题

【例题·2020年真题·多选题】关于正式投标及投标文件的说法，正确的有（　　）。

A. 标书密封不满足要求，经甲方同意投标是有效的

B. 在招标文件要求提交的截止时间后送达的投标文件，招标人可以拒收

C. 项目经理部组织投标时不需要企业法人对于投标项目经理的授权书

D. 标书提交的基本要求是签章、密封

E. 通常情况下投标不需要提交投标担保

【答案】B、D

【解析】标书的提交要有固定的要求，基本内容是：签章、密封。如果不密封或密封不满足要求，投标是无效的，故选项A错误。如果项目所在地与企业距离较远，由当地项目经理部组织投标，需要提交企业法定代表人对于投标项目经理的授权委托书，故选项C错误。通常投标需要提交投标担保，故选项E错误。注意：选项B的表述也有瑕疵。根据《中华人民共和国招标投标法》第二十八条，在招标文件要求提交投标文件的截止时间后送达的投标文件，招标人应当拒收。但和选项A、C、E相比，选项B的表述瑕疵更小，且选项B在考试用书中有原文，故本题选B、D。

1Z206013　合同谈判与签约

核心考点　合同谈判与签约

一、合同订立的程序

1. 要约邀请：招标公告或招标文件，为要约邀请。

2. 要约：投标文件，为要约。

3. 承诺：中标通知书，为承诺。

二、合同谈判的主要内容

1. 关于合同价格条款

一般在招标文件中就会明确规定合同将采用什么计价方式，在合同谈判阶段往往没有讨论的余地。但在可能的情况下，中标人在谈判过程中仍然可以提出降低风险的改进方案。

2. 关于价格调整条款

对于工期较长的建设工程，容易遭受货币贬值或通货膨胀等因素的影响，可能给承包人造成较大损失。价格调整条款可以比较公正地解决这一承包人无法控制的风险损失。

合同计价方式以及价格调整方式共同确定了工程承包合同的实际价格，直接影响着承包人的经济利益。承包人在投标过程中，尤其是在合同谈判阶段务必对合同的价格调整条款予以充分的重视。

3. 关于合同款支付方式的条款

建设工程施工合同的付款分四个阶段进行，即预付款、工程进度款、最终付款和退还保留金。

4. 关于工期和维修期

中标人与招标人要确定工期，还要明确开工日期、竣工日期等。双方可根据各自的项目准备情况、季节和施工环境因素等条件洽商适当的开工时间。

对于具有较多的单项工程的建设工程项目，可在合同中明确允许分部位或分批提交业主验收，并从该批验收时起开始计算该部分的维修期。

合同文本中应当明确规定维修工程的范围、维修责任及维修期的开始和结束时间，承包人应该只承担由于材料和施工方法及操作工艺等不符合合同规定而产生的缺陷。

考法1：正误判断题

【例题·2019年真题·单选题】关于建设工程合同订立程序的说法，正确的是（　　）。

A. 招标人通过媒体发布招标公告，称为承诺

B. 投标人向招标人提交投标文件，称为承诺

C. 招标人向中标人发出中标通知书，称为要约邀请

D. 招标人向符合条件的投标人发出招标文件，称为要约邀请

【答案】D

【解析】招标人通过媒体发布招标公告，或向符合条件的投标人发出招标文件，为要约邀请。投标人根据招标文件内容在约定的期限内向招标人提交投标文件，为要约。招标人通过评标确定中标人，发出中标通知书，为承诺。

考法2：填空题

【例题·2018年真题·单选题】建设工程施工合同订立过程中，发承包双方开展合同谈判的时间是（　　　　）。

A. 投标人提交投标文件时　　　　B. 订立、签署书面合同时

C. 招标人退还投标保证金后　　　　D. 明确中标人并发出中标通知书后

【答案】D

【解析】在明确中标人并发出中标通知书后，双方即可就建设工程施工合同的具体内容和有关条款展开谈判，直到最终签订合同。

1Z206020　建设工程合同的内容

核心考点提纲

$\left\{\begin{array}{l}\text{1Z206021　施工承包合同的内容—施工承包合同}\\\text{1Z206022　物资采购合同的内容—建筑材料采购合同}\\\text{1Z206023　施工专业分包合同的内容—施工专业分包合同}\\\text{1Z206024　施工劳务分包合同的内容—施工劳务分包合同}\\\text{1Z206025　工程总承包合同的内容—工程总承包合同}\\\text{1Z206026　工程监理合同的内容—工程监理合同}\end{array}\right.$

核心考点剖析

1Z206021　施工承包合同的内容

核心考点　施工承包合同

一、发包方的责任与义务

1. 图纸的提供和交底

发包人应按照专用合同条款约定的期限、数量和内容向承包人免费提供图纸，并组织承包人、监理人和设计人进行图纸会审和设计交底。发包人至迟不得晚于开工通知载明的开工日期前14天向承包人提供图纸。

2. 场外交通

发包人应提供场外交通设施的技术参数和具体条件；场外交通设施无法满足工程施工

需要的，由发包人负责完善并承担相关费用。

3. 许可或批准

发包人应遵守法律，并办理法律规定由其办理的许可、批准或备案，包括但不限于建设用地规划许可证、建设工程规划许可证、建设工程施工许可证、施工所需临时用水、临时用电、中断道路交通、临时占用土地等许可和批准。

发包人应协助承包人办理法律规定的有关施工证件和批件。

因发包人原因未能及时办理完毕前述许可、批准或备案，由发包人承担由此增加的费用和（或）延误的工期，并支付承包人合理的利润。

4. 提供施工现场

除专用合同条款另有约定外，发包人应最迟于开工日期7天前向承包人移交施工现场。

5. 资金来源证明及支付担保

除专用合同条款另有约定外，发包人应在收到承包人要求提供资金来源证明的书面通知后28天内，向承包人提供能够按照合同约定支付合同价款的相应资金来源证明。

除专用合同条款另有约定外，发包人要求承包人提供履约担保的，发包人应当向承包人提供支付担保。支付担保可以采用银行保函或担保公司担保等形式，具体由合同当事人在专用合同条款中约定。

二、进度控制的主要条款内容

1. 承包人应提交详细的施工进度计划，施工进度计划经发包人批准后实施。

2. 监理人应在计划开工日期7天前向承包人发出开工通知，工期自开工通知中载明的开工日期起算。

3. 发包人原因导致工期延误

因下列情况导致工期延误和（或）费用增加的，由发包人承担由此延误的工期和（或）增加的费用，且发包人应支付承包人合理的利润：

① 发包人未能按合同约定提供图纸或所提供图纸不符合合同约定的；

② 发包人未能按合同约定提供施工现场、施工条件、基础资料、许可、批准等开工条件的；

③ 发包人提供的测量基准点、基准线和水准点及其书面资料存在错误或疏漏的；

④ 发包人未能在计划开工日期之日起7天内同意下达开工通知的；

⑤ 发包人未能按合同约定日期支付工程预付款、进度款或竣工结算款的；

⑥ 监理人未按合同约定发出指示、批准等文件的；

⑦ 专用合同条款中约定的其他情形。

4. 暂停施工

① 因发包人原因引起暂停施工的，监理人经发包人同意后，应及时下达暂停施工指示，发包人应承担由此增加的费用和（或）延误的工期，并支付承包人合理的利润。

② 因承包人原因引起的暂停施工，承包人应承担由此增加的费用和（或）延误的工期，且承包人在收到监理人复工指示后84天内仍未复工的，视为承包人无法继续履行合同。

③ 因紧急情况需暂停施工，且监理人未及时下达暂停施工指示的，承包人可先暂停

施工，并及时通知监理人。监理人应在接到通知后 24 小时内发出指示，逾期未发出指示，视为同意承包人暂停施工。

三、隐蔽工程检查

1. 工程隐蔽部位经承包人自检确认具备覆盖条件的，承包人应在共同检查前 48 小时书面通知监理人检查。

2. 承包人覆盖工程隐蔽部位后，发包人或监理人对质量有疑问的，可要求承包人对已覆盖的部位进行钻孔探测或揭开重新检查，承包人应遵照执行。

① 合格：经检查证明工程质量符合合同要求的，由发包人承担由此增加的费用和（或）延误的工期，并支付承包人合理的利润；

② 不合格：经检查证明工程质量不符合合同要求的，由此增加的费用和（或）延误的工期由承包人承担。

3. 承包人未通知监理人到场检查，私自将工程隐蔽部位覆盖的，监理人有权指示承包人钻孔探测或揭开检查，无论工程隐蔽部位质量是否合格，由此增加的费用和（或）延误的工期均由承包人承担。

四、实际竣工日期

工程经竣工验收合格的，以承包人提交竣工验收申请报告之日为实际竣工日期，并在工程接收证书中载明。

因发包人原因，未在监理人收到承包人提交的竣工验收申请报告 42 天内完成竣工验收，或完成竣工验收不予签发工程接收证书的，以提交竣工验收申请报告的日期为实际竣工日期。

工程未经竣工验收，发包人擅自使用的，以转移占有工程之日为实际竣工日期。

五、缺陷责任与保修

1. 缺陷责任期的计算

缺陷责任期自实际竣工日期起计算。

单位工程先于全部工程进行验收，经验收合格并交付使用的，该单位工程缺陷责任期自单位工程验收合格之日起算。

因承包人原因导致工程无法按合同约定期限进行竣工验收的，缺陷责任期从实际通过竣工验收之日起计算。

因发包人原因导致工程无法按合同约定期限进行竣工验收的，在承包人提交竣工验收报告 90 天后，工程自动进入缺陷责任期。

发包人未经竣工验收擅自使用工程的，缺陷责任期自工程转移占有之日起开始计算。

2. 缺陷责任期内

缺陷责任期内，由承包人原因造成的缺陷，承包人应负责维修，并承担鉴定及维修费用。如承包人不维修也不承担费用，发包人可按合同约定从保证金或银行保函中扣除，费用超出保证金额的，发包人可按合同约定向承包人进行索赔。

承包人维修并承担相应费用后，不免除对工程的损失赔偿责任。

发包人有权要求承包人延长缺陷责任期，并应在原缺陷责任期届满前发出延长通知。

但缺陷责任期（含延长部分）最长不能超过 24 个月。

由他人原因造成的缺陷，发包人负责组织维修，承包人不承担费用，且发包人不得从保证金中扣除费用。

3. 缺陷责任期届满

除专用合同条款另有约定外，承包人应于缺陷责任期届满后 7 天内向发包人发出缺陷责任期届满通知，发包人应在收到缺陷责任期届满通知后 14 天内，向承包人颁发缺陷责任期终止证书。

六、保修期的计算

工程保修期从工程竣工验收合格之日起算，具体分部分项工程的保修期由合同当事人在专用合同条款中约定，但不得低于法定最低保修年限。

发包人未经竣工验收擅自使用工程的，保修期自转移占有之日起算。

考法 1：归类题

【例题·2019 年真题·多选题】根据《建设工程施工合同（示范文本）》GF—2017—0201 通用条款，除专用条款另有约定外，发包人的责任与义务包括（　　）。

A. 应按照约定向承包人免费提供图纸

B. 提供场外交通设施的技术参数和具体条件

C. 提供"三通一平"施工条件

D. 提供正常施工所需的进入施工现场的交通条件

E. 最迟于开工日期 14 天前向承包人移交施工现场

【答案】A、B、C、D

【解析】除专用合同条款另有约定外，发包人应最迟于开工日期 7 天前向承包人移交施工现场，故选项 E 错误。

考法 2：填空题

【例题·2019 年真题·单选题】某工程承包人于 2019 年 5 月 15 日提交了竣工验收申请报告，6 月 10 日工程竣工验收合格，6 月 15 日发包人签发了工程接收证书。根据《建设工程施工合同（示范文本）》GF—2017—0201 通用条款，该工程的缺陷责任期、保修期起算日分别为（　　）。

A. 5 月 15 日、6 月 10 日　　　　　B. 6 月 10 日、6 月 15 日

C. 5 月 15 日、6 月 15 日　　　　　D. 6 月 15 日、6 月 10 日

【答案】A

【解析】缺陷责任期是指承包人按照合同约定承担缺陷修复义务，且发包人预留质量保证金（已缴纳履约保证金的除外）的期限，自工程实际竣工日期起计算。工程经竣工验收合格的，以承包人提交竣工验收申请报告之日为实际竣工日期，故本工程的缺陷责任期为 5 月 15 日。保修期是指承包人按照合同约定对工程承担保修责任的期限，从工程竣工验收合格之日起计算，故本工程的保修期为 6 月 10 日。

考法 3：正误判断题

【例题·2017 年真题·单选题】关于施工承包合同中缺陷责任与保修的说法，正确的

是（　　）。

A. 缺陷责任期自实际竣工日期起计算，最长不超过 12 个月

B. 缺陷责任期满，承包人仍应按合同约定的各部位保修年限承担保修义务

C. 因发包人原因导致工程无法按合同约定期限进行竣工验收的，缺陷责任期自竣工验收合格之日开始计算

D. 发包人未经竣工验收擅自使用工程的，缺陷责任期自承包人提交竣工验收申请报告之日开始计算

【答案】B

【解析】缺陷责任期最长不超过 24 个月。故选项 A 表述错误。因发包人原因导致工程无法按合同约定期限进行竣工验收的，在承包人提交竣工验收报告 90 天后，工程自动进入缺陷责任期，故选项 C 表述错误。发包人未经竣工验收擅自使用工程的，缺陷责任期自工程转移占有之日起开始计算，故选项 D 表述错误。

1Z206022　物资采购合同的内容

核心考点　建筑材料采购合同

一、交货日期的确定

序号	交货方式	交货日期
1	供货方负责送货	采购方收货戳记的日期
2	采购方提货	供货方按合同规定通知的提货日期
3	委托运输单位代运	承运单位签发的日期

二、违约责任

1. 供货方发生逾期交货情况，要按照合同约定，依据逾期交货部分货款总价计算违约金。对约定由采购方自提货物的，若发生采购方的其他损失，其实际开支的费用也应由供货方承担。

2. 对于供货方提前交货的情况，如果属于采购方自提货物，采购方接到提前提货通知后，可以根据自己的实际情况拒绝提前提货。对于供货方提前发运或交付的货物，采购方仍可按合同规定的时间付款。

3. 供货方不能全部或部分交货，应按合同约定的违约金比例乘以不能交货部分货款来计算违约金。

4. 合同签订以后，采购方要求中途退货，应向供货方支付按退货部分货款总额计算的违约金，并要承担由此给供货方造成的损失。采购方不能按期提货，除支付违约金以外，还应承担逾期提货给供货方造成的代为保管费、保养费等。

5. 采购方逾期付款，应该按照合同约定支付逾期付款利息。

考法：正误判断题

【例题·2017 年真题·多选题】关于建筑材料采购合同中违约责任的说法，正确的是（　　）。

A. 供货方发生逾期交货，要按合同约定依据逾期交货部分货款总价计算违约金

B. 供货方部分交货，应按合同约定的违约金比例乘以不能交货部分货款计算违约金

C. 合同签订后采购方中途退货，应向供货方支付按退货货款总额计算的违约金

D. 合同签订后，采购方逾期付款，应按照合同约定支付逾期付款利息

E. 供货方提前发运或交付的货物，采购方要按实际发运或交付时间付款

【答案】A、B、C、D

【解析】对于供货方提前发运或交付的货物，采购方仍可按合同规定的时间付款。而且对多交货部分，以及不符合合同规定的产品，在代为保管期内实际支出的保管、保养费由供货方承担，故选项E表述错误。

1Z206023 施工专业分包合同的内容

核心考点 施工专业分包合同

一、承包人（总承包单位）的主要责任和义务

1. 应提供总包合同（有关承包工程的价格内容除外）供分包人查阅。

2. 向分包人提供与分包工程相关的各种证件、批件和各种相关资料。

3. 组织分包人参加图纸会审，向分包人进行设计图纸交底。

4. 提供合同专用条款中约定的设备和设施，并承担因此发生的费用。

5. 随时为分包人提供确保分包工程的施工所要求的施工场地和通道等，满足施工运输的需要，保证施工期间的畅通。

6. 负责整个施工场地的管理工作，协调分包人之间的交叉配合。

7. 承包人指令：就分包工程范围内的有关工作，承包人随时可以向分包人发出指令，分包人应执行承包人根据分包合同所发出的所有指令。

二、专业分包人的主要责任和义务

1. 履行并承担总包合同中与分包工程有关的承包人的所有义务与责任。

2. 对分包工程进行设计（分包合同有约定时）、施工、竣工和保修。

3. 完成规定的设计内容；承包人承担由此发生的费用。

4. 向承包人提供年、季、月度工程进度计划及相应进度统计报表。

5. 向承包人提交详细的施工组织设计。

6. 遵守政府主管部门对施工场地交通、施工噪声以及环境保护和安全文明生产等的管理规定，按规定办理有关手续；承包人承担由此发生的费用。

7. 应允许承包人、发包人、工程师及其三方中任何一方授权的人员在工作时间内，合理进入分包工程施工场地或材料存放的地点。

8. 已竣工工程未交付承包人之前，应负责已完分包工程的成品保护工作。

三、分包人与发包人的关系

1. 分包人须服从承包人转发的发包人或工程师与分包工程有关的指令。

2. 未经承包人允许，分包人不得以任何理由与发包人或工程师发生直接工作联系。

3. 分包人不得直接致函发包人或工程师。

4. 分包人也不得直接接受发包人或工程师的指令。

5. 如分包人与发包人或工程师发生直接工作联系，将被视为违约。

四、合同价款及支付

1. 分包工程合同价款可以采用：① 固定价格；② 可调价格；③ 成本加酬金。

2. 分包合同价款与总包合同相应部分价款无任何连带关系。

3. 承包人应在收到分包工程竣工结算报告及结算资料后 28 天内支付工程竣工结算价款。

考法：正误判断题

【例题·2021年真题·单选题】关于施工专业分包合同的说法，正确的是（ ）。

A. 分包合同约定的工程变更调整的合同价款应与工程进度款同期调整支付

B. 分包人须服从由发包人直接发出的与分包工程有关的指令

C. 承包人要求分包人采取特殊措施保护所增加的费用，由分包人负责

D. 分包人不得将劳务作业再分包给具有相应劳务分包资质的劳务分包企业

【答案】A

【解析】选项 B 的正确说法：分包人须服从承包人转发的发包人或工程师与分包工程有关的指令。未经承包人允许，分包人不得以任何理由与发包人或工程师发生直接工作联系。选项 C 的正确说法：承包人要求分包人采取特殊措施保护的工程部位和相应的追加合同价款，双方在合同专用条款内约定。选项 D 的正确说法：分包人经承包人同意可以将劳务作业再分包给具有相应劳务分包资质的劳务分包企业。

1Z206024 施工劳务分包合同的内容

核心考点 施工劳务分包合同

一、承包人的主要义务

1. 组建与工程相适应的项目管理班子，全面履行总（分）包合同，组织实施项目管理的各项工作，对工程的工期和质量向发包人负责。

2. 完成劳务分包人施工前期的下列工作：

（1）向劳务分包人交付具备本合同项下劳务作业开工条件的施工场地；

（2）满足劳务作业所需的能源供应、通信及施工道路畅通；

（3）向劳务分包人提供相应的工程资料；

（4）向劳务分包人提供生产、生活临时设施。

3. 负责编制施工组织设计，统一制定各项管理目标，组织编制年、季、月施工计划、物资需用量计划表。

4. 负责工程测量定位、沉降观测、技术交底，组织图纸会审，统一安排技术档案资料的收集整理及交工验收。

5. 按时提供图纸，及时交付材料、设备，所提供的施工机械设备、周转材料、安全设施保证施工需要。

6. 按合同约定，向劳务分包人支付劳动报酬。

7. 负责与发包人、监理、设计及有关部门联系，协调现场工作关系。

二、劳务分包人的主要义务

1. 对劳务分包范围内的工程质量向承包人负责；未经承包人授权或允许，不得擅自与发包人及有关部门建立工作联系。

2. 科学安排作业计划。

3. 加强安全教育，认真执行安全技术规范，严格遵守安全制度，落实安全措施，确保施工安全。

4. 加强现场管理，严格执行建设主管部门及环保、消防、环卫等有关部门对施工现场的管理规定，做到文明施工。

5. 劳务分包人须服从承包人转发的发包人及工程师的指令。

三、劳务报酬最终支付

1. 劳务报酬可以采用：①固定劳务报酬；②计时单价；③计件单价。

2. 全部工作完成，经承包人认可后 14 天内，劳务分包人向承包人递交完整的结算资料。

3. 承包人收到结算资料后 14 天内进行核实，给予确认或者提出修改意见。

4. 承包人确认结算资料后 14 天内向劳务分包人支付劳务报酬尾款。

考法 1：归类题

【例题·2016 年真题·单选题】根据《建设工程施工劳务分包合同（示范文本）》GF—2003—0214，应由劳务分包人完成的工作是（　　）。

A. 收集技术资料　　　　　　　　B. 搭建生活设施

C. 编制施工计划　　　　　　　　D. 加强安全教育

【答案】D

【解析】劳务分包人应加强安全教育，认真执行安全技术规范，严格遵守安全制度，落实安全措施，确保施工安全。选项 A、B、C 都是承包人的主要义务。

考法 2：填空题

【例题·2007 年真题·单选题】根据《建设工程施工劳务分包合同（示范文本）》GF—2003—0214，劳务分包人在施工场地内自有施工机械设备的保险手续应由（　　）办理，并支付保险费用。

A. 发包人　　　　　　　　　　　B. 工程承包人

C. 劳务分包人　　　　　　　　　D. 工程师

【答案】C

【解析】劳务分包人必须为从事危险作业的职工办理意外伤害保险，并为施工场地内自有人员生命财产和施工机械设备办理保险，支付保险费用。

1Z206025　工程总承包合同的内容

核心考点　工程总承包合同

一、发包人的义务和责任

1. 提供施工现场和工作条件。

2. 提供基础资料。

3. 办理许可和批准

发包人办理的许可、批准或备案，包括但不限于建设用地规划许可证、建设工程规划许可证、建设工程施工许可证等许可和批准。

4. 向承包人提供支付担保，支付合同价款。

5. 现场管理配合

发包人应负责保证在现场或现场附近的发包人人员和发包人的其他承包人与承包人进行合作。

发包人应与承包人、由发包人直接发包的其他承包人（如有）订立施工现场统一管理协议，明确各方的权利义务。

二、承包人的一般义务

1. 按合同约定负责临时设施的设计、施工、运行、维护、管理和拆除。

2. 编制设计、施工的组织和实施计划，保证项目进度计划的实现，并对所有设计、施工作业和施工方法，以及全部工程的完备性和安全可靠性负责。

3. 采取安全文明施工、职业健康和环境保护措施，办理员工工伤保险等相关保险，确保工程及人员、材料、设备和设施的安全，防止因工程实施造成的人身伤害和财产损失。

4. 将发包人按合同约定支付的各项价款专用于合同工程，且应及时支付其雇用人员（包括建筑工人）工资，并及时向分包人支付合同价款。

三、承包人的设计

1. 法律和标准的变化

（1）承包人完成设计工作所应遵守的法律规定，以及国家、行业和地方的规范和标准，均应视为在基准日期适用的版本。

（2）基准日期之后，前述版本发生重大变化，或者有新的法律，以及国家、行业和地方的规范和标准实施的，承包人应向工程师提出遵守新规定的建议。

（3）在基准日期之后，因国家颁布新的强制性规范、标准导致承包人的费用变化的，发包人应合理调整合同价格；导致工期延误的，发包人应合理延长工期。

2. 承包人文件审查

（1）根据《发包人要求》应当通过工程师报发包人审查同意的承包人文件，承包人应当按照《发包人要求》约定的范围和内容及时报送审查。

（2）自工程师收到承包人文件以及承包人的通知之日起，发包人对承包人文件审查期不超过 21 天。

（3）发包人对承包人文件的审查和同意不得被理解为对合同的修改或改变，也并不减轻或免除承包人任何的责任和义务。

（4）承包人文件不需要政府有关部门或专用合同条件约定的第三方审查单位审查或批准的，承包人应当严格按照经发包人审查同意的承包人文件设计和实施工程。

（5）承包人文件需政府有关部门或专用合同条件约定的第三方审查单位审查或批准的，发包人应在发包人审查同意承包人文件后7天内，向政府有关部门或第三方报送承包人文件，承包人应予以协助。

（6）政府有关部门或第三方审查单位批准时间较合同约定时间延长的，竣工日期相应顺延。因此给双方带来的费用增加，由双方在负责的范围内各自承担。

四、材料与工程设备

1. 发包人提供的材料和工程设备

（1）承包人应根据项目进度计划的安排，提前28天以书面形式通知工程师材料与工程设备的进场计划。

（2）发包人应在材料和工程设备到货7天前通知承包人，承包人应会同工程师在约定的时间内，赴交货地点共同进行验收。

（3）发包人提供的材料和工程设备验收后，由承包人负责接收、运输和保管。

（4）发包人需要对进场计划进行变更的，承包人不得拒绝，应根据［变更与调整］的规定执行，并由发包人承担承包人由此增加的费用，以及引起的工期延误。

2. 承包人提供的材料和工程设备

（1）合同约定由承包人采购的材料、工程设备，除专用合同条件另有约定外，发包人不得指定生产厂家或供应商，发包人违反本款约定指定生产厂家或供应商的，承包人有权拒绝，并由发包人承担相应责任。

（2）在履行合同过程中，由于国家新颁布的强制性标准、规范，造成承包人负责提供的材料和工程设备，虽符合合同约定的标准，但不符合新颁布的强制性标准时，由承包人负责修复或重新订货，相关费用支出及导致的工期延长由发包人负责。

五、工期和进度

1. 项目进度计划的提交

（1）承包人应编制并向工程师提交项目初步进度计划，经工程师批准后实施。

（2）经工程师批准的项目初步进度计划称为项目进度计划，是控制合同工程进度的依据，工程师有权按照进度计划检查工程进度情况。

（3）承包人还应根据项目进度计划，编制更为详细的分阶段或分项的进度计划，由工程师批准。

2. 项目进度计划的修订

（1）项目进度计划不符合合同要求或与工程的实际进度不一致的，承包人应向工程师提交修订的项目进度计划，并附具有关措施和相关资料。

（2）工程师也可以直接向承包人发出修订项目进度计划的通知，承包人如接受，应按该通知修订项目进度计划，报工程师批准。承包人如不接受，应当在14天内答复。

（3）工程师应在收到修订的项目进度计划后14天内完成审批或提出修改意见。

3. 进度报告

项目实施过程中，承包人应进行实际进度记录，并根据工程师的要求编制月进度报告，并提交给工程师。

4. 工期延误

因国家有关部门审批迟延造成工期延误的，竣工日期相应顺延。造成费用增加的，由双方在负责的范围内各自承担。

5. 工期提前

（1）发包人不得以任何理由要求承包人超过合理限度压缩工期。承包人有权不接受提前竣工的指示，工期按照合同约定执行。

（2）承包人提出提前竣工的建议且发包人接受的，应与发包人共同协商采取加快工程进度的措施和修订项目进度计划。发包人应承担承包人由此增加的费用，增加的费用按［变更与调整］的约定执行，并向承包人支付专用合同条件约定的相应奖励金。

考法1：归类题

【例题·2021年真题·单选题】下列工程总承包合同义务中，属于承包人义务的是（　　）。

A. 办理施工许可证

B. 负责组织设计阶段审查会议，并承担会议费用

C. 提供与施工有关的现场障碍资料

D. 按照行业工程建设标准规范规定的设计深度开展工程设计

【答案】D

【解析】根据《建设项目工程总承包合同（示范文本）》GF—2020 0216，承包人有义务按照发包人提供的项目基础资料、现场障碍资料和国家有关部门、行业工程建设标准规范规定的设计深度开展工程设计，并对其设计的工艺技术和（或）建筑功能及工程的安全、环境保护、职业健康的标准，设备材料的质量、工程质量和完成时间负责。选项A、B、C属于发包人义务。

考法2：正误判断题

【例题·2020年真题·单选题】根据《建设项目总承包合同（示范文本）》GF—2020—0216，关于建设工程项目发包人权利和义务的说法，错误的是（　　）。

A. 负责办理项目的审批、核准或备案手续，取得项目用地的使用权

B. 履行合同中约定的合同价格调整、付款、竣工结算义务

C. 发包人认为有必要的时候，有权以书面形式发出暂停通知

D. 发包人对因承包人原因给发包人带来的损失不能提出赔偿

【答案】D

【解析】根据《建设项目工程总承包合同（示范文本）》GF—2020—0216，发包人有权根据合同约定，对因承包人原因给发包人带来的任何损失和损害，提出赔偿，故选项D错误。

1Z206026　工程监理合同的内容

核心考点　工程监理合同

一、监理工作内容

1. 收到工程设计文件后编制监理规划，并在第一次工地会议 7 天前报委托人。根据有关规定和监理工作需要，编制监理实施细则。

2. 熟悉工程设计文件，并参加由委托人主持的图纸会审和设计交底会议。

3. 参加由委托人主持的第一次工地会议。

4. 审查施工承包人提交的竣工验收申请，编写工程质量评估报告。

5. 参加工程竣工验收，签署竣工验收意见。

二、监理人职责

1. 当委托人与承包人之间发生合同争议时，监理人应协助委托人、承包人协商解决。

2. 当委托人与承包人之间的合同争议提交仲裁机构仲裁或人民法院审理时，监理人应提供必要的证明资料。

3. 在紧急情况下，为了保护财产和人身安全，监理人所发出的指令未能事先报委托人批准时，应在发出指令后的 24 小时内以书面形式报委托人。

4. 监理人发现承包人人员不能胜任本职工作的，有权要求承包人予以调换。

考法：正误判断题

【例题·2022 年真题·单选题】根据《建设工程监理合同（示范文本）》GF—2012—0202，关于监理人职责的说法，正确的是（　　　）。

A. 当委托人与承包人之间发生合同争议时，监理人应不参与争议处理

B. 当委托人与承包人之间的合同争议提交仲裁机构仲裁时，监理人应提交必要的证明资料

C. 监理人可以遵循公平合理原则，适度超越授权范围处理委托人与承包人所签合同的变更事宜

D. 除专用条件另有约定外，监理人发现承包人的人员不能胜任本职工作的，有权要求发包人责令承包人予以调换

【答案】B

【解析】选项 A、C、D 说法错误。其中，选项 A，当委托人与承包人之间发生合同争议时，监理人应协助委托人、承包人协商解决。选项 C，监理人应在专用条件约定的授权范围内处理委托人与承包人所签订合同的变更事宜。如果变更超过授权范围，应以书面形式报委托人批准。选项 D，监理人发现承包人人员不能胜任本职工作的，有权要求承包人予以调换。

1Z206030　合同计价方式

核心考点提纲

核心考点剖析

1Z206031　单价合同

核心考点　单价合同

一、适用范围

发包工程内容和工程量一时尚不能明确、具体地予以规定时，可采用单价合同。

二、特点

1. 实际工程款则按实际完成的工程量和合同中确定的单价计算。

2. 对于投标书中明显的数字计算错误，业主有权利先作修改再评标，当总价和单价的计算结果不一致时，以单价为准调整总价。

3. 单价合同允许随工程量变化而调整工程总价，业主和承包商都不存在工程量方面的风险，因此对合同双方都比较公平。

三、对业主的不足之处

1. 业主需要安排专门力量来核实已经完成的工程量，协调工作量大。

2. 用于计算应付工程款的实际工程量可能超过预测的工程量，即实际投资容易超过计划投资，对投资控制不利。

四、固定单价合同

无论发生哪些影响价格的因素都不对单价进行调整，因而对承包商而言就存在一定的风险。

固定单价合同适用于工期较短、工程量变化幅度不会太大的项目。

五、变动单价合同

合同双方可以约定一个估计的工程量，当实际工程量发生较大变化时可以对单价进行调整，同时还应该约定如何对单价进行调整。

当然也可以约定，当通货膨胀达到一定水平或者国家政策发生变化时，可以对哪些工程内容的单价进行调整以及如何调整等。

考法 1：正误判断题

【例题·2021 年真题·单选题】关于固定单价合同的说法，正确的是（　　　）。

A. 当通货膨胀达到一定水平时，可对单价进行调整

B. 当国家政策发生变化时，可对单价进行调整

C. 当实际工程量发生较大变化时，可对单价进行调整

D. 无论发生哪些影响价格的因素都不对单价进行调整

【答案】D

【解析】单价合同又分为固定单价合同和变动单价合同。固定单价合同条件下，无论发生哪些影响价格的因素都不对单价进行调整，因而对承包商而言就存在一定的风险，故选项 D 正确。当采用变动单价合同时，合同双方可以约定一个估计的工程量，当实际工程量发生较大变化时可以对单价进行调整，同时还应该约定如何对单价进行调整；当然也

可以约定，当通货膨胀达到一定水平或者国家政策发生变化时，可以对哪些工程内容的单价进行调整以及如何调整等，故选项 A、B、C 错误。

考法 2：计算题

【例题·2019年真题·单选题】某土石方工程采用混合计价。其中土方工程采用总价包干，包干价 14 万元；石方工程采用综合单价合同，单价为 100 元 /m³。该工程有关工程量和价格资料见下表，则该工程结算价款为（　　）万元。

项目	估计工程量（m³）	实际工程量（m³）	合同单价（元 /m³）
土方工程	3300	3600	—
石方工程	2000	2500	100

A. 34   B. 37

C. 39   D. 42

【答案】C

【解析】单价合同，实际工程款按实际完成的工程量和合同中确定的单价计算。

本题中石方工程采用单价合同，故石方工程的结算价款 = 2500×100 = 25 万元。

而本题中的土方工程采用总价包干，包干价为 14 万元。

所以该工程结算价款 = 25 + 14 = 39 万元。

考法 3：填空题

【例题·2020年真题·单选题】某按单价合同进行计价的招标工程，在评标过程中发现某投标人的总价与单价的计算结果不一致，原因是投标人在计算时将钢材单价 4000 元 /t 误作为 2000 元 /t。对此，业主有权（　　）。

A. 以总价为准调整单价

B. 以单价为准调整总价

C. 要求投标人重新提交钢材单价

D. 将该投标文件作废标处理

【答案】B

【解析】单价合同的特点是单价优先。对于投标书中明显的数字计算错误，业主有权利先作修改再评标，当总价和单价的计算结果不一致时，以单价为准调整总价。

1Z206032　总价合同

核心考点　总价合同

一、固定总价合同

1. 含义

（1）合同总价一次包死，固定不变，不再因为环境的变化和工程量的增减而变化。

（2）在这类合同中，承包商承担了全部的工作量和价格的风险。因此，承包商在报价时应对一切费用的价格变动因素以及不可预见因素都做充分的估计，并将其包含在合同价格之中。

（3）在国际上，这种合同被广泛接受和采用。

2. 合同价格调整

（1）当然，在固定总价合同中还可以约定，在发生重大工程变更、累计工程变更超过一定幅度或者其他特殊条件下可以对合同价格进行调整。

（2）需要定义重大工程变更的含义、累计工程变更的幅度及什么样的特殊条件才能调整合同价格，以及如何调整合同价格等。

3. 风险

（1）对业主而言，在合同签订时就可以基本确定项目总投资额，对投资控制有利。

（2）承包商承担了较大的风险，业主的风险较小。

（3）承包商的风险主要有两方面：

① 价格风险：报价计算错误、漏报项目、物价和人工费上涨等。

② 工作量风险：工程量计算错误、工程范围不确定、工程变更或者由于设计深度不够所造成的误差等。

4. 适用情况

（1）工程量小、工期短，估计在施工过程中环境因素变化小，工程条件稳定并合理。

（2）工程设计详细，图纸完整、清楚，工程任务和范围明确。

（3）工程结构和技术简单，风险小。

（4）投标期相对宽裕，承包商可以有充足的时间详细考察现场、复核工程量、分析招标文件、拟订施工计划。

二、变动总价合同

1. 含义

（1）又称为可调总价合同，合同价格是以图纸及规定、规范为基础，按照时价进行计算，得到包括全部工程任务和内容的暂定合同价格。

（2）它是一种相对固定的价格。

2. 合同价格调整

（1）由于通货膨胀等原因而使所使用的工、料成本增加时，可以按照合同约定对合同总价进行相应的调整。当然，一般由于设计变更、工程量变化和其他工程条件变化所引起的费用变化也可以进行调整。

（2）在工程施工承包招标时，施工期限一年左右的项目一般实行固定总价合同，通常不考虑价格调整问题。

（3）但是对建设周期一年半以上的工程项目，则应考虑下列因素引起的价格变化问题：

① 劳务工资以及材料费用的上涨。

② 其他影响工程造价的因素，如运输费、燃料费、电力等价格变化。

③ 外汇汇率的不稳定。

④ 国家或者省、市立法的改变引起的工程费用的上涨。

3. 风险

（1）通货膨胀等不可预见因素的风险由业主承担，对承包商而言，风险相对较小。

（2）对业主而言，不利于其进行投资控制，突破投资的风险就增大了。

三、总价合同

1. 含义

总价合同也称作总价包干合同，即根据施工招标时的要求和条件，当施工内容和有关条件不发生变化时，业主付给承包商的价款总额就不发生变化。

2. 应用

一般是在施工图设计完成，施工任务和范围比较明确，业主的目标、要求和条件都清楚的情况下才采用总价合同。

3. 不足之处

对业主来说，由于设计花费时间长，因而开工时间较晚，开工后的变更容易带来索赔，而且在设计过程中也难以吸收承包商的建议。

4. 总价合同的特点

（1）发包单位可以在报价竞争状态下确定项目的总造价，可以较早确定或者预测工程成本。

（2）业主的风险较小，承包人将承担较多的风险。

（3）评标时易于迅速确定最低报价的投标人。

（4）在施工进度上能极大地调动承包人的积极性。

（5）发包单位能更容易、更有把握地对项目进行控制。

（6）必须完整而明确地规定承包人的工作。

（7）必须将设计和施工方面的变化控制在最小限度内。

考法 1：归类题

【例题·2018 年真题·多选题】采用固定总价合同时，承包商承担的价格风险有（　　）。

A. 漏报项目　　　　　　　　　　B. 报价计算错误

C. 工程范围不确定　　　　　　　D. 工程量计算错误

E. 物价和人工费上涨

【答案】A、B、E

【解析】承包商的风险主要有两个方面：一是价格风险，二是工作量风险。价格风险有报价计算错误、漏报项目、物价和人工费上涨等；工作量风险有工程量计算错误、工程范围不确定、工程变更或者由于设计深度不够所造成的误差等。选项 C、D 属于工作量风险。

考法 2：正误判断题

【例题·2022 年真题·多选题】关于总价合同的说法，正确的有（　　）。

A. 发包人可以较早确定或预测工程成本

B. 承包人将承担较少的风险

C. 能极大地调动承包人控制进度的积极性

D. 必须完整而明确地规定承包人的工作

E. 将设计和施工变化控制在最小限度内

【答案】A、C、D、E

【解析】选项B说法错误，采用总价合同，业主的风险较小，承包人将承担较多的风险。

1Z206033　成本加酬金合同

核心考点　成本加酬金合同

一、含义

工程施工的最终合同价格将按照工程的实际成本再加上一定的酬金进行计算。

二、风险

采用这种合同，承包商不承担任何价格变化或工程量变化的风险，这些风险主要由业主承担，对业主的投资控制很不利。

三、适用范围

1. 工程特别复杂，工程技术、结构方案不能预先确定，或者尽管可以确定工程技术和结构方案，但是不可能进行竞争性的招标活动并以总价合同或单价合同的形式确定承包商，如研究开发性质的工程项目。

2. 时间特别紧迫，如抢险、救灾工程，来不及进行详细的计划和商谈。

四、对业主而言的优点

1. 可以通过分段施工缩短工期，不必等待所有施工图完成才开始招标和施工。

2. 可以减少承包商的对立情绪，承包商对工程变更和不可预见条件的反应会比较积极和快捷。

3. 可以利用承包商的施工技术专家，帮助改进或弥补设计中的不足。

4. 业主可以根据自身力量和需要，较深入地介入和控制工程施工和管理。

5. 也可以通过确定最大保证价格约束工程成本不超过某一限值，从而转移一部分风险。

五、4种形式

1. 成本加固定费用合同

（1）所加的这笔固定费用的酬金，作为管理费及利润，对人工、材料、机械台班等直接成本则实报实销。

（2）如果设计变更或增加新项目，当直接费超过原估算成本的一定比例（如10%）时，固定的报酬也要增加。

（3）也可在固定费用之外根据工程质量、工期和节约成本等因素，给承包商另加奖金。

（4）成本加固定费用合同不利于降低成本，但有利于缩短工期。

（5）在工程总成本一开始估计不准，可能变化不大的情况下，可采用此合同形式。

2. 成本加固定比例费用合同

这种方式的报酬费用总额随成本加大而增加，不利于缩短工期和降低成本。

一般在工程初期很难描述工作范围和性质，或工期紧迫，无法按常规编制招标文件招标时采用。

3. 成本加奖金合同

奖金是根据报价书中的成本估算指标制定的，在合同中对这个估算指标规定一个底点和顶点，分别为工程成本估算的 60%～75% 和 110%～135%。

承包商在估算指标的底点之下完成工程，则可加大酬金值或酬金百分比。

如果在顶点以下完成工程则可得到奖金，超过顶点要对超出部分支付罚款，通常规定，最大罚款限额不超过原先商定的最高酬金值。

在招标时，当图纸、规范等准备不充分，不能据以确定合同价格，而仅能制定一个估算指标时可采用这种形式。

4. 最大成本加费用合同

当设计深度达到可以报总价的深度时采用，如非代理型（风险型）CM 模式的合同。

如果实际成本超过合同中规定的工程成本总价，由承包商承担所有的额外费用，若实施过程中节约了成本，节约的部分归业主，或者由业主与承包商分享，在合同中要确定节约分成比例。

六、应用

1. 当实行施工总承包管理模式或 CM 模式时，业主与施工总承包管理单位或 CM 单位的合同一般采用成本加酬金合同。

2. 国际上，许多项目管理合同、咨询服务合同等也多采用成本加酬金合同。

考法 1：归类题

【例题·2021 年真题·多选题】对业主而言，成本加酬金合同的优点有（　　　）。

A. 可以通过分段施工缩短工期

B. 便于对工程计划进行合理安排

C. 可以减少承包商的对立情绪

D. 可以利用承包商的施工技术专家，帮助弥补设计中的不足

E. 通过确定最大保证价格约束工程成本不超过某一限值

【答案】A、C、D、E

【解析】成本加酬金合同的缺点是合同的不确定性，由于设计未完成，无法准确确定合同的工程内容、工程量以及合同的终止时间，有时难以对工程计划进行合理安排，故选项 B 错误。

考法 2：填空题

【例题·2019 年真题·单选题】某项目招标时，因工程初期很难描述工作范围和性质，无法按常规编制招标文件，则适宜采用的合同形式是（　　　）。

A. 成本加奖金合同　　　　　　　　B. 成本加固定费用合同

C. 最大成本加费用合同　　　　　　D. 成本加固定比例费用合同

【答案】D

【解析】成本加固定比例费用合同是在工程成本中直接费加一定比例的报酬费，报酬

部分的比例在签订合同时由双方确定。这种方式的报酬费用总额随成本加大而增加，不利于缩短工期和降低成本。一般在工程初期很难描述工作范围和性质，或工期紧迫，无法按常规编制招标文件招标时采用，故本题选 D。

考法 3：正误判断题

【例题·2017 年真题·单选题】 关于成本加酬金合同的说法，正确的是（　　）。

A. 成本加固定费用合同是指在工程直接费中加一定比例的报酬费

B. 最大成本加费用合同是指承包商报一个工程成本总价和一个固定的酬金

C. 成本加奖金合同是指对直接成本实报实销，同时确定固定数目的报酬金额

D. 成本加固定比例费用合同是指按成本估算的 60%～75% 作为酬金计算的基数

【答案】B

【解析】 选项 A 的正确表述为：成本加固定比例费用合同是指工程成本中直接费加一定比例的报酬费。选项 C 的正确表述为：成本加固定费用合同是指根据双方讨论同意的工程规模、估计工期、技术要求、工作性质及复杂性、所涉及的风险等来考虑确定一笔固定数目的报酬金额作为管理费及利润，对人工、材料、机械台班等直接成本则实报实销。选项 D 的正确表述为：在成本加奖金合同中，奖金是根据报价书中的成本估算指标制定的，在合同中对这个估算指标规定一个底点和顶点，分别为工程成本估算的 60%～75% 和 110%～135%。

1Z206034　工程咨询合同计价方式

核心考点　工程咨询合同计价方式

一、计算方法

1. 人月费单价法

（1）人月费单价法是咨询服务中最常用、最基本的以服务时间为基础的计费方法。

（2）这种方法中的"人月费"并不仅是咨询人员的月工资。

（3）适用情况：① 项目规划；② 可行性研究；③ 工程设计；④ 项目管理；⑤ 施工监理；⑥ 技术援助。

2. 按日计费法

（1）这种计费方法通常要比按人月费率折算所得的平均日费用额高。

（2）适用情况：① 咨询工作期限短或不连续、咨询人员少的咨询项目；② 管理咨询；③ 法律咨询；④ 专家论证。

3. 工程建设费用百分比

（1）确定费率（百分比）。

（2）明确费率的计算基数，即究竟是以估计的工程建设费用还是以实际的工程建设费用为基数。

（3）适用情况：工程规模较小、工期较短（一般不超过一年）的建筑工程项目。

二、费用构成

采用人月费单价法时，咨询服务费用由三部分组成：

1. 酬金（人月费率乘以人月数）。

2. 可报销费用。

3. 不可预见费用。

三、合同计价

工程咨询服务合同的计价主要采用总价和成本加酬金方式。

1. 总价合同

（1）根据估计的工程建设费和商定的费率来确定。

（2）按照人月费单价法，根据咨询服务所需人员数量和服务时间等确定。

2. 成本加固定酬金

（1）成本，包括：① 工资性费用（即基本工资和各种社会福利）；② 公司管理费；③ 可报销费用。

（2）固定酬金（费率固定或数额固定），是一笔用于补偿咨询人员的：① 不可预见费；② 服务态度奖励；③ 利润。

考法1：归类题

【例题·2020年真题·单选题】下列计算方法中，不属于工程咨询合同咨询费计算方法的是（　　）。

A. 人月费单价法
B. 工程进度百分比
C. 工程建设费用百分比
D. 按日计费法

【答案】B

【解析】工程咨询合同常用的咨询费计算方法包括：① 人月费单价法；② 按日计费法；③ 工程建设费百分比。

考法2：填空题

【例题·2018年真题·单选题】工程咨询服务合同的计价方式主要采用（　　）。

A. 总价合同和单价合同

B. 单价合同和成本加酬金合同

C. 总价合同和成本加酬金合同

D. 总价合同、单价合同和成本加酬金合同

【答案】C

【解析】工程咨询服务合同的计价主要采用总价和成本加酬金方式。计价方式不包括单价合同，故选项当中带单价合同的都是干扰选项。

1Z206040　建设工程施工合同风险管理、工程保险和工程担保

核 心 考 点 提 纲

248

核心考点剖析

1Z206041 施工合同风险管理

核心考点 施工合同风险管理

一、工程合同风险分类

列项	合同工程风险	合同信用风险
原因	客观原因和非主观故意导致	主观故意导致
示例	1. 不利的地质条件变化； 2. 工程变更； 3. 物价上涨； 4. 不可抗力等	1. 业主拖欠工程款； 2. 承包商层层转包、非法分包、偷工减料、以次充好、知假买假等

二、施工合同风险的类型

序号	项目外界环境风险	项目组织成员资信和能力风险
1	政治环境变化	业主资信和能力风险
2	经济环境变化	承包商、分包商、供货商资信和能力风险
3	法律环境变化	其他方面
4	自然环境变化	—

序号	管理风险
1	对环境调查和预测的风险
2	合同条款不严密、错误、二义性，工程范围和标准存在不确定性
3	承包商投标策略错误，错误理解业主意图和招标文件，导致实施方案错误、报价失误等
4	承包商的技术设计、施工方案、施工计划和组织措施存在缺陷和漏洞，计划不周
5	实施控制过程中的风险

三、工程合同风险分配

1. 业主起草招标文件和合同条件，确定合同类型，对风险的分配起主导作用，有更大的主动权和责任。

2. 如果合同所定义的风险没有发生，则业主多支付了报价中的不可预见风险费，承包商取得了超额利润。

3. 合同风险应该按照效率原则和公平原则进行分配。

4. 应由谁承担风险责任：

（1）谁能最有效地（有能力和经验）预测、防止和控制风险，就应由谁承担。

（2）谁能有效地降低风险损失，就应由谁承担。

（3）谁能将风险转移给其他方面，就应由谁承担。

5. 承担者控制风险是经济的：

（1）能够以最低的成本来承担风险损失。

（2）管理风险的成本、自我防范和市场保险费用最低。

（3）有效、方便、可行。

考法 1：归类题

【例题·2021 年真题·单选题】根据合同风险产生的原因分类，属于合同工程风险的是（   ）。

A. 非法分包   B. 偷工减料

C. 物价上涨   D. 以次充好

【答案】C

【解析】合同工程风险是指客观原因和非主观故意导致的。如工程进展过程中发生不利的地质条件变化、工程变更、物价上涨、不可抗力等。合同信用风险是指主观故意原因导致的。表现为合同双方的机会主义行为，如业主拖欠工程款、承包商层层转包、非法分包、偷工减料、以次充好、知假买假等。选项 A、B、D 属于合同信用风险。

考法 2：正误判断题

【例题·2017 年真题·单选题】关于工程合同风险分配的说法，正确的是（   ）。

A. 业主、承包商谁能更有效的降低风险损失，则应由谁承担相应的风险责任

B. 承包商在工程合同风险分配中起主导作用

C. 业主、承包商谁承担管理风险的成本最高，则应由谁来承担相应的风险责任

D. 合同定义的风险没有发生，业主不用支付承包商投标中的不可预见风险费

【答案】A

【解析】偏题。2017 年首次考核。谁能最有效地（有能力和经验）预测、防止和控制风险，或能有效地降低风险损失，或能将风险转移给其他方面，则应由他承担相应的风险责任，故选项 A 表述正确、选项 C 表述错误。业主起草招标文件和合同条件，确定合同类型，对风险的分配起主导作用，有更大的主动权和责任，故选项 B 表述错误。如果合同所定义的风险没有发生，则业主多支付了报价中的不可预见风险费，承包商取得了超额利润，故选项 D 表述错误。

1Z206042　工程保险

核心考点　工程保险

一、除外责任

各类保险合同由于标的的差异，除外责任不尽相同，但比较一致的有以下几项：

1. 投保人故意行为所造成的损失。

2. 因被保险人不忠实履行约定义务所造成的损失。

3. 战争或军事行为所造成的损失。

4. 保险责任范围以外，其他原因所造成的损失。

二、工程保险种类

1. 工程一切险

（1）按照我国保险制度，工程险包括建筑工程一切险、安装工程一切险两类。

（2）为了保证保险的有效性和连贯性，国内工程通常由项目法人办理保险，国际工程一般要求承包人办理保险。

（3）承包商将一部分永久工程、临时工程、劳务等分包给其他分包商，他可以要求分包商投保其分担责任的那一部分保险，而自己按扣除该分包价格的余额进行保险。

2. 第三者责任险

（1）被保险人：项目法人和承包人。

（2）赔偿范围：由于施工的原因导致项目法人和承包人以外的第三人受到的财产损失或人身伤害。

（3）不属于第三者责任险的赔偿范围：承包商或业主在工地的财产损失，或其公司和其他承包商在现场从事与工作有关的职工的伤亡（属于工程一切险和人身意外险的范围）。

3. 人身意外伤害险

此项保险义务分别由发包人、承包人负责对本方参与现场施工的人员投保。

4. 承包人设备保险

保险的范围包括承包人运抵施工现场的施工机具和准备用于永久工程的材料及设备。我国的工程一切险包括此项保险内容。

5. 执业责任险

以设计人、咨询人（监理人）的设计、咨询错误或员工工作疏漏给业主或承包商造成的损失为保险标的。

6. CIP 保险

（1）保障范围：覆盖业主、承包商及所有分包商。

（2）保障内容：劳工赔偿、雇主责任险、一般责任险、建筑工程一切险、安装工程一切险。

（3）保险优点

① 以最优的价格提供最佳的保障范围；

② 能实施有效的风险管理；

③ 降低赔付率，进而降低保险费率；

④ 避免诉讼，便于索赔。

考法 1：正误判断题

【例题·2021 年真题·多选题】关于工程保险的说法，正确的有（　　　　）。

A. 工程一切险要求投保人以项目法人的名义投保

B. 国内工程通常由项目法人办理工程一切险

C. 第三者责任险一般附加在工程一切险中

D. 承包人设备保险的保险范围包括准备用于永久工程的设备

E. 国内工程开工前均要集中投保工程一切险

【答案】B、C、D

【解析】按照我国保险制度，工程险包括建筑工程一切险、安装工程一切险。在施工过程中如果发生保险责任事件使工程本体受到损害，已支付进度款部分的工程属于项目法人的财产，尚未获得支付但已完成部分的工程属于承包人的财产，因此要求投保人办理保险时应以双方名义共同投保。故选项 A 错误。如果承包商不愿投保一切险，也可以就承包商的材料、机具设备、临时工程、已完工程等分别进行保险，但应征得业主的同意。故选项 E 错误。

考法 2：填空题

【例题·2019 年真题·单选题】根据《建设工程施工合同（示范文本）》GF—2017—0201，除另有约定外，国内工程中通常由发包人投保的险种是（ ）。

A. 建筑工程一切险
B. 工伤保险
C. 人身意外伤害险
D. 执业责任险

【答案】A

【解析】按照我国保险制度，工程险包括建筑工程一切险、安装工程一切险两类。为了保证保险的有效性和连贯性，国内工程通常由项目法人办理保险，国际工程一般要求承包人办理保险。

考法 3：归类题

【例题·2017 年真题·单选题】下列财产损失和人身伤害事件中，属于第三者责任险赔偿范围的是（ ）。

A. 项目承包商在施工工地的财产损失
B. 项目承包商职工在施工工地的人身伤害
C. 项目法人外聘员工在施工工地的人身伤害
D. 项目法人、承包商以外的第三人因施工原因造成的财产损失

【答案】D

【解析】选项 A 属于工程一切险的赔偿范围，选项 B、C 属于人身意外伤害险的赔偿范围。

1Z206043 工程担保

核心考点 工程担保

一、投标担保

1. 担保额度和有效期

对于施工投标，其投标保证金的数额一般不得超过投标总价的 2%，最高不得超过 80 万元人民币。投标保证金有效期应当超出投标有效期 30 天。

对于勘察设计投标，其投标保证金的数额一般不得超过投标总价的 2%，最高不得超过 10 万元人民币。

2. 投标担保的作用

（1）主要目的是保护招标人不因中标人不签约而蒙受经济损失。

（2）确保投标人在投标有效期内不要撤回投标书。

（3）确保投标人在中标后保证与业主签订合同并提供业主所要求的履约担保、预付款担保等。

（4）在一定程度上可以起筛选投标人的作用。

二、履约担保的形式

履约担保的形式通常有4种：银行保函、履约担保书、履约保证金、同业担保。

履约担保的有效期始于工程开工之日，终止日期则可以约定为工程竣工交付之日或者保修期满之日。

根据《建设工程施工合同（示范文本）》GF—2017—0201的规定：

1. 若发包人从工程款中扣留质量保证金，累计扣留的质量保证金不得超过工程价款结算总额的3%。

2. 若承包人用质量保证金保函替换从工程款中扣留的质量保证金，承包人应在发包人签发了竣工付款证书后的28天内，向发包人提交质量保证金保函，发包人应接受该保函，并应同时退还所扣留的质量保证金，质量保证金保函的金额不得超过工程价款结算总额的3%。

三、预付款担保

1. 预付款担保的主要形式是银行保函。

2. 预付款担保的担保金额通常与发包人的预付款是等值的。

3. 预付款一般逐月从工程付款中扣除，预付款担保的担保金额也相应逐月减少。

4. 承包人在施工期间，应当定期从发包人处取得同意此保函减值的文件，并送交银行确认。

5. 承包人还清全部预付款后，发包人应退还预付款担保，承包人将其退回银行注销，解除担保责任。

四、支付担保

支付担保通常有3种形式：银行保函、履约保证金、担保公司担保。

发包人的支付担保应是金额担保，实行履约金分段滚动担保。

考法1：填空题

【例题·2022年真题·单选题】工程担保中，最重要且担保金额最大的是（   ）。

A. 投标担保
B. 履约担保
C. 支付担保
D. 预付款担保

【答案】B

【解析】履约担保是工程担保中最重要也是担保金额最大的工程担保。

考法2：正误判断题

【例题·2017年真题·多选题】关于履约担保的说法，正确的有（   ）。

A. 履约担保是为保证正确、合理使用发包人支付的预付款而提供的担保

B. 履约担保有效期始于工程开工之日，终止日期可以约定在工程竣工交付之日

C. 银行履约保函担保金额通常为合同金额的 10% 左右

D. 保留金由发包人从工程进度款中扣除，总额一般限制在合同总价款的 5%

E. 履约担保书由商业银行开具，金额在保证金的担保金额之内

【答案】B、C

【解析】所谓履约担保，是指招标人在招标文件中规定的要求中标的投标人提交的保证履行合同义务和责任的担保。预付款担保是指承包人与发包人签订合同后领取预付款之前，为保证正确、合理使用发包人支付的预付款而提供的担保，故选项 A 错误。发包人累计扣留的质量保证金不得超过工程价款结算总额的 3%，故选项 D 错误。履约担保书是由担保公司或者保险公司开具履约担保书，当承包人在执行合同过程中违约时，开出担保书的担保公司或者保险公司用该项担保金去完成施工任务或者向发包人支付完成该项目所实际花费的金额，但该金额必须在保证金的担保金额之内，故选项 E 错误。

1Z206050　建设工程施工合同实施

核心考点提纲

1Z206051　施工合同分析—施工合同分析

1Z206053　施工合同实施控制
1. 施工合同跟踪
2. 合同实施的偏差分析和偏差处理
3. 工程变更管理

1Z206055　施工合同履行过程中的诚信自律—诚信自律

核心考点剖析

1Z206051　施工合同分析

核心考点　施工合同分析

一、施工合同分析的含义

1. 合同分析是从合同执行的角度去分析、补充和解释合同的具体内容和要求，将合同目标和合同规定落实到合同实施的具体问题和时间上，用以指导具体工作。

2. 合同分析不同于招标投标过程中对招标文件的分析，目的和侧重点都不同。

3. 合同分析往往由企业的合同管理部门或项目中的合同管理人员负责。

二、施工合同分析的作用

1. 分析合同中的漏洞，解释有争议的内容。

2. 分析合同风险，制定风险对策。

3. 合同任务分解、落实。

三、施工合同分析的内容

1. 分析承包人的主要任务

（1）承包人的总任务，即合同标的。

（2）工作范围：如果工程师指令的工程变更属于合同规定的工程范围，则承包人必须无条件执行；如果工程变更超过承包人应承担的风险范围，则可向业主提出工程变更的补偿要求。

（3）工程变更的补偿范围：通常以合同金额一定的百分比表示，这个百分比越大，承包人的风险越大。

（4）工程变更的索赔有效期：由合同具体规定，一般为28天，也有14天的。一般这个时间越短，对承包人管理水平的要求越高，对承包人越不利。

2. 分析发包人的责任

主要分析发包人（业主）如下的合作责任：

（1）工程师在其授权范围内履行业主的部分合同责任。

（2）业主和工程师有责任对平行的各承包人和供应商之间的责任界限作出划分，对这方面的争执作出裁决，对他们的工作进行协调，并承担管理和协调失误造成的损失。

（3）及时作出承包人履行合同所必需的决策，如下达指令、履行各种批准手续、作出认可、答复请示，完成各种检查和验收手续等。

（4）提供施工条件，如及时提供设计资料、图纸、施工场地、道路等。

（5）按合同规定及时支付工程款，及时接收已完工程等。

四、移交的意义

竣工验收合格即办理移交，移交表示：

1. 业主认可并接收工程，承包人工程施工任务的完结。

2. 工程所有权的转让。

3. 承包人工程照管责任的结束和业主工程照管责任的开始。

4. 保修责任的开始。

5. 合同规定的工程款支付条款有效。

考法1：正误判断题

【例题·2021年真题·多选题】关于合同分析及其作用的说法，正确的有（　　　）。

A. 合同分析要从合同执行的角度去分析

B. 合同分析往往由项目经理负责

C. 合同分析的目的之一是合同任务分解、落实

D. 分析合同中的漏洞，解释有争议的内容

E. 合同分析同招标文件分析的侧重点相同

【答案】A、C、D

【解析】本题综合性很强。合同分析是从合同执行的角度去分析、补充和解释合同的具体内容和要求，故选项A正确。合同分析往往由企业的合同管理部门或项目中的合同管理人员负责，故选项B错误。合同分析的目的和作用体现在以下三个方面：（1）分析合同中的漏洞，解释有争议的内容；（2）分析合同风险，制定风险对策；（3）合同任务分解、落实。故选项C、D正确。合同分析不同于招标投标过程中对招标文件的分析，其目

的和侧重点都不同，故选项 E 错误。

考法 2：填空题

【例题·2018年真题·单选题】下列合同事件中，表示承包人工程施工任务完结的是（   ）。

A. 竣工结算
B. 竣工验收
C. 工程移交
D. 工程保修

【答案】C

【解析】竣工验收合格即办理移交。移交作为一个重要的合同事件，同时又是一个重要的法律概念。它表示：（1）业主认可并接收工程，承包人工程施工任务的完结；（2）工程所有权的转让；（3）承包人工程照管责任的结束和业主工程照管责任的开始；（4）保修责任的开始；（5）合同规定的工程款支付条款有效。

考法 3：归类题

【例题·2015年真题·多选题】在施工合同分析中，发包人的合作责任有（   ）。

A. 施工现场的管理，给发包人的管理人员提供生活和工作条件
B. 及时提供设计资料、图纸、施工场地等
C. 按合同规定及时支付工程款
D. 对平行的各承包人和供应商之间的责任界限作出划分
E. 及时作出承包人履行合同所必需的决策

【答案】B、C、D、E

【解析】选项 A 是承包人的主要任务。

1Z206053　施工合同实施控制

核心考点一　施工合同跟踪

一、施工合同跟踪的含义

1. 承包单位的合同管理职能部门对合同执行者项目经理部或项目参与人的履行情况进行的跟踪、监督和检查。

2. 合同执行者（项目经理部或项目参与人）本身对合同计划的执行情况进行的跟踪、检查与对比。

二、施工合同跟踪的依据

1. 合同以及依据合同而编制的各种计划文件。

2. 各种实际工程文件如原始记录、报表、验收报告等。

3. 管理人员对现场情况的直观了解，如现场巡视、交谈、会议、质量检查等。

三、施工合同跟踪的对象

1. 承包的任务：①工程施工的质量；②工程进度；③工程数量；④成本。

2. 工程小组或分包人的工程和工作：工程承包人必须对这些工程小组或分包人及其所负责的工程进行跟踪检查、协调关系。

3. 业主和其委托的工程师的工作

（1）业主是否及时、完整地提供了工程施工的实施条件，如场地、图纸、资料。

（2）业主和工程师是否及时给予了指令、答复和确认等。

（3）业主是否及时并足额地支付了应付的工程款项。

考法 1：归类题

【例题·2016 年真题·单选题】下列建设工程施工合同跟踪的对象中，属于对业主跟踪的是（   ）。

A. 成本的增减

B. 图纸的提供

C. 施工的质量

D. 分包人失误

【答案】B

【解析】选项 A "成本"、选项 C "质量" 都属于承包的任务，选项 D 是工程小组或分包人的工程和工作。

考法 2：正误判断题

【例题·2015 年真题·单选题】关于施工合同跟踪的说法，错误的是（   ）。

A. 承包单位的合同管理职能部门对合同执行者的履行情况进行跟踪、监督和检查

B. 合同执行者本身对合同计划的执行情况进行跟踪、检查和对比

C. 合同跟踪的内容包括业主是否及时给予了指令、答复等

D. 可以将工程任务发包给专业分包完成，并由专业分包对合同计划的执行进行跟踪、检查和对比

【答案】D

【解析】可以将工程施工任务分解交由不同的工程小组或发包给专业分包完成，工程承包人必须对这些工程小组或分包人及其所负责的工程进行跟踪检查、协调关系，提出意见、建议或警告，保证工程总体质量和进度，故选项 D 表述错误。

核心考点二　合同实施的偏差分析和偏差处理

一、合同实施偏差分析的内容

1. 产生偏差的原因分析。

2. 合同实施偏差的责任分析。

3. 合同实施趋势分析。

二、合同实施偏差处理措施

1. 组织措施：如增加人员投入，调整人员安排，调整工作流程和工作计划。

2. 技术措施：如变更技术方案，采用新的高效率的施工方案等。

3. 经济措施：如增加投入，采取经济激励措施等。

4. 合同措施：如进行合同变更，签订附加协议，采取索赔手段等。

考法：归类题

【例题·2021 年真题·单选题】下列合同实施偏差的调整措施中，属于组织措施的是（   ）。

A. 变更技术方案

B. 调整工作流程

C. 增加投入

D. 签订附加协议

【答案】B

【解析】组织措施，如增加人员投入、调整人员安排、调整工作流程和工作计划等。选项 A 为技术措施，选项 C 为经济措施，选项 D 为合同措施。

核心考点三　工程变更管理

一、工程变更的范围

根据《建设工程施工合同（示范文本）》GF—2017—0201，合同履行过程中发生以下情形的，应按照本条约定进行变更：

1. 增加或减少合同中任何工作，或追加额外的工作。

2. 取消合同中任何工作，但转由他人实施的工作除外。

3. 改变合同中任何工作的质量标准或其他特性。

4. 改变工程的基线、标高、位置和尺寸。

5. 改变工程的时间安排或实施顺序。

二、工程变更的批准

1. 承包商提出的工程变更，应该交予工程师审查并批准。

2. 工程师通常在发出变更通知前应征得业主批准。

三、工程变更的执行

1. 除非工程师明显超越合同权限，承包人应该无条件地执行工程变更的指示。

2. 即使工程变更价款没有确定，或者承包人对工程师答应给予付款的金额不满意，承包人也必须一边进行变更工作，一边根据合同寻求解决办法。

四、工程变更的责任分析与补偿要求

1. 由于业主要求、政府部门要求、环境变化、不可抗力、原设计错误等导致的设计修改，应该由业主承担责任。由此所造成的施工方案的变更以及工期的延长和费用的增加应该向业主索赔。

2. 由于承包人的施工过程、施工方案出现错误、疏忽而导致设计的修改，应该由承包人承担责任。由于承包人的施工过程、施工方案本身的缺陷而导致了施工方案的变更，由此所引起的费用增加和工期延长应该由承包人承担责任。

3. 施工方案变更要经过工程师的批准，不论这种变更是否会对业主带来好处（如工期缩短、节约费用）。

考法 1：归类题

【例题·2020 年真题·多选题】下列工程施工变更情形中，由业主承担责任的有（　　）。

A. 不可抗力导致的设计修改　　　B. 环境变化导致的设计修改

C. 原设计失误导致的设计修改　　D. 政府部门要求导致的设计修改

E. 施工方案出现错误导致的设计修改

【答案】A、B、C、D

【解析】2014 年考试原题。由于业主要求、政府部门要求、环境变化、不可抗力、原设计错误等导致的设计修改，应该由业主承担责任。

考法 2：正误判断题

【例题·2018 年真题·单选题】关于工程变更的说法，正确的是（　　　）。

A. 承包人可直接变更能缩短工期的施工方案

B. 工程变更价款未确定之前，承包人可以不执行变更指示

C. 业主要求变更施工方案，承包人可以索赔相应费用

D. 因政府部门要求导致的设计修改，由业主和承包人共同承担责任

【答案】C

【解析】施工方案变更要经过工程师的批准，不论这种变更是否会对业主带来好处如工期缩短、节约费用，故选项 A 错误。根据工程惯例，除非工程师明显超越合同权限，承包人应该无条件地执行工程变更的指示。即使工程变更价款没有确定，或者承包人对工程师答应给予付款的金额不满意，承包人也必须一边进行变更工作，一边根据合同寻求解决办法，故选项 B 错误。由于业主要求、政府部门要求、环境变化、不可抗力、原设计错误等导致的设计修改，应该由业主承担责任。由此所造成的施工方案的变更以及工期的延长和费用的增加应该向业主索赔，故选项 C 正确、选项 D 错误。

1Z206055　施工合同履行过程中的诚信自律

核心考点　诚信自律

1. 良好行为记录信息的公布：公布期限一般为 3 年。

2. 不良行为记录信息的公布。

序号	列项	说明
1	公布时间	行政处罚决定作出后 7 日内公布
2	公布期限	6 个月至 3 年
3	缩短公布期限	整改有效，经批准，可缩短公布期限，最短不少于 3 个月
4	延长公布期限	拒不整改或整改不力，可延长公布期限
5	公布地域范围	即在当地发布，也在全国公布，公布期限相同

考法 1：填空题

【例题·2021 年真题·单选题】根据《建筑市场诚信行为信息管理办法》，不良行为记录信息公布期限最短不得少于（　　　）个月。

A. 3　　　　　　　　　　　　　　　 B. 6

C. 12　　　　　　　　　　　　　　　 D. 24

【答案】A

【解析】典型的数字型填空式选择题。诚信行为记录由各省、自治区、直辖市建设行政主管部门在当地建筑市场诚信信息平台上统一公布。其中，不良行为记录信息的公布时间为行政处罚决定作出后 7 日内，公布期限一般为 6 个月至 3 年；良好行为记录信息公布期限一般为 3 年，法律、法规另有规定的从其规定。省、自治区和直辖市建设行政主管部

门负责审查整改结果，对整改确有实效的，由企业提出申请，经批准，可缩短其不良行为记录信息公布期限，但公布期限最短不得少于3个月。

考法2：正误判断题

【例题·2018年真题·多选题】关于建筑市场诚信行为记录的说法，正确的有（   ）。

A. 由地方建设行政主管部门统一公布

B. 良好行为记录信息的公布期限一般为3年

C. 不良行为记录信息的公布期限最短为1年

D. 不良行为记录信息公布时间是行政处罚决定做出后7日内

E. 不良行为记录信息公布期限可以根据整改审查结果延长

【答案】B、D、E

【解析】选项A的正确表述为：诚信行为记录由各省、自治区、直辖市建设行政主管部门在当地建筑市场诚信信息平台上统一公布。选项C的正确表述为：省、自治区和直辖市建设行政主管部门负责审查整改结果，对整改确有实效的，由企业提出申请，经批准，可缩短其不良行为记录信息公布期限，但公布期限最短不得少于3个月。

1Z206060 建设工程索赔

核 心 考 点 提 纲

> 1Z206061 索赔依据—索赔依据
> 1Z206062 索赔方法—索赔程序
> 1Z206063 索赔费用计算—索赔费用
> 1Z206064 工期索赔计算—工期索赔

核 心 考 点 剖 析

1Z206061 索赔依据

核心考点 索赔依据

一、反索赔

1. 反索赔的工作内容包括两个方面：一是防止对方提出索赔，二是反击或反驳对方的索赔要求。

2. 双向：业主和承包商都可以向对方提出索赔要求，任何一方也都可以对对方提出的索赔要求进行反驳和反击。

二、发包人向承包人索赔的情形

承包商未按合同要求实施工程，发生下列9种损害业主权益或违约的情况时，业主可索赔费用和（或）利润：

1. 工程进度太慢，要求承包商赶工时，可索赔工程师的加班费。

2. 合同工期已到而工程仍未完工，可索赔误期损害赔偿费。

3. 质量不满足合同要求，如不按照工程师的指示拆除不合格工程和材料，不进行返工或不按照工程师的指示在缺陷责任期内修复缺陷，则业主可找另一家公司完成此类工作，并向承包商索赔成本及利润。

4. 质量不满足合同要求，工程被拒绝接收，在承包商自费修复后，业主可索赔重新检验费。

5. 未按合同要求办理保险，业主可前去办理并扣除或索赔相应的费用。

6. 由于合同变更或其他原因造成工程施工的性质、范围或进度计划等方面发生变化，承包商未按合同要求及时办理保险，由此造成的损失或损害可向承包商索赔。

7. 未按合同要求采取合理措施，造成运输道路、桥梁等的破坏。

8. 未按合同条件要求，无故不向分包商付款。

9. 严重违背合同（如工程进度一拖再拖，质量经常不合格等），工程师一再警告而没有明显改进时，业主可没收履约保函。

三、承包人向发包人索赔的情形

1. 发包人违反合同给承包人造成时间、费用的损失。

2. 因工程变更（含设计变更、发包人提出的工程变更、监理工程师提出的工程变更，以及承包人提出并经监理工程师批准的变更）造成的时间、费用损失。

3. 由于监理工程师对合同文件的歧义解释、技术资料不确切，或由于不可抗力导致施工条件的改变，造成了时间、费用的增加。

4. 发包人提出提前完成项目或缩短工期而造成承包人的费用增加。

5. 发包人延误支付期限造成承包人的损失。

6. 对合同规定以外的项目进行检验，且检验合格，或非承包人的原因导致项目缺陷的修复所发生的损失或费用。

7. 非承包人的原因导致工程暂时停工。

8. 物价上涨，法规变化及其他。

四、索赔成立的前提条件

索赔的成立，应该同时具备以下三个前提条件（必须同时具备，缺一不可）：

1. 与合同对照，事件已造成了承包人工程项目成本的额外支出，或直接工期损失（有损失）。

2. 造成费用增加或工期损失的原因，按合同约定不属于承包人的行为责任或风险责任（无责任）。

3. 承包人按合同规定的程序和时间提交索赔意向通知和索赔报告（按程序）。

考法 1：填空题

【例题·2021年真题·单选题】某工程在地基施工过程中，遇到大量不可预见的地下水，承包人处理地下水的费用应该向（　　　）索赔。

A. 勘察单位　　　　　　　　　　B. 设计人

C. 保险公司　　　　　　　　　　D. 发包人

【答案】D

【解析】施工期间在现场遇到一个有经验的承包商通常不能预见的外界障碍或条件，例如地质条件与预计的业主提供的资料不同，出现未预见的岩石、淤泥或地下水等，导致承包人损失，这类风险通常应该由发包人承担，即承包人可以据此提出索赔。

考法2：正误判断题

【例题·2021年真题·多选题】若承包商未按合同要求实施工程，关于业主向承包商索赔的说法，正确的有（   ）。

A. 未按合同条件要求，无故不向分包人付款，业主无权进行索赔

B. 质量不满足要求，业主另找公司完成的，只可向承包商索赔成本

C. 工程进度太慢，要求承包商赶工时，可索赔业主方工程师的加班费

D. 合同工期已到而工程仍未完工，可索赔误期损害赔偿费

E. 未按合同要求办理保险，业主可前去办理并索赔相应的费用

【答案】C、D、E

【解析】选项A，业主有权进行索赔；选项B，业主可向承包商索赔成本及利润。

考法3：归类题

【例题·2020年真题·多选题】建设工程索赔成立的前提条件有（   ）。

A. 与合同对照事件已造成了承包人工程项目成本的额外支出或直接工期损失

B. 造成费用增加或工期损失的原因，按合同约定不属于承包人的行为责任或风险责任

C. 承包人按合同规定的程序和时间提交了索赔意向通知和索赔报告

D. 造成费用增加或工期损失额度巨大，超出了正常的承受范围

E. 索赔费用计算正确，并且容易分析

【答案】A、B、C

【解析】索赔的成立，应该同时具备以下三个前提条件：① 与合同对照，事件已造成了承包人工程项目成本的额外支出，或直接工期损失；② 造成费用增加或工期损失的原因，按合同约定不属于承包人的行为责任或风险责任；③ 承包人按合同规定的程序和时间提交索赔意向通知和索赔报告。以上三个条件必须同时具备，缺一不可。

1Z206062　索赔方法

核心考点　索赔程序

一、索赔意向通知

发生索赔事件以后，或者承包人发现索赔机会，首先要提出索赔意向，向对方表明索赔愿望、要求或者声明保留索赔权利，这是索赔工作程序的第一步。

二、索赔文件的提交

1. 承包人应在知道或应当知道索赔事件发生后28天内，向监理人递交索赔意向通知书。承包人未在前述28天内发出索赔意向通知书的，丧失要求追加付款和（或）延长工期的权利。

2. 承包人应在发出索赔意向通知书后 28 天内，向监理人正式递交索赔通知书。

3. 索赔事件具有连续影响的，承包人应按合理时间间隔继续递交延续索赔通知。

4. 在索赔事件影响结束后的 28 天内，承包人应向监理人递交最终索赔通知书，说明最终要求索赔的追加付款金额和延长的工期，并附必要的记录和证明材料。

5. 索赔文件的主要内容

（1）总述部分。

（2）论证部分是索赔能否成立的关键。

（3）索赔款项工期计算部分。

（4）证据部分。

三、索赔文件的审核

承包人向发包人的索赔请求，索赔文件首先应该交由工程师审核。

对于工程师的初步处理意见，发包人需要进行审查和批准，然后工程师才可以签发有关证书。

考法：排序题

【例题·2013 年真题·单选题】工程施工过程中发生索赔事件以后，承包人首先要做的工作是（　　）。

A. 向监理工程师提出索赔证据　　　B. 提交索赔报告

C. 提出索赔意向通知　　　　　　　D. 与业主就索赔事项进行谈判

【答案】C

【解析】在工程实施过程中发生索赔事件以后，或者承包人发现索赔机会，首先要提出索赔意向，即在合同规定时间内将索赔意向用书面形式及时通知发包人或者工程师，向对方表明索赔愿望、要求或者声明保留索赔权利，这是索赔工作程序的第一步。

1Z206063　索赔费用计算

核心考点　索赔费用

一、索赔费用的组成

1. 人工费索赔

（1）完成合同之外的额外工作所花费的人工费用；

（2）由于非承包人责任的工效降低所增加的人工费用；

（3）超过法定工作时间加班劳动；

（4）法定人工费增长以及非承包人责任工程延期导致的人员窝工费和工资上涨费等。

2. 材料费索赔

（1）由于索赔事项材料实际用量超过计划用量而增加的材料费；

（2）由于客观原因材料价格大幅度上涨；

（3）由于非承包人责任工程延期导致的材料价格上涨和超期储存费用；

（4）如果由于承包人管理不善，造成材料损坏失效，则不能列入索赔计价。

3. 施工机具使用费索赔

（1）由于完成额外工作增加的机械使用费；

（2）非承包人责任工效降低增加的机械使用费；

（3）由于业主或监理工程师原因导致机械停工的窝工费。窝工费的计算，如系租赁设备，一般按实际租金和调进调出费的分摊计算；如系承包人自有设备，一般按台班折旧费计算。

4. 总部（企业）管理费。索赔款中的总部管理费主要指的是工程延期期间所增加的管理费。包括总部职工工资、办公大楼、办公用品、财务管理、通信设施以及总部领导人员赴工地检查指导工作等开支。

二、索赔费用的计算方法

1. 实际费用法：是计算工程索赔时最常用的一种方法；这种方法的计算原则是以承包人为某项索赔工作所支付的实际开支为根据。

2. 总费用法。

3. 修正的总费用法。

考法 1：归类题

【例题·2019 年真题·多选题】在建设工程项目施工索赔中，可索赔的合理人工费包括（　　　）。

A. 完成合同之外的额外工作所花费的人工费用

B. 超过法定工作时间加班劳动的人工费用

C. 法定人工费增长费用

D. 非承包商责任工程延期导致的人员窝工费用

E. 不可抗力造成的工期延长导致的工资增加费用

【答案】A、B、C、D

【解析】选项 E 不能选。因不可抗力影响承包人履行合同约定的义务，已经引起或将引起工期延误的，应当顺延工期，由此导致承包人停工的费用损失由发包人和承包人合理分担，停工期间必须支付的工人工资由发包人承担。

考法 2：计算题

【例题·2019 年真题·单选题】某建设工程项目在施工中发生下列人工费：完成业主要求的合同外工作花费 3 万元；由于业主原因导致工效降低，使人工费增加 3 万元；施工机械故障造成人员窝工损失 1 万元。则施工单位可向业主索赔的合理人工费为（　　　）万元。

A. 3 　　　　　　　　　　　　　　B. 4

C. 6 　　　　　　　　　　　　　　D. 7

【答案】C

【解析】根据题意，完成合同之外的额外工作所花费的人工费用 3 万元可以索赔；由于非承包人责任的工效降低所增加的人工费用 3 万元可以索赔；而施工机械故障造成人员窝工损失 1 万元不能索赔。因此施工单位可向业主索赔的合理人工费 3 ＋ 3 ＝ 6 万元。

1Z206064　工期索赔计算

核心考点　工期索赔

一、工期延误的分类

1. 按照工期延误的原因划分

（1）因业主和工程师原因引起的延误。

（2）因承包商原因引起的延误。

（3）不可控制因素引起的延误。

2. 按照索赔要求和结果划分

（1）可索赔延误。

（2）不可索赔延误。

3. 按延误工作在工程网络计划的线路划分

（1）关键线路延误

由于关键线路上任何工作的延误都会造成总工期的推迟，因此，非承包商原因造成关键线路延误都是可索赔延误。

（2）非关键线路延误

① 如果延误时间少于该工作的总时差，业主一般不会给予工期顺延，但可能给予费用补偿；

② 如果延误时间大于该工作的总时差，非关键线路的工作就会转化为关键工作，从而成为可索赔延误。

4. 按照延误事件之间的关联性划分

（1）单一延误；是指在某一延误事件从发生到终止的时间间隔内，没有其他延误事件的发生。

（2）共同延误：当两个或两个以上的延误事件从发生到终止的时间完全相同时，这些事件引起的延误称为共同延误。

（3）交叉延误：当两个或两个以上的延误事件从发生到终止只有部分时间重合时，称为交叉延误。

二、工期索赔的计算方法——比例分析法

1. 按工程量的比例进行分析

$$工期索赔值 = 原工期 \times 新增工程量 / 原工程量$$

2. 按照造价的比例进行分析

$$工期索赔值 = 原合同工期 \times 新增工程造价 / 原合同总价$$

考法1：计算题

【例题·2021年真题·单选题】某防水工程施工中出现了设计变更，导致工程量由1600m² 增加到了2400m²，原定施工工期60天，合同约定工程量增减10%为承包商应承担的风险，则承包商可索赔工期（　　）天。

A. 12　　　　　　　　　　　　　B. 30

C. 24　　　　　　　　　　　　D. 60

【答案】C

【解析】本题考核的是比例分析法按照工程量的比例进行分析。根据题意，合同约定工程量增减 10% 为承包商应承担的风险，那么工程量增减在 $1600 \times 10\% = 160\text{m}^2$ 范围内的工程量，不予补偿，则可索赔的工程量 $= 2400 - 1600 - 160 = 640\text{m}^2$。

承包商可索赔工期＝原工期 × 可索赔的工程量／原工程量 $= 60 \times 640 / 1600 = 24$ 天。

考法 2：归类题

【例题·2020 年真题·多选题】下列影响工程进度因素中，属于承包人可以要求合理延长工期的有（　　　）。

A. 业主在工程实施中增减工程量对工期产生不利影响

B. 业主在工程实施中改变工程设计对工期产生不利影响

C. 因进场材料不合格而对工期产生不利影响

D. 因施工操作工艺不规范而对工期产生不利影响

E. 突发的极端恶劣的气候对工期产生不利影响

【答案】A、B、E

【解析】可索赔延误是指非承包商原因引起的工程延误，包括业主或工程师的原因和双方不可控制的因素引起的索赔。选项 A、B 属于因业主原因引起的延误，是可索赔延误。选项 E 是双方不可控制的因素引起的延误，是可索赔延误。选项 C、D 是承包商管理不善引起的工期延误，承包商不应向业主提出索赔。

1Z206070　国际建设工程施工承包合同

核心考点提纲

1Z206071　国际常用的施工承包合同条件—FIDIC 系列合同条件

1Z206072　施工承包合同争议的解决方式—国际工程施工承包合同争议的解决方式

核心考点剖析

1Z206071　国际常用的施工承包合同条件

核心考点　FIDIC 系列合同条件

序号	列项	《施工合同条件》新红皮书	《永久设备和设计——建造合同条件》新黄皮书
1	适用范围	由发包人或由咨询工程师设计的房屋建筑工程和土木工程的施工项目	由承包商做绝大部分设计的工程项目
2	合同计价方式	单价合同，某子项采用包干价格	变动总价合同
3	合同管理	业主委派工程师管理合同	

序号	列项	《EPC 交钥匙项目合同条件》银皮书	《简明合同格式》
1	适用范围	在交钥匙的基础上进行的工程项目的设计和施工，承包商要负责所有的设计、采购和建造工作	投资额较低、不需分包的建筑工程或设施，或投资额较高，但工作内容简单、重复，或建设周期短
2	合同计价方式	固定总价方式，只有在某些特定风险出现时才调整价格	单价合同、总价合同均可
3	合同管理	没有业主委托的工程师角色，承包商要承担较大风险	—

考法 1：正误判断题

【例题 1·2021 年真题·单选题】关于 FIDIC《施工合同条件》的说法，正确的是（　　）。

A. 合同计价方式采用单价合同，但也有些子项采用包干单价

B. 由业主或业主代表管理合同

C. "新红皮书"的应用范围比原"红皮书"较小

D. "新红皮书"适用于由承包商做绝大部分设计的工程项目

【答案】A

【解析】选项 B 的正确说法为：业主委派工程师管理合同，监督工程进度、质量，签发支付证书、接收证书和履约证书，处理合同管理中的有关事项。选项 C 的正确说法为：《施工合同条件》简称"新红皮书"，"新红皮书"与原"红皮书"相对应，但其名称改变后合同的适用范围更大。选项 D 的正确说法为：《施工合同条件》主要用于由发包人设计的或由咨询工程师设计的房屋建筑工程和土木工程的施工项目。

【例题 2·2018 年真题·单选题】关于 FIDIC《永久设备和设计——建造合同条件》的说法，正确的是（　　）。

A. 适用于由发包人负责设计的工程项目

B. 合同计价采用单价合同方式

C. 业主委派工程师负责合同管理

D. 承包商只负责提供设备及工程建造

【答案】C

【解析】《永久设备和设计——建造合同条件》简称"新黄皮书"，适用于由承包商做绝大部分设计的工程项目，承包商要按照业主的要求进行设计、提供设备以及建造其他工程可能包括由土木、机械、电力等工程的组合。合同计价采用总价合同方式，如果发生法规规定的变化或物价波动，合同价格可随之调整。其合同管理与《施工合同条件》下由工程师负责合同管理的模式基本类似。

考法 2：填空题

【例题·2014 年真题·单选题】在 FIDIC 系列合同中，《EPC 交钥匙项目合同条件》

的合同计价采用（　　）。

    A. 固定单价　　　　　　　　　　B. 变动单价

    C. 固定总价　　　　　　　　　　D. 变动总价

【答案】C

【解析】《EPC 交钥匙项目合同条件》的合同计价采用固定总价方式，只有在某些特定风险出现时才调整价格。

1Z206072　施工承包合同争议的解决方式

核心考点　国际工程施工承包合同争议的解决方式

国际工程施工承包合同争议解决的方式一般包括协商、调解、仲裁或诉讼等。

一、协商

协商解决争议是最常见也是最有效的方式，也是应该首选的最基本的方式。

二、仲裁

1. 仲裁的效力：在双方的合同中应该约定仲裁的效力。

2. 在我国，仲裁实行一裁终局制。

3. 仲裁的特点：①仲裁程序效率高，周期短，费用少；②保密性；③专业化。

三、DAB 方式

DAB 的成员一般为工程技术和管理方面的专家。

DAB 的报酬，业主和承包商应各自支付其中的一半。

序号	DAB 任命的 3 种方式	DAB 的 6 大优点
1	常任争端裁决委员会（施工前任命，施工过程中定期视察现场）	DAB 委员在项目开始时就介入项目，了解项目管理情况及存在问题
2	特聘争端裁决委员会（发生争端时任命，至对该争端发出最终决定时期满）	DAB 委员是发包人和承包人自己选择的，其裁决意见容易被接受
3	工程师兼任（具有必要经验和资源的独立专业咨询工程师）	DAB 委员公正性、中立性，可以保证他们的决定不带有任何主观倾向或偏见
4	—	DAB 的裁决不是强制性的，不具有终局性，合同双方或一方对裁决不满意，仍然可以提请仲裁或诉讼
5		周期短，可以及时解决争议
6		费用较低

考法 1：正误判断题

【例题·2019 年真题·单选题】关于 FIDIC 施工合同条件中采用 DAB 争端裁决委员会方式解决争议的说法，正确的是（　　）。

    A. 特聘争端裁决委员的任期与合同期限一致

    B. DAB 成员一般是工程技术和管理方面的专家

C. 业主应按支付条件支付 DAB 报酬的 70%

D. DAB 提出的裁决具有强制性

【答案】B

【解析】特聘争端裁决委员会，由只在发生争端时任命的一名或三名成员组成，他们的任期通常在 DAB 对该争端发出其最终决定时期满，故选项 A 错误。对争端裁决委员会及其每位成员的报酬以及支付的条件应由业主、承包商及争端裁决委员会的每位成员协商确定。业主和承包商应该按照支付条件各自支付其中的一半，故选项 C 错误。由于 DAB 提出的裁决不是强制性的，不具有终局性，合同双方或一方对裁决不满意，仍然可以提请仲裁或诉讼，故选项 D 错误。

考法 2：填空题

【例题·2022 年真题·单选题】在 FIDIC 施工合同条件下，合同双方在收到争端裁决决定后（   ）天内均未提出异议的，则该决定即为最终决定。

A. 14   B. 21

C. 28   D. 42

【答案】C

【解析】合同双方经过协商，选定一个独立公正的争端裁决委员会（DAB），当发生合同争议时，由该委员会对其争议作出决定。合同双方在收到决定后 28 天内，均未提出异议，则该决定即是最终的，对双方均具有约束力。

本章经典真题回顾

一、单项选择题（每题的备选项中，只有 1 个最符合题意）

1.【2022 年真题】关于暂停施工的说法，正确的是（   ）。

A. 监理人认为有必要时，并经发包人同意后，可向承包人发出暂停施工的指示

B. 因发包人原因引起暂停施工的，监理人不必征询发包人同意，应及时下达暂停施工指示

C. 因监理人原因引起暂停施工的，发包人应承担由此增加的费用，承包人承担延误的工期

D. 因紧急情况需暂停施工，在监理人未下达暂停施工指示前，不得先暂停施工

【答案】A

【解析】选项 B、C、D 说法错误。其中，选项 B，因发包人原因引起暂停施工的，监理人经发包人同意后，应及时下达暂停施工指示；选项 C，因监理人原因引起暂停施工的，发包人应承担由此增加的费用和（或）延误的工期，并支付承包人合理的利润；选项 D，因紧急情况需暂停施工，且监理人未及时下达暂停施工指示的，承包人可先暂停施工，并及时通知监理人。

2.【2021 年真题】关于投标申请人资格预审的说法，正确的是（   ）。

A. 资格预审可以在招标开始之前或者初期进行

B. 公开招标只能采用资格预审方式

C. 资格预审结果不需要通知所有的投标意向者

D. 规定截止日期后，潜在投标人可以根据发包人要求修改资格预审文件

【答案】A

【解析】资格预审是指招标人在招标开始之前或者开始初期，由招标人对申请参加投标的潜在投标人进行资质条件、业绩、信誉、技术、资金等多方面的情况进行资格审查，故选项 A 正确。资格审查分为资格预审和资格后审，故选项 B 错误。业主组织资格预审评审委员会，对资格预审文件进行评审，并将评审结果及时以书面形式通知所有参加资格预审的投标意向者，故选项 C 错误。投标意向者在规定的截止日期之前完成填报的内容，报送资格预审文件，所报送的文件在规定的截止日期后不能再进行修改，故选项 D 错误。

3.【2020 年真题】根据《建设工程施工专业分包合同（示范文本）》GF—2003—0213，关于专业工程分包人责任和义务的说法，正确的是（　　）。

A. 分包人必须服从发包人直接发出的指令

B. 分包人应允许发包人授权的人员在工作时间内合理进入分包工程施工场地

C. 遵守政府有关主管部门的管理规定但不用办理有关手续

D. 分包人可以直接与发包人或工程师发生直接工作联系

【答案】B

【解析】分包人须服从承包人转发的发包人或工程师与分包工程有关的指令，故选项 A 错误。分包人应遵守政府有关主管部门对施工场地交通、施工噪声以及环境保护和安全文明生产等的管理规定，按规定办理有关手续，并以书面形式通知承包人，故选项 C 错误。未经承包人允许，分包人不得以任何理由与发包人或工程师发生直接工作联系，故选项 D 错误。

4.【2020 年真题】某基础工程合同价为 3000 万元，合同总工期为 30 个月，施工过程中因设计变更，导致增加额外工程 600 万元，业主同意工期顺延。根据比例分析法，承包商可索赔工期（　　）个月。

A. 3　　　　　　　　　　　　　　　　B. 4

C. 6　　　　　　　　　　　　　　　　D. 8

【答案】C

【解析】本题考核的是比例分析法按照造价的比例进行分析。承包商可索赔工期＝原合同工期 × 新增工程造价 / 原合同总价＝ 30×600/3000 ＝ 6 个月。

5.【2019 年真题】某工程承包人于 2019 年 5 月 15 日提交了竣工验收申请报告，6 月 10 日工程竣工验收合格，6 月 15 日发包人签发了工程接收证书。根据《建设工程施工合同（示范文本）》GF—2017—0201 通用条款，该工程的缺陷责任期、保修期起算日分别为（　　）。

A. 5 月 15 日、6 月 10 日　　　　　B. 6 月 10 日、6 月 15 日

C. 5 月 15 日、6 月 15 日　　　　　D. 6 月 15 日、6 月 10 日

【答案】A

【解析】缺陷责任期自工程实际竣工日期起计算。保修期从工程竣工验收合格之日起计算。

6.【2019年真题】关于专业工程分包人责任和义务的说法，正确的是（   ）。

A. 分包人必须服从发包人直接发出的指令

B. 分包人应履行总包合同中与分包工程有关的承包人的义务，另有约定除外

C. 必须完成规定的设计内容，并承担由此发生的费用

D. 在合同约定的时间内，向监理人提交施工组织设计，并在批准后执行

【答案】B

【解析】分包人须服从承包人转发的发包人或工程师与分包工程有关的指令，故选项A错误。分包人应按照合同约定的时间，完成规定的设计内容，报承包人确认后在分包工程中使用。承包人承担由此发生的费用，故选项C错误。分包人应在合同约定的时间内，向承包人提交详细的施工组织设计，承包人应在专用条款约定的时间内批准，分包人方可执行，故选项D错误。

7.【2018年真题】某项目招标时，因图纸、规范准备不充分，不能据此确定合同价格，而仅能制定一个估算指标，则适宜采用的合同形式是（   ）。

A. 成本加奖金合同　　　　　　　　B. 成本加固定费用合同

C. 最大成本加费用合同　　　　　　D. 成本加固定比例费用合同

【答案】A

【解析】成本加奖金合同中的奖金是根据报价书中的成本估算指标制定的，在合同中对这个估算指标规定一个底点和顶点，分别为工程成本估算的60%～75%和110%～135%。在招标时，当图纸、规范等准备不充分，不能据以确定合同价格，而仅能制定一个估算指标时可采用这种形式。

8.【2018年真题】关于国际工程施工承包合同争议解决的说法，正确的是（   ）。

A. 国际工程施工承包合同争议解决中，仲裁实行一裁终局制

B. 国际工程施工承包合同争议解决中，诉讼是首选方式

C. FIDIC合同中，DAB作出的裁决是强制性的

D. 国际工程施工承包合同争议最有效的解决方式是协商

【答案】D

【解析】国际上，在双方的合同中应该约定仲裁的效力，即仲裁决定是否为终局性的。在我国，仲裁实行一裁终局制，故选项A错误。协商解决争议是最常见也是最有效的方式，也是应该首选的最基本的方式，故选项B错误、选项D正确。由于DAB提出的裁决不是强制性的，不具有终局性，合同双方或一方对裁决不满意，仍然可以提请仲裁或诉讼，故选项C错误。

9.【2017年真题】关于工程变更的说法，正确的是（   ）。

A. 合同实施中，承包人应就合同范围内的业主变更先提出补偿要求

B. 工程变更的索赔有效期一般为7天，不超过14天

C. 工程变更的补偿范围越大，承包人的风险越大

D. 工程变更索赔期越短，对承包人越有利

【答案】C

【解析】在合同实施中，如果工程师指令的工程变更属于合同规定的工程范围，则承包人必须无条件执行；如果工程变更超过承包人应承担的风险范围，则可向业主提出工程变更的补偿要求，故选项 A 表述错误。工程变更的索赔有效期，由合同具体规定，一般为 28 天，也有 14 天的。一般这个时间越短，对承包人管理水平的要求越高，对承包人越不利，故选项 B、D 表述错误。

10. 【2017 年真题】关于单价合同中承包商风险的说法，正确的是（　　）。

A. 单价合同中承包商存在工程量方面的风险

B. 单价合同中承包商存在投标总价过低方面的风险

C. 固定单价合同条件下，承包商存在通货膨胀带来的单价上涨的风险

D. 变动单价合同下，承包商存在通货膨胀带来的单价上涨的风险

【答案】C

【解析】选项 A、B、D 说法错误。其中，选项 A，由于单价合同允许随工程量变化而调整工程总价，所以业主和承包商都不存在工程量方面的风险，故选项 A 说法错误。选项 B，单价合同中允许随工程量变化而调整工程总价，所以承包商不存在投标总价过低方面的风险，故选项 B 说法错误。选项 D，变动单价合同可以约定，当通货膨胀达到一定水平时，可以对哪些工程内容的单价进行调整以及如何调整等，因此，承包商不存在通货膨胀带来的单价上涨的风险，故选项 D 说法错误。选项 C，固定单价合同条件下，无论发生哪些影响价格的因素都不对单价进行调整，因而承包商存在通货膨胀带来的单价上涨的风险，故选项 C 说法正确。

11. 【2016 年真题】某工程因发包人原因造成承包人自有施工机械窝工 10 天，该机械市场租赁费为 1200 元/天，进出场费 2000 元，台班费 400 元/台班，其中台班折旧费 160 元/台班；计划每天工作 1 台班，共使 40 天，则承包人索赔成立的费用是（　　）元。

A. 1600　　　　　　　　　　　　B. 4000

C. 12000　　　　　　　　　　　 D. 12500

【答案】A

【解析】工程因发包人原因造成自有施工机械的窝工，应按照该机械的台班折旧费进行索赔。每天工作一个台班，窝工 10 天即 10 个台班。因此承包人可以索赔的费用为 $10 \times 160 = 1600$ 元。

12. 【2016 年真题】关于成本加酬金合同的说法，正确的是（　　）。

A. 成本加固定费用的合同，承包商的酬金不可调整

B. 成本加固定比例费用的合同，有利于缩短工期

C. 当设计深度达到可以报总价的深度时，适宜采用成本加奖金合同

D. 当实行风险型 CM 模式时，适宜采用最大成本加费用合同

【答案】D

【解析】选项 A，成本加固定费用的合同，有时也可在固定费用之外根据工程质量、

工期和节约成本等因素，给承包商另加奖金，以鼓励承包商积极工作。选项B，成本加固定比例的合同，一般在工程初期很难描述工作范围和性质，或工期紧迫，无法按常规编制招标文件招标时采用。选项C，即当设计深度达到可以报总价的深度，应当采用最大成本加费用合同。

13.【2015年真题】关于物资采购交货日期的说法，正确的是（   ）。

A. 凡委托运输部门送货的，以供货方发运产品时承运单位签发的日期为准

B. 供货方负责送货的，以供货方按合同规定通知的提货日期为准

C. 采购方提货的，以采购方收货戳记的日期为准

D. 凡委托运输单位代运的产品，以向承运单位提出申请的日期为准

【答案】A

【解析】凡委托运输部门或单位运输、送货或代运的产品，一般以供货方发运产品时承运单位签发的日期为准，不是以向承运单位提出申请的日期为准，故选项A正确、选项D错误。供货方负责送货的，以采购方收货戳记的日期为准。采购方提货的，以供货方按合同规定通知的提货日期为准，故选项B、C错误。

14.【2014年真题】在FIDIC系列合同文件中，《EPC交钥匙项目合同条件》的合同计价采用（   ）方式。

A. 固定单价   B. 变动单价

C. 固定总价   D. 变动总价

【答案】C

【解析】《EPC交钥匙项目合同条件》合同计价采用固定总价方式，只有在某些特定风险出现时才调整价格。

二、多项选择题（每题的备选项中，有2个或2个以上符合题意，至少有1个错项）

1.【2022年真题】关于工程变更管理的说法，正确的有（   ）。

A. 承包人对变更价格不满意的，有权停止执行变更工作

B. 设计人提出的工程变更应与业主协商，或经业主批复

C. 工程变更的补偿范围，通常以实际支付工程款的百分比表示

D. 有利于业主的施工方案变更仍然需要（咨询）工程师批准

E. 因业主在授标前要求承包人修改施工方案的承包人可向业主索赔

【答案】B、D

【解析】选项A、C、E说法错误。其中，选项A，即使工程变更价款没有确定，或者承包人对工程师答应给予付款的金额不满意，承包人也必须一边进行变更工作，一边根据合同寻求解决办法。选项C，工程变更的补偿范围，通常以合同金额（而非实际支付工程款）一定的百分比表示。选项E，"授标前"应该为"授标后"。

2.【2021年真题】关于施工总承包合同中费用控制条款的说法，正确的有（   ）。

A. 发包人签发进度款支付证书，表明发包人已接受了承包人完成的相应工作

B. 承包人可以使用预付款修建临时工程、组织施工队进场

C. 发包人在收到预付款催告通知后7天内仍未支付的，承包人有权暂停施工

D. 发包人应在进度款支付证书签发后 28 天内完成支付

E. 发包人在工程款中逐期扣回预付款后，预付款担保额度应相应减少

【答案】B、C、E

【解析】选项 A 的正确表述为：发包人签发进度款支付证书或临时进度款支付证书，不表明发包人已同意、批准或接受了承包人完成的相应部分的工作。选项 D 的正确表述为：除专用合同条款另有约定外，发包人应在进度款支付证书或临时进度款支付证书签发后 14 天内完成支付。

3.【2020 年真题】在招标文件中要求中标人提交履约担保的形式有（　　）。

A. 保证金

B. 由保险公司开具的履约担保书

C. 商业银行开具的担保函

D. 房屋抵押权证

E. 有价证券

【答案】A、B、C

【解析】履约担保可以采用银行保函、履约担保书和履约保证金的形式，也可以采用同业担保的方式。

4.【2019 年真题】关于单价合同的说法，正确的有（　　）。

A. 投标报价单中总价和单价计算结果不一致时，以单价为准调整总价

B. 对于投标书中出现明显的数字计算错误，业主有权利先作修改再评标

C. 采用单价合同时，业主和承包人都不担心存在工程量方面的风险

D. 采用固定单价合同时，业主招标准备时间较长

E. 采用变动单价合同时，承包人的风险相对较小

【答案】A、B、C、E

【解析】单价合同，在招标前，发包单位无需对工程范围作出完整的、详尽的规定，从而可以缩短招标准备时间，投标人也只需对所列工程内容报出自己的单价，从而缩短投标时间，故选项 D 错误。

5.【2018 年真题】下列工程合同风险中，属于信用风险的有（　　）。

A. 物价上涨

B. 知假买假

C. 偷工减料

D. 违法分包

E. 拖欠工程款

【答案】B、C、D、E

【解析】同上题。选项 A 属于合同工程风险。

6.【2017 年真题】在建设工程项目施工过程中，施工机具使用费的索赔款项包括（　　）。

A. 因监理工程师指令错误导致机械停工的窝工费

B. 因机械故障停工维修而导致的窝工费

C. 非承包商责任导致工效降低增加的机械使用费

D. 由于完成额外工作增加的机械使用费

E. 因机械操作工患病停工而导致的机械窝工费

【答案】A、C、D

【解析】施工机械使用费的索赔包括：由于完成额外工作增加的机械使用费；非承包人责任工效降低增加的机械使用费；由于业主或监理工程师原因导致机械停工的窝工费。

7.【2016年真题】关于固定总价合同的说法，正确的有（　　）。

A. 合同总价一次包死，业主不承担投资风险

B. 在国际上很少采用固定总价合同

C. 图纸和工程内容明确是使用这种合同的前提之一

D. 固定总价合同也有调整合同总价的可能

E. 合同双方结算比较简单

【答案】C、D、E

【解析】对业主而言，在合同签订时就可以基本确定项目的总投资额，对投资控制有利；在双方都无法预测的风险条件下和可能有工程变更的情况下，承包商承担了较大的风险，业主的风险较小；在固定总价合同中还可以约定，在发生重大工程变更、累计工程变更超过一定幅度或者其他特殊条件下可以对合同价格进行调整；在国际上，这种合同被广泛接受和采用，因为有比较成熟的法规和先例的经验。

8.【2015年真题】关于合同谈判中工期和维修期的说法，正确的有（　　）。

A. 对于具有较多单项工程的建设项目工程，可在合同中明确允许分部位或分批提交业主验收

B. 由于工程变更原因对工期产生不利影响时，应该给予承包人要求合理延长工期的权利

C. 承包人只应该承担由于材料和施工方法及操作工艺等不符合合同规定而产生的缺陷

D. 承包人不能用维修保函来代替业主扣留的保留金

E. 业主和承包人应当根据项目情况、施工环境因素等商定适当的开工时间

【答案】A、C、D、E

【解析】选项B错误，承包人应力争以维修保函来代替业主扣留的保留金。维修期满后，承包人应及时从业主处撤回保函。

9.【2014年真题】下列工程变更情况中，应由业主承担责任的有（　　）。

A. 不可抗力导致的设计修改　　　　B. 环境变化导致的设计修改

C. 原设计错误导致的设计修改　　　　D. 政府部门要求导致的设计修改

E. 施工方案出现错误导致的设计修改

【答案】A、B、C、D

【解析】选项E应由承包人承担责任。

10.【2013年真题】根据《建设工程施工合同（示范文本）》GF—2013—0201，属于发包人工作的有（　　）。

A. 保证向承包人提供正常施工所需的进入施工现场的交通条件

B. 依据有关法律办理建设工程施工许可证

C. 向承包人提供施工现场的地质勘察资料

D. 保证承包人施工人员的安全和健康

E. 负责对指定分包的管理，并对分包方的行为负责

【答案】A、B、C

【解析】选项 D、E 属于承包商的主要义务。

本章模拟强化练习

1Z206010　建设工程施工招标与投标

1. 根据我国有关法规规定，下列关于招标文件出售的说法中，正确的是（　　）。

A. 自招标文件出售之日起至停止出售之日止，最短不得少于 20 天

B. 对招标文件的收费应合理，遵循微利的原则

C. 招标人在售出招标文件后，可随时终止招标

D. 招标文件售出后，不予退还

2. 招标人对已发出的招标文件进行必要的澄清或者修改，应当在招标文件要求提交投标文件截止时间至少（　　）天前发出。

A. 5

B. 10

C. 15

D. 20

3. 招标人通过媒体发布招标公告，或向符合条件的投标人发出招标文件，为（　　）。

A. 要约

B. 承诺

C. 要约邀请

D. 合同生效

1Z206020　建设工程合同的内容

1. 发包人应在收到承包人要求提供资金来源证明的书面通知后（　　）天内，向承包人提供能够按照合同约定支付合同价款的相应资金来源证明。

A. 7

B. 14

C. 28

D. 54

2. 承包人覆盖工程隐蔽部位后，发包人或监理人对质量有疑问的，经检查证明工程质量符合合同要求的，由（　　）承担由此增加的费用和（或）延误的工期，并支付承包人合理的利润。

A. 承包人

B. 发包人

C. 分包人

D. 劳务分包人

3. 交货日期的确定可以按照的方式有（　　）。

A. 采购方提货的，以供货方按合同规定通知的交货日期为准

B. 供货方负责送货的，以采购方收货戳记的日期为准

C. 采购方提货的，以供货方按合同规定通知的提货日期为准

D. 凡委托运输部门或单位运输、送货或代运的产品，一般以供货方发运产品时承运单位签发的日期为准

E. 凡委托运输部门或单位运输、送货或代运的产品不是以向承运单位提出申请的日期为准

4. 下列关于合同价款的支付的说法，正确的有（　　）。

A. 设备制造前，采购方支付设备价格的 10% 作为预付款

B. 设备制造前，采购方支付设备价格的 30% 作为预付款

C. 供货方按照交货顺序在规定的时间内将货物送达交货地点，采购方支付该批设备价的 80%

D. 剩余的 10% 作为设备保证金，待保证期满，采购方签发最终验收证书后支付

E. 剩余的 20% 作为设备保证金，待保证期满，采购方签发最终验收证书后支付

1Z206030　合同计价方式

1. 采用成本加酬金合同，风险主要由（　　）承担。

A. 承包人　　　　　　　　　　　　B. 发包人

C. 业主　　　　　　　　　　　　　D. 分包人

2. 在国际上，许多项目管理合同、咨询服务合同等也多采用（　　）。

A. 总价合同方式　　　　　　　　　B. 固定总价合同方式

C. 单价合同方式　　　　　　　　　D. 成本加酬金合同方式

3. 下列关于固定总价合同的说法，正确的有（　　）。

A. 对业主而言，在合同签订时就可以基本确定项目的总投资额，对投资控制有利

B. 在双方都无法预测的风险条件下和可能有工程变更的情况下，承包商承担了较大的风险，业主的风险较小

C. 工程变更和不可预见的困难也常常引起合同双方的纠纷或者诉讼，最终导致其他费用的增加

D. 对总承包商而言，在合同签订时就可以基本确定项目的总投资额，对投资控制有利

E. 在双方都无法预测的风险条件下和可能有工程变更的情况下，业主承担了较大的风险，承包商的风险较小

1Z206040　建设工程施工合同风险管理、工程保险和工程担保

1. 下列可以成为保险标的的是（　　）。

A. 保险合同双方当事人权利和义务所指向的对象

B. 可以是财产或与财产有关的利益或责任

C. 他人利益

D. 也可以是人的生命或身体

E. 保险保障的目标和实体

2. 我国规定的担保方式有（　　）。

A. 保证   B. 抵押

C. 扣押   D. 留置

E. 定金

3. 支付担保通常采用的形式有（　　）。

A. 银行保函   B. 汇票

C. 预付款   D. 履约保证金

E. 担保公司担保

1Z206050　建设工程施工合同实施

1. 下列属于合同变更程序的是（　　）。

A. 提出工程变更   B. 工程变更的移交

C. 工程变更的批准   D. 工程变更指令的发出

E. 工程变更指令的执行

2. 下列属于合同措施的有（　　）。

A. 变更技术方案   B. 进行合同变更

C. 签订附加协议   D. 工作计划

E. 采取索赔手段

1Z206060　建设工程索赔

1. 下列可以索赔的人工费有（　　）。

A. 承包商为了争取更多的奖励而加班加点的人工费用

B. 由于非承包商责任的工效降低所增加的人工费用

C. 超过法定工作时间加班劳动

D. 法定人工费增长导致的人员窝工费和工资上涨费

E. 非承包商责任工程延期导致的人员窝工费和工资上涨费

2. 分包单位的选择应该经过严格考察，并经（　　）的认可，其资质类别和等级应该符合有关规定。

A. 总承包商   B. 业主

C. 工程监理机构   D. 设计单位

E. 勘测单位

1Z206070　国际建设工程施工承包合同

1.《永久设备和设计——建造合同条件》中承包商要按照业主的要求进行（　　）。

A. 设计   B. 施工

C. 提供设备   D. 管理工作

E. 建造其他工程

2. 根据工程项目的规模和复杂程度，争端裁决委员会可以由（　　）组成。

A. 一人   B. 两人

C. 三人   D. 四人

E. 五人

3. DAB 的任命方式通常有（   ）方式。

A. 常任争端裁决委员会   B. 特聘争端裁决委员会

C. 由工程师兼任   D. 常务争端裁决委员会

E. 纠纷审议委员会

★ ★ 模拟强化练习答案及解析 ★ ★

1Z206010   建设工程施工招标与投标

1.【答案】D

【解析】自招标文件出售之日起至停止出售之日止，最短不得少于 5 天，B 选项不得以营利为目的，C 选项招标人在售出招标文件后，不可以随时终止招标。

2.【答案】C

【解析】招标人对已发出的招标文件进行必要的澄清或者修改，应当在招标文件要求提交投标文件截止时间至少 15 天前发出。

3.【答案】C

【解析】招标人通过媒体发布招标公告，或向符合条件的投标人发出招标文件，为要约邀请。

1Z206020   建设工程合同的内容

1.【答案】C

【解析】发包人应在收到承包人要求提供资金来源证明的书面通知后 28 天内，向承包人提供能够按照合同约定支付合同价款的相应资金来源证明。

2.【答案】B

【解析】经检查证明工程质量符合合同要求的，由发包人承担由此增加的费用和（或）延误的工期，并支付承包人合理的利润；经检查证明工程质量不符合合同要求的，由此增加的费用和（或）延误的工期由承包人承担。

3.【答案】B、C、D、E

【解析】采购方提货的，以供货方按合同规定通知的提货日期为准。

4.【答案】A、C、D

【解析】合同价款的支付一般分三次：（1）设备制造前，采购方支付设备价格的 10%作为预付款；（2）供货方按照交货顺序在规定的时间内将货物送达交货地点，采购方支付该批设备价的 80%；（3）剩余的 10% 作为设备保证金，待保证期满，采购方签发最终验收证书后支付。

1Z206030　合同计价方式

1.【答案】C

【解析】采用这种合同，承包商不承担任何价格变化或工程量变化的风险，这些风险主要由业主承担，对业主的投资控制很不利。

2.【答案】D

【解析】在国际上，许多项目管理合同、咨询服务合同等也多采用成本加酬金合同方式。

3.【答案】A、B、C

【解析】对业主而言，在合同签订时就可以基本确定项目的总投资额，对投资控制有利；在双方都无法预测的风险条件下和可能有工程变更的情况下，承包商承担了较大的风险，业主的风险较小。但是，工程变更和不可预见的困难也常常引起合同双方的纠纷或者诉讼，最终导致其他费用的增加。

1Z206040　建设工程施工合同风险管理、工程保险和工程担保

1.【答案】A、B、D、E

【解析】保险标的是保险保障的目标和实体，指保险合同双方当事人权利和义务所指向的对象，可以是财产或与财产有关的利益或责任，也可以是人的生命或身体。

2.【答案】A、B、D、E

【解析】我国规定的担保方式有五种：保证、抵押、质押、留置和定金。

3.【答案】A、D、E

【解析】支付担保通常采用如下的几种形式：（1）银行保函；（2）履约保证金；（3）担保公司担保。

1Z206050　建设工程施工合同实施

1.【答案】A、C、D、E

【解析】工程变更一般按照如下程序进行：（1）提出工程变更；（2）工程变更的批准；（3）工程变更指令的发出及执行。

2.【答案】B、C、E

【解析】合同措施，如进行合同变更，签订附加协议，采取索赔手段等。

1Z206060　建设工程索赔

1.【答案】B、C、D、E

【解析】对于索赔费用中的人工费部分而言，人工费是指完成合同之外的额外工作所花费的人工费用；由于非承包商责任的工效降低所增加的人工费用；超过法定工作时间加班劳动；法定人工费增长以及非承包商责任工程延期导致的人员窝工费和工资上涨费等。

2.【答案】B、C

【解析】分包单位的选择应该经过严格考察，并经业主和工程监理机构的认可，其资质类别和等级应该符合有关规定。

1Z206070　国际建设工程施工承包合同

1.【答案】A、C、E

【解析】承包商要按照业主的要求进行设计、提供设备以及建造其他工程（可能包括由土木、机械、电力等工程的组合）。

2.【答案】A、C、E

【解析】根据工程项目的规模和复杂程度，争端裁决委员会可以由一人、三人或者五人组成。

3.【答案】A、B、C

【解析】根据工程项目的规模和复杂程度，争端裁决委员会可以由一人、三人或者五人组成，其任命通常有三种方式：（1）常任争端裁决委员会，（2）特聘争端裁决委员会，（3）由工程师兼任。

1Z207000　建设工程项目信息管理

本章考情分析

近3年本章节次及条目分值分布

本章节次	本章条目	2022年		2021年		2020年	
		单选	多选	单选	多选	单选	多选
1Z207010	1Z207011　项目信息管理的目的						
	1Z207012　项目信息管理的任务						
1Z207020	1Z207021　项目信息的分类			1		1	
	1Z207022　项目信息编码的方法	1					
	1Z207023　项目信息处理的方法						
1Z207030	1Z207031　工程管理信息化			1			
	1Z207032　工程项目管理信息系统的功能					1	
合计		1		2		2	
		1		2		2	

本章核心考点分析

1Z207010　建设工程项目信息管理的目的和任务

核心考点提纲

　　1Z207010　建设工程项目信息管理的目的和任务—项目信息管理的任务

核心考点剖析

核心考点　项目信息管理的任务

一、信息管理部门的工作任务

1. 负责编制信息管理手册，在项目实施过程中进行信息管理手册的必要修改和补充，并检查和督促其执行。

2. 负责协调和组织项目管理班子中各个工作部门的信息处理工作。

3. 负责信息处理工作平台的建立和运行维护。

4. 与其他工作部门协同组织收集信息、处理信息和形成各种反映项目进展和项目目标控制的报表和报告。

5. 负责工程档案管理等。

二、信息管理的手段

在当今的时代应重视利用信息技术的手段进行信息管理，其核心的手段是基于互联网的信息处理平台。

考法 1：归类题

【例题·2015 年真题·单选题】下列工作任务中，不属于信息管理部门的是（　　）。

A. 负责编制行业信息管理规范　　　　B. 负责信息处理工作平台的建立和运行维护

C. 负责工程档案管理　　　　　　　　D. 负责协调各部门的信息处理工作

【答案】A

【解析】编制行业信息管理规范并不是信息管理部门的工作任务。

考法 2：填空题

【例题·2013 年真题·单选题】由于建设工程项目大量数据处理的需要，应重视利用信息技术的手段进行信息管理，其核心手段是（　　）。

A. 基于局域网的信息管理平台　　　　B. 基于互联网的信息处理平台

C. 基于互联网的信息传输平台　　　　D. 基于局域网的信息处理平台

【答案】B

【解析】由于建设工程项目大量数据处理的需要，在当今的时代应重视利用信息技术的手段进行信息管理。其核心的手段是基于互联网的信息处理平台。

1Z207020　建设工程项目信息的分类、编码和处理方法

核 心 考 点 提 纲

　　　　{ 1Z207021　项目信息的分类—项目信息的分类
　　　　{ 1Z207022　项目信息编码的方法—项目信息编码的方法

核 心 考 点 剖 析

1Z207021　项目信息的分类

核心考点　项目信息的分类

序号	分类	内容
1	组织类信息	编码信息、单位组织信息、项目组织信息、项目管理组织信息
2	管理类信息	进度控制信息、合同管理信息、风险管理信息、安全管理信息
3	经济类信息	投资控制信息、工作量控制信息
4	技术类信息	前期技术信息、设计技术信息、质量控制信息、材料设备技术信息、施工技术信息、竣工验收技术信息

考法：归类题

【例题·2021年真题·单选题】下列建设工程项目信息中，属于技术类信息的是（　　）。

A. 进度控制信息
B. 投资控制信息
C. 质量控制信息
D. 工作量控制信息

【答案】C

【解析】选项 A 属于管理类信息，选项 B、D 属于经济类信息。

1Z207022　项目信息编码的方法

核心考点　项目信息编码的方法

1. 项目管理组织结构编码

依据项目管理的组织结构图，对每一个工作部门进行编码。

2. 项目实施的工作项编码

应覆盖项目实施的工作任务目录的全部内容。

3. 项目的投资项编码、成本项编码

它并不是概预算定额确定的分部分项工程的编码，它应综合考虑概算、预算、标底、合同价和工程款的支付等因素，建立统一的编码，以服务于项目投资目标的动态控制。

4. 项目的进度项编码

应综合考虑不同层次、不同深度和不同用途的进度计划工作项的需要，建立统一的编码，服务于项目进度目标的动态控制。

考法：正误判断题

【例题·2018年真题·单选题】关于项目信息编码的说法，正确的是（　　）。

A. 投资项编码应采用概预算定额确定的分部分项工程编码

B. 项目实施的工作项编码就是指对施工和设备安装工作项的编码

C. 项目管理组织结构编码要依据组织结构图，对每一个工作部门进行编码

D. 进度项编码应根据不同层次的进度计划工作需要分别建立

【答案】C

【解析】项目的投资项编码和成本项编码，它并不是概预算定额确定的分部分项工程的编码，它应综合考虑概算、预算、标底、合同价和工程款的支付等因素，建立统一的编码，以服务于项目投资目标的动态控制，故选项 A 错误。项目实施的工作项编码项目实施的工作过程的编码应覆盖项目实施的工作任务目录的全部内容，故选项 B 错误。项目的进度项进度计划的工作项编码，应综合考虑不同层次、不同深度和不同用途的进度计划工作项的需要，建立统一的编码，服务于项目进度目标的动态控制，故选项 D 错误。

1Z207030　建设工程管理信息化及建设工程项目管理信息系统的功能

核心考点提纲

> 1Z207031　工程管理信息化—项目信息门户
> 1Z207032　工程项目管理信息系统的功能—工程项目管理信息系统的功能

核心考点剖析

1Z207031　工程管理信息化

核心考点　项目信息门户

一、项目信息门户

项目信息门户是基于互联网技术为建设工程增值的重要管理工具，是当前在建设工程管理领域中信息化的重要标志。

序号	实施条件	实施最重要的条件	核心功能	主持者
1	组织件	创建组织件	项目各参与方的信息交流	业主方
2	教育件	动态地完善组织件	项目各参与方的共同工作	
3	软件	—	项目文档管理	代表业主利益的工程顾问公司
4	硬件		—	

二、项目信息门户与管理信息系统、项目管理信息系统

序号	列项	管理信息系统	项目管理信息系统	项目信息门户
1	作用	用于企业的人、财、物、产、供、销的管理	用于项目的目标控制	建设工程管理领域中信息化的重要标志
2	服务	一个企业	一个企业的一个项目	一个项目的所有参与方

考法 1：填空题

【例题·2021 年真题·单选题】下列项目管理工具中，服务于项目所有参与单位的是（　　　）。

A. 管理信息系统　　　　　　　　　B. 项目信息门户

C. 项目管理信息系统　　　　　　　D. 设施管理信息系统

【答案】B

【解析】管理信息系统服务于一个企业。项目管理信息系统服务于一个企业的一个项目。项目信息门户服务于一个项目的所有参与单位。

考法 2：正误判断题

【例题·2017 年真题·多选题】关于工程质量信息技术的说法，正确的有（　　　）。

A. 管理信息系统可以实现项目各参与方的信息交流

B. 项目信息门户不同于项目管理信息系统

C. 项目管理信息系统主要用于企业人财物、产供销的管理

D. 项目管理信息系统有利于项目各参与方的信息交流和协同工作

E. 项目信息门户是项目各参与方共同使用、共同工作和互动的管理工具

【答案】B、E

【解析】项目信息门户可以为一个建设工程的各参与方的信息交流和共同工作服务，也可以为一个建设工程群体的管理服务，故选项 A、D 表述错误。项目管理信息系统 PMIS 是基于计算机的项目管理的信息系统，主要用于项目的目标控制。管理信息系统 MIS 是基于计算机管理的信息系统，主要用于企业的人、财、物、产、供、销的管理，故选项 C 表述错误。

1Z207032　工程项目管理信息系统的功能

核心考点　工程项目管理信息系统的功能

一、投资控制的功能

1. 项目的估算、概算、预算、标底、合同价、投资使用计划和实际投资的数据计算和分析。

2. 进行项目的估算、概算、预算、标底、合同价、投资使用计划和实际投资的动态比较，并形成各种比较报表。

3. 计划资金投入和实际资金投入的比较分析。

4. 根据工程的进展进行投资预测等。

二、成本控制的功能

1. 投标估算的数据计算和分析。

2. 计划施工成本。

3. 计算实际成本。

4. 计划成本与实际成本的比较分析。

5. 根据工程的进展进行施工成本预测等。

三、进度控制的功能

1. 计算工程网络计划的时间参数，并确定关键工作和关键路线。

2. 绘制网络图和计划横道图。

3. 编制资源需求量计划。

4. 进度计划执行情况的比较分析。

5. 根据工程的进展进行工程进度预测。

四、合同管理的功能

1. 合同基本数据查询。

2. 合同执行情况的查询和统计分析。

3. 标准合同文本查询和合同辅助起草等。

考法：归类题

【例题1·2020年真题·单选题】工程项目管理信息系统中，属于进度控制功能的是（   ）。

A. 合同执行情况的查询和分析
B. 根据工程进展进行投资预测
C. 根据工程进展进行施工成本预测
D. 编制资源需求量计划

【答案】D

【解析】选项 A 属于合同管理的功能，选项 B 属于投资控制的功能，选项 C 属于成本控制的功能。

【例题2·2018年真题·多选题】工程项目管理信息系统的成本控制功能包括（   ）。

A. 计划成本与实际成本的比较分析
B. 进行项目的估算、概预算的比较分析
C. 根据工程进展进行成本预测
D. 合同执行情况的查询和统计分析
E. 计算实际成本

【答案】A、C、E

【解析】选项 B 是投资控制的功能，选项 D 是合同管理的功能。

本章经典真题回顾

一、单项选择题（每题的备选项中，只有 1 个最符合题意）

1.【2022 年真题】依据项目管理的组织结构图，对每一个工作部门进行的编码属于（   ）。

A. 项目结构编码
B. 项目实施工作项编码
C. 项目管理组织结构编码
D. 项目参与单位编码

【答案】C

【解析】项目管理组织结构编码，依据项目管理的组织结构图，对每一个工作部门进行编码。

2.【2020 年真题】下列建设项目信息中，属于经济类信息的是（   ）。

A. 合同管理信息
B. 工作量控制信息
C. 质量控制信息
D. 风险管理信息

【答案】B

【解析】选项 A、D 属于管理类信息，选项 C 属于技术类信息。

3.【2020 年真题】工程项目管理信息系统中，属于进度控制功能的是（   ）。

A. 合同执行情况的查询和分析
B. 根据工程进展进行投资预测
C. 根据工程进展进行施工成本预测
D. 编制资源需求量计划

【答案】D

【解析】选项 A 属于合同管理的功能，选项 B 属于投资控制的功能，选项 C 属于成本控制的功能。

4.【2019 年真题】根据建设项目信息的内容属性，质量控制信息应归类为（   ）。

A. 组织类信息   B. 管理类信息

C. 经济类信息   D. 技术类信息

【答案】D

【解析】本题考核的是项目信息的分类。根据建设项目信息的内容属性，技术类信息包括：前期技术信息、设计技术信息、质量控制信息、材料设备技术信息、施工技术信息、竣工验收技术信息。

5.【2017年真题】下列工程项目管理工作中，属于信息管理部门工作任务的是（　　　）。

A. 工程档案管理   B. 工程质量管理

C. 工程安全管理   D. 工程进度管理

【答案】A

【解析】选项B、C、D分别属于质量管理部门、安全管理部门、进度管理部门的工作任务。

6.【2015年真题】下列工作任务中，不属于信息管理部门的是（　　　）。

A. 负责编制行业信息管理规范

B. 负责信息处理工作平台的建立和运行维护

C. 负责工程档案管理

D. 负责协调各部门的信息处理工作

【答案】A

【解析】信息管理部门负责编制的是信息管理手册，而不是行业信息管理规范，所以选项A不属于信息管理部门的工作任务。

7.【2014年真题】下列建设项目信息中，属于经济类信息的是（　　　）。

A. 编码信息   B. 质量控制信息

C. 工作量控制信息   D. 设计技术信息

【答案】C

【解析】选项A属于组织类信息，选项B、D属于技术类信息。

8.【2013年真题】由于建设工程项目大量数据处理的需要，应重视利用信息技术的手段进行信息管理，其核心手段是（　　　）。

A. 基于局域网的信息管理平台   B. 基于互联网的信息传输平台

C. 基于互联网的信息处理平台   D. 基于局域网的信息处理平台

【答案】C

【解析】由于建设工程项目大量数据处理的需要，在当今的时代应重视利用信息技术的手段进行信息管理。其核心的手段是基于互联网的信息处理平台。

二、多项选择题（每题的备选项中，有2个或2个以上符合题意，至少有1个错项）

1.【2018年真题】工程项目管理信息系统的成本控制功能包括（　　　）。

A. 进行项目的估算、概预算的比较分析

B. 计划成本与实际成本的比较分析

C. 根据工程进展进行成本预测

D. 计算实际成本

E. 合同执行情况的查询和统计分析

【答案】B、C、D

【解析】选项 A 属于投资控制的功能，选项 E 属于合同管理的功能。

2.【2017 年真题】关于工程管理信息技术的说法，正确的有（　　　）。

A. 管理信息系统可以实现项目各参与方的信息交流

B. 项目信息门户不同于项目管理信息系统

C. 项目管理信息系统主要用于企业人财物、产供销的管理

D. 项目信息门户是项目各参与方共同使用、共同工作和互动的管理工具

E. 项目管理信息系统有利于项目各参与方的信息交流和协同工作

【答案】B、D

【解析】本题考查的是项目信息门户、项目管理信息系统、管理信息系统这三者的区分。项目信息门户既不同于项目管理信息系统，也不同于管理信息系统，故选项 B 正确。项目信息门户是项目各参与方信息交流、共同工作、共同使用和互动的管理工具，故选项 D 正确，选项 A、E 错误。管理信息系统是基于数据处理设备的信息系统，但主要用于企业的人、财、物、产、供、销的管理，故选项 C 错误。

3.【2016 年真题】下列工程项目管理信息系统的功能中，属于成本控制子系统的有（　　　）。

A. 投标估算的数据计算和分析　　　　B. 编制资源需求量计划

C. 计划施工成本　　　　　　　　　　D. 计算实际成本

E. 计划成本与实际成本的比较分析

【答案】A、C、D、E

【解析】选项 B 属于进度控制的功能。

本章模拟强化练习

1Z207010　建设工程项目信息管理的目的和任务

1. 建设工程项目信息管理手册的主要内容包括（　　　）。

A. 信息的编码体系和编码　　　　　　B. 信息输入输出模型

C. 信息任务图　　　　　　　　　　　D. 信息管理的保密制度

E. 工程档案管理制度

2. 下列各项信息管理任务的工作流程不正确的是（　　　）。

A. 信息管理手册编制和修订的工作流程

B. 为形成各类报表和报告，收集信息、录入信息的工作流程

C. 为形成各类报表和报告，审批信息、加工信息、信息传输和发布的工作流程

D. 工程档案管理的工作流程等

1Z207020　建设工程项目信息的分类、编码和处理方法

1. 下列建设项目信息中，属于管理类信息的是（　　　）。

A. 工作量控制信息　　　　　　　　　B. 设计技术信息

C. 安全管理信息　　　　　　　　　　D. 质量控制信息

2. 下列关于项目的结构编码的说法，正确的是（　　　）。

A. 依据项目结构图对项目结构的每一层的每一个组成部分进行编码

B. 依据项目结构图对项目结构的各个层的每一个组成部分进行编码

C. 依据项目结构图对项目结构的各个组成部分进行编码

D. 依据项目结构图对项目结构的每一层的各个组成部分进行编码

1Z207030　建设工程管理信息化及建设工程项目管理信息系统的功能

1. 项目信息门户实施的条件包括（　　　）。

A. 组织件　　　　　　　　　　　　　B. 教育件

C. 软件　　　　　　　　　　　　　　D. 硬件

E. 管理件

2. 项目信息门户应是为建设工程（　　　）过程服务的门户，其运行的周期是建设工程的（　　　）期。

A. 平均寿命、全寿命　　　　　　　　B. 全寿命、全寿命

C. 全寿命、平均寿命　　　　　　　　D. 平均寿命、平均寿命

★★ 模拟强化练习答案及解析 ★★

1Z207010　建设工程项目信息管理的目的和任务

1. 【答案】A、B、D、E

【解析】选项C信息任务图不属于信息管理手册的主要内容。

2. 【答案】C

【解析】选项C正确说法：为形成各类报表和报告，收集信息、录入信息、审核信息、加工信息、信息传输和发布。

1Z207020　建设工程项目信息的分类、编码和处理方法

1. 【答案】C

【解析】选项A属于经济类，选项B、D属于技术类。

2. 【答案】A

【解析】项目的结构编码，依据项目结构图对项目结构的每一层的每一个组成部分进行编码。

1Z207030　建设工程管理信息化及建设工程项目管理信息系统的功能

1.【答案】A、B、C、D

【解析】项目信息门户实施的条件包括：（1）组织件；（2）教育件；（3）软件；（4）硬件。

2.【答案】B

【解析】项目信息门户应是为建设工程全寿命过程服务的门户，其运行的周期是建设工程的全寿命期。

近年真题篇

2022年度全国一级建造师
执业资格考试试卷

一、单项选择题（共70题，每题1分。每题的备选项中，只有1个最符合题意）

1. 建设工程项目决策阶段的管理主体是（　　）。

A. 投资方和设计方　　　　　　　　B. 投资方和开发方

C. 开发方和设计方　　　　　　　　D. 开发方和供货方

2. 由施工方自行确定的项目管理目标是（　　）。

A. 环保　　　　　　　　　　　　　B. 安全

C. 质量　　　　　　　　　　　　　D. 成本

3. 下列组织工具中，采用双向箭线表达连接对象之间关系的是（　　）。

A. 项目结构图　　　　　　　　　　B. 合同结构图

C. 工作流程图　　　　　　　　　　D. 组织结构图

4. 建设工程项目决策阶段策划工作内容中，项目编码体系分析属于（　　）的工作内容。

A. 组织策划　　　　　　　　　　　B. 管理策划

C. 合同策划　　　　　　　　　　　D. 技术策划

5. 某建设工程项目施工任务采用施工总承包模式，对各个分包单位的工程款项，应由（　　）负责支付。

A. 施工总承包单位　　　　　　　　B. 施工总承包管理单位

C. 业主方　　　　　　　　　　　　D. 业主委托的第三方机构

6. 项目管理规划可分为项目管理规划大纲和（　　）。

A. 实施规划　　　　　　　　　　　B. 决策规划

C. 规划策划　　　　　　　　　　　D. 配套策划

7. 根据《建筑施工组织设计规范》GB/T 50502—2009，单位工程施工组织设计应由（　　）审批。

A. 施工项目负责人　　　　　　　　B. 总承包单位负责人

C. 施工单位技术负责人　　　　　　D. 施工项目技术负责人

8. 某项目由于电梯设备采购延误导致总体工程进度延误，项目经理部研究决定调整项目采购负责人，该纠偏措施属于项目目标控制的（　　）。

A. 组织措施　　　　　　　　　　　B. 合同措施

C. 经济措施　　　　　　　　　　　D. 技术措施

9. 建筑施工企业因暂时生产经营困难无法按劳动合同约定的日期支付工资的，应向劳动者说明情况，并经与工会或职工代表协商一致后，可以延期支付工资，但最长不得超过（　　）天。

A. 7   B. 14

C. 21   D. 30

10. 项目风险管理工作包括：① 风险应对；② 风险评估；③ 风险识别；④ 风险监控。正确的工作流程是（　　）。

A. ③—②—④—①   B. ②—③—④—①

C. ①—③—②—④   D. ③—②—①—④

11. 下列工作中，属于工程监理单位施工质量控制任务的是（　　）。

A. 核查施工进度计划的调整   B. 验收隐蔽工程

C. 核对工程形象进度   D. 参加项目应急预案演练

12. 关于成本计划的说法，正确的是（　　）。

A. 成本计划由建设单位或项目监理机构编制

B. 成本计划是目标成本的一种形式

C. 成本计划是成本决策的前提

D. 成本计划编制应贯穿于项目实施全过程

13. 下列成本管理措施中，属于合同措施的是（　　）。

A. 编制科学合理的成本计划   B. 对成本管理目标进行风险分析

C. 在项目实施过程中寻找索赔机会   D. 对不同的技术方案进行比选

14. 按建筑安装工程费用构成要素划分，应计入企业管理费的是（　　）。

A. 劳动保护费   B. 社会保险费

C. 住房公积金   D. 工伤保险费

15. 成本计划编制过程中，可按（　　）编制"时间—成本累计曲线"成本计划。

A. 成本组成   B. 项目结构

C. 工程实施阶段   D. 工程量清单

16. 某分部工程计划工程量 $5000m^3$，计划成本 500 元 $/m^3$。某检查时点实际完成工程量 $4500m^3$，实际成本 520 元 $/m^3$。用赢得值法分析该分部工程在检查时点的施工成本偏差是（　　）万元。

A. -9   B. -10

C. -16   D. -35

17. 施工成本过程控制中，控制人工费通常采用的方法是（　　）。

A. 弹性管理   B. 量价分离

C. 指标包干   D. 计量控制

18. 成本管理过程中，检验成本计划是否实现的环节是（　　）。

A. 成本控制   B. 成本考核

C. 成本分析   D. 成本核算

19. 某施工单位在 2021 年 6 月为订立某项目承包合同发生差旅费、投标费共 30 万元，该项目于 2022 年 6 月完工时发生人工费 500 万元，差旅费 4 万元，项目管理人员工资 85 万元，材料搬运费 15 万元，施工机械租赁费 40 万元及生产用具使用费 25 万元。根据《财政部关于印发〈企业产品成本核算制度（试行）〉的通知》，应计入其他直接费用的是（　　）万元。

A. 74
B. 70
C. 59
D. 34

20. 某工程商品混凝土的目标产量为 200m³，目标单价 430 元 /m³，损耗率 4%。实际产量为 270m³，实际单价 480 元 /m³，损耗率 3%。采用因素分析法进行分析，因产量增加使成本增加（　　）元。

A. 31003
B. 31304
C. 45344
D. 44908

21. 成本分析的工作内容包括：① 选择成本分析方法；② 进行成本数据处理；③ 分析成本形成原因；④ 收集成本信息；⑤ 确定成本结果。正确的成本分析步骤是（　　）。

A. ①—④—②—③—⑤
B. ①—⑤—④—②—③
C. ④—①—②—③—⑤
D. ④—⑤—①—②—③

22. 下列各项进度计划中，不属于施工方进度计划的是（　　）。

A. 施工准备工作计划
B. 施工总进度计划
C. 施工招标工作计划
D. 单位工程施工进度计划

23. 建设工程项目总进度目标应在（　　）阶段确定。

A. 决策
B. 设计准备
C. 设计
D. 动用前准备

24. 关于横道图进度计划功能的说法，正确的是（　　）。

A. 确定进度计划的关键线路
B. 分析进度目标完成的概率
C. 计算项目资源的需要量
D. 调整资源需要量的均衡度

25. 某工程双代号网络图如下图所示，图中存在的错误是（　　）。

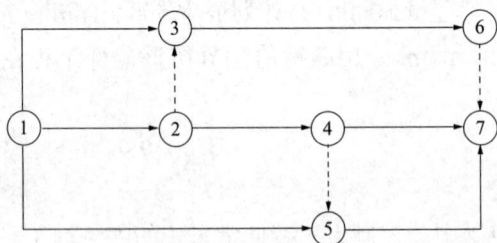

A. 节点编号混乱
B. 存在多余的虚箭线
C. 存在逆向箭线
D. 存在多个终点节点

26. 某工程双代号时标网络计划（时间：天）如下图所示，图中表达的正确信息是（　　）。

A. 工作 A 的总时差和自由时差不同
B. 工作 C 为关键工作
C. 工作 D 的总时差为零
D. 工作 E 为关键工作

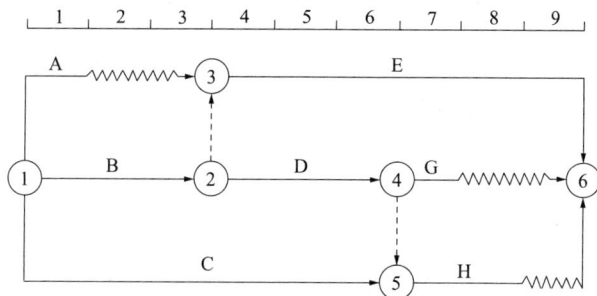

27. 关于单代号网络图中箭线的说法，正确的是（   ）。

A. 箭线不能自右向左绘制

B. 箭线代表的工作不消耗资源

C. 相邻工作间的时间间隔用波形线表示

D. 用虚箭线表示工作之间的工艺关系

28. 修一条堤坝的护坡时，一定要等土堤自然沉降完成后开始。用单代号搭接网络计划表达堤坝填筑和堤坝护坡的逻辑关系时，应采用的搭接关系是（   ）。

A. 完成到开始（*FTS*）   B. 完成到完成（*FTF*）

C. 开始到开始（*STS*）   D. 开始到完成（*STF*）

29. 某工程网络计划中，工作 M 的持续时间是 1 天，最早第 4 天开始。工作 M 的两个紧后工作的最迟开始时间分别为第 7 天和第 9 天。工作 M 的总时差是（   ）天。

A. 1   B. 2

C. 3   D. 5

30. 某工程网络计划中，工作 N 的持续时间是 1 天，最早第 14 天上班时刻开始，工作 N 的三个紧前工作 A、B、C 最早完成时间分别是第 9 天、第 11 天、第 13 天下班时刻，则工作 B 与工作 N 的时间间隔是（   ）天。

A. 0   B. 1

C. 2   D. 4

31. 下列建设工程项目进度控制措施中，属于组织措施的是（   ）。

A. 进度控制会议的组织设计   B. 分析施工方案对工程进度的影响

C. 编制相应的资源需求计划   D. 对比分析工程物资采购模式

32. 建设工程中使用的施工设施属于工程项目质量影响因素中的（   ）因素。

A. 材料   B. 机械

C. 环境   D. 方法

33. 根据《质量管理体系 基础和术语》GB/T 19000—2016，质量控制是指（   ）。

A. 针对特定时间段所策划并具有特定目标的一组安排

B. 对建筑产品具备的满足规定要求能力的程度进行的系统检查

C. 为达到工程项目质量要求所采取的作业技术和活动

D. 致力于满足质量要求的一系列相关活动

34. 项目总负责单位建立项目质量控制体系的第一步工作是（   ）。

A. 建立系统质量控制网络　　　　　B. 建立质量控制制度

C. 分析质量控制界面　　　　　　　D. 编制质量控制计划

35. 施工企业为落实质量管理工作而建立的各项管理标准，属于质量管理体系文件中的（　　）范畴。

A. 质量手册

B. 程序文件

C. 质量计划

D. 质量记录

36. 合理划分施工区段，属于施工生产要素质量控制中的（　　）质量控制内容。

A. 施工人员

B. 材料设备

C. 施工环境因素

D. 工艺技术方案

37. 下列施工质量控制活动中，属于事中控制的是（　　）。

A. 设置质量管理点

B. 工序质量检查

C. 质量活动结果评价

D. 编制施工质量报告

38. 设计单位项目负责人应参加验收的是（　　）分部工程。

A. 节能

B. 防水

C. 装饰装修

D. 设备安装

39. 工程竣工验收合格后，应由（　　）及时提出工程竣工验收报告。

A. 监理单位

B. 质量监督机构

C. 施工单位

D. 建设单位

40. 某工程施工中发生一起质量事故，导致 3 人死亡，直接经济损失 5000 万元。该质量事故属于（　　）。

A. 特别重大事故

B. 重大事故

C. 较大事故

D. 一般事故

41. 施工质量事故的处理工作包括：① 事故调查；② 事故原因分析；③ 事故处理；④ 事故处理的鉴定验收；⑤ 制定事故处理方案。正确的工作程序是（　　）。

A. ①—②—③—④—⑤

B. ①—②—⑤—④—③

C. ①—②—⑤—③—④

D. ②—①—③—④—⑤

42. 关于因果分析图法的说法，正确的是（　　）。

A. 因果分析图可以反映质量数据的分布特征

B. 通常采用 QC 小组活动的方式进行因果分析

C. 可以定量分析影响质量的主次因素

D. 一张因果分析图可以分析多个质量问题

43. 在工程竣工验收时，政府质量监督机构的监督重点是（　　）。

A. 核验参与竣工验收人员的资格　　B. 检查执行工程建设强制性标准的情况

C. 监督检查质量问题的整改情况　　D. 监督竣工验收的程序及验收过程

44. 关于政府质量监督机构和监督人员的说法，正确的是（　　）。

A. 质量监督机构经建设行政主管部门授权后即实施质量监督

B. 质量监督人员应占质量监督机构总人数的 70% 以上

C. 质量监督机构应有固定的工作场所和满足监督检查所需的仪器、设备和工具

D. 质量监督人员具有一年以上工程质量管理或者设计、施工、监理等工作经历

45. 职业健康安全管理体系与环境管理体系运行中，由组织的最高管理者对管理体系进行系统评价属于（　　）工作。

A. 内部审核

B. 外部审核

C. 管理评审

D. 合规性评价

46. 下列职业健康安全与环境管理体系文件中，以体系标准中管理要素为对象编写的文件是（　　）。

A. 质量手册

B. 内部审核计划

C. 作业指导书

D. 记录表格

47. 根据《中华人民共和国建筑法》，下列保险种类中，由建筑施工企业自主决定为从事危险作业的职工投保的是（　　）。

A. 工伤保险

B. 意外伤害险

C. 基本医疗保险

D. 失业保险

48. 设备管理预警属于安全生产管理预警体系要素中（　　）的内容。

A. 外部环境预警系统

B. 预警信息管理系统

C. 内部管理不良预警系统

D. 事故预警系统

49. 工程项目部的工作人员在施工作业前，必须对所用的机械设备和工具进行仔细检查，发现问题立即上报。这种检查工作被称为（　　）。

A. 全面安全检查

B. 专业人员安全检查

C. 要害部门重点安全检查

D. 经常性安全检查

50. 某项目发生职工触电事故后，工程项目部在组织安全用电培训的同时，对现场配电箱进行防护改造，设置漏电开关。此项工作遵循了安全事故隐患治理的（　　）原则。

A. 重点治理

B. 冗余安全度治理

C. 动态治理

D. 综合治理

51. 关于生产安全事故应急预案管理的说法，正确的是（　　）。

A. 生产经营单位的安全生产管理专家可参加本单位应急预案评审

B. 应急预案应报同级人民政府和上一级安全生产监督管理部门备案

C. 生产经营单位应每年至少组织2次综合应急预案演练或者专项应急预案演练

D. 生产经营单位应每半年至少组织1次现场处置方案演练

52. 某生产经营单位生产规模小、危险因素小，编写应急预案的正确做法是（　　）。

A. 可以合并编写综合应急预案和专项应急预案

B. 仅编写现场处置方案

C. 仅编写专项应急预案

D. 不需要编写综合应急预案

53. 某拆除工程施工中发生倒塌事故，造成70人重伤、6人死亡。根据《生产安全

事故报告和调查处理条例》，该事故属于（　　　　）。

    A. 一般事故   B. 较大事故

    C. 重大事故   D. 特别重大事故

54. 关于施工场界内污染防治的说法，正确的是（　　　　）。

    A. 属于环境保护问题

    B. 属于职业健康安全问题

    C. 既属于环境保护问题，也属于职业健康安全问题

    D. 属于对周围环境污染防治的一部分

55. 根据《建筑施工场界环境噪声排放标准》GB 12523—2011，建筑施工机械在昼间和夜间的噪声排放限值分别为（　　　　）dB（A）。

    A. 70 和 55   B. 75 和 55

    C. 70 和 60   D. 80 和 55

56. 根据《中华人民共和国招标投标法》，招标人对已发出的招标文件进行必要的澄清或者修改的，应当在招标文件要求提交投标文件截止时间至少（　　　　）日前发出。

    A. 7   B. 14

    C. 15   D. 21

57. 关于暂停施工的说法，正确的是（　　　　）。

    A. 监理人认为有必要时，并经发包人同意后，可向承包人发出暂停施工的指示

    B. 因发包人原因引起暂停施工的，监理人不必征询发包人同意，应及时下达暂停施工指示

    C. 因监理人原因引起暂停施工的，发包人应承担由此增加的费用，承包人承担延误的工期

    D. 因紧急情况需暂停施工，在监理人未下达暂停施工指示前，不得先暂停施工

58. 发包人负责采购的铝合金窗，运到工地与承包人共同清点验收后存入承包人仓库。安装完毕后，监理人检查发现铝合金窗存在质量问题，要求承包人拆除。处理此质量事故的正确做法是（　　　　）。

    A. 所需费用和（或）延误工期由承包人承担

    B. 所需费用和（或）延误工期由发包人承担

    C. 所需费用给予补偿，延误工期由承包人承担

    D. 延误工期给予顺延，所需费用由承包人承担

59. 某建筑材料采购合同约定由运输部门送货，其相应的交货日期应约定为（　　　　）。

    A. 采购方收货戳记的日期

    B. 供货方通知的提货日期

    C. 供货方向承运单位提出运输申请的日期

    D. 供货方交货时承运单位签发的日期

60. 根据《建设工程监理合同（示范文本）》GF—2012—0202，关于监理人职责的说法，正确的是（　　　　）。

A. 当委托人与承包人之间发生合同争议时，监理人应不参与争议处理

B. 当委托人与承包人之间的合同争议提交仲裁机构仲裁时，监理人应提交必要的证明资料

C. 监理人可以遵循公平合理原则，适度超越授权范围处理委托人与承包人所签合同的变更事宜

D. 除专用条件另有约定外，监理人发现承包人的人员不能胜任本职工作的，有权要求发包人责令承包人予以调换

61. 采用单价合同时，最终工程结算总价是按（　　）计算确定的。

A. 发包人提供的清单工程量及承包人所填报的单价

B. 发包人提供的清单工程量及承包人实际发生的单价

C. 实际完成并经（咨询）工程师计量的工程量及承包人所填报的单价

D. 实际完成并经（咨询）工程师计量的工程量及承包人实际发生的单价

62. 计算一般性的项目规划和可行性研究、工程设计和施工监理服务费用时，最常用的费用计算方法是（　　）。

A. 按日计费法 　　　　　　　　　B. 按实计量法

C. 人月费单价法 　　　　　　　　D. 工程建设费用百分比法

63. 施工项目投标保证金有效期应当与（　　）一致。

A. 投标截止日期 　　　　　　　　B. 中标通知书发出日期

C. 评标报告提交日期 　　　　　　D. 投标有效期

64. 工程担保中，最重要且担保金额最大的是（　　）。

A. 投标担保 　　　　　　　　　　B. 履约担保

C. 支付担保 　　　　　　　　　　D. 预付款担保

65. 采用增加劳务分包队伍处理合同偏差，属于调整措施中的（　　）措施。

A. 组织 　　　　　　　　　　　　B. 经济

C. 合同 　　　　　　　　　　　　D. 技术

66. 某工程因政府部门的要求导致工程变更，承包人做法正确的是（　　）。

A. 要求工期延长，补偿费用，再执行工程变更

B. 执行工程变更，要求发包人补偿费用

C. 拒绝执行变更，由发包人另行选择执行人

D. 执行工程变更，同时向发包人提出工程索赔

67. 下列延误工期的情形中，承包人不能提出工期索赔的是（　　）。

A. 开工前业主未能及时交付合格施工场地

B. 因地震原因造成暂时停工

C. 监理人指令有误导致工程延误

D. 季节性雨天导致连续三天不能施工

68. 工程施工合同履行中，可用来计算工期索赔时间的方法是（　　）。

A. 比例分析法 　　　　　　　　　B. 动态比率法

C. 工期定额法   D. 挣值分析法

69. 在 FIDIC 施工合同条件下，合同双方在收到争端裁决决定后（   ）天内均未提出异议的，则该决定即为最终决定。

A. 14   B. 21

C. 28   D. 42

70. 依据项目管理的组织结构图，对每一个工作部门进行的编码属于（   ）。

A. 项目结构编码   B. 项目实施工作项编码

C. 项目管理组织结构编码   D. 项目参与单位编码

二、多项选择题（共30题，每题2分。每题的备选项中，有2个或2个以上符合题意，至少有1个错项。错选，本题不得分；少选，所选的每个选项得0.5分）

71. 下列工作流程中，属于物质流程的有（   ）。

A. 合同管理流程   B. 设计变更流程

C. 钢结构深化设计工作流程   D. 弱电工程物资采购工作流程

E. 外立面施工工作流程

72. 施工组织设计应及时进行修改或补充的情形有（   ）。

A. 某房屋建筑项目的机电系统进行大调整

B. 因规范调整需要对工程进行检查验收

C. 因造价原因需要对某房屋建筑的电梯品牌及参数进行修改

D. 因自然灾害导致某在建项目工期严重滞后

E. 某在建工程施工场地变化造成现场布置和施工方式改变

73. 工程项目风险管理中常用的风险对策有（   ）。

A. 风险规避   B. 风险减轻

C. 风险自留   D. 风险监控

E. 风险转移

74. 关于施工总承包管理模式的说法，正确的有（   ）。

A. 业主的招标及合同管理工作量较大

B. 有利于业主控制工程总投资

C. 对分包人的质量控制由施工总承包管理单位进行

D. 业主的协调管理工作量小

E. 可减少业主实施工程的风险

75. 下列成本管理措施中，属于经济措施的有（   ）。

A. 编制项目资金使用计划   B. 对施工方案进行技术经济比较

C. 明确成本管理人员的工作任务   D. 分解成本管理目标

E. 对成本管理目标进行风险分析

76. 某施工项目的进度和成本数据见下表。关于该项目成本计划的说法，正确的有（   ）。

编码	工作名称	最早开始时间（月份）	持续时间（月）	成本强度（万元/月）
11	场地平整	1	1	25
12	基础施工	2	3	20
13	主体工程施工	4	6	40
14	砌筑工程施工	8	3	25
15	屋面工程施工	10	2	30

A. 项目总计划成本是 460 万元　　　　B. 第 4 月内计划成本是 60 万元

C. 8 月末计划成本累计 310 万元　　　D. 第 4、5 两个月的计划成本相同

E. 第 8、9 两个月的计划成本相同

77. 赢得值法评价指标中，适用于不同项目之间偏差分析的有（　　）。

A. 费用偏差　　　　　　　　　　B. 进度偏差

C. 费用绩效指数　　　　　　　　D. 进度绩效指数

E. 综合绩效指数

78. 关于成本核算中表格核算法的说法，正确的有（　　）。

A. 便于操作　　　　　　　　　　B. 实用性好

C. 科学严密　　　　　　　　　　D. 覆盖面较小

E. 对核算人员专业要求较高

79. 关于成本分析的说法，正确的有（　　）。

A. 业务核算可以对未发生、正在发生及已完成的经济活动进行核算

B. 统计核算不能用劳动量进行计量

C. 分部分项工程成本分析的对象为已完分部分项工程

D. 年度成本分析的重点是针对下一年度的施工进展情况制定的成本管理措施

E. 材料采购保管费会随材料采购数量增多而增加

80. 建设工程项目总进度纲要的主要内容有（　　）。

A. 项目实施的总体部署

B. 总进度规划

C. 与总进度规划对应的资源需求计划

D. 确定里程碑事件的计划进度目标

E. 总进度目标实现的条件和应采取的措施

81. 某工程双代号时标网络计划（时间：天）如下图所示，图中表达的正确信息有（　　）。

A. 工作 A 的总时差为 1 天　　　　B. 工作 B 的自由时差为 1 天

C. 工作 C 的总时差与自由时差相等　D. 工作 D 的总时差为 4 天

E. 工作 E 的总时差为零

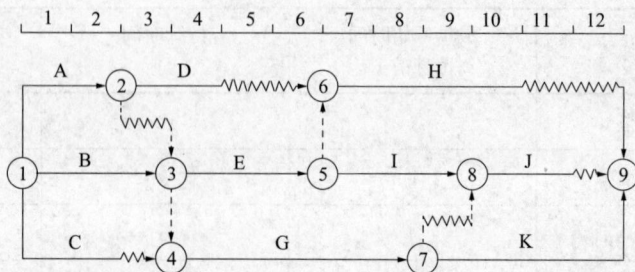

82. 某工程单代号网络计划（时间：天）如下图所示，图中节点上下方数字分别表示相应工作代号和持续时间。时间参数计算正确的有（　　　）。

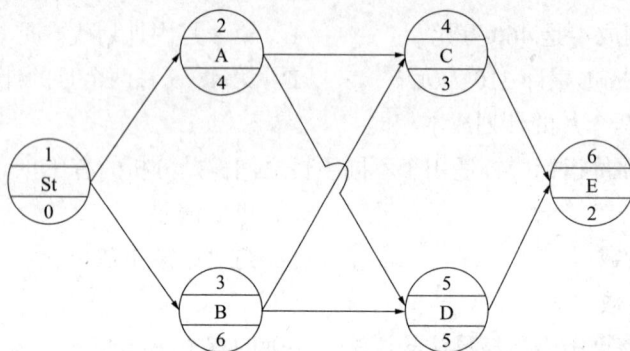

A. $LS_A = 0$　　　　　　　　　　　　B. $LS_B = 0$

C. $TF_C = 0$　　　　　　　　　　　　D. $FF_D = 0$

E. $LF_E = 13$

83. 工程网络计划中，关键工作是指（　　　）的工作。

A. 时标网络计划中无波形线

B. 与紧后工作之间间隔时间为零

C. 最早开始时间与最迟开始时间相差最小

D. 总时差最小

E. 双代号网络计划中两端节点均为关键节点

84. 工程网络计划中，关键线路是指（　　　）的线路。

A. 双代号网络计划中无虚箭线

B. 双代号时标网络计划中无波形线

C. 单代号网络计划中关键工作之间时间间隔均为零

D. 双代号网络计划中由关键节点组成

E. 单代号网络计划中工作自由时差均为零

85. 下列进度控制措施中，属于组织措施的有（　　　）。

A. 分析合同交界面对工程进度的影响　　　B. 进度控制会议的组织设计

C. 编制项目进度控制的工作流程　　　　　D. 分析影响进度的风险因素

E. 明确进度控制职能分工

86. 质量管理的实施职能在于将质量目标值，可通过（　　　）转换为质量实际值。

A. 生产要素投入 B. 技术创新研发

C. 作业技术活动 D. 产出过程

E. 管理活动

87. 施工作业质量自控的基本程序中包含的工作有（　　）。

A. 作业技术交底 B. 作业活动的实施

C. 质量监督机构的抽检 D. 专职管理人员的质量检查

E. 现场旁站检查

88. 施工检验批质量验收的主控项目是指对（　　）起决定性作用的检验项目。

A. 安全 B. 节能

C. 环境保护 D. 经济效果

E. 主要使用功能

89. 下列导致工程质量事故的原因中，属于技术原因的有（　　）。

A. 地质勘察水文地质情况判断错误 B. 结构设计方案不合理

C. 质量管理措施落实不力 D. 检测仪器设备管理不善而失准

E. 采用不合适的施工方法或施工工艺

90. 在工程质量管理中，采用直方图的作用有（　　）。

A. 确定产生质量问题的主次影响因素

B. 分析判断生产过程是否处于稳定状况

C. 分析质量数据的分布特征

D. 分析质量水平是否保持在公差允许范围内

E. 逐层深入排查产生质量问题的可能原因

91. 根据《建设工程安全生产管理条例》，下列危险性较大的分部分项工程中，施工单位应组织专家对专项施工方案进行论证的有（　　）。

A. 起重吊装工程 B. 脚手架工程

C. 地下暗挖工程 D. 深基坑工程

E. 高大模板工程

92. 根据《生产安全事故报告和调查处理条例》，下列事故中，县级人民政府应当自收到事故调查报告之日起 15 日内做出批复的有（　　）。

A. 造成人员伤亡的一般事故 B. 无人员死亡的较大事故

C. 直接经济损失较小的重大事故 D. 未造成人员伤亡的一般事故

E. 特别重大事故

93. 关于建设工程现场文明施工措施的说法，正确的有（　　）。

A. 施工平面布置应随工程实施的不同阶段进行调整和优化

B. 沿工地四周应连续设置围挡

C. 市区主要路段的工地围挡高度不低于 2.4m

D. 现场不得焚烧有毒、有害物质

E. 施工作业区适当地方设置吸烟处

94. 关于施工现场食堂管理的说法，正确的有（   ）。

A. 食堂必须有卫生许可证

B. 非炊事人员不得随意进入制作间

C. 门扇下方应设不低于 0.1m 的防鼠挡板

D. 制作间灶台及其周边应贴高度不宜小于 1.5m 的瓷砖

E. 各种作料和副食应贴好标识，存放在密闭器皿内

95. 关于合同订立程序的说法，正确的有（   ）。

A. 招标人发布招标公告或投标邀请函属于要约邀请

B. 投标人按照招标文件要求提交投标文件属于要约

C. 招标人发出中标通知书属于承诺

D. 招标人与中标人进行合同谈判是合同签订的必要条件

E. 招标人与中标人订立书面合同时合同成立

96. 某建设工程发包人与乙公司签订了工程承包合同，乙公司又与劳务分包人丙公司签订了劳务分包合同。关于丙公司应承担义务的说法，正确的有（   ）。

A. 应就工期和质量向发包人负责

B. 应服从乙公司转发的发包人指令

C. 应自觉接受乙公司及有关部门的管理、监督和检查

D. 应与发包人及有关部门建立工作联系

E. 应安排技术档案资料的收集整理及交工验收

97. 关于总价合同的说法，正确的有（   ）。

A. 发包人可以较早确定或预测工程成本

B. 承包人将承担较少的风险

C. 能极大地调动承包人控制进度的积极性

D. 必须完整而明确地规定承包人的工作

E. 将设计和施工变化控制在最小限度内

98. 关于工程保险的说法，正确的有（   ）。

A. 战争或军事行为所造成的损失属于保险人不承担责任的范围

B. 工程保险同时涉及财务保险和人身保险

C. 除专用合同条款另有约定外，发包人应投保建筑工程一切险

D. 除专用合同条款另有约定外，发包人变更保险合同时，应征得承包人同意

E. 工程保险并不能解决所有的风险问题，只能转移部分风险带来的损失

99. 关于工程变更管理的说法，正确的有（   ）。

A. 承包人对变更价格不满意的，有权停止执行变更工作

B. 设计人提出的工程变更应与业主协商，或经业主批复

C. 工程变更的补偿范围，通常以实际支付工程款的百分比表示

D. 有利于业主的施工方案变更仍然需要（咨询）工程师批准

E. 因业主在授标前要求承包人修改施工方案的承包人可向业主索赔

100.下列承包人提出的索赔情形中，索赔能够成立的有（　　　）。

A. 施工过程中，因施工方案缺陷导致的工程变更

B. 由于阴雨天气，造成工期延误和人员窝工

C. 总承包单位经建设单位代表同意更换项目经理，导致工期延误

D. 发包人减少工程量，造成进场人员材料损失

E. 基础工程覆盖后因建设单位要求进行剥离复验，复验结果合格

参 考 答 案

一、单项选择题

1. B	2. D	3. B	4. A	5. A
6. A	7. C	8. A	9. D	10. D
11. B	12. B	13. C	14. A	15. C
16. A	17. B	18. D	19. B	20. B
21. A	22. C	23. A	24. C	25. B
26. D	27. A	28. A	29. B	30. C
31. A	32. B	33. D	34. A	35. B
36. D	37. B	38. A	39. D	40. B
41. C	42. B	43. D	44. C	45. C
46. C	47. B	48. C	49. D	50. D
51. D	52. A	53. C	54. B	55. A
56. C	57. A	58. B	59. D	60. B
61. C	62. C	63. D	64. B	65. A
66. D	67. D	68. A	69. C	70. C

二、多项选择题

71. C、D、E	72. A、B、D、E	73. A、B、C、E	74. A、C、D	75. A、D、E
76. A、B、C、E	77. C、D	78. A、B、D	79. A、C、D、E	80. A、B、D、E
81. A、C、D	82. B、D、E	83. C、D	84. B、C	85. B、C、E
86. A、C、D	87. A、B、D	88. A、B、C、E	89. A、B、E	90. B、C、D
91. C、D、E	92. A、D	93. A、B、D	94. A、B、D、E	95. A、B、C、E
96. B、C	97. A、C、D、E	98. A、B、E	99. B、D	100. D、E

2021年度全国一级建造师
执业资格考试试卷

一、单项选择题（共70题，每题1分。每题的备选项中，只有1个最符合题意）

1. 建设工程管理的核心任务是（　　）。

A. 项目的目标控制
B. 为工程建设和使用增值
C. 实现项目建设阶段的目标
D. 为项目建设的决策或实施提供依据

2. 关于施工方项目管理目标的说法，正确的是（　　）。

A. 分包方的成本目标由施工总承包方确定
B. 施工总承包方的工期目标和质量目标必须符合合同的要求
C. 施工总承包方的成本目标由施工企业根据合同确定
D. 与业主方签订分包合同的工程，其工期目标和质量目标由分包方负责

3. 下列组织工具中，反映一个组织系统各项工作之间逻辑关系的是（　　）。

A. 项目结构图
B. 组织分工图
C. 工作流程图
D. 组织结构图

4. 建设工程项目决策阶段策划的主要任务是（　　）。

A. 确定项目建设的指导思想
B. 定义建设项目的建设目标
C. 定义项目开发或建设的任务和意义
D. 确定项目的开发或建设模式

5. 下列项目策划工作内容中，属于实施阶段管理策划的是（　　）。

A. 项目实施期管理总体方案
B. 业主方项目管理组织结构
C. 生产运营期设施管理总体方案
D. 项目风险管理与工程保险方案

6. 建设工程项目总承包的基本出发点是借鉴工业生产组织的经验，实现建设生产过程的（　　）。

A. 组织扁平化
B. 组织标准化
C. 组织柔性化
D. 组织集成化

7. 根据《建设工程项目管理规范》GB/T 50326—2017，项目管理实施规划的编制过程包括：① 熟悉相关法规和文件；② 分析项目具体特点和环境条件；③ 履行报批手续；④ 实施编制活动；⑤ 了解相关方的要求。正确的程序是（　　）。

A. ①—⑤—②—③—④
B. ①—②—⑤—④—③
C. ⑤—②—①—④—③
D. ②—⑤—①—③—④

8. 根据《建筑施工组织设计规范》GB/T 50502—2009，主持编制施工组织设计的应是（　　）。

A. 施工单位技术负责人
B. 项目负责人

C. 项目总监理工程师   D. 项目技术负责人

9. 下列项目目标动态控制的纠偏措施中，属于技术措施的是（　　　）。

A. 选用高效的施工机具   B. 优化项目管理任务分工

C. 调整项目管理职能分工   D. 改变控制的方法和手段

10. 下列沟通过程的要素中，处于主导地位的是（　　　）。

A. 沟通环境   B. 沟通渠道

C. 沟通主体   D. 沟通客体

11. 关于建筑施工企业劳动用工的说法，错误的是（　　　）。

A. 建筑施工企业应当按照相关规定办理用工手续，不得使用零散工

B. 建筑施工企业与劳动者应当自试用期满后，按照有关法规签订书面劳动合同

C. 劳动合同应一式三份，双方当事人各持一份，劳动者所在工地保留一份备查

D. 每个工程项目中作业人员的有关情况应按相关规定如实填报

12. 建设工程项目风险有多种类型，承包方技术管理人员能力欠缺属于（　　　）。

A. 组织风险   B. 技术风险

C. 工程环境风险   D. 经济与管理风险

13. 工程监理人员在实施监理过程中，发现工程设计不符合工程质量标准或合同约定的质量要求时，应当采取的措施是（　　　）。

A. 要求施工单位报告设计单位改正   B. 直接与设计单位确认修改工程设计

C. 报告建设单位要求设计单位改正   D. 要求设计单位改正并报告建设单位

14. 关于施工成本核算的说法，正确的是（　　　）。

A. 施工成本核算应按规定的会计周期进行

B. 施工成本核算包括四个基本环节

C. 施工成本核算对象只能是单位工程

D. 竣工工程现场成本应由企业财务部门进行核算分析

15. 在建设工程项目施工成本管理的程序中，"进行项目过程成本分析"的紧后工作是（　　　）。

A. 进行项目过程成本考核   B. 编制成本计划

C. 确定项目合同价   D. 编制项目成本报告

16. 关于施工预算和施工图预算的说法，正确的是（　　　）。

A. 施工预算的编制以预算定额为主要依据

B. 施工图预算的编制以施工定额为主要依据

C. 施工图预算只适用于建设单位，而不适用于施工单位

D. 施工预算是施工企业内部管理用的一种文件，与建设单位无直接关系

17. 在绘制时间－成本累积曲线的步骤中，紧接"计算规定时间 t 计划累计支出的成本额"之后的工作是（　　　）。

A. 在时标网络图上，按时间编制成本支出计划

B. 确定工程项目进度计划，编制进度计划的横道图

C. 计算单位时间的成本

D. 绘制 S 形曲线

18. 下列成本管理的职责中，属于成本会计岗位的是（　　）。

A. 每月编制一次材料复核报告　　　　B. 制定采用新技术降低成本的措施

C. 编制月材料盘点表　　　　　　　　D. 开具限额领料单

19. 某分项工程某月计划工程量为 3200m²，计划单价为 15 元 /m²。月末核定实际完成工程量为 2800m²，实际单价为 20 元 /m²。则该分项工程的已完工作预算费用（BCWP）是（　　）元。

A. 48000　　　　　　　　　　　　　B. 56000

C. 42000　　　　　　　　　　　　　D. 64000

20. 在成本核算中，应当对可能发生的损失和费用作出合理预计，以增强抵御风险的能力。这体现了成本核算原则的（　　）。

A. 谨慎原则　　　　　　　　　　　　B. 相关性原则

C. 一贯性原则　　　　　　　　　　　D. 配比原则

21. 某施工单位于 2020 年 6 月为订立某项目建造合同共发生差旅费、投标费 50 万元，该项目于 2021 年 6 月完成，工程完工时共发生人工费 700 万元，差旅费 5 万元，项目管理人员工资 98 万元，材料采购及保管费 15 万元。根据《财政部关于印发〈企业产品成本核算制度（试行）〉的通知》，应计入直接费用的是（　　）万元。

A. 770　　　　　　　　　　　　　　B. 765

C. 798　　　　　　　　　　　　　　D. 813

22. 施工项目年度成本分析的内容，除了月（季）度成本分析的六个方面以外，重点是（　　）。

A. 通过对技术组织措施执行效果的分析，寻求更加有效的节约途径

B. 通过实际成本与计划成本的对比，分析成本降低水平

C. 通过实际成本与目标成本的对比，分析目标成本控制措施落实情况

D. 针对下一年度施工进展情况，制定切实可行的成本管理措施

23. 下列施工项目综合成本的分析方法中，可以全面了解单位工程的成本构成和降低成本来源的是（　　）。

A. 分部分项工程成本分析　　　　　　B. 月（季）度成本分析

C. 竣工成本的综合分析　　　　　　　D. 年度成本分析

24. 关于进度控制的说法，正确的是（　　）。

A. 进度控制的目的是实现建设项目的总进度目标

B. 各项目管理方进度控制的目标和时间范畴应相同

C. 施工方对整个工程项目进度目标的实现具有决定性作用

D. 施工方必须在确保工程质量的前提下，控制工程进度

25. 关于建设工程项目总进度目标论证的说法，正确的是（　　）。

A. 总进度目标论证应涉及工程实施的条件分析及工程实施策划

B. 已编制总进度规划的项目，可以不进行总进度目标论证

C. 总进度目标论证时，应论证项目动用后的工作进度

D. 总进度目标论证就是论证施工进度目标实现的可能性

26. 关于横道图进度计划的说法，正确的是（　　）。

A. 横道图中的工作均无机动时间　　B. 横道图中工作的时间参数无法计算

C. 计划的资源需要量无法计算　　D. 计划的关键工作无法确定

27. 某双代号网络计划如下图所示，存在的不妥之处是（　　）。

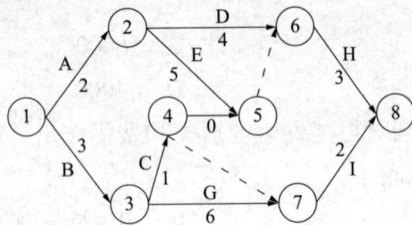

A. 有多个起点节点　　B. 工作表示方法不一致

C. 节点编号不连续　　D. 有多余时间参数

28. 关于网络计划中箭线的说法，正确的是（　　）。

A. 箭线在网络计划中只表示工作　　B. 箭线都要占用时间，多数要消耗资源

C. 箭线的长度表示工作的持续时间　　D. 箭线的水平投影方向不能从右往左

29. 关于网络计划中节点的说法，正确的是（　　）。

A. 节点内可以用工作名称代替编号

B. 节点在网络计划中只表示事件，即前后工作的交接点

C. 所有节点均既有向内又有向外的箭线

D. 所有节点编号不能重复

30. 某工作有两个紧前工作，最早完成时间分别是第 2 天和第 4 天，该工作持续时间是 5 天，则其最早完成时间是第（　　）天。

A. 9　　B. 6

C. 7　　D. 11

31. 某单代号网络计划如下图所示（时间单位：天），计算工期是（　　）天。

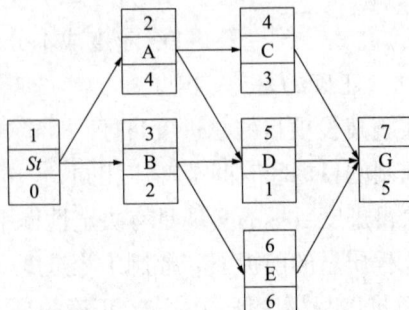

A. 13　　B. 8

C. 10   D. 12

32. 某网络计划执行情况的检查结果分析见下表，对工作 M 的判断分析，正确的是
（　　　）。

工作编号	工作名称	尚需工作天数（天）	总时差（天）		自由时差（天）	
			原有	目前尚有	原有	目前尚有
...						
$i-j$	M	3	5	1	2	0
...						

A. 比计划提前 4 天，不影响工期

B. 比计划延迟 4 天，影响紧后工作 2 天，不影响工期

C. 比计划延迟 4 天，不影响紧后工作，不影响工期

D. 比计划延迟 4 天，影响工期 1 天

33. 在进度控制中，缺乏动态控制观念的表现是（　　　）。

A. 不重视进度计划的调整

B. 同一项目不同进度计划之间的关联性不够

C. 不重视进度计划的比选

D. 不注意分析影响进度的风险

34. 在领取施工许可证或者开工报告前，按照国家有关规定，办理工程质量监督手续
的是（　　　）。

A. 业主方   B. 设计方
C. 施工方   D. 监理方

35. 某承包单位在施工中有针对性地制定和落实施工质量保证措施来降低质量事故发
生概率，这一行为属于质量风险应对的（　　　）策略。

A. 减轻   B. 规避
C. 转移   D. 自留

36. 建设工程项目质量控制体系的建立过程包括：① 制定质量控制制度；② 编制质
量控制计划；③ 建立系统质量控制网络；④ 分析质量控制界面。正确的程序是（　　　）。

A. ①—②—③—④   B. ③—④—①—②
C. ③—①—④—②   D. ①—③—②—④

37. 第三方认证机构对认证合格单位质量管理体系维持情况进行定期检查的频次通常
是（　　　）。

A. 每年两次   B. 两年一次
C. 一季度一次   D. 每年一次

38. 下列施工准备的质量控制工作中，属于现场施工准备工作的是（　　　）。

A. 组织设计交底   B. 细化施工方案

C. 编制作业指导书   D. 复核测量控制点

39. 下列质量检查内容中, 可通过目测法中"照"的手段检查的是（   ）。

A. 油漆的光滑度   B. 内墙抹灰的大面是否平直

C. 混凝土的强度是否符合要求   D. 管道井内管线、设备安装质量

40. 根据《建筑工程施工质量验收统一标准》GB 50300—2013, 分项工程质量验收的组织者是（   ）。

A. 项目经理   B. 专业监理工程师

C. 项目技术负责人   D. 总监理工程师

41. 根据《建筑工程施工质量验收统一标准》GB 50300—2013, 单位工程竣工预验收的组织方式是（   ）。

A. 施工单位项目负责人组织各专业负责人进行

B. 建设单位项目负责人组织总监理工程师、专业监理工程师进行

C. 总监理工程师组织各专业监理工程师进行

D. 总监理工程师组织施工单位项目负责人、专业负责人进行

42. 某工程混凝土浇筑过程中, 因工人直接浇筑高度超出施工方案要求造成质量事故, 该事故按照事故责任分类属于（   ）。

A. 指导责任事故   B. 技术责任事故

C. 管理责任事故   D. 操作责任事故

43. 施工质量事故的调查处理程序包括: ① 事故调查; ② 事故原因分析; ③ 事故处理; ④ 事故处理的鉴定验收; ⑤ 制定事故处理的技术方案。正确的程序是（   ）。

A. ①—②—⑤—③—④   B. ①—②—③—④—⑤

C. ②—①—③—④—⑤   D. ④—②—⑤—①—③

44. 下列直方图中, 表明施工生产过程处于正常、稳定状态的是（   ）。

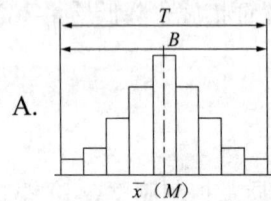

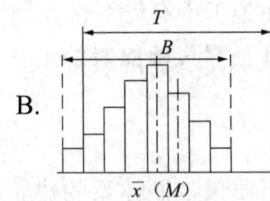

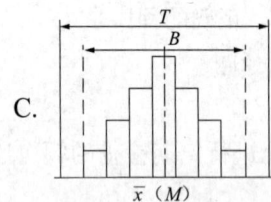

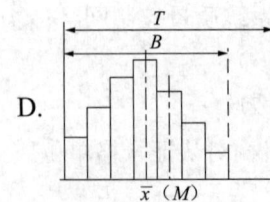

45. 建设工程政府质量监督机构履行质量监督职责时, 可以采取的措施是（   ）。

A. 暂时扣押被检查单位的固定资产

B. 对被检查单位负责人进行处罚

C. 吊销被检查单位的资质证书

D. 发现有影响工程质量的问题时，责令改正

46. 在工程项目质量监督的"双随机、一公开"方法中，"双随机"是指（   ）。

A. 随机抽取检查对象、随机选派监督检查人员

B. 随机确定检查时间、随机抽取检查对象

C. 随机选派监督检查人员、随机确定检查时间

D. 随机选派监督检查人员、随机确定抽检部位

47. 根据《职业健康安全管理体系 要求及使用指南》GB/T 45001—2020，属于"运行"部分的内容是（   ）。

A. 管理评审   B. 危险源辨识

C. 理解组织及其所处的环境   D. 应急准备和响应

48. 根据安全生产教育培训制度，新上岗的施工企业从业人员，岗前培训时间的最少学时是（   ）学时。

A. 24   B. 12

C. 36   D. 48

49. 下列分部分项工程中，应当组织专家论证、审查专项施工方案的是（   ）。

A. 起重吊装工程   B. 拆除工程

C. 爆炸工程   D. 地下暗挖工程

50. 根据工伤保险和社会保险相关法律规定，由建筑施工企业自主决定是否投保的险种是（   ）。

A. 养老保险   B. 意外伤害保险

C. 医疗保险   D. 失业保险

51. 安全生产管理预警体系运行中，"找出诸多致灾因素中危险性最高、危险程度最严重的主要因素，并对其成因进行分析"属于（   ）环节的工作。

A. 诊断   B. 监测

C. 识别   D. 评价

52. 下列建设工程安全事故中，县级人民政府可以委托事故发生单位组织事故调查组进行调查的是（   ）。

A. 2 人轻伤，总损失 1000 万元

B. 1 人重伤，直接经济损失 200 万元

C. 无伤亡，直接经济损失 1000 万元以下

D. 1 人轻伤，无其他损失

53. 一般情况下，负责特别重大事故调查的人民政府应当自收到事故调查报告之日起（   ）日内作出批复。

A. 15   B. 60

C. 30   D. 90

54. 关于建设工程现场文明施工措施的说法，正确的是（   ）。

A. 施工现场应设置排水系统，直接排入市政管网

B. 一般工地围挡高度不得低于 1.6m

C. 施工总平面图应随工程实施的不同阶段进行调整

D. 施工现场严禁设置吸烟处，应设置于生活区

55. 关于建设工程施工现场环境保护措施的说法，正确的是（　　）。

A. 工地茶炉不得使用烧煤茶炉

B. 经无害化处理后的建筑废弃残渣用于土方回填

C. 严格控制噪声作业，夜间作业将噪声控制在 70dB（A）以下

D. 施工现场设置符合规定的装置用于熔化沥青

56. 关于投标申请人资格预审的说法，正确的是（　　）。

A. 资格预审可以在招标开始之前或者初期进行

B. 公开招标只能采用资格预审方式

C. 资格预审结果不需要通知所有的投标意向者

D. 规定截止日期后，潜在投标人可以根据发包人要求修改资格预审文件

57. 建筑材料采购合同中应明确结算的（　　）。

A. 地点、时间和人员　　　　　　　　B. 时间、方式和手续

C. 时间、方式和人员　　　　　　　　D. 地点、人员和手续

58. 关于施工专业分包合同的说法，正确的是（　　）。

A. 分包人须服从由发包人直接发出的与分包工程有关的指令

B. 承包人要求分包人采取特殊措施保护所增加的费用，由分包人负责

C. 分包人不得将劳务作业再分包给具有相应劳务分包资质的劳务分包企业

D. 分包合同约定的工程变更调整的合同价款应与工程进度款同期调整支付

59. 下列工程总承包合同义务中，属于承包人义务的是（　　）。

A. 办理施工许可证

B. 负责组织设计阶段审查会议，并承担会议费用

C. 按照行业工程建设标准规范规定的设计深度开展工程设计

D. 提供与施工有关的现场障碍资料

60. 关于固定单价合同的说法，正确的是（　　）。

A. 当通货膨胀达到一定水平时，可对单价进行调整

B. 当国家政策发生变化时，可对单价进行调整

C. 无论发生哪些影响价格的因素都不对单价进行调整

D. 当实际工程量发生较大变化时，可对单价进行调整

61. 与单价合同相比较，总价合同的特点是（　　）。

A. 发包人的协调工作量大　　　　　　B. 在施工进度上能调动承包人的积极性

C. 发包人可以缩短招标准备时间　　　D. 承包人的风险较小

62. 根据合同风险产生的原因分类，属于合同工程风险的是（　　）。

A. 非法分包　　　　　　　　　　　　B. 物价上涨

C. 偷工减料　　　　　　　　　　　　D. 以次充好

63. 某工程的合同总额为 1000 万元，则发包人合理的支付担保额是（　　）万元。

A. 100

B. 200

C. 500

D. 1000

64. 下列合同实施偏差的调整措施中，属于组织措施的是（　　）。

A. 变更技术方案

B. 调整工作流程

C. 增加投入

D. 签订附加协议

65. 根据《建筑市场诚信行为信息管理办法》，不良行为记录信息公布期限最短不得少于（　　）个月。

A. 3

B. 6

C. 12

D. 24

66. 某工程在地基施工过程中，遇到大量不可预见的地下水，承包人处理地下水的费用应该向（　　）索赔。

A. 勘察单位

B. 设计人

C. 发包人

D. 保险公司

67. 某防水工程施工出现了设计变更，导致工程量由 $1600m^2$ 增加到了 $2400m^2$，原定施工工期 60 天。合同约定工程量增减 10% 为承包商应承担的风险，则承包商可索赔工期（　　）天。

A. 12

B. 30

C. 60

D. 24

68. 关于 FIDIC《施工合同条件》的说法，正确的是（　　）。

A. 由业主或业主代表管理合同

B. 合同计价方式采用单价合同，但也有些子项采用包干单价

C. "新红皮书"的应用范围比原"红皮书"较小

D. "新红皮书"适用于由承包商做绝大部分设计的工程项目

69. 下列建设工程项目信息中，属于技术类信息的是（　　）。

A. 进度控制信息

B. 投资控制信息

C. 质量控制信息

D. 工作量控制信息

70. 下列项目管理工具中，服务于项目所有参与单位的是（　　）。

A. 管理信息系统

B. 项目信息门户

C. 项目管理信息系统

D. 设施管理信息系统

二、**多项选择题**（共 30 题，每题 2 分。每题的备选项中，有 2 个或 2 个以上符合题意，至少有 1 个错项。错选，本题不得分；少选，所选的每个选项得 0.5 分）

71. 关于工作任务分工和管理职能分工的说法，正确的有（　　）。

A. 管理职能是由管理过程的多个环节组成

B. 管理职能分工表既可用于项目管理，也可用于企业管理

C. 在项目实施的全过程中，应视具体情况对工作任务分工表进行调整

D. 编制工作任务分工表前应对项目实施各阶段的具体管理工作进行详细分解

E. 项目各参与方应编制统一的工作任务分工表和管理职能分工表

72. 关于项目施工总承包模式特点的说法，正确的有（　　　）。

A. 业主选择承包方的招标及合同管理工作量小

B. 合同价不明确，不利于业主的投资控制

C. 与平行发包模式相比，组织协调工作量大

D. 开工日期不可能太早，建设周期会较长

E. 工程质量在很大程度上取决于总承包方的管理水平和技术水平

73. 根据《建筑施工组织设计规范》GB/T 50502—2009，施工方案的主要内容包括（　　　）。

A. 工程概况　　　　　　　　　B. 施工部署

C. 施工方法及工艺要求　　　　D. 施工现场平面布置

E. 施工准备与资源配置计划

74. 项目风险评估工作包括（　　　）。

A. 确定各种风险的风险等级　　　B. 确定风险因素

C. 确定应对各种风险的对策　　　D. 分析各种风险的损失量

E. 分析各种风险因素的发生概率

75. 下列建设工程项目施工成本费用中，属于间接成本的有（　　　）。

A. 管理人员工资　　　　　　　B. 人工费

C. 机械费　　　　　　　　　　D. 办公费

E. 差旅交通费

76. 按施工成本构成要素分类，应计入企业管理费用的有（　　　）。

A. 固定资产使用费　　　　　　B. 管理人员工资

C. 材料采购及保管费　　　　　D. 工具用具使用费

E. 规费

77. 关于施工成本偏差分析表达方法的说法，正确的有（　　　）。

A. 横道图法是最常用的一种方法　　　B. 横道图法形象、直观、一目了然

C. 表格法反映的信息量大　　　　　　D. 表格法具有灵活、适用性强的优点

E. 曲线法能够直接用于定量分析

78. 关于成本核算方法的说法，正确的有（　　　）。

A. 表格核算法精度不高，实用性较差

B. 项目财务部门一般采用表格核算法

C. 表格核算法简便易懂，方便操作

D. 会计核算法对工程项目内各岗位成本的责任核算比较适用

E. 会计核算法科学严密，覆盖面较大

79. 关于分部分项工程成本分析的说法，正确的有（　　　）。

A. 必须对施工项目的所有分部分项工程进行成本分析

B. 分部分项工程成本分析的对象为已完分部分项工程

C. 分部分项工程成本分析是施工项目成本分析的基础

D. 分部分项工程成本分析是定期的中间成本分析

E. 主要分部分项工程要做到从开工到竣工进行系统的成本分析

80. 在项目的实施阶段，项目总进度应包括（　　　）进度。

A. 设计前准备阶段的工作　　　　　　　B. 设计工作

C. 招标工作　　　　　　　　　　　　　D. 项目建议书的编制工作

E. 项目动用后的保修工作

81. 关于工作最迟完成时间计算的说法，正确的有（　　　）。

A. 单代号搭接网络计划中，等于各紧后工作最迟开始（或结束）时间减相应时距加
该工作持续时间的最小值

B. 单代号搭接网络计划中，等于该工作最早完成时间加上该工作的总时差

C. 双代号网络计划中，等于各紧后工作最迟开始时间的最小值

D. 双代号网络计划中，等于该工作完成节点的最迟时间

E. 双代号时标网络计划中，等于该工作实箭线结束点对应的时间坐标

82. 某双代号时标网络计划如下图所示（时间单位：天），工作总时差正确的有
（　　　）。

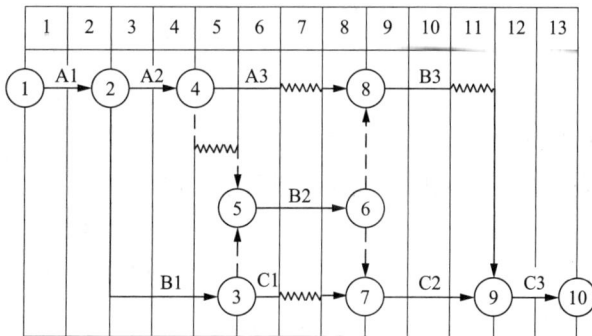

A. $TF_{A1} = 0$　　　　　　　　　　　　B. $TF_{A2} = 1$

C. $TF_{A3} = 2$　　　　　　　　　　　　D. $TF_{C1} = 2$

E. $TF_{B3} = 1$

83. 某双代号网络计划如下图所示（时间单位：天），其关键工作有（　　　）。

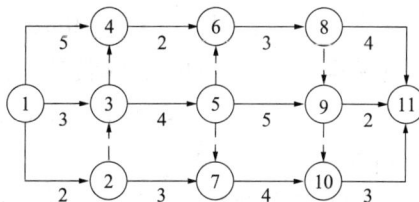

A. 工作 3-5　　　　　　　　　　　　　B. 工作 1-4

C. 工作 7-10　　　　　　　　　　　　　D. 工作 5-9

E. 工作 8-11

84. 某单代号搭接网络计划如下图所示（时间单位：天），其时间参数正确的有（   ）。

```
          2           4
          B           D
          3           2
 1                                    6
 St        FTS=2                     Fin
 0                                    0
          3           5
          C           E
          4           5
```

A. $FF_B = 2$ B. $TF_C = 1$

C. $LS_D = 8$ D. $LS_E = 5$

E. $LF_C = 5$

85. 下列项目进度控制的措施中，与工程设计技术有关的措施有（   ）。

A. 组织工程设计方案的评审与选用   B. 分析施工组织设计对进度的影响

C. 寻求设计变更加快施工进度的可能   D. 重视信息技术在进度控制中的应用

E. 改变施工机械设计，提高机械效率

86. 项目质量控制体系的运行环境包括（   ）。

A. 项目的合同结构   B. 质量管理的人员配置

C. 质量管理的政府监督制度   D. 质量管理的物质资源配置

E. 质量管理的组织制度

87. 下列施工作业质量控制点中，属于"见证点"的有（   ）。

A. 隐蔽工程   B. 二次结构砌体施工

C. 重要部位施工   D. 压力容器特种作业

E. 预应力施工工艺

88. 钢筋混凝土构件和允许出现裂缝的预应力混凝土构件进场质量验收时，应进行的检验项目包括（   ）。

A. 承载力   B. 挠度

C. 裂缝宽度   D. 外观质量

E. 材料性能

89. 下列工程质量事故发生的原因中，属于技术原因的有（   ）。

A. 检测设备管理不善造成仪器失准   B. 结构设计方案不正确

C. 检验检查制度不严密   D. 施工操作人员施工工艺错误

E. 监理人员旁站检验不到位

90. 对某模板工程进行抽样检查，发现在表面平整度、截面尺寸、平面水平度、垂直度和标高等方面存在质量问题。按照排列图法进行统计分析，上述质量问题累计频率依次为 41%、79%、89%、98% 和 100%，需要进行重点管理的 A 类问题有（   ）。

A. 平面水平度   B. 垂直度

C. 表面平整度   D. 标高

E. 截面尺寸

91. 关于安全技术交底要求的说法，正确的有（   ）。

A. 必须采用新的安全技术措施

B. 必须采用两阶段技术交底

C. 必须实行逐级安全技术交底制度

D. 定期向多工种交叉施工作业队伍书面交底

E. 保持书面安全技术交底签字记录

92. 应当及时修订生产安全事故应急预案的情形有（   ）。

A. 依据的上位预案中的有关规定发生重大变化

B. 重要应急资源发生重大变化

C. 面临的事故风险发生重大变化

D. 编制人员构成发生重大变化

E. 应急演练中发现问题需要修订

93. 下列现场文明施工的管理措施中，属于现场消防、防火管理措施的有（   ）。

A. 建立消防管理制度及消防领导小组   B. 现场必须有消防平面布置图

C. 建立门卫值班管理制度   D. 作业区与生活区必须明显划分

E. 对违反消防条例的有关人员进行严肃处理

94. 下列施工现场噪声的控制措施中，属于控制传播途径的有（   ）。

A. 利用多孔材料吸收声能   B. 压缩机风管处设置消声器

C. 设置隔声屏障   D. 振动源上涂覆阻尼材料

E. 操作人员使用耳塞、耳罩

95. 建设工程施工招标应当具备的条件有（   ）。

A. 招标人已经依法成立

B. 有相应资金或资金来源已经落实

C. 初步设计及概算应当履行审批程序的，已经批准

D. 有招标所需的设计图纸及技术资料

E. 有编制招标文件和组织评标的能力

96. 关于施工总承包合同中费用控制条款的说法，正确的有（   ）。

A. 承包人可以使用预付款修建临时工程、组织施工队进场

B. 发包人在收到预付款催告通知后 7 天内仍未支付的，承包人有权暂停施工

C. 发包人签发进度款支付证书，表明发包人已接受了承包人完成的相应工作

D. 发包人在工程款中逐期扣回预付款后，预付款担保额度应相应减少

E. 发包人应在进度款支付证书签发后 28 天内完成支付

97. 对业主而言，成本加酬金合同的优点有（   ）。

A. 可以通过分段施工缩短工期

B. 可以减少承包商的对立情绪

C. 可以利用承包商的施工技术专家，帮助弥补设计中的不足

D. 便于对工程计划进行合理安排

E. 通过确定最大保证价格约束工程成本不超过某一限值

98. 关于工程保险的说法，正确的有（　　）。

A. 工程一切险要求投保人以项目法人的名义投保

B. 国内工程通常由项目法人办理工程一切险

C. 国内工程开工前均要集中投保工程一切险

D. 第三者责任险一般附加在工程一切险中

E. 承包人设备保险的保险范围包括准备用于永久工程的设备

99. 关于合同分析及其作用的说法，正确的有（　　）。

A. 合同分析往往由项目经理负责

B. 合同分析要从合同执行的角度去分析

C. 合同分析同招标文件分析的侧重点相同

D. 合同分析的目的之一是合同任务分解、落实

E. 分析合同中的漏洞，解释有争议的内容

100. 若承包商未按合同要求实施工程，关于业主向承包商索赔的说法，正确的有
（　　）。

A. 工程进度太慢，要求承包商赶工时，可索赔业主方工程师的加班费

B. 合同工期已到而工程仍未完工，可索赔误期损害赔偿费

C. 未按合同要求办理保险，业主可前去办理并索赔相应的费用

D. 未按合同条件要求，无故不向分包人付款，业主无权进行索赔

E. 质量不满足要求，业主另找公司完成的，只可向承包商索赔成本

参 考 答 案

一、单项选择题

1. B	2. B	3. B	4. C	5. D
6. D	7. C	8. B	9. A	10. C
11. B	12. A	13. C	14. A	15. A
16. D	17. D	18. A	19. C	20. A
21. B	22. D	23. C	24. D	25. A
26. D	27. B	28. D	29. D	30. A
31. A	32. B	33. A	34. A	35. A
36. C	37. D	38. D	39. D	40. B
41. C	42. D	43. A	44. C	45. D
46. A	47. D	48. A	49. D	50. B
51. A	52. C	53. C	54. C	55. D
56. A	57. B	58. D	59. C	60. C
61. B	62. B	63. B	64. B	65. A
66. C	67. D	68. B	69. C	70. B

二、多项选择题

71. A、B、C、D	72. A、D、E	73. A、C、E	74. A、D、E	75. A、D、E
76. A、B、D	77. B、C、D	78. C、E	79. B、C、E	80. A、B、C
81. B、C、D	82. A、B、D、E	83. A、D	84. B、C、D、E	85. A、C
86. A、B、D、E	87. C、D、E	88. A、B、C、D	89. B、D	90. C、E
91. C、D、E	92. A、B、C、E	93. A、B、E	94. A、C、D	95. A、B、C、D
96. A、B、D	97. A、B、C、E	98. B、D、E	99. B、D、E	100. A、B、C

模拟预测篇

2023年度全国一级建造师执业资格考试模拟预测试卷

一、单项选择题（共70题，每题1分。每题的备选项中，只有1个最符合题意）

1. 根据国际设施管理协会的界定，下列设施管理的内容中，属于物业运行管理的是（　　）。

A. 财务管理　　　　　　　　　　B. 空间管理

C. 用户管理　　　　　　　　　　D. 维修管理

2. 关于建设工程项目管理的说法，正确的是（　　）。

A. 业主方是建设工程项目生产过程的总集成者，工程总承包方是建设工程项目生产过程的总组织者

B. 建设项目工程总承包方管理的目标只包括总承包方的成本目标、项目的进度和质量目标

C. 供货方项目管理的目标包括供货方的成本目标、供货的进度和质量目标

D. 建设项目工程总承包方的项目管理工作不涉及项目设计准备阶段

3. 编制设计任务书是项目（　　）阶段的工作。

A. 设计准备　　　　　　　　　　B. 决策

C. 设计　　　　　　　　　　　　D. 施工

4. 根据《中华人民共和国劳动法》，施工企业应按规定向劳动者支付工资，但是当企业因暂时生产经营困难无法按规定支付工资时可以延期支付，但最长不得超过（　　）日。

A. 60　　　　　　　　　　　　　B. 90

C. 120　　　　　　　　　　　　D. 30

5. 关于单价合同，下列说法正确的是（　　）。

A. 对于投标书中明显的数字计算错误，业主有权力先作修改再评标，当总价和单价的计算结果不一致时，总价为准

B. 业主和承包商都不存在工程量方面的风险

C. 当国家政策发生变化时，可对固定单价合同中的单价进行调整

D. 固定单价合同适用于工期较长、工程量变化幅度不会太大的项目

6. 某施工合同实施过程中出现了偏差，经过偏差分析后，承包人采取了夜间加班、增加劳动力投入等措施。这种调整措施属于（　　）。

A. 组织措施　　　　　　　　　　B. 技术措施

C. 经济措施　　　　　　　　　　D. 合同措施

7. 下列关于建设工程项目信息管理的目的和任务的说法，错误的是（　　）。

A. 信息管理旨在通过有效的项目信息传输的组织和控制为项目建设和使用增值

B. 业主方和项目参与各方都应编制各自的信息管理手册

C. 信息管理部门负责工程档案管理

D. 信息管理的核心手段是基于互联网的信息处理平台

8. 投标人根据招标文件在约定期限内向招标人提交投标文件的行为，称为（　　）。

A. 要约　　　　　　　　　　　　B. 承诺

C. 要约邀请　　　　　　　　　　D. 合同生效

9. 关于建设工程安全生产管理预警评价的说法，正确的是（　　）。

A. Ⅰ级预警表示生产活动处于正常状态　　B. Ⅱ级预警一般用黄色表示

C. Ⅲ级预警表示处于事故的上升阶段　　D. Ⅳ级预警一般用红色表示

10. 关于施工过程的质量验收，下列选项中，正确的是（　　）。

A. 分项工程质量验收由总监理工程师组织

B. 普通分部工程应有总监理工程师组织施工单位项目负责人和项目技术负责人等进行验收

C. 勘察、设计单位项目负责人和施工单位技术、质量部门负责人应参加主体结构、节能分部工程验收

D. 单位工程竣工验收由建设单位项目负责人或授权总监理工程师组织进行

11. 建设工程项目质量管理的 PDCA 循坏中，质量处置 A 阶段的主要任务是（　　）。

A. 明确质量目标并制定实现目标的行动方案

B. 将质量计划落实到工程项目的施工作业技术活动中

C. 对质量问题进行原因分析，采取措施予以以纠正

D. 对计划实施过程进行科学管理

12. 某工程网络计划中，工作 A 的最早完成时间为第 15 天，工作 A 有三项紧后工作，它们的最早开始时间分别为第 16 天、第 18 天和第 19 天，最迟开始时间分别为第 21 天、第 18 天和第 20 天，则工作 A 的自由时差和总时差分别为（　　）天。

A. 0；3　　　　　　　　　　　　B. 1；3

C. 1；5　　　　　　　　　　　　D. 4；6

13. 关于项目总进度目标论证的工作，下列说法正确的是（　　）。

A. 建设工程项目的总进度目标指的是整个工程项目的进度目标，它是在项目实施阶段确定的

B. 建设工程项目总进度目标的控制只是业主方项目管理的任务

C. 在进行建设工程项目总进度目标控制前，首先应分析和论证进度目标实现的可能性

D. 大型建设工程项目总进度目标论证的核心工作是编制总进度纲要

14. 工程成本应当包括（　　）所发生的，与执行合同有关的直接费用和间接费用。

A. 从工程投标开始至工程验收为止　　B. 从场地移交开始至项目移交为止

C. 从合同签订开始至合同完成为止　　D. 从项目设计开始至竣工投产为止

15. 关于建设工程项目施工成本控制的说法，正确的是（   ）。

A. 施工成本管理体系由社会有关组织进行评审和认证

B. 管理行为控制程序是进行成本过程控制的重点

C. 施工成本控制可分为事先控制、过程控制和事后控制

D. 管理行为控制程序和指标控制程序是相互独立的

16. 关于施工企业项目经理的工作性质，下列说法正确的是（   ）。

A. 取得建造师注册证书的人员是否担任工程项目施工的项目经理，由企业自主决定

B. 项目经理是建筑施工企业法定代表人

C. 建造师是一种工作岗位的名称，而项目经理是一个专业人士的名称

D. 项目经理应是承包人正式聘用的员工，承包人应向发包人提交项目经理与承包人之间的劳动合同，以及项目经理相关资质的有效证明

17. 关于组织论及系统的目标和组织的关系，下列说法正确的是（   ）。

A. 系统的组织决定了系统的目标

B. 组织结构模式反映了一个组织系统中各子系统之间或各元素之间的指令关系

C. 组织结构模式和工作流程组织都是一种相对静态的组织关系

D. 组织分工可反映一个组织系统中各项工作之间的逻辑关系，是一种动态关系

18. 下列建设工程项目成本管理的任务中，作为建立施工项目成本管理责任制、开展施工成本控制和核算的基础是（   ）。

A. 成本预测　　　　　　　　　　B. 成本计划

C. 成本考核　　　　　　　　　　D. 成本分析

19. 下列有关施工预算和施工图预算的说法，正确的是（   ）。

A. 施工预算的编制以预算定额为主要依据

B. 施工预算是投标报价的主要依据

C. 施工图预算既适用于建设单位，也适用于施工单位

D. 施工图预算是施工企业内部管理用的一种文件

20. 下列关于成本分析的依据的描述，说法正确的是（   ）。

A. 会计核算主要是价值核算，可以预测发展趋势

B. 因为会计核算的范围比业务核算、统计核算要广，所以它是成本分析的重要依据

C. 业务核算不但可以核算已经完成的项目是否达到原定的目标、取得预期的效果，而且可以对尚未发生或正在发生的经济活动进行核算

D. 业务核算的计量尺度比会计核算宽，可以用货币计算，也可以用实物或劳动量计算

21. 某住宅工程施工过程中，混凝土施工班组为加快施工进度，未按施工方案要求加固模板，从而导致混凝土浇筑过程中模板开裂，造成 2 人死亡，10 人重伤，则此事故属于（   ）。

A. 指导责任重大事故　　　　　　B. 指导责任较大事故

C. 操作责任重大事故　　　　　　D. 操作责任较大事故

22. 工程质量控制中采用因果分析图法的目的是（　　　）。

A. 找出工程中存在的主要质量问题　　B. 找出影响工程质量问题的最主要原因

C. 全面分析工程中可能存在的质量问题　D. 动态地分析工程中的质量问题

23. 道路上有一个坑，既要设防护栏杆及警示牌，又要设照明及夜间警示红灯。这符合建设安全事故隐患处理中的（　　　）。

A. 单项隐患综合治理原则　　　　　　B. 冗余安全度治理原则

C. 事故直接隐患与间接隐患并治原则　D. 动态治理原则

24. 关于应急预案体系的说法，错误的是（　　　）。

A. 综合应急预案是应对各类事故的综合性文件

B. 专项应急预案应制定明确的救援程序和具体的应急救援措施

C. 现场处置方案是针对具体的事故类别制定的应急处置措施

D. 生产规模小、危险因素少的生产经营单位，其综合应急预案和专项应急预案可以合并编写

25. 工现场文明施工管理的第一责任人是（　　　）。

A. 建设单位负责人　　　　　　　　　B. 施工单位负责人

C. 项目专职安全员　　　　　　　　　D. 项目经理

26. 某工程项目建设周期为二年，采用总价合同，下列选项中不属于引起价格变化问题的因素的是（　　　）。

A. 劳务工资以及材料费用的上涨　　　B. 施工组织设计有瑕疵

C. 外汇汇率的不稳定　　　　　　　　D. 运输费、燃料费、电力等价格的变化

27. 关于工程咨询合同费用构成，下列说法正确的是（　　　）。

A. 按人月费单价法计算的酬金中，基本工资包括工资、红利款项等

B. 可以将公司管理费中支出的费用列入可报销费用

C. 不可预见费通常为酬金与可报销费用之和的 15%～20%

D. 采用成本加固定酬金计价方式时，固定酬金可以是费率固定或数额固定

28. 某国际工程合同额为 1000 万元人民币，合同实施天数为 300 天。由国内某承包商总承包施工，该承包商同期内公司的总合同额为 1 亿人民币，同期内公司的总管理费为 1500 万元；因业主修改设计，承包商要求工期延期 20 天。该工程项目部在施工索赔中总部管理费的索赔额是（　　　）万元。

A. 50　　　　　　　　　　　　　　　B. 15

C. 12　　　　　　　　　　　　　　　D. 10

29. 下列选项中，关于诚信行为记录的说法，错误的是（　　　）。

A. 诚信行为记录由各省、自治区、直辖市建设行政主管部门在当地建筑市场诚信信息平台上统一公布

B. 不良行为记录信息的公布时间为行政处罚决定作出后 7 日内，公布期限一般为 6 个月至 3 年

C. 良好行为记录信息公布期限一般为 3 年

D. 对整改确有实效的，可缩短其不良行为记录信息公布期限，但公布期限最短不得少于 6 个月

30. 根据《建设工程施工专业分包合同（示范文本）》GF—2003—0213 的相关规定，下列说法错误的是（　　）。

A. 分包合同价款与总包合同价款无任何连带关系

B. 承包人在收到分包工程竣工结算报告后 28 天内支付工程竣工结算价款

C. 分包人不得将其承包的分包工程部分再分包给他人

D. 分包人不得将劳务作业再分包给具有相应劳务分包资质的劳务分包企业

31. 下列安全生产管理制度中，属于所有安全生产管理制度核心的是（　　）。

A. 安全检查制度　　　　　　　　　B. 安全生产教育培训制度

C. 安全生产责任制度　　　　　　　D. 安全措施计划制度

32. 政府对工程质量监督的行为从性质上属于（　　）。

A. 技术服务　　　　　　　　　　　B. 委托代理

C. 行政执法　　　　　　　　　　　D. 司法审查

33. 关于住宅工程分户验收的说法，正确的是（　　）。

A. 分户验收应在住宅工程竣工验收合格后进行

B. 《住宅工程质量分户验收表》要作为《住宅质量保证书》的附件一同交给住户

C. 《住宅工程质量分户验收表》需要建设单位和设计单位项目负责人分别签字

D. 分户验收的内容不包括建筑节能工程质量的验收

34. 关于施工作业质量的监控，下列选项中，正确的是（　　）。

A. 施工作业质量的监控主体为建设单位、监理单位、设计单位及勘察单位

B. 对于重要的工序或对工程质量有重大影响的工序，应严格执行"三检"制度，即自检、互检、交接检查

C. 现场质量检查的方法中，运用敲击工具进行音感检查属于目测法

D. 现场质量检查的方法中，超声波探伤属于实测法

35. 关于横道图进度计划表的说法，正确的是（　　）。

A. 计划调整比较方便

B. 可以直观地确定计划的关键线路

C. 工作逻辑关系易于表达清楚

D. 可以将工作简要说明直接放到横道图上

36. 某双代号网络计划中，工作 M 的最早开始时间和最迟开始时间分别为第 12 天和第 15 天，其持续时间为 5 天；工作 M 有 3 项紧后工作，它们的最早开始时间分别为第 21 天、第 24 天和第 28 天，则工作 M 的自由时差为（　　）天。

A. 1　　　　　　　　　　　　　　B. 4

C. 8　　　　　　　　　　　　　　D. 11

37. 某双代号网络计划如下图所示（时间单位：天），其关键线路有（　　）条。

A. 1　　　　　　　　　　　　　　B. 2

C. 3   D. 4

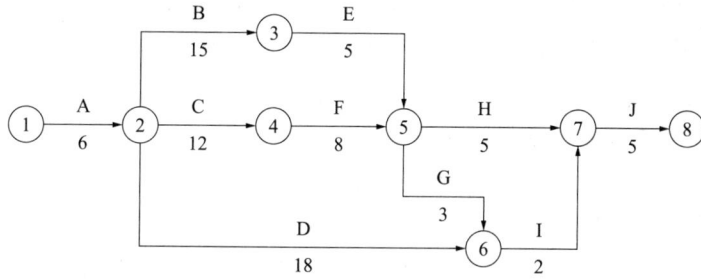

38. 根据下表逻辑关系绘制的双代号网络图如下，存在的绘图错误是（   ）。

工作名称	A	B	C	D	E	G	H
紧前工作	—	—	A	A	A、B	C	E

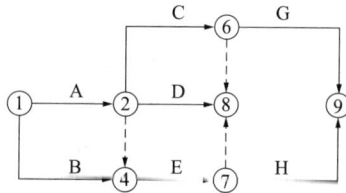

A. 节点编号不对   B. 逻辑关系不对

C. 有多个终点节点   D. 有多个起点节点

39. 某工程的进度计划如下图所示（单位：天），在实际进度中，因业主提供的设计图存在偏差导致 C 工作延误 3 天，则下列选项中，错误的是（   ）。

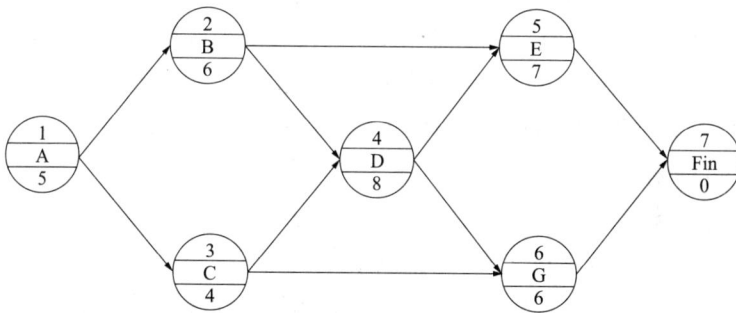

A. 该工程的实际竣工时间为第 27 天

B. 施工方可向业主方索赔 1 天工期

C. 因 C 工作的延误，会使 D 工作最早开始时间延迟 3 天

D. C 工作的延误对 G 工作没有影响

40. 某项目在进行资金成本分析时，其计算期实际工程款收入为 220 万元，计算期实际成本支出为 119 万元，计划工期成本为 150 万元，则该项目成本支出率为（   ）。

A. 30.69%   B. 54.09%

C. 68.18%   D. 79.33%

41. 某钢门窗安装工程，工程进行到第 2 个月末时，已完工作预算费用为 40 万元，已完工作实际费用为 45 万元，则该项目的成本控制效果是（   ）。

    A. 费用偏差为 −5 万元，项目运行超支预算

    B. 费用偏差为 5 万元，项目运行节支

    C. 费用偏差为 5 万元，项目运行超出预算

    D. 费用偏差为 −5 万元，项目运行节支

42. 若按项目组成编制施工成本计划，项目应按（   ）的顺序依次进行分解。

    A. 单项工程→单位工程→分部工程→分项工程

    B. 单项工程→分部工程→单位工程→分项工程

    C. 单位工程→单项工程→分部工程→分项工程

    D. 单位工程→单项工程→分项工程→分部工程

43. 根据《建设工程质量管理条例》未经（   ）签字，建设单位不拨付工程款、不得进行竣工验收。

    A. 专业监理工程师   B. 建设单位现场工程师

    C. 政府质量管理部门   D. 总监理工程师

44. 根据《建设工程项目管理规范》GB/T 50326—2017，项目实施前，企业法定代表人应与施工项目经理协商制定（   ）。

    A. 项目成本管理规划   B. 项目管理承诺书

    C. 项目管理目标责任书   D. 质量保证承诺书

45. 下列项目目标动态控制的流程中，正确的是（   ）。

    A. 收集项目目标的实际值→实际值与计划值比较→找出偏差→采取纠偏措施

    B. 收集项目目标的实际值→实际值与计划值比较→找出偏差→进行目标调整

    C. 收集项目目标的实际值→实际值与计划值比较→采取控制措施→进行目标调整

    D. 实际值与计划值比较→找出偏差→采取控制措施→收集项目目标的实际值

46. 工程项目施工组织设计中，一般将施工顺序的安排写入（   ）。

    A. 施工进度计划   B. 施工总平面图

    C. 施工部署和施工方案   D. 工程概况

47. 下列属于建设工程项目实施阶段策划内容的是（   ）。

    A. 项目实施期管理总体方案   B. 编制项目投资总体规划

    C. 项目实施期组织总体方案   D. 项目的规模、组成、功能和标准的定义

48. 某施工企业组织结构如下图所示，关于该组织结构模式特点的说法，正确的是（   ）。

    A. 当纵向和横向工作部门的指令发生矛盾时，以横向部门指令为主

    B. 当纵向和横向工作部门的指令发生矛盾时，由总经理进行决策

    C. 每一项纵向和横向交汇的工作只有一个指令源

    D. 当纵向和横向工作部门的指令发生矛盾时，以纵向部门指令为主

49. 采用施工总承包管理模式的基本出发点是（　　）。

A. 缩短建设周期
B. 节约业主投资
C. 分包合同透明
D. 减轻业主组织协调工作

50. 项目施工过程中，不需要对施工组织设计进行修改或补充的情形是（　　）。

A. 设计单位应业主要求对楼梯部分进行局部修改
B. 某桥梁工程由于新规范的实施而需要重新调整施工工艺
C. 由于自然灾害导致施工资源的配置有重大变更
D. 施工单位发现设计图纸存在重大错误需要修改工程设计

51. 根据构成风险的因素分类，建设工程施工现场因防火设施数量不足而产生的风险属于（　　）风险。

A. 经济与管理
B. 组织
C. 工程环境
D. 技术

52. 下列施工成本管理的措施中，属于经济措施的有（　　）。

A. 对施工方案进行经济效果分析论证
B. 通过生产要素的动态管理控制实际成本
C. 抽检进场的工程材料、构配件质量
D. 对各种变更及时落实业主签证并结算工程款

53. 关于项目质量的控制，下列选项中，错误的是（　　）。

A. 工程项目的质量要求主要是由业主方提出的
B. 建筑工程五方责任主体项目负责人是指建设单位项目负责人、勘察单位项目负责人、设计单位项目负责人、施工单位项目经理、监理单位总监理工程师
C. 工程质量终身责任实行书面承诺和竣工后永久性标牌等制度
D. 工程在全寿命周期内发生工程质量事故的，市级以上地方人民政府住房城乡建设主管部门应当依法追究项目负责人的质量终身责任

54. 下列质量风险对策中，属"减轻"对策的是（　　）。

A. 设立质量事故风险基金
B. 正确进行项目规划选址
C. 依法实行联合体承包
D. 制定并落实施工质量保证措施

55. 建设工程施工质量验收时，分部工程的划分一般按（　　）确定。

A. 施工工艺、设备类别
B. 专业性质、工程部位

C. 专业类别、工程规模   D. 材料种类、施工程序

56. 《职业健康安全管理体系 要求及使用指南》GB/T 45001—2020 中"支持"部分不包括（　　　）。

A. 资源   B. 意识

C. 运行   D. 能力

57. 特殊情况下，经负责事故调查的人民政府批准，自事故发生之日起，事故调查组可以提交事故调查报告的最长时间是（　　　）日。

A. 30   B. 60

C. 90   D. 120

58. 下列工程项目中，适合采用成本加酬金合同的是（　　　）。

A. 抢险、救灾工程

B. 工程量小、工期短的工程

C. 工程结构简单的工程

D. 工程量一时不能明确、具体地予以规定的工程

59. 关于职业健康安全与环境管理体系文件，不属于作业文件的是（　　　）。

A. 操作规程   B. 管理规定

C. 监测活动准则   D. 程序文件的说明和查询途径

60. 下列对工程项目施工质量的要求中，体现个性化要求的是（　　　）。

A. 符合国家法律、法规的要求

B. 不仅要保证产品质量，还要保证施工活动质量

C. 符合工程勘察、设计文件的要求

D. 符合施工质量评定等级的要求

61. 关于企业质量管理体系的认证与监督，下列选项中，正确的是（　　　）。

A. 企业质量管理体系实行自我认证、自我监督的方式

B. 企业质量管理体系获准认证的有效期2年，认证后一年监督一次

C. 认证撤销后，企业可申诉，3年后方可重新认证

D. 在认证证书有效期内，体系认证证书持有者发生变更，可按规定重新换证

62. 关于建设工程项目进度控制的说法，不正确的是（　　　）。

A. 进度控制的过程，就是随着项目的进展，进度计划不断调整的过程

B. 项目各参与方进度控制的目标和时间范畴是相同的

C. 施工进度控制直接关系到工程的质量和成本

D. 进度控制的目的是通过控制以实现过程的进度目标

63. 下列关于施工成本核算的说法中，正确的是（　　　）。

A. 施工成本核算的对象一般为分部分项工程

B. 成本核算的方法中表格核算法优点是科学严密

C. 成本核算的方法中会计核算法优点是实用性较好

D. 权责发生制原则核心是根据权责关系的实际发生和影响期间来确认企业的支出和

收益

64. 针对材料费的控制主要是进行材料用量和材料价格的控制，关于材料费的控制，下列说法正确的是（　　）。

A. 对于没有指标控制的材料，实行定额控制

B. 为避免钢钉、钢丝等零星材料浪费，严禁使用包干控制

C. 材料费控制不适用于"量价分离"原则

D. 材料价格主要由材料采购部门控制

65. 关于成本计划的类型，下列说法正确的是（　　）。

A. 竞争性成本计划是选派项目经理阶段的预算成本计划

B. 指导性成本计划是项目施工准备阶段的施工预算成本计划

C. 实施性成本计划是施工项目投标及签订合同阶段的估算成本计划

D. 竞争性成本计划是施工项目投标阶段商务标书的基础

66. 根据《建设工程项目管理规范》GB/T 50326—2017，项目管理规划包括（　　）。

A. 项目管理规划原则和内容　　　　B. 项目管理规划大纲和配套措施

C. 项目管理规划大纲和实施大纲　　D. 项目管理规划大纲和实施规划

67. 关于施工总承包模式和施工总承包管理模式的比较，下列说法正确的是（　　）。

A. 施工总承包管理模式下，分包合同价对业主是透明的

B. 施工总承包招标和施工总承包管理招标均可以不依赖完整的施工图

C. 业主在施工总承包和施工总承包管理模式下，对分包单位的选择和认可权限是相同的

D. 施工总承包管理单位负责施工现场的总体管理和协调，对项目目标控制不承担责任

68. 项目技术组针对施工进度滞后的情况，提出了增加夜班作业、改变施工方法两种加快进度的方案，项目经理通过比较，确定采用增加夜班作业以加快速度，物资组落实了夜间施工照明等条件，安全组对夜间施工安全条件进行了复查，上述管理工作体现在管理职能中"筹划"环节的有（　　）。

A. 提出两种可能加快进度的方案　　B. 确定采用夜间施工加快进度的方案

C. 复查夜间施工安全条件　　　　　D. 落实夜间施工照明条件

69. 关于工程担保，下列说法正确的是（　　）。

A. 质量保证金不得超过工程价款结算总额的 5%

B. 支付担保是工程担保中最重要也是担保金额最大的工程担保

C. 发包人向承包人提供的预付款担保一般为合同金额的 10%

D. 支付担保实行分段滚动担保，支付担保的额度为工程合同总额的 20%～25%

70. 根据《建设工程质量管理条例》与《建设工程安全生产管理条例》中的相关规定，下列关于工程监理的描述，正确的有（　　）。

A. 工程监理单位应当代表建设单位对施工质量实施监理，并对施工质量承担监理责任

B. 未经监理工程师签字，建设单位不拨付工程款，不进行竣工验收

C. 工程监理单位应当审查施工组织设计中的安全技术措施或者专项施工方案是否符合工程合同规定

D. 工程监理单位在实施监理过程中，发现存在安全事故隐患的，应当要求施工单位暂时停止施工，并及时报告建设单位

二、多项选择题（共30题，每题2分。每题的备选项中，有2个或2个以上符合题意，至少有1个错项。错选，本题不得分；少选，所选的每个选项得0.5分）

71. 下列选项中，属于分项工程验收合格标准的有（　　　　）。

A. 主控项目的质量经抽样检验均应合格

B. 所含的检验批的质量均应验收合格

C. 所含的检验批的质量验收记录均应完整

D. 所含的分项工程的质量均应验收合格

E. 有关安全、节能、环境保护和主要功能的检查结果应符合相应规定

72. 下列选项中，属于事故报告的内容的有（　　　　）。

A. 事故发生的时间、地点、工程项目名称、工程各参建单位名称

B. 事故发生的简要经过、伤亡人数和初步估计的直接经济损失

C. 事故报告单位、联系人及联系方式

D. 事故责任的认定和对责任者的处理建议

E. 责任者处罚和事故处理结论

73. 根据《建设工程安全生产管理条例》的规定，对达到一定规模的危险性较大的分部工程，需要编制专项施工方案，且签字后实施。签字人包括（　　　　）。

A. 施工单位技术负责人　　　　　　　　B. 项目经理

C. 总监理工程师　　　　　　　　　　　D. 项目技术负责人

E. 专业监理工程师

74. 在下列目标控制措施中，属于技术措施的有（　　　　）。

A. 落实加快工程进度所需的资金　　　　B. 改变施工方法和改变施工机具

C. 改进施工工艺　　　　　　　　　　　D. 调整项目管理班子人员

E. 制定资源需求计划

75. 下列施工费用中，可直接计入直接成本的有（　　　　）。

A. 周转材料购置费　　　　　　　　　　B. 人工费

C. 施工机械使用费　　　　　　　　　　D. 管理人员差旅交通费

E. 材料采购保管费

76. 下列关于建筑材料采购合同内容描述，正确的有（　　　　）。

A. 供货方负责送货的，以供货方按合同规定通知的提货日期为准

B. 凡委托运输部门或单位运输、送货或代运的产品，一般以采购方收货戳记的日期为准

C. 供货方发生逾期交货情况，依据货物总价计算违约金

D. 合同签订后，采购方要求中途退货，应向供货方支付按退款部分货款总额计算的违约金，并要承担由此给供货方造成的损失

E. 采购方逾期付款，应该按照合同约定支付逾期贷款利息

77. 关于建设工程现场文明施工的说法，下列说法正确的有（   ）。

A. 项目经理为现场文明施工第一人

B. 市区主要路段和其他涉及市容景观路段的工地设置围挡的高度不低于1.8m

C. "五牌一图"指的是工程概况牌、管理人员名单及监督电话牌、消防保卫（防火责任）牌、安全生产牌、文明施工牌和消防平面布置图

D. 施工现场作业区与办公、生活区必须明显划分

E. 作业区、生活区主干道必须用一定厚度的混凝土硬化

78. 关于生产安全事故报告和调查处理原则的说法，正确的有（   ）。

A. 整改措施未落实不放过   B. 事故未及时报告不放过

C. 事故原因未查清不放过   D. 有关人员未受到教育不放过

E. 责任人员未处理不放过

79. 下列选项中，属于企业质量管理体系文件的有（   ）。

A. 管理手册   B. 质量手册

C. 质量计划   D. 质量记录

E. 作业文件

80. 关于关键工作和关键线路，下列选项中，正确的有（   ）。

A. 总时差为零的工作就是关键工作

B. 在单代号网络图中，全部由关键工作组成的线路为关键线路

C. 在双代号时标网络计划中，若某条线路从起点节点到终点节点不存在波形线，则该线路为关键线路

D. 双代号网络图，当计划工期等于计算工期时，以关键节点为完成节点的工作总时差等于自由时差

E. 双代号网络图中，由关键节点组成的线路是关键线路

81. 下列成本计划指标中，属于数量指标的有（   ）。

A. 工程项目计划总成本指标   B. 设计预算成本计划降低率

C. 责任目标成本计划降低率   D. 按主要生产要素划分的计划成本指标

E. 各单位工程计划成本指标

82. 关于赢得值法及相关评价指标的说法，正确的有（   ）。

A. 进度偏差为负值时，表示实际进度快于计划进度

B. 理想状态是已完工作实际费用、计划工程预算费用和已完成工作预算费用三条曲线靠得很近并平稳上升

C. 费用（进度）偏差适于同一项目和不同项目比较中采用

D. 采用赢得值法可以克服进度、费用分开控制的缺点

E. 赢得值法可定量判断进度、费用的执行效果

83. 建设工程项目风险管理过程中，项目风险识别的工作有（　　）。

A. 分析各种风险的损失量
B. 确定风险因素
C. 收集与施工风险相关的信息
D. 分析各种风险因素发生的概率
E. 编制施工风险识别报告

84. 国际上，业主方项目管理的方式主要有（　　）。

A. 业主方自行进行项目管理
· B. 业主方委托施工方承担全部业主方项目管理任务
C. 业主方委托项目管理咨询公司承担全部业主方项目管理任务
D. 业主方委托项目管理咨询公司与业主方工作人员共同进行项目管理
E. 业主方委托施工方与业主方人员共同进行项目管理

85. 施工阶段是成本发生的主要阶段，这个阶段的成本控制主要是通过确定成本目标并按计划成本组织施工，人工费的控制是其中一项重要工作。下列选项中属于控制人工费的主要手段的为（　　）。

A. 改变施工作业流程
B. 加强劳动定额管理
C. 改善劳动作业环境
D. 提高劳动生产率
E. 降低工程耗用人工工日

86. 关于建设工程项目总进度目标的论证工作，在项目的实施阶段，项目的总进度包括（　　）。

A. 设计前准备阶段的工作进度
B. 招标工作进度
C. 施工前准备工作进度
D. 保修工作进度
E. 使用期工作进度

87. 关于建设工程项目进度控制的措施，下列选项中，属于管理措施的有（　　）。

A. 编制项目进度控制的工作流程
B. 用工程网络计划的方法编制进度计划
C. 重视信息技术在进度控制中的应用
D. 编制与进度计划相适应的资源需求计划
E. 对设计技术与工程进度的关系作分析比较

88. 关于施工准备质量控制，下列选项中，属于现场施工准备工作的质量控制的有（　　）。

A. 计量控制
B. 测量控制
C. 组织设计交底和图纸审查
D. 编制施工作业技术指导书
E. 施工平面图控制

89. 根据《建设项目工程总承包合同（示范文本）》GF—2020—0216，下列关于发包人的责任与义务的说法，正确的有（　　）。

A. 及时向分包人支付合同价款
B. 最迟不得晚于开工通知中载明的开工日期前 14 天向承包人免费提供图纸
C. 负责施工场地周边环境与生态的保护工作

D. 最迟于开工日期 14 天前向承包人移交施工现场

E. 办理施工所需临时用水、临时用电许可证

90. 下列建设工程施工合同的风险中，属于管理风险的有（　　　）。

A. 业主企业的经营状况恶化　　　　　　B. 承包商的施工方案存在缺陷和漏洞

C. 工程水文、地质条件存在不确定性　　D. 国家调整税率

E. 对环境调查和预测的风险

91. 根据《建设工程施工劳务分包合同（示范文本）》GF—2003—0214 的规定，下列关于保险的说法，错误的有（　　　）。

A. 劳务分包人施工开始前，承包人为第三人员生命财产办理的保险并支付保险费用

B. 运至施工场地的用于劳务施工的材料和设备，由承包人办理保险或获得保险并支付保险费用

C. 承包人租赁给劳务分包人使用的机械由劳务分包人购买保险并支付保险费用

D. 劳务分包人自有的施工机械由承包人办理保险并支付保险费用

E. 劳务分包人必须为从事危险作业的职工办理意外伤害保险

92. 关于施工招标，下列说法正确的有（　　　）。

A. 自招标文件或者资格预审文件出售之日起至停止出售之日止，最短不得少于 5 日

B. 招标人对已发出的招标文件进行必要的澄清或者修改，应当在招标文件要求提交投标文件截止时间至少 10 日前发出

C. 通过资格预审的申请人少于 3 个的，应当重新进行资格预审

D. 详细评审是评标的核心，是对标书进行符合性审查

E. 评标委员会推荐的中标候选人应当限定在 1~3 人，并标明排列顺序

93. 下列工程质量问题中，一般可不作专门处理的情况有（　　　）。

A. 混凝土结构出现宽度不大于 0.3mm 的裂缝

B. 混凝土现浇楼面的平整度偏差达到 8mm

C. 某一结构件截面尺寸不足，但进行复核验算后能满足设计要求

D. 混凝土结构表面出现蜂窝、麻面

E. 某基础的混凝土 28 天强度不到规定强度的 30%

94. 下列项目质量的影响因素分析中，属于质量管理环境因素的有（　　　）。

A. 参建单位的质量管理制度　　　　　　B. 各参建单位之间的协调程度

C. 管理者的质量意识　　　　　　　　　D. 运输设备的使用状况

E. 施工现场的道路条件

95. 某工程第 5 天进行施工进度检查并根据检查情况绘制实际进度前锋线（如下图所示），下列选项中，错误的有（　　　）。

A. D 工作延误 1 天，对 H 工作无影响

B. E 工作进度提前 1 天，但 H 工作的最早开始时间不会提前

C. F 工作按进度计划正常施工

D. I 工作的紧前工作为 E、F 工作

E. 如后期实际施工进度完全按计划进行，则该工程实际工期为 13 天

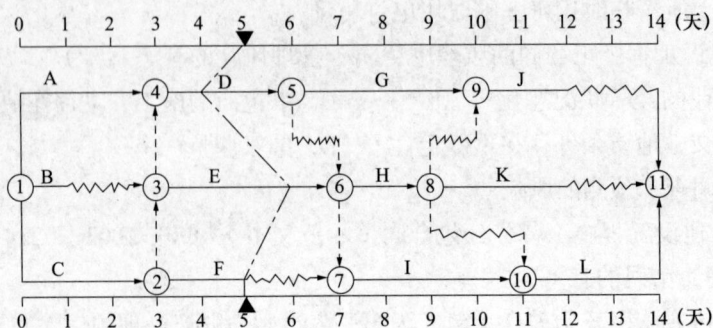

96. 按施工质量事故发生的原因分类，下列选项中，属于管理原因的有（　　　）。

A. 结构设计方案不正确，计算失误，构造设计不符合规范要求

B. "七无""三边"工程

C. 人为的设备事故

D. 施工单位的质量管理体系不完善

E. 不遵守相关规范，违章作业

97. 关于安全生产管理制度，下列说法错误的有（　　　）。

A. 特种作业操作证在全国范围内有效

B. 特种作业人员离开特种作业岗位 1 年以上的特种作业人员，应当重新进行实际操作考试，经确认合格后方可上岗作业

C. 施工单位应当自施工起重机械和整体提升脚手架、模板等自升式架设设施验收合格之日起 30 日内，向建设行政主管部门或其他有关部门登记

D. 安全检查的重点是检查"三违"和"伤亡事故处理"

E. "三同时"制度指的是安全生产设施必须与主体工程同时设计、同时施工、同时验收

98. 关于建设工程安全事故处理措施，下列说法正确的有（　　　）。

A. 事故发生后，事故现场人员立即向本单位负责人报告

B. 单位负责人接到报告后，应当于 1 小时内向事故发生地县级以上应急管理部门和负有安全监督管理职责的部门报告

C. 应急管理部门和负有安全监督管理职责的部门逐级上报事故情况，每级上报时间不得超过 1 小时

D. 较大事故逐级上报至设区的市级人民政府应急管理部门和负有安全监督管理职责的部门

E. 未造成伤亡的一般事故，县级人民政府也可委托事故发生单位组织调查

99. 关于建设工程项目管理信息，下列说法正确的有（　　　）。

A. 工程档案的编码，应根据有关工程档案、项目的特点和项目实施单位的需求等而建立

B. 管理信息系统服务于一个企业

C. 工程管理信息化有利于提高建设工程项目的经济效益和社会效益，以达到为项目建设增值的目的

D. 项目信息门户包括组织件、管理件、软件和硬件

E. 施工单位是项目信息门户的主持者

100. 关于沟通障碍的说法，正确的有（　　　）。

A. 从信息发送者的角度看，影响信息沟通的因素可能是信息译码不准确

B. 沟通障碍来自发送者的障碍、接受者的障碍和沟通通道的障碍

C. 沟通障碍包括组织的沟通障碍和能力的沟通障碍两种形式

D. 从信息接收者的角度看，影响信息沟通的因素可能是心理上的障碍

E. 选择沟通媒介不当是沟通通道障碍的一个方面

参考答案及解析

一、单项选择题

1. D	2. C	3. A	4. D	5. B
6. A	7. A	8. A	9. C	10. B
11. C	12. B	13. C	14. C	15. C
16. A	17. B	18. B	19. C	20. C
21. D	22. B	23. B	24. C	25. D
26. B	27. D	28. D	29. D	30. D
31. C	32. C	33. B	34. C	35. D
36. B	37. D	38. C	39. C	40. B
41. A	42. A	43. D	44. C	45. A
46. C	47. B	48. D	49. D	50. A
51. A	52. D	53. D	54. D	55. B
56. C	57. D	58. A	59. D	60. C
61. D	62. B	63. D	64. D	65. D
66. D	67. A	68. A	69. D	70. A

二、多项选择题

71. B、C	72. A、B、C	73. A、C	74. B、C	75. B、C、E
76. D、E	77. A、D、E	78. A、C、D、E	79. B、C、D	80. C、D
81. A、D、E	82. B、D、E	83. B、C、E	84. A、C、D	85. B、D、E
86. A、B、C	87. B、C	88. A、B、E	89. B、E	90. B、E
91. A、C、D	92. A、C、E	93. B、C	94. A、B	95. D、E
96. D、E	97. B、D、E	98. A、B、E	99. A、B、C	100. B、D、E

【难点解析】

1. D。设施管理包括物业资产管理和物业运行管理。物业资产管理包括：财务管理、空间管理、用户管理；物业运行管理包括：维修和现代化管理。

2. C。A选项错误：由于业主方是建设工程项目实施过程（生产过程）的总集成者，也是建设工程项目生产过程的总组织者，因此对于一个建设工程项目而言，业主方的项目管理往往是该项目的项目管理核心。

B选项错误：项目总承包项目的目标应符合合同要求，包括安全管理目标；总投资目标；自身的成本、进度、质量目标。

D选项错误：项目总承包方项目管理工作涉及项目实施阶段的全过程，即设计前的准备阶段、设计阶段、施工阶段、动用前准备阶段和保修期。

3. A。编制设计任务书属于设计准备阶段工作。

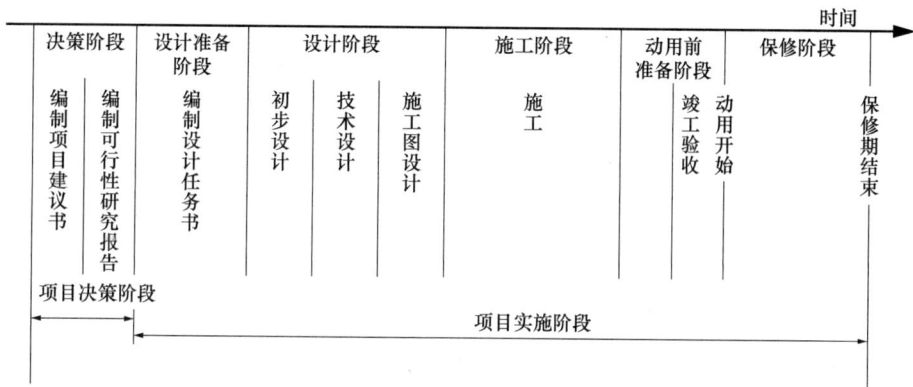

决策阶段		设计准备阶段	设计阶段			施工阶段	动用前准备阶段		保修阶段	时间 →
编制项目建议书	编制可行性研究报告	编制设计任务书	初步设计	技术设计	施工图设计	施工	竣工验收	动用开始		保修期结束
项目决策阶段		项目实施阶段								

4. D。建筑施工企业因暂时生产经营困难无法按劳动合同约定的日期支付工资的，应当向劳动者说明情况，并经与工会或职工代表协商一致后，可以延期支付工资，但最长不得超过30日。超过30日不支付劳动者工资的，属于无故拖欠工资行为。

5. B。A选项错误，对于投标书中明显的数字计算错误，业主有权力先作修改再评标，当总价和单价的计算结果不一致时，以单价为准调整总价；C选项错误，固定单价合同无论发生哪些影响价格的因素都不对单价进行调整，变动单价合同调价应考虑的因素：实际工程量变化、通货膨胀、政策变化；D选项错误，固定单价合同适用于工期较短、工程量变化幅度不会太大的项目。

6. A。合同是算偏差的处理：

组织措施：增加人员投入，调整人员安排，调整工作流程和工作计划。

技术措施：变更技术方案，采用新的高效率的施工方案。

经济措施：增加投入，采用经济激励措施。

合同措施：进行合同变更，签订附加协议，采取索赔手段。

7. A。信息管理旨在通过有效的项目信息传输的组织和控制为项目建设的增值服务。

8. A。招标人通过媒体发布招标公告，或向符合条件的投标人发出招标邀请，为要约邀请；投标人根据招标文件内容在约定的期限内向招标人提交投标文件，为要约；招标人通过评标确定中标人，发出中标通知书，为承诺。

9. C。Ⅰ级预警，表示安全状况特别严重，用红色表示；Ⅱ级预警，表示受到事故的严重威胁，用橙色表示；Ⅲ级预警，表示处于事故的上升阶段，用黄色表示；Ⅳ级预警，表示生产活动处于正常状态，用蓝色表示。

10. B。A 选项错误，分项工程质量验收由监理工程师组织。C 选项错误，勘察、设计单位项目负责人和施工单位技术、质量部门负责人应参加地基与基础分部工程验收；设计单位项目负责人和施工单位技术、质量部门负责人应参加主体结构、节能分部工程验收。D 选项错误，单位工程竣工验收由建设单位项目负责组织进行。

11. C。处置 A：对于质量检查所发现的质量问题或质量不合格，及时进行原因分析，采取必要的措施，予以纠正，保持工程质量形成过程的受控状态，处置分纠偏和预防改进两个方面。

12. B。自由时差＝所有紧后工作的最早开始时间的最小值减去本工作的最早完成时间＝16－15＝1；总时差＝（本工作各紧后工作总时差＋本工作与各紧后工作时间间隔）最小值，A 与其三个紧后工作的时间间隔依次为 1 天、3 天、4 天，三个紧后工作的总时差依次为 5 天、0 天、1 天，则 A 的总时差为 3 天。

13. C。A 选项错误，建设工程项目的总进度目标指的是整个工程项目的进度目标，它是在项目决策阶段项目定义时确定的。B 选项错误，建设工程项目总进度目标的控制是业主方项目管理的任务（若采用建设项目工程总承包的模式，协助业主进行项目总进度目标的控制也是建设项目工程总承包方项目管理的任务）。D 选项错误，大型建设工程项目总进度目标论证的核心工作是通过编制总进度纲要论证总进度目标实现的可能性。

14. C。根据《企业会计准则第 15 号——建造合同》，工程成本包括从建造合同签订开始至合同完成止所发生的、与执行合同有关的直接费用和间接费用。

15. C。管理行为控制程序是对成本全过程控制的基础；指标控制程序则是成本进行过程控制的重点，B 选项错误。两者相互交叉相互制约用成本指标考核管理行为，D 选项错误。施工成本管理体系属于企业内部的管理，不需要社会组织的评审和认证，A 选项错误。

16. A。B 选项错误，项目经理是建筑施工企业法定代表人在工程项目上的代表人。C 选项错误，建造师是一种专业人士的名称，而项目经理是一个工作岗位的名称。D 选项错误，项目经理应是承包人正式聘用的员工，承包人应向发包人提交项目经理与承包人之间的劳动合同，以及承包人为项目经理缴纳社会保险的有效证明。

17. B。A 选项错误，系统的目标决定了系统的组织，而组织是目标能否实现的决定性因素。

C 选项错误，组织结构模式和组织分工都是一种相对静态的组织关系。

D 选项错误，组织分工反映一个组织系统中个子系统或各元素的工作任务分工和管理职能分工；其正确描述为：工作流程组织则可反映一个组织系统中各项工作之间的逻辑关系，是一种动态关系。

18. B。成本计划是以货币形式编制施工项目在计划周期内的生产费用、成本水平、成本降低率以及为降低成本所采取的主要措施和规划的书面方案。它是建立施工项目成本管理责任制、开展成本控制和核算的基础，此外，它还是项目降低成本的指导文件，是设立目标成本的依据，即成本计划是目标成本的种形式。

19. C。施工预算的编制以施工定额为主要依据，施工图预算的编制以预算定额为主要依据，A选项错误。

施工预算是承包人组织生产、编制施工计划、准备现场材料、签发任务书、考核工效、进行经济核算的依据，它也是承包人改善经营管理、降低生产成本和推行内部经营承包责任制的重要手段；而施工图预算则是投标报价的主要依据，B选项错误。

施工预算是施工企业内部管理用的一种文件，与发包人无直接关系；而施工图预算既适用于发包人，又适用于承包人，C选项正确，D选项错误。

20. C。

会计核算	（主要是价值核算）记录企业的生产经营活动，核算过去
业务核算	比会计核算、统计核算范围广，迅速取得资料，以便调整措施；可以核算过去、现在、将来
统计核算	提供成本绝对值、相对数指标；计量尺度比会计宽，可以用货币计算，也可以用实物或劳动量计量；计算当前实际水平，预测发展趋势

21. D。按照损失程度分类：

	死亡人数	重伤人数	直接经济损失
特别重大事故	A≥30	A≥100	A≥1亿元
重大事故	10≤A<30	50≤A<100	5000万元≤A<1亿元
较大事故	3≤A<10	10≤A<50	1000万元≤A<5000万元
一般事故	A<3	A<10	100万元≤A<1000万元

按事故责任分类：

（1）指导责任事故。例如，由于工程负责人片面追求施工进度，放松或不按质量标准进行控制和检验，降低施工质量标准等。

（2）操作责任事故。例如，浇筑混凝土时随意加水，或振捣疏漏造成混凝土质量事故等。

（3）自然灾害事故。例如地震、台风、暴雨、雷电、洪水等对工程造成破坏甚至倒塌。

22. B。因果分析图法，也称为质量特性要因分析法，其基本原理是对每一个质量特性或问题，逐层深入排查可能原因，然后确定其中最主要原因，进行有的放矢的处置和管理。

23. B。冗余安全度治理原则：为确保安全，在治理事故隐患时应考虑设置多道防线，即使发生一两道防线无效，还有冗余的防线可以控制事故隐患。

24. C。生产规模小、危险因素少的生产经营单位，综合应急预案和专项应急预案可以合并编写。应急预案体系的构成：

（1）综合应急预案：从总体上阐述事故的应对方针、政策，是应对各类事故的综合性文件。

（2）专项应急预案：针对具体事故类别（如基坑开挖、脚手架拆除等）的计划或方案。

（3）现场处置方案：针对具体装置、场所、设施、岗位的措施。

25. D。建立文明施工的管理组织，应确立项目经理为现场文明施工的第一负责人，以各专业工程师、施工质量、安全、材料、保卫等现场项目经理部人员为成员的施工现场文明管理组织，共同负责本工程现场文明施工工作。

26. B。在工程施工承包招标时，施工期限一年左右的项目一般实行固定总价合同。但是对建设周期一年半以上的工程项目，则应考虑下列因素引起的价格变化问题：

（1）劳务工资以及材料费用的上涨。

（2）其他影响工程造价的因素，如运输费、燃料费、电力等价格的变化。

（3）外汇汇率的不稳定。

（4）国家或者省、市立法的改变引起的工程费用的上涨。

27. D。A选项错误，人月费率包括基本工资、社会福利费、公司管理费、利润、津贴等，基本工资是公司每月付给个人的工资，不包括工资以外的任何额外收入（如红利款项）。B选项错误，公司管理费属于酬金的一部分。C选项错误，不可预见费通常为酬金与可报销费用之和的5%～15%。

28. D。（1）该工程提取的管理费＝同期公司的总管理费×该工程的合同额/同期内公司的总合同额＝1500×1000/10000＝150万元。（2）该工程每日管理费＝该工程向总部上缴的管理费/合同实施天数＝150/300＝0.5万元。（3）索赔的总部管理费＝该工程每日管理费×工程延期天数＝0.5×20＝10万元。

29. D。诚信行为记录由各省、自治区、直辖市建设行政主管部门在当地建筑市场诚信信息平台上统一公布。其中，不良行为记录信息的公布时间为行政处罚决定作出后7日内，公布期限一般为6个月至3年；良好行为记录信息公布期限一般为3年。省、自治区和直辖市建设行政主管部门负责审查整改结果，对整改确有实效的，由企业提出申请，经批准，可缩短其不良行为记录信息公布期限，但公布期限最短不得少于3个月。

30. D。分包人经承包人同意可以将劳务作业再分包给具有相应劳务分包资质的劳务分包企业。

31. C。安全生产责任制是最基本的安全管理制度，是所有安全生产管理制度的核心。

32. C。政府质量监督的性质属于行政执法行为，是主管部门依据有关法律法规和工程建设强制性标准，对工程实体质量和工程建设、勘察、设计、施工、监理和质量检查等单位的工程质量行为实施监督。

33. B。本题考查的是竣工质量验收的标准。选项A，正确的说法应该是：在住宅工程各检验批、分项、分部工程验收合格的基础上在住宅工程竣工验收前，建设单位应当组织施工、监理等单位依据国家有关工程质量验收标准，对每户住宅及相关公共部位的观感质量和使用功能进行检查验收。选项C，正确的说法应该是：每户住宅和规定的公共部位验收完毕，应当填写住宅工程质量分户验收表，建设单位和施工单位项目负责人、监理单位项目总监理工程师要分别签字。选项D，正确的说法应该是：住宅工程质量分户验收的主要内容包括建筑节能和供暖工程质量。

34. C。A选项错误，施工作业质量的监控主体为建设单位、监理单位、设计单位及政府的工程质量监督部门。B选项错误，对于重要的工序或对工程质量有重大影响的工序，应严格执行"三检"制度，即自检、互检、专检。D选项错误，超声波探伤属于试验法。

35. D。通常横道图的表头为工作及其简要说明，项目进展表示在时间表格上。横道图计划表中的进度线与时间坐标相对应，这种表达方式较直观，易看懂计划编制的意图。但是，横道图进度计划法也存在一些问题，如：

（1）工序（工作）之间的逻辑关系可以设法表达，但不易表达清楚。

（2）适用于手工编制计划。

（3）没有通过严谨的进度计划时间参数计算，不能确定计划的关键工作、关键路线与时差。

（4）计划调整只能用手工方式进行，其工作量较大。

（5）难以适应大的进度计划系统。

36. B。若某工作紧后工作有多个，该工作自由时差等于其紧后工作的最早开始时间的最小值减去本工作的最早完成时间。本题中，工作M的最早完成时间为：$12+5=17$天，其3项紧后工作最早开始时间的最小值是21天，则工作M的自由时差为：$21-17=4$天。故正确选项是B。

37. D。线路上总的工作持续时间最长的线路为关键线路。图中的关键线路如下：①→②→③→⑤→⑦→⑧、①→②→③→⑤→⑥→⑦→⑧、①→②→④→⑤→⑦→⑧、①→②→④→⑤→⑥→⑦→⑧，即有4条关键线路。因此，正确选项是D。

38. C。⑧⑨两个终点节点。

39. C。运用标号法解题，如下图所示。由标号法得知C和D的时间间隔为2天，所以C工作延误3天使得D工作的最早开始时间延迟1天，所以C选项说法错误。

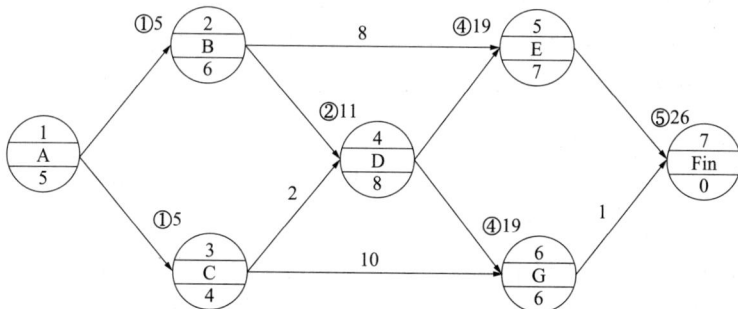

40. B。成本支出率=（计算期实际成本支出/计算期实际工程款收入）×100%。

41. A。$CV=$已完工程预算费用$-$已完工程实际费用$=40-45=-5$。

42. A。大中型工程项目通常是由若干单项工程构成的，而每个单项工程包括了多个单位工程，每个单位工程又是由若干个分部分项工程所构成。因此，首先要把项目总成本分解到单项工程和单位工程中，再进一步分解到分部工程和分项工程中。

43. D。未经监理工程师签字，建筑材料、建筑构配件和设备不得在工程上使用或者安装，施工单位不得进行下一道工序的施工。未经总监理工程师签字，建设单位不拨付工程款，不进行竣工验收。

44. C。项目管理目标责任书应在项目实施之前，由组织法定代表人或其授权人与项目管理机构负责人协商制定。项目管理目标责任书应属于组织内部明确责任的系统性管理文件，其内容应符合组织制度要求和项目自身特点。

45. A。在项目实施过程中，项目目标动态控制的工作程序：（1）收集项目目标的实际值；（2）定期进行项目目标的计划值和实际值的比较；（3）如有偏差，则采取纠偏措施进行纠偏。

46. C。本题考查施工组织设计的基本内容。施工部署及施工方案包括：根据工程情况，结合人力、材料、机械设备、资金、施工方法等条件，全面部署施工任务，合理安排施工顺序，确定主要工程的施工方案。

47. B。选项B，"编制项目投资总体规划"属于实施阶段项目目标分析和再论证的内容。

48. D。在矩阵组织结构中，每一项纵向和横向交汇的工作，指令来自于纵向和横向两个工作部门，因此其指令源为两个，C选项错误。在矩阵组织结构中为避免纵向和横向工作部门指令矛盾对工作的影响，可以采用以纵向工作部门指令为主或以横向工作部门指令为主的矩阵组织结构模式，这样也可减轻该组织系统的最高指挥者的协调工作量，A、B选项错误。图中纵向为实线，因此当纵向和横向工作部门的指令发生矛盾时，以纵向部门指令为主。

49. D。由施工总承包管理单位负责对所有分包人的管理及组织协调，这样就大大减轻业主方的工作，这是采用施工总承包管理模式的基本出发点。

50. A。项目施工过程当中发生以下情形之一的，施工组织设计应当及时进行修改或者补充：（1）工程设计有重大修改；（2）有关法律法规规范和标准实施，修订和废止；（3）主要施工方法有重大调整；（4）主要施工资源配置有重大调整；（5）施工环境有重大改变。在选项A当中，局部修改，不需要进行施工组织设计的修改或者补充。

51. A。经济与管理风险包括资金、合同、事故防范措施和计划、人身安全控制计划、现场与公用防火设施的可用性及数量。

52. D。施工成本管理的措施知识点的考查。选项A属于技术措施。选项B属于组织措施。严格地讲，选项C不属于成本管理内容。

53. D。D选项错误，错误有两处，第一处为质量终身责任制的时限为工程设计使用年限内；第二处为县级以上地方人民政府住房和城乡建设主管部门应当依法追究项目负责人的质量终身责任。

54. D。风险减轻：在施工中有针对性地制定和落实有效的施工质量保证措施和质量事故应急预案，可以降低质量事故发生的概率和减少事故损失量。

55. B。（1）单位工程的划分应按下列原则确定：

① 具备独立施工条件并能形成独立使用功能的建筑物及构筑物为一个单位工程。

② 对于建筑规模较大的单位工程，可将其能形成独立使用功能的部分划为一个子单位工程。

（2）分部工程的划分应按下列原则确定：

① 可按专业性质、工程部位确定，例如，一般的建筑工程可划分为地基与基础、主体结构、建筑装饰装修、建筑屋面、建筑给水排水及供暖、建筑电气、智能建筑、通风与空调、建筑节能、电梯等分部工程。

② 当分部工程较大或较复杂时，可按材料种类、施工特点、施工程序、专业系统及类别等划分为若干子分部工程。

（3）分项工程：按主要工种、材料、施工工艺、设备类别等进行划分。

（4）检验批：按工程量、楼层、施工段、变形缝等进行划分。

56. C。

57. D。事故调查组应当自事故发生之日起60日内提交事故调查报告；特殊情况下，经负责事故调查的人民政府批准，提交事故调查报告的期限可以适当延长，但延长的期限最长不得超过60日。因此，事故调查组可以提交事故调查报告的最长时间是60＋60＝120日。

58. A。成本加酬金合同通常用于如下情况：

（1）工程特别复杂，工程技术、结构方案不能预先确定，或者尽管可以确定工程技术和结构方案，但是不可能进行竞争性的招标活动并以总价合同或单价合同的形式确定承包商，如研究开发性质的工程项目。

（2）时间特别紧迫，如抢险、救灾工程，来不及进行详细的计划和商谈。选项B、C适用固定总价合同，选项D适用于单价合同。

59. D。作业文件是指管理手册、程序文件之外的文件，一般包括作业指导书（操作规程）、管理规定、监测活动准则及程序文件引用的表格。选项D，程序文件的说明和查询途径属于管理手册的主要内容。

60. C。工程勘察、设计单位针对本工程的水文地质条件，根据建设单位的要求，从技术和经济结合的角度，为满足工程的使用功能和安全性、经济性、与环境的协调性等要求，以图纸、文件的形式对施工提出要求，是针对每个工程项目的个性化要求。这个要求可以归结为"按图施工"。

61. D。A选项错误，企业认证制度是由公正的第三方进行评价。B选项错误，企业质量管理体系获准认证的有效期3年，认证后一年监督一次。C选项错误，认证撤销后，企业可申诉，1年后可重新认证。

62. B。B选项错误：根据项目进度控制不同的需要和不同的用途，业主方和项目各参与方可以构建多个不同的建设工程进度计划系统。

63. D。A选项错误，施工成本核算的对象一般为单位工程。B选项错误，成本核算的方法表格核算法，优点：简便易懂，方便操作，实用性较好；缺点：难以实现较为科学严密的审核制度，精度不高，覆盖面较小。C选项错误，成本核算的方法会计核算法。优点：科学严密，人为控制的因素较小而且核算的覆盖面较大；缺点：对核算工作人员的专业水平和工作经验都要求较高。

64. D。A选项错误，对于没有消耗定额的材料，则实行计划管理和按指标控制的办法。B选项错误，对部分小型及钢钉、钢丝等零星材料可以使用包干控制。C选项错误，材料费控制同样按照"量价分离"原则。

65. D。A选项错误，竞争性成本计划是施工项目投标及签订合同阶段的估算成本计划。B选项错误，指导性成本计划是选派项目经理阶段的预算成本计划。C选项错误，实施性成本计划是项目施工准备阶段的施工预算成本计划。

66. D。项目管理规划应包括项目管理规划大纲和项目管理实施规划两类文件。

67. A。B选项错误，施工总承包招标需要依赖完整的施工图，施工总承包管理招标可以不依赖完整的施工图。C选项错误，施工总承包模式下，分包单位由总承包单位选择，经业主认可，施工总承包管理模式，分包单位由业主选择，经总承包管理单位认可。D选项错误，施工总承包管理单位负责施工现场的总体管理和协调，对项目目标控制承担责任。

68. A。筹划指的是：（1）提出解决问题的多个可能的方案；（2）对可能方案进行比较。

69. D。A选项错误，质量保证金不得超过工程价款结算总额的3%。B选项错误，履约担保是工程担保中最重要也是担保金额最大的工程担保。C选项错误，预付款担保一般为合同金额的10%，承包人向发包人提供预付款担保。

70. A。B选项错误，未经监理工程师签字，建筑材料、建筑构配件和设备不得在工程上使用或者安装，施工单位不得进行下一道工序的施工。未经总监理工程师签字，建设单位不拨付工程款，不进行竣工验收。C选项错误，工程监理单位应当审查施工组织设计中的安全技术措施或者专项施工方案是否符合工程建设强制性标准。D选项错误，工程监理单位在实施监理过程中，发现存在安全事故隐患的，应当要求施工单位整改；情况严重的，应当要求施工单位暂时停止施工，并及时报告建设单位。施工单位拒不整改或者不停止施工的，工程监理单位应当及时向有关主管部门报告。

71. B、C。分项工程验收合格标准的有：

（1）所含的检验批的质量均应验收合格。

（2）所含的检验批的质量验收记录应完整。

72. A、B、C。D选项属于事故调查报告。E选项属于事故处理报告。

（1）事故报告：①事故发生的时间、地点、工程项目名称、工程各参建单位名称；②事故发生的简要经过、伤亡人数和初步估计的直接经济损失；③事故原因的初步判断；④事故发生后采取的措施及事故控制情况；⑤事故报告单位、联系人及联系方式；⑥其他应当报告的情况。（2）事故调查报告：事故项目及各参建单位概况；事故经过和救援情况；事故造成的人员伤亡和直接经济损失；事故项目有关质量检测报告和技术分析报告；事故发生的原因和事故的性质；事故责任的认定和对责任者的处理建议；事故防范和整改措施。（3）事故处理报告：原始资料数据，原因分析论证结果，处理依据，处理方案措施，处理过程资料，检查验收记录，责任者处罚和事故处理结论等。

73. A、C。《建设工程安全生产管理条例》中规定：对达到一定规模的危险性较大的分部（分项）工程编制专项施工方案，并附具安全验算结果，经施工单位技术负责人、总监理工程师签字后实施。

74. B、C。A、E 选项属于经济措施，D 选项属于组织措施。

组织措施	组织、人、部门、分工、流程、会议、责任制、编审调整（进度、工作计划）；生产要素优化配置、定额管理、任务单管理、活劳动、物化劳动、施工调度
管理措施	思想、方法、手段、合同管理、风险管理、网络计划、信息技术、承发包模式
经济措施	资金、资源、激励、成本风险分析；增减账、业主签证
技术措施	设计、施工、换机换料、技术经济分析

75. B、C、E。直接成本是指施工过程中耗费的构成工程实体或有助于工程实体形成的各项费用支出，是可以直接计入工程对象的费用，包括人工费、材料费和施工机具使用费等。

76. D、E。A 选项、B 选项错误，交货期限：（1）供货方负责送货的，以采购方收货戳记的日期为准；（2）采购方提货的，以供货方按合同规定通知的提货日期为准；（3）凡委托运输部门或单位运输、送货或代运的产品，一般以供货方发运产品时承运单位签发的日期为准。C 选项错误，供货方发生逾期交货情况，按照合同约定，依据逾期交货部分货款总价计算违约金。

77. A、D、E。B 选项错误，市区主要路段和其他涉及市容景观路段的工地设置围挡的高度不低于 2.5m。C 选项错误，"五牌一图"指的是工程概况牌、管理人员名单及监督电话牌、消防保卫（防火责任）牌、安全生产牌、文明施工牌和施工现场总平面图。

78. A、C、D、E。事故处理的"四不放过"原则：（1）事故原因未查清不放过；（2）责任人员未处理不放过；（3）有关人员未收到教育不放过；（4）整改措施未落实不放过。

79. B、C、D。企业质量管理体系文件是：（1）质量手册；（2）程序文件；（3）质量计划；（4）质量记录。

安全体系文件是：（1）管理手册；（2）程序文件；（3）作业文件。

80. C、D。A 选项错误，当计划工期等于计算工期时，总时差为零的工作是关键工作。B 选项错误，在单代号网络计划中，从起节点开始到终结点均为关键工作，且所有工作的时间间隔为零的线路为关键线路。E 选项错误，双代号网络图中，由关键节点组成的线路不一定是关键线路。

81. A、D、E。

82. B、D、E。

83. B、C、E。项目风险识别的任务是识别项目实施过程存在哪些风险，其工作程序包括：

（1）收集与项目风险有关的信息。

（2）确定风险因素。

（3）编制项目风险识别报告。A、D选项属于项目风险评估的内容。

84. A、C、D。在国际上业主方项目管理的方式主要有三种：

（1）业主方自行项目管理。

（2）业主方委托项目管理咨询公司承担全部业主方项目管理的任务。

（3）业主方委托项目管理咨询公司与业主方人员共同进行项目管理，业主方从事项目管理的人员在项目管理咨询公司委派的项目经理的领导下工作。

85. B、D、E。加强劳动定额管理，提高劳动生产率，降低工程耗用人工工日，是控制人工费支出的主要手段。

86. A、B、C。在项目的实施阶段，项目总进度应包括：（1）设计前准备阶段的工作进度；（2）设计工作进度；（3）招标工作进度；（4）施工前准备工作进度；（5）工程施工和设备安装进度；（6）工程物资采购工作进度；（7）项目动用前的准备工作进度等。

87. B、C。A选项属于组织措施，D选项属于经济措施，E选项属于技术措施。

88. A、B、E。选项C、D属于施工技术准备工作的质量控制。

（1）施工技术准备工作的质量控制——主要在室内进行技术准备工作：熟悉施工图纸、组织设计交底和图纸会审、审核相关质量文件、细化施工技术方案和施工人员、机具的配置方案、编制施工作业技术指导书、绘制各种施工详图、进行技术交底和技术培训等。

（2）现场施工准备工作的质量控制——现场计量控制、测量控制、施工平面图控制。

89. B、E。A选项错误，及时向分包人支付合同价款属于承包人的责任与义务。C选项错误，负责施工场地周边环境与生态的保护工作属于承包人的责任与义务。D选项错误，最迟于开工日期7天前向承包人移交施工现场。发包人的责任与义务有许多，最主要的有：（1）图纸的提供和交底；（2）对化石、文物的保护；（3）出入现场的权利；（4）场外交通；（5）场内交通；（6）许可或批准；（7）提供施工现场；（8）提供施工条件；（9）提供基础资料；（10）资金来源证明及支付担保；（11）支付合同价款；（12）组织竣工验收；（13）现场统一管理协议。

90. B、E。管理风险包括：（1）环境调查和预测的风险；（2）承包商的技术设计、施工方案、计划和组织措施存在缺陷和漏洞；（3）承包商投标策略错误，错误地理解业主意图和招标文件；（4）合同条款不严密、错误、二义性，工程范围和标准存在不确定性；（5）实施控制过程中的风险。A选项属于组织成员资信和能力风险，C选项、D选项项目外界环境风险。

91. A、C、D。A选项错误，劳务分包人施工开始前，承包人应获得发包人为施工场地内的自有人员及第三人员生命财产办理的保险，且不需劳务分包人支付保险费用。C选项错误，承包人必须为租赁或提供给劳务分包人使用的施工机械设备办理保险，并支付保险费用。D选项错误，劳务分包人必须为从事危险作业的职工办理意外伤害保险，并为施工场地内自有人员生命财产和施工机械设备办理保险，支付保险费用。

92. A、C、E。B选项错误，招标人对已发出的招标文件进行必要的澄清或者修改，应当在招标文件要求提交投标文件截止时间至少15日前发出。D选项错误，初步评审主要是进行符合性审查，详细评审是评标的核心，是对标书进行实质性审查。

93. B、C。A、D选项错误，返修处理有：蜂窝、麻面、局部损伤、裂缝。裂缝≤0.2mm，表面密封；裂缝＞0.3，嵌缝密闭；缝深，灌浆修补；

不作处理：（1）不影响结构安全和使用功能；（2）后道工序可以弥补的质量缺陷；（3）法定检测单位鉴定合格的；（4）经鉴定机构检测达不到设计要求的，但经原设计单位核算，仍能满足结构安全和使用功能的。

94. A、B。管理环境因素主要是指项目参建单位的质量管理系统、质量管理制度和参建单位之间的协调等因素。比如，参建单位的质量管理体系是否健全，运行是否有效，决定了该单位的质量管理能力；在项目施工中根据承发包的合同结构，理顺管理关系，建立统一的现场施工组织系统和质量管理的综合运行机制，确保工程项目质量保证体系处于良好的状态。C选项属于人的因素，D选项属于机械的因素，E选项属于作业环境因素。

95. D、E。D选项错误，I工作的紧前工作为D、E、F工作。E选项错误，E工作提前1天，但D工作延误1天，则使得I工作最早开始时间不会改变，则总工期不变。

96. D、E。A选项属于技术原因，B选项属于社会、经济原因，C选项属于人为事故和自然灾害事故。

97. B、D、E。B选项错误，特种作业人员离开特种作业岗位6个月以上的特种作业人员，应当重新进行实际操作考试，经确认合格后方可上岗作业。D选项错误，安全检查的重点是检查"三违"和安全责任制的落实。E选项错误，"三同时"制度指的是安全生产设施必须与主体工程同时设计、同时施工、同时投产和使用。

98. A、B、E。C选项错误，应急管理部门和负有安全监督管理职责的部门逐级上报事故情况，每级上报时间不得超过2小时。D选项错误，较大事故逐级上报至省、自治区、直辖市人民政府应急管理部门和负有安全监督管理职责的部门。

99. A、B、C。D选项错误，项目信息门户包括组织件、教育件、软件和硬件。E选项错误，对一个建设工程而言，业主方是建设工程的总组织者和总集成者，业主方是项目信息门户的主持者。

100. B、D、E。A选项，信息译码不准确，属于接收者的障碍。C选项，沟通障碍有如下两种形式：组织的沟通障碍和个人的沟通障碍。